新疆师范大学优秀学术著作出版基金资助

哲学

的逻辑讲演录

张 轩◎著

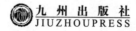
九州出版社
JIUZHOUPRESS

图书在版编目（CIP）数据

哲学的逻辑讲演录／张轩著．－－北京：九州出版
社，2025.1．－－ISBN 978-7-5225-3619-4

Ⅰ．B0

中国国家版本馆 CIP 数据核字第 2025HL6179 号

哲学的逻辑讲演录

作　者	张　轩　著
责任编辑	王　宇
出版发行	九州出版社
地　址	北京市西城区阜外大街甲 35 号（100037）
发行电话	（010）68992190/3/5/6
网　址	www.jiuzhoupress.com
印　刷	唐山才智印刷有限公司
开　本	710 毫米×1000 毫米　16 开
印　张	20.5
字　数	368 千字
版　次	2025 年 1 月第 1 版
印　次	2025 年 1 月第 1 次印刷
书　号	ISBN 978-7-5225-3619-4
定　价	98.00 元

自　序

之所以写这样一本哲学读物，就是想要消弭笼罩在哲学头上的种种光环，驱散对哲学的种种误解。这恐怕是一件吃力不讨好的事，说不定还会招来不少批评之声。今天的网络环境似乎已经没有那种"我反对你的意见，但我（甚至可以用生命）捍卫你说话的权利"的冗余度了。曾几何时，这曾是我们不惜以尊严和生命为之奋斗和向往的境界。

记得在钱钟书先生的《围城》里，赵辛楣挖苦自己的情敌——大概是"学过哲学"的方鸿渐时就说："从我们干实际工作的人的眼光看来，学哲学跟什么都不学全没两样。"钱先生还说了一段读过大学的人都知道的东西，"在大学里，理科学生瞧不起文科学生，外国语文系学生瞧不起中国文学系学生，中国文学系学生瞧不起哲学系学生，哲学系学生瞧不起社会学系学生，社会学系学生瞧不起教育系学生……"等等。可能是深受伪哲学之苦，钱先生还颇含讥讽地描写了戴着夹鼻金丝眼镜的褚慎明——那位能够"解答"大哲学家罗素的问题，并能亲切地念叨罗素的乳名：Bertie（此处参见钱钟书，《围城》，人民文学出版社 1991 年版，第 95 页），发表了关于哲学家和哲学学家一番宏论，可惜在美女面前却大大栽了面子的哲学家。哲学真的这么迂腐不堪？哲学家就这么不招人待见？或者真的清高到不食人间烟火，"高大上"到凡夫俗子难以企及？

从人类文明发生的意义上讲，哲学既为最古老的学问，又是人类知识的基础。不论是讲文化传统、文化传承还是文化自信，哲学都是学术研究和文化传播的根基。的确哲学往往自诩为"智慧"之思，可惜哲学典籍往往文字艰涩、义理深奥，晦涩到翻开哲学著作，发现里面的每一个字都认识，可每一句话都搞不明白、难以理解，更遑论读懂其鸿篇巨制了。之所以会这样和哲学的话语方式有很大的干系，或者言辞艰涩、抽象。这往往是因为哲学高度的思辨性带来的，常常是很难避免的。或者故弄玄虚，说出的每句话、写出的每段话都让人有坠入五里雾之中的感觉。这种情况常常是要努力地要表现出自己的高人一筹，把可以好好说的话偏偏不好好说。当然对于译著也有"二把刀"翻译的功劳，这些译作的文字表达常常佶屈聱牙、不明就里，充斥着不知所云的想象力和肆意曲解的胆识。还有一种情况就是将哲学"通俗"为心灵鸡汤，参照网络上的讲法，就是一种有精神安慰作用、具有动机强化（励志）作用，内容是对世界较为乐观的认识或者行动指向的文段。可惜的是心灵鸡汤不是逻辑思维，而是感性的、体悟式的、片段化的、语录体的。心灵鸡汤往往貌似深刻、睿智，其实常常是在某个细节、片段上有些奇思妙想，并不具有严谨的逻辑结构，甚至不具有辩证性。往往是攻其一点，不计其余。可以说心灵鸡汤有用但不堪大用，是小聪明而不是大智慧。

那么，究竟哲学是什么？有过一点哲学常识的人往往马上想起这样的答案："哲学既是世界观又是方法论"。背功好的还会加上一点解释：所谓世界观就是对世界的总的看法和根本观点；所谓方法论就是认识世界和改造世界的根本方法。理论功底再好一点的还会说，哲学是人类历史上一门古老的学问。在希腊文里，"哲学"是由"爱"和"智慧"两个词组成的，即"philo-"（喜爱）和"sophia"（智慧），其原意就是"爱智慧"或者说是对"智慧的追求"。古希腊最早使用这个词的是毕达哥拉斯。古汉语里"哲"亦含有知性、智慧、贤明的意思，"学"是指知识、学问，但并没有"哲学"一词。与"文化""体育""干部"等一样，如今我们使用的"哲学"一词也是从日本传来的。

然而说哲学是世界观、方法论或者说是理论化、系统化的世界观和方法论，几近于正确的废话。为什么"哲学"是"看法、观点和方法"，什么是"看法、观点和方法"？人们把这个作为研究的对象有什么用？为什么不是"学知识"而是"爱智慧"？知识和智慧有什么关系？

要回答哲学是什么，还真的是一个比较麻烦的问题。套用坊间常用的模式，先说说哲学不是什么，或者更精准地说不简单的是什么。首先，哲学不单是探讨超验的对象。由于哲学热衷于思考宇宙万物的本原、本体、实体、存在等问题，倾心于人生存在的目的、价值与意义等求索，而这些问题往往没有确定标准的答案，所以哲学家们往往以此超验性和抽象性的研究而傲视群雄，视他者的研究为"用"，而自视为"器"。不过从严谨的角度讲，人类对任何事物的认识都没有终极答案，"吾生也有涯，而知也无涯"①，人类的认识能力和认识结果原本就是一个不断持续的进程，有结果但没有终点，有阶段却始终是一个过程。哲学不仅要思考超验性问题，同样要对经验对象加以抽象、概括和提炼、总结。其次，哲学常常并不能提供标准答案。比如，人为什么活着？什么是自

---

① 《庄子·养生主》

由、民主、公正？要给这些东西一个公认的内涵、评价的尺度几乎是一项不可以完成的任务。与自然科学的研究相对照，这些思考令人们既烧脑又伤心。然而对于致力于勾勒美好社会的人们来说，如果不对这些问题加以思考和分析，那么又有什么样的社会才称得上是美好社会呢？

因此，哲学可能提供的是一种态度、一种立场、一种思维方式。学习哲学可能不会让人升官发财，也很难让人飞黄腾达。尽管过去和今天的人们都希望自己富有，不过人类文明史记录下来的往往是伟大的思想家的姓名，而不是富可敌国的商贾。哲学的确具有使人们头脑清楚、思维缜密、思考周全的些许功效，而严谨的逻辑思维能力的确不是先天的，往往需要后天的学习和训练。另外，哲学还可能疗治心灵的创伤，但效果绝不会超出心灵鸡汤的作用。然而，哲学一定会帮助人们去思考和追求自由，这原本是人的存在的本性和方式，也是人生存的动力和意义所在。自由一定是人格独立、精神自觉的人的必需。

也曾经有哲学的爱好者请我给其推荐一些哲学入门的读物，我突然意识到除了贾德的《苏菲的世界》似乎还没有什么太好的东西——既相对的通俗易懂又能坚守哲学的本色，同时还内含着相对严谨的逻辑——能够供人们阅读。写这样一些文字，就是希望给那些喜欢哲学却又搞不太清楚哲学是什么的人们，给那些必须以哲学为进一步前进的基础，而对哲学又一知半解的人们提供一个学习和理解哲学的视角和思路。或许这才是真正地认识和理解哲学为何物的前提和要件。有幸的是，当我表达了这一意愿时，得到了许多人的支持和鼓励，这也是我终于下决心将想法付诸文字的动力。加之身边的朋友和同事纷纷壮年早死，更萌生了将自己的想法留下来的冲动，大概这也是生命存在的一点点意义。

是为序。

目 录
CONTENTS

引　言

从人类文明发生的意义上讲，哲学既为最古老的学问，又是人类知识的基础。可惜哲学典籍往往文字艰涩、义理深奥。之所以会这样和哲学的话语方式有很大的干系，或者言辞艰涩、抽象，这往往是因为哲学高度的思辨性带来的。或者故弄玄虚，说出的每句话、写出的每段话都让人有坠入五里雾之中的感觉。对于哲学译著也有"二把刀"翻译的功劳，这些译作的文字表达常常佶屈聱牙、不明就里，充斥着不知所云的想象力和肆意曲解的胆识。还有一种情况就是将哲学"通俗"为心灵鸡汤，可惜的是心灵鸡汤不是逻辑思维，而是感性的、体悟式的、片段化的、语录体的。这种心灵鸡汤有用但不堪大用，是小聪明而不是大智慧。哲学可能提供的是一种态度、一种立场、一种思维方式。至为重要的是哲学一定会帮助人们去思考和追求自由，这原本是人的存在的本性和方式，也是人生存的动力和意义所在。

从内容设计上讲，该作以问题—问题回应—新问题产生及再回应为轴线，描述人类哲学思想形成、发展的历程。涵盖了人类原始思维、西方哲学、马克思哲学、中国哲学等。其中，对于西方哲学阐述以人的自由为主线，分析其努斯精神、自由意志、天赋自由、先验自由、实践自由的发展进程。对于中国哲学则强调不同于西方哲学的"阴阳"思维范式，以及天人合一、知行合一与情景合一的和合结构。

从结构上讲，该作并没有完全依循常规的模式，在进入哲学的迷宫之前，首先描述了人的进化历程，对直立行走、制造工具、火的使用在人类进化历程中的作用进行了梳理，并探讨了语言与文字——符号——的产生对于人这个物种的重大价值，分析了理性思维能力的产生及其作用。进而探寻了神话、巫术和宗教作为人类认识与试图改变世界的工具，它们产生、发展的历史和价值。同时指出在人类早期思维中，二分思维、追寻事物的本质和因果关系这些认识活动的演进与逻辑关系。在这些铺陈的基础上，依序探讨了哲学的产生——古希腊罗马哲学，中世纪经院哲学，近代哲学。在介绍了德国古典哲学之后，探讨了马克思哲学、非理性主义对黑格尔从不同路向上加以的批判及其贡献，一并简要地分析了现代与后现代哲学思潮的基本意涵。最后，提出对中国哲学的一些浅陋的认识，以此尝试着以人类对于自由的执着追求为草蛇灰线，力图形成一个较为完整的关于哲学发展逻辑与演进路程的描述。

　　文字表述力求通俗、平易，兼一点轻松和幽默。适合具有一定哲学基础的哲学爱好者、本硕博学生阅读。

第一讲

什么是哲学

作为古老的致思之学，哲学不是包治百病的灵丹妙药，哲学不是无所不能的齐天大圣，不是立竿见影的致用之术。哲学有自己专有的领地和边界，有自己独特的话语方式，有自己的情怀和乐趣。或许不被人所理解，或许被人们敬而远之，或许被认为是毫无用途和意义。但真正理解哲学的人们会心甘情愿地追随她的脚步，就像威尔·杜兰特所说的："分析是科学的事，它给我们以知识；哲学则必须进行综合，给予我们以智慧。"①

一、哲学是智商

前面说过哲学是世界观，什么是世界观？是（人）对整个世界的认识和看法，而哲学是理论化、系统化的世界观和方法论。这个讲法通俗、普遍、平淡无奇，可见于国内出版的几乎所有的哲学教科书之中。问题在于怎么理解这个定义？罗素在其所著的《西方哲学史》一书中提出，"'哲学的'人生观与世界观乃是两种因素的产物：一种是传统的宗教与伦理观念，另一种是可以称之为'科学的'那种研究。""但是唯有这两者在某种程度上同时存在，才能构成哲学的特征"。他认为："一切确切的知识——我是这样主张——都属于科学；一切涉及超乎确切知识之外的教条都属于神学。但是介乎神学与科学之间还有一片受到双方攻击的无人之域；这片无人之域就是哲学"。② 无论是科学的、伦理的、宗教的还是哲学的思考与认识都是人所特有的领地，人是文化的载体，是文明的创造者和开拓者。不同于只是大自然之"恩赐"的被动接受者与简单索取者的其他生命——不管是低等生命还是高等动物——只有人这种物种才具备认识世界和改变世界的能力，才具备对世界——自然、社会、人类、自我——

① 威尔·杜兰特. 哲学的故事（上）[M]. 北京：生活·读书·新知三联书店，1997：致读者.
② 罗素. 西方哲学史（上）[M]. 北京：商务印书馆，1963：绪论.

进行思考与认识的能力。在这个进程中，能否正确地认识、能否合理地行动关乎人类自身的生存与延续。这是人出来"混"必须拥有的能力。

认识是什么？就是要弄明白、看清楚这个世界——"是什么""怎么样""应如何"，还有"为什么"。用教科书的话就是得到正确的认识即真理，包括正确地认识世界，获得对于世界的正确的认识。换言之，用正确的方法去认识世界，并努力得到正确的认识，还能够确证这样的认识是正确的。

看法是什么？看法包含着立场、视界、格局和态度。人是历史性的存在，我们总是在前人和历史的基础上去认识世界的。人在认识世界时总是受到已有的知识体系、学识经历、认识方法等诸多因素的影响，总是被自己的愿望和诉求所影响，总是会受到行为的意愿与目的的影响。我们曾经以为是可以站在完全客观的立场上去观察世界，其实这是经典科学的一个佯谬（所谓佯谬在哲学上称之为悖论）。事实上，我们在观察这个世界的同时就可能扰动这个世界。"正因为我们观察世界，所以我们才改变着世界，就像一个渔夫钓起一条鱼，既扰动了水面，又钩伤了鱼。"[1]

在这样的背景下，哲学就是要从人自身出发，帮助人们认清这个纷乱、杂芜的世界，这个世界包括自然界、人类社会、人自身当然还有我们自己。这样说来，把事情搞清楚、看明白，获得正确无误的认识，这不正是所谓的智商吗？就好比一位青春萌动的少年寻觅自己心动的对象，前提是认清自己、认清对方。先搞清楚自己是个什么样的人，需要什么样的人，对方是一个什么样的人，对方喜欢什么样的人等等。先要搞清楚自己是要寻觅志同道合比翼齐飞的另一半，还是要找到互补互嵌型的另一半。如果对这一切都是一头雾水，那不成了一只窗户玻璃上玩命地乱撞却找不到出路的可怜的蜜蜂也可能是苍蝇。

要知道人是通过人类自身特有的方式去认识世界的。人与其他生命的不同不仅仅在于生存的方式不同，还在于认识和把握世界的方式上的不同。人对外界信息刺激的反映与其他生命对外界信息刺激的反应有着根本性的区别。"在有机体的反应（reaction）与人的应对（response）之间有着不容抹杀的区别。""人不再生活在一个单纯的物理宇宙之中，而是生活在一个符号宇宙之中。语言、神话、艺术和宗教则是这个符号宇宙的各部分，它们是织成符号之网的不同丝线，是人类经验的交织之网。"[2]

人类认识和理解世界的方式与其他生命对于外界的感知有本质性的不同。

---

[1] 林德宏. 科技哲学十五讲［M］. 北京：北京大学出版社，2004：123.
[2] 恩斯特·卡西尔. 人论［M］. 甘阳，译. 上海：上海译文出版社，2004：35.

人类不仅有感知觉系统，还有理性思维系统。人不仅要通过视觉、听觉、味觉、嗅觉、触觉等感知世界，人还必须运用抽象认知能力理解世界，并运用这种能力表达人对世界的认识和理解的结果。"理性能力确实是一切人类活动的固有特性"，人是能够而且必须是运用语言和文字等符号来认识世界并表达和记录这一认识和理解的。"他是如此地使自己被包围在语言的形式、艺术的想象、神话的符号以及宗教的仪式之中，以致除非凭借这些人为媒介物的中介，他就不可能看见或认识任何东西"。① 正因为如此，卡西尔将人定义为"符号的动物"。举个简单的例子，人眼中的世界和蜻蜓眼中的世界是一样的吗？人眼中的世界和狗眼中的世界是一样的吗？据说蜻蜓有着昆虫世界中最为复杂的复眼结构，是由 10000 至 28000 只单眼组成。狗的眼睛只对黄色和蓝色很敏感，蜻蜓看到的世界和狗眼看到的世界与人眼中的美景自然是有区别的。有人会说，你这样讲是不是否认了世界的客观性，进而也否认了认识的客观性。其实不然，这样讲只是强调了对于不同的认识主体由于其认识方式、认识工具和目的的不同，对同样的世界的认识和理解是有差异的。这个世界就在那里，见与不见它都存在着。只是对它的认识不可能是完全一致的，特别是不同认识主体即使是对同一对象的认识结果所表达的方式和表达出的内容是不一样的。动物用叫声来表达感知与感受，人用语言和文字来表达情感与认识，这里的不同是显而易见的。即世界万物的存在是客观的，不以人的意志为转移。对于对它的认识却一定是有不同的。用马克思的话说是人的认识是主观认识与客观对象的统一，是主观形式与客观内容的统一，是"观念的东西不外是移入人的头脑并在人的头脑中改造过的物质的东西而已"。② 所以在哲学上我们把其他生命对外界刺激的回应称之为"反应"，把人对外界刺激的回应和认识活动称之为"反映"。反应一般是指有机体对外界刺激做出的回应或引起的状态变化，事实上无机物对于外界刺激也会做出反应。反映是指人能够主动地观察和认识对象，经过思维加工得出的对认识对象的认识。

既然看法包含着立场、视界、格局和态度。那么，对此我们就分别地做一下梳理。什么是立场。立场是指思考者的目的和阶级或阶层属性。所谓目的是思考者意图达到的目标。人们对世界万象的认识并不简单地是为了认识而认识。人们的认识活动总是要解决问题的。神农氏遍尝百草不是为了"尝"而"尝"，而是为了搞清楚对人而言，什么能吃什么不能吃。盘古开天地是人类先民为

---

① 恩斯特·卡西尔. 人论 [M]. 甘阳, 译. 上海: 上海译文出版社, 2004: 36.
② 马克思恩格斯文集: 第5卷 [M]. 北京: 人民出版社, 2009: 22.

了试图说明宇宙的起源，回答人所关心的世界是从哪里来的？从这里可以看出，任何学科或知识体系的研究都有自己特有的研究对象，对特定对象的研究既是学科成立的基础，又是学科建立的目的。所谓阶级或阶层属性是指思考者看问题的出发点，也可以称之为思想归属。从出发点上讲，是积极的还是消极的，是利己的还是利他的，是主动的还是被动的，是理智的还是冲动的。从归属上讲，是代表多数人的还是少数人的，是代表社会上层的还是普罗大众的，是代表既得利益者的还是利益受损者的，是代表进步力量的还是保守力量的，等等不一而足。社会问题与自然问题不同，自然问题的研究追求的是精确性、精准性，首先要说明该物是什么，又是怎么样的，它的评价标准一定是以客观性为尺度的。社会问题总是和人们的利益紧密相关的，对于社会问题的研究总是和价值（利益）问题——应当如何——联系在一起的。同样是房价，开发商会永远希望房价上涨，购房者总是希望房价下跌；有房者总是希望房价能不断上涨，无房者总是会抱怨房价太高。人文社会科学的研究很难讲完全彻底清晰的中立客观、价值无涉，针对同一问题，基于不同的利益需要和社会地位一定会有不同的态度、兴趣和取舍。对一件事、一个人或一个东西，喜欢、不喜欢或者无所谓，我们的关注点、认识方法和结果可能会有明显的差异。所谓唯物主义和唯心主义的区别，其实就是立场的不同，也就是出发点和态度的不同。即使面对同样的问题，研究方法与观点也会是大相径庭。这些都根源于人类进入文明社会后，不同的社会群体包括个体的利益诉求、需要选择都会有很大的差别。过去有个民间的笑话，一个农民希望自己有朝一日当上皇帝，实现天天能吃点心的梦想。而真正的皇帝怎么可能会为这样的问题而纠结呢？农民看到即将丰收的麦田和旅游者眼中的滚滚麦浪，彼此心中的感觉能完全一样吗？特朗普追求的"美国优先"和我们倡导的"人类命运共同体"观照世界的方式和随之形成的认识与行为能够一样吗？

什么是视界。视界本来是个物理学的概念，是指一个事件能够被观察到的时空界面。视界包括视域（也可称之为视野）和视角。人眼的视域（双眼重合）通常是124度，想要看到身后的东西必须转头或转身。这里的视域（视野）是讲我们观察事物的时空范围，是整体的还是局部的，是事物的状态还是结构，是当下的还是未来的抑或是历史的。人是一个喜欢向前看的物种，成功了要继续前行，失败了要爬起来向前看。不仅要满足生存需要，还要追求生存的意义。人的世界更多地表现为一个意义的世界。视角在这里是指观察事物的角度，"横看成岭侧成峰，远近高低各不同"，"不识庐山真面目，只缘身在此山中"。同样的事物从不同的角度观察会有不一样的认识。如今的自拍一族往往运用不同的角度、光照来夸大地展示身段的优美全力掩饰自身的缺点。哲学家们从不同的视界看世界，往往会得出不同的结论。

什么是格局。格局是观察世界的层次、范围和角度，常常被称之为境界。是从个体、社会还是宇宙的层面看世界，或是从进化或循环或退化的角度看问题，或是从整体还是局部、系统还是要素看对象。格局要受到立场和视界的影响，格局常常与胸怀联系在一起。曾经有个说法叫"胸怀祖国，放眼世界"，能不能做到暂且两说，但这里强调的就是格局。其实更实在的是怀大格局做小事情。中国古人很看重这一点，或者从正面讲：天下大事必作于细。或者从反面讲：一屋不扫何以扫天下。孔子讲：君子坦荡荡，小人长戚戚；凡夫俗子说：不要以小人之心度君子之腹。格局是装不出来的，否则易中天先生就不会怒斥某些人"不拍马屁吃人血馒头你会死啊"？洒家也曾经对那些沉陷于失恋痛苦而无力自拔的学子讲，天涯何处无芳草，何必吊死在一棵歪脖树上，人要往前看、向前走，要能够拿得起放得下。这就是格局。佛家讲：见山是山，见水是水；见山不是山，见水不是水；见山还是山，见水还是水。同样是格局，是不一样的格局。格局有高低，境界有大小。哲学可能不会使我们富有，但至少或多或少地能提升我们的格局。

什么是态度。态度是人们的情绪和心理状态，或积极、消极；或激进、保守；或平和、冲动；或举轻若重、或举重若轻；或马马虎虎、或睚眦必报；或谨小慎微、或大大咧咧。当年米卢担任国足主帅时对队员们讲：态度决定一切。是享受足球释放自我还是身背重负手足无措，不同的态度带来了完全不同的结局。每个人赤条条来到这个混沌的世界上，以什么样的状态应对会形成完全不同的结果。心理学上有个"吃葡萄"的案例。说如果一个人吃葡萄时总是从坏的开始吃，他每次吃的都是（相对）坏的葡萄，那么这个人就是一个悲观主义者；说如果一个人吃葡萄时总是从好的开始吃，他每次吃的都是（相对）好的葡萄，那么这个人就是一个乐观主义者。理由是如果从坏的葡萄开始吃起，他每次吃到的都是最坏的葡萄；如果从好的葡萄开始吃起，他每次吃到的都是最好的葡萄。不过钱钟书先生却有另一番高论，他认为从坏的葡萄开始吃的人，总会有希望；从好的葡萄开始吃的人，只会有怀念。然而可能还有第三种解释，那就是从好的开始吃，是因为他觉得先吃好的，剩下坏的可吃可不吃；从坏的开始吃，是因为他觉得先把坏的吃掉，这样不浪费。"好"先生懂得放弃；"坏"先生知道珍惜。"坏"先生总是从眼前的境遇预测未来的种种潜在的危机；"好"先生总是能从生活和职业的悲哀中发现积极的意义。当然，现实生活远没有吃葡萄这样简单，这样对于悲观还是乐观的判断也并不精准。不过，不同的态度却对我们的认知和行为会产生很大的影响。

　　讲到这里对于为什么说哲学是世界观，什么是世界观，应该有一个比较完全地了解啦。正确地认识世界之所以如此重要，至为关键的因素是人类与其他生命的生存方式有着根本性的不同，其他生命只能够在漫长的演化中不断地改变自己适应自然残酷的选择，这就是我们常常谈起的"物竞天择，适者生存"。为了适应自然，物种在演化的过程中有进化也有退化，但目标只有一个——维系生命、延续物种。人类的演化虽然也有生理机能上的变化，但主要不是自然性状的演化，或者说起决定性作用的不是自然性状的变化。人类的生存活动主要是通过人类的活动、行为去改变世界（再说明一下，本书中所讲的世界一定是包括自然、人类社会、人类自身和人自己），使其能够满足人类的生存需要、发展需要、享受需要，而且是不断地发展、丰富、深化人们的普遍化、多样化乃至个性化的需要。在这个过程中，人类社会总体上基本呈现出向上、进步的态势，虽然这种进步在大多数的情况下是以付出血淋淋的代价、是以损害相当多数人的利益来实现的。一般来说人们的生活会变得越来越相对的美好，人也获得了从内容和边界上而言越来越丰富和不断拓展的自由。在人类特有的生存方式——实践中获得自由是人类生存的本质性特征，也是人类生存的价值与意义所在。因此，为了得到自由，为了实现人类的自由，为了每个人都能获得自由，人们必须搞清楚世界是什么、怎么样，还有这一切都是为什么，而且人们总是从有差异的立场、视界、格局和态度出发去看世界。

　　正因为如此，才讲哲学是智商。弄明白、看清楚这个世界很重要，真的很重要。否则，脆弱的人们面对世界和人生要么是战战兢兢，如临深渊，如履薄冰；要么是盲人骑瞎马，夜半临深池。可惜的是想看清楚这个世界真的是很不容易，有时候是"看不清"，有时候是"不让你看清"，有时候是你看清了也要让你装作"看不清"。为了看清楚这个世界，有时候甚至要付出人格尊严、物质收益直至生命的代价。真正哲学和哲学家的品格就是讲真话，如果因为某种原因做不到时，则宁可选择不说话而绝不说假话。这才是真理的脊梁，是哲学的风范。正因为如此，哲学是追寻智慧的坚持，而不是对聪明的欣赏。智慧和聪明并不是一个量级的东西。智慧是需要格局和胸怀的。

二、哲学是情商

　　哲学是世界观同时又是方法论。什么是方法论？用教科书的话语表述就是（人）认识世界、改造世界的方法。如果说世界观是解决和回答世界"是什么""怎么样"和"为什么"的问题，那么方法论一般说来就是要解决"（应该）怎么办"的问题。要讲清楚方法论，首先要说明什么是方法。方法实际上包含两层意思。一是指人们达到目的、目标的道路、途径、办法、手段，即有什么法子；二是指运用方法的能力和掌握方法的技巧，即怎么运用。方法论就是对人们改造世界的方法的判断、思考与分析。在科学地认识世界的基础上，如何改造世界？既需要合理的道路选择、适当的方法，还需要掌握运用方法的能力和技巧。就像前面讲到的求爱者，在正确、清晰地认识和捕捉到适合自己的另一半后，需要解决的是怎样才能将对方"勾引"住。知道了这个对象喜欢美容还是喜欢美食，那么怎样把礼物送出去？运用什么样的方法和手段？另外，这个方法她喜欢吗？这个方法的运用我能够得心应手吗？如果像电影《有话好好说》的主角（姜文饰演）在楼下雇佣农民工（张艺谋客串）对自己的单恋对象大喊：安红，我想你！最后落得个凄凄惨惨切切，这肯定不是"我"所期望的结局。因为女人往往不傻，不仅不傻，一般情态下都很聪明、有心机。不过好在如《围城》里唐晓芙所说：女人全是傻的，恰好是男人所希望的那样傻，不多不少。问题是一旦撞上一个头脑清醒、判断缜密，不吃俗套却对情感有着如仙境般梦幻的美女，该怎么办？遇到自己心仪的对象可以这样：今晚能请你共进晚餐吗？还可以这样：今天可以请你与我一起去看流星雨吗？发展到一定程度，到了摊牌的关键时刻，可以说：请你嫁给我吧，没有你我活不下去！（一副惨相）可惜装出的惨兮兮不一定有用。也可以这样说：能让我用一生去陪伴你的美丽吗……

　　方法论可不是什么脑筋急转弯，方法论具有严密的逻辑架构。它要回答的是这样三个问题。第一是应当怎样（做）。思考在人的能力范围内能够希望什么和应当希望什么才是适当的、合理的。第二是能够怎样（做）。分析在人的能力范围内能做什么、应做什么和应怎样做。第三是可做可不做。愿望很多，办法很多。怎么做、做什么要懂得取舍。并且这些都要回答"为什么"。换言之，"应当怎样（做）"关注的是目标的科学性与合理性；"能够怎样（做）"考虑的是方法的可行性、合理性与合法性；"可做可不做"指明的是人们活动的广度、深度和必要的边界，需要注意和看清人们活动的范围和适度性。要知道人类改造世界的活动是有所为与有所不为的统一。在对人类社会历史发展规律的科学认识的基础上，在对中国五千年历史进程的深刻理解上，在对近代以来中国发展方向的审慎判断上，中国人民选择了社会主义道路。接下来是社会主义道路怎样走的问题，经过七十年的奋斗和试错，我们初步解决了"应当怎样"的问题，认识到"贫穷不是社会主义"，认识到社会主义建设也要走"市场经济"的经济发展路径，认识到社会主义就是要"解放生产力，发展生产力"，认识到社会主义就是要"实现共同富裕"。下一步就是"能够怎样做"的问题，即社会主义如何运用市场经济的方式发展生产、增加财富？如何在发展生产的同时实现经济增长、人民生活不断提高、人与自然和谐相处等方面的共时与同步？社会主义如何实现自由、平等、民主、法治，以赋予人们生存的尊严和更多的意义、价值，等等。

需要强调的是，不要简单地讲方法论回答的是"能什么"，任何能力都有多面性，任何能力都需要有边界限制。比如，菜刀是用来切菜、宰鸡的，也可以用来割绳子，还有可能用来杀人。边界就是来划清什么能做、什么不能做、什么可做可不做的界线。没有边界的能力一旦释放结果将是难以预料的。当然，对付坏人时菜刀又成了护卫正义的工具。不过这是另外一个层面的问题了。所以说，知道一件事是什么是智慧，知道这件事应当怎么做就是情商。人们犯错往往是由于方法不对或者使用方法的技能不足，导致事半功倍或者好心办了错事。批评一个人愚蠢不也常常是因为他做事不过脑子吗？不过最可怕的是打着漂亮的幌子做出自以为是、实际上是损人不利己的研判，干出令人啼笑皆非的荒唐事。

其实，方法论一般将会涉及合理需要与合理满足的关系；工具理性与价值理性的关系；实证研究与规范研究的关系等方面的考量。

首先是合理需要与合理满足的关系。什么是合理需要？韩非子说过"丈夫年五十而好色未解也，妇人年三十而美色衰矣"。① 喜新厌旧是雄性生物的自然本能，对于其他动物来说是为了更好地繁衍后代，人的情况要更复杂龌龊一些，不过这谈不上是合理正当的需要。孟子说：食色，性也。认识很深刻到位，但这仅仅是人的自然欲望。我们既不将人类的自然生理需要即欲望视为万恶之源，也不将其简单地看作是合理正当。在现实社会里，人的自然欲望是不可能完全加以满足的。所以对于人们对美好生活的向往，我们只说需要的满足而不谈欲望的实现。各种宗教往往会将人的自然欲望视为万恶之源，所以在消除人间丑恶的问题上总是提出一些难以落实的方案。要知道欲望是自然的，欲望是生物本能的、生理性的，无所谓好与坏、善与恶；需要是历史性的和社会性的，是自然性与社会历史性的统一，需要是基于现实性与可能性进行判断的，因此就要受到社会条件和社会规范的制约。需要得到满足才可能产生幸福感，这里的幸福必须是合理的需要能够得到合理的满足，否则一个人的幸福可能就是对他人的幸福的漠视、戕害或剥夺。什么是合理满足？这里关注的是满足需要的手

---

① 《韩非子·备内》

段或方法的正当性。人们都想过上好日子，只要这个"好日子"符合公序良俗，就无可厚非。问题是怎样实现这个目标？

其次是工具理性与价值理性的关系。工具理性与价值理性这对概念最早是由德国社会学家马克斯·韦伯提出的，韦伯认为人的行为需要从两个方面加以考量，简言之就是，工具理性考虑的是人们的行为所要达到的目的，价值理性考虑的是人们达到自己目的的过程中运用的手段和方法。前者考虑的是效果或效率的最大化的问题；后者考虑的是手段、方法的正当性问题。这是人的活动或行为的两个方面，需要统一起来思考，只是在现实中，这两个方面常常会发生对立甚至是冲突。要知道，人的活动方式与其他生命有很大的不同，除了生命本能的活动，人更为主要和重要的活动是有目的、有目标、有意愿的活动。人总是通过各种具有开拓性、创造性的活动而不是与生俱来的本能活动去影响和改变周围的世界和人自身，从而达成或实现人的活动的目的与意愿。在这个过程中，目标的设定与指向是人的活动的前提性要求，效果与效率的最大化是行为评价的标准与尺度，这是工具理性必须引为活动基本指针的方面。相比较而言，价值理性则更为注重人的行为的合理性、实现目标的手段与过程的合理性以及行为结果的正当性。比如说，在追求事业成功、个人幸福的目标下，工具理性考虑的是怎样以"最小的投入"即代价实现"最大的目标"，价值理性则考虑这一目标实现过程中，采取的方法是否合理，目标的实现是否会损害到他者的利益，目标的落实能否实现各方利益的协调一致和最大化。另外这个所谓"最大的目标"是对哪一方而言的，因为实际活动中，这种效果与效率的最大化往往并不是对所有的利益相关方都能够成立的。用一个稍显极端一点的例子，窃贼盗取他人的财物满足了自己的需要，还可能实现自己幸福的生活。这个过程中窃贼的确实现了自己"效益的最大化"，但其手段显然是不正当的，而且从结果上讲，同时还造成了对他者利益的侵害，因此是为社会所不容许的。在现实世界中，为了某一方面的利益或某些人的利益漠视甚至随意侵害他人、社会的利益，至少在今天还仍然是比较常见的现象。我们之所以会十分无奈地提醒一些人："你可以追求自己的成功，但请不要踩在别人的头上去实现，"也是基于这个原因。如今人们所警惕的"精致的利己主义者"往往也是这样的。1931年，爱因斯坦在美国加利福尼亚理工学院的讲话中，向大学生们提出了忠告："为了使你们的工作有益于人类的幸福，你们只懂得应用科学本身是不够的。关心人本身及其命运，应当始终成为一切技术上奋斗的主要目标。关心怎样组织劳动和产品分配这些重大的尚未解决的问题，才能保证我们科学思想的产物会促进人类幸福，而不致成为祸害。在你们埋头于图表和方程式中时，千万不要忘记了这一点！"①

第三是实证研究与规范研究的关系。上述关于合理需要与合理满足的关系，工具理性与价值理性的关系的思考，其研究方法就是实证分析与规范分析的统一。实证研究就是从经验事实出发，通过科学归纳法，回答一事物、现象或一类事物、现象的本质与规律"是什么""怎么样""为什么"。实证研究一般要努力避免或超越"价值性"判断。规范研究则是必须以一定的价值判断为前提，运用演绎和归纳方法分析"应当怎样（是什么）""应当如何（怎么办）""能否这样或那样"的问题。比如，经济学研究首先考虑是如何发展生产、增加财富的问题。然而，在追求这些目标时如果没有对于发展手段的合理性的思考，如果没有对财富增加后如何有序、合理配置的思考。那么就至少会产生这样的一些问题：为追求经济指标的实现与高增长不惜损害第三方的利益；一方面创造了大量的财富，另一方面财富却掌握在少数人的手中；经济增长、财富增加的目标实现了，但与民众毫无关系，等等。那么在现实中就很可能产生如 E. F. 舒马赫所说的这样的结果："国民生产总值或许是迅速攀升：那是由统计学者衡量的，而非人民的实际感受，基层人民备受日益增加的挫折感、疏离感、不安全感等的情绪所压抑。"② 舒马赫还对人们追求经济增长的内容进行了批判，提出以"我们的父辈认为是奢侈的东西已变成我们这一代人的必需品"而沾沾自喜的态度是不可取的，经济持续性增长与掠夺性是不同的内容。因为，"地球提供足够的物质可以满足每人的需求，但不足以满足每人的贪念"。③ 同样，马克思在指出了资本的本质或者说是本性就是实现增殖后，进一步指出如果没有对资本本性的必要和必需的抑制（马克思认为最终要消灭资本），资本是要吃人的。"资本害怕没有利润或利润太少，就像自然界害怕真空一样。一旦有适当的利润，资本就胆大起来。如果有10%的利润，它就保证到处被使用；有20%的利润，它就活跃起来；有50%的利润，它就铤而走险；为了100%的利润，它就敢践踏人间一切法律；有300%的利润，它就敢犯任何罪行，甚至冒绞首的危险。"④

对于人类这样的特殊生命而言，对于人类不同于其他生命的生存方式而言，要实现人类的存在、发展和自由，毫无疑问的是一方面要正确地认识世界，另一方面则要合理地改造世界满足人们的需要。哲学是人类认识思想史上首次以

---

① 爱因斯坦. 科学的颂歌 [J]. 中学语文, 1996, (10): 19.

② E. F. 舒马赫. 小的是美好的 [M]. 南京：译林出版社, 2007: 18.

③ E. F. 舒马赫. 小的是美好的 [M]. 南京：译林出版社, 2007: 19-20.

④ 马克思. 资本论 [M]. 北京：人民出版社, 2004: 871.

理性的立场、通过逻辑的方式、在推理的基础上去探知整个世界（自然、社会、人自身）的努力。哲学及其思维方式的产生是人类生存能力和人类认识思想史一次重大的跃升，人类认识世界的方式终于具有了完全超越其他生命反应的形式——符号（语言和文字是基本的要素）。我们不仅要回答世界"是什么"，还要回答世界"怎么样"，要搞清楚"为什么"是什么和怎么样，更为重要的是人还需要知道面对这个已有的世界，它"应当是怎样的"以及为什么"应当如此"，由此还赋予了人类生存的目的、价值与意义。也正因为如此，威尔·杜兰特才说："科学赋与我们知识，只有哲学才能赋与我们智慧。"①

哲学作为世界观和方法论并不是各自独立的，这两个方面是一般都是相互联系与依存的。我们看事物总是从一定的立场出发，这个立场一般地被我们的需要、评价尺度和目标取向所左右和决定，同时又受到我们的思维方法和观察意向的影响。也就是说不仅世界观会影响我们的认识，思维的方式和方法同样会影响我们的认识。即使是同样的一个事物或事件，数学家所关注的和经济学家所关注的角度、内容是不同的，以致得出的看法总会有差异。理性主义者、非理性主义者观察同一问题的认知结果很可能是大相径庭的，同样是人，理性主义者的结论往往注重于人的抽象思维能力，非理性主义则强调人的潜意识和下意识在人的思想、情感和行为中的隐秘而重要的作用，这也是后来托马斯·库恩提出科学研究的范式给予人们的启示。"一门成熟的科学是受单一的一种范式支配的。范式由一些具有普遍性的理论假设和定律以及它们的应用方法构成。"② 哲学同样有自己的研究范式。

之所以说哲学是理论化、系统化的世界观和方法论。是因为这之前人们认识和表达认识的方式可能是神话的、巫术的，通过想象、拟人化、类比、感应等方式去解读令人深感好奇、困惑的世界。哲学是遵照特定的研究方法（一般地说是抽象演绎法），构建在力求严密的逻辑推演基础上，致力于实现理论自洽的思想体系。无论是古希腊哲学、还是中世纪经院哲学，无论是近代经验论唯理论、还是现代科学哲学、语言哲学。必需的研究范式、严格的逻辑推理和自成一体的理论架构，等等这些都是各种哲学思想及其流派成立的内在要求。即使是以语录体、对话体呈现的中国哲学，其核心哲学范畴与价值观念，同样具有内在的生成逻辑和演绎规范。比如"仁"虽是一个价值观念，但首先是一个

① 威尔·杜兰特.哲学的故事（上）[M].北京：生活·读书·新知三联书店，1997：2.
② A. F. 查尔斯.科学究竟是什么 [M].鲁旭东，译.北京：商务印书馆，2007：133-134.

本体性概念。它源于中国哲学传统的关系式的思维范式，看不到这一点，对中国哲学的理解就会发生不应有的偏差。理解各种哲学思想不仅在于明白哲学家讲了什么，还有更为关键的在于要明白他为什么这样讲，是怎样讲的。如果不是这样，就会把唯心主义简单地理解为对常识意义上的事物存在的否定。如果这样的话，占哲学主流的并涌现有众多思想巨匠的唯心主义哲学岂不太幼稚、浅薄了，那里需要我们耗费这么多的精力与之辩驳。可惜的是，诸多的哲学教科书在用哲学基本问题简单地回答了对哲学派别的划分之后，就再也难有对不同哲学思想的客观、深入地分析与梳理了。

三、哲学是反思性思维

世界观表现出我们的智商，方法论展示了我们的情商。哲学是如何完成这样的任务——从世界观和方法论的高度对我们的思想和思想方式加以导引，助力人们更好地认识和理解世界，选取更为合理与恰当的方式改变世界，从而更好地满足人类的需要。这与哲学的思维方式和思维特点有着直接的关联，或者说是由哲学的思维方式所决定。

这首先源于哲学的思维是抽象逻辑思维，是从具象到抽象的过程。其次在于哲学思维是对人类已有知识与思想的再认识。我们先谈第一点，哲学思维方式是从具象到抽象的过程。在人类进化进程中，在逐步地具备了抽象思维能力特别是产生了语言和语言的载体——文字——之后，人类认识世界的能力和方式包括表达对世界的认识的方式就有了质的飞跃。人类认识世界上存在的万事万物的第一步是"起名字"即形成对已知事物的名称和概念，这一步是要搞清楚事物"是什么"或"不是什么"。比如，这是什么？这是苹果。这是什么？这是梨树……也就是说"起名字"一是为了认清这个东西是什么；二是为了把这个东西与其他东西区别开来。这实际上是一个归类和分类的过程。一方面要把这个东西从其他东西中分辨出来，确定这个东西就是这个东西，这个东西属于这类东西；另一方面要分清这个东西是这个东西而不是其他东西。归类和分类的发展就一定会产生对共性与个性关系的思考，这些东西都是"马"，但有白马、黑马、黄马、枣红马等等，"马"和白马、黑马、黄马、枣红马之间是共性与个性的关系，白马、黑马、黄马、枣红马虽有差别但它们都"马"，属于同一类的东西。那么"马"和"驴子"之间有什么不同、又有什么相同之处？"鸡"和"鸟"之间有什么不同，又有什么相同之处？等等。"在持久的分类活动中，有关'类'的认识就有可能不断提升。一方面，'类'越来越精细化，由此使得知识越来越精确；而另一方面，'类'也可能越来越抽象化，即归属于某些基本或根本的原因或起源。"①

从具象到抽象的思维过程，一定需要对纷繁芜杂的万事万物进行分类和归类，既要规定出其个性，又要抽象出其共性。苹果是苹果、梨子是梨子，它们都是水果。蒲公英是蒲公英、狗尾巴草是狗尾巴草，它们都是草。白杨树是白杨树、白桦树是白桦树，它们都是树。注意，在这里，"水果""草""树"是更抽象一级的概念。它们在现实中并没有直接对应的事物，是无法独立存在的，只能存在于各种具体的事物之中。进而"水果""草""树"它们之间有没有关联，有没有共性呢？随着人们科学知识的不断进步，人类对生命的分类形成了界、门、纲、目、科、属、种。从"种"到"界"则是个逐次抽象的过程，是一个从个性到共性的过程；从"界"到"种"是个不断具体的过程，是一个从共性到个性的过程。对于自然中的其他事物的认识同样是这样的。视野再开阔一点，人们渐渐地认识到植物、动物同属于生命，植物、动物、氨基酸、蛋白质同属于有机物。山、水、土地、大气等等是无机物。那么，无机物与有机物之间有没有共性呢？如果有，它是什么？现代科学和哲学将其规定为"物质"。什么是物质？一个比较普遍、通俗的说法就是：不依赖于人的意识而又能为人的意识所反映的客观实在。"客观实在性"就是人们已知的万物万事的共性，即万事万物的存在是独立自在的，是不依人的意志为转移的，是客观的。"物质"是个概念，是抽象思维的产物，是万事万物一般共性的抽象，所以说它是个哲学范畴。什么是范畴？就是最抽象意义上的概念，是对事物进行分类的依据。简单地说，概念、范畴就是对事物的本质和共性的思维规定，是人们进行认识和思想活动的前提和基本单位。比如，"早上一出门，发现下雪了。原来是从天上下的雪，而且下了一整夜，下得还很大"。在这段话里，"早上""整夜"是时间概念，"天上""出门"是空间概念，"下"是属性概念，"很大"是状态概念。就是这样一个简单现象的描述，如果离开了概念，又如何表述？如果没有语言、文字，没有在此基础上形成的概念、语法结构和逻辑推理，是很难想象的。可以试问，谁能用肢体语言来表述一下这个现象和过程呢？或许可以，但何其难哉。

从植物、动物到有机物，从山、水、土地、大气到无机物，从有机物、无机物到物质，这就是一个不断地从具象到抽象的思维过程，在这个过程中，人类的思维一方面完成了对万事万物的个性的认识，另一方面完成了对万事万物

---

① 吾淳. 中国哲学的起源——前诸子时期观念、概念、思想的发生发展与成型的历史 [M]. 上海：上海人民出版社，2015：69.

的共性的抽取，最后形成了对事物的最抽象意义上的共性的认识，这也是人类认识活动或者说思维方式最为根本性的方面。否则，人类是无法真正做到对世界万物的分类和归类，也不可能做到对整个世界的认识的。

完成了从具象到抽象的认识，人类的认识就终结了吗？当然没有，这就要讲第二点，哲学思维是对人类已有知识与思想的再认识。即哲学是对"自明性"的分析和思考。所谓"自明性"就是"不证自明"，是指人们从经验或者理性中产生的不证自明的一些知识和公理。比如，火是热的、冰是冷的；比如，平面中两点之间直线最短。然而，人类的认识结果都可能做到"不证自明"吗？一旦发出这个疑问，就开启了哲学反思的脚步。首先，人是如何获得了"不证自明"的认识？其次，"不证自明"的认识一定是不需要证明吗？第三，"不证自明"的认识一定是正确的吗？第四，如果人类不能保证自己的认识都是正确的，那么人们如何检验自己的认识结果？怎么才能验证认识结果的正确或错误呢？换言之，哲学就是要对人们已经形成的思想认识进行反思；还要对形成思想和认识的方法、原则进行反思。为什么要这样呢？原因在于人是以自己特有的方式去认识世界的，同时还以自己的方式表达认识的结果和内容，还要努力实现并保证认识结果的正确性。恩斯特·卡西尔认为，人是通过符号认识世界和表达认识的，"人不再生活在一个单纯的物理宇宙之中，而是生活在一个符号宇宙之中。语言、神话、艺术和宗教则是这个符号宇宙的各部分，它们是织成符号之网的不同丝线，是人类经验的交织之网。"① 也就是说，不同的认识方式与表达方式即思维范式所得到的对于世界的认识和理解一定是有差异的。牛顿眼中的宇宙与爱因斯坦眼中的宇宙肯定有所不同，经典物理学描述的天体运行与相对论表述的天体运动一定是有差异的。神话世界和科学世界、艺术世界和哲学世界关注的方向和内容，表达的方式和形象同样会有差别。文学家关心是的人与事的"典型性"，也就是个性，是与众不同的色彩，是不一样的烟花。哲学家关注的是人与事的"一般性""普遍性"，也就是共性，是万物统一的基础。

更何况，人类不仅要完成对"事实世界"的认识，还要完成对"意义世界"的认识与规定。人与其他生命的生存是不同的，人不仅要"活着"，还要活得"有意义"。人不仅要认识这个世界"是什么""怎么样""为什么"，还要回答这世界"应当是什么"，如何使其"当所应当"。当哲学为自己规定的任务是对"真善美"思考时，那么什么是"真善美"？什么是"假恶丑"？它们的本质

---

① 恩斯特·卡西尔. 人论 [M]. 上海：上海译文出版社，2004：35.

性的不同在哪里？区分它们的标准是什么？这个标准是主观的？还是客观的？还是主观与客观相统一的？如果是主观与客观的统一，统一的基础是什么？还需要追问这个标准是历史的还是永恒的？是普适的还是特殊的？或者是确定性还是不确定性的？等等。

由此看来，哲学思维的特点就是反思，即批判性。哲学常常会在人们自以为是的方面提出质疑，在大家都沉浸在"高唱赞歌"时提出批评，在人们以为已经盖棺定论时提出"再认识"，在大家都认为"不可能"时提出"可能性"。哲学有时候就显得这么不合时宜、不近人情，常常扮演一个"泼冷水"的角色，却是人类思想发展过程中必须坚持的气质与秉性。特别是当现实的丑恶一时无法改变时，哲学不会袖手旁观，一定会用强力的反思与批判揭示其丑恶的根源与本质，尤其世间的很多丑恶往往戴着"高大上"的面具掩饰着自己的罪恶的时候，更需要毫不留情地揭露其本质，以期给绝望中的人们留下些许理性上的希望与可能。正如孙正聿先生所说："毫无疑问，哲学的反思活动是一种观念形态的精神批判活动，它直接地表现为对'思想'的批判过程。这主要表现为揭示思想（使含混的思想得以澄明）、辨析思想（使混杂的思想得以分类）、鉴别思想（使混淆的思想得以阐释）和选择思想（使有用的思想得以凸现）的过程。"① 人类的思想和认识正是在这样的过程中得到不断的修正，从而实现持续的成长。正因为如此，我们才能够说也必须坚守：真理没有不被怀疑的特权。

这才是哲学与众不同的所在，不是人云亦云，也不是哗众取宠。不是高高在上，也不是同流合俗。不是超然物外的玄思奇谈，也不是貌似机智的心灵鸡汤。在人类的思想史上，毫无怀疑的盲从和毫无根据的质疑都曾经给我们带来过沉重的教训，遗憾的是人们往往太健忘了。在很多问题上还是不要以非此即彼的方式、必然绝对的态度进行认识和评判，虽然这是几乎每个人都能意识到的，但是要真正地做到并不是一件简单轻易的事情。哲学自其诞生之日，就以其追寻自由的精神和自由的思想，以及对自由的反思与追问，构成其思考的核心和秉性。对于人类而言，如果失去了自由，将失去存在的可能，将失去存在的意义，将失去存在的价值，甚至可以说会失去未来。对于哲学来说，如果没有自由，就不可能有真正的反思；如果没有自由，思想一定会被禁锢；如果没有自由，哲学就必然会失去存在的意义。

---

① 孙正聿. 哲学通论 [M]. 上海：复旦大学出版社，2006：101.

四、哲学关注什么？

德国古典哲学的代表人物康德以其深邃且晦涩的"三大批判"指出了哲学研究的三大内容："我是谁？我能做什么？我能期待什么？"更为通俗的表述也可以是"我是谁？我从哪儿来？我要到哪儿去？"归根到底就是一句话"人是什么？"这个追问似乎要上溯到古希腊德尔菲神庙里的一个神谕："认识你自己。"没想到的是一语成谶，从此对于人的自身的认识和追问，以及对这一切认识成果的反思与再认识就构成了哲学永恒的话题。

我是谁？需要回答的是人的自我认知。人的自我意识的形成源于人的理性能力的生成。所谓理性能力就是抽象思维能力，是以概念、判断和逻辑推理认识事物的能力，是要从个别中提升出一般，并认清个别和一般之间的关系。理性探索的是具有普遍性、一般性的东西，即事物的共性、本质和规律层面的内容。人具备了理性能力后，首先产生了自我意识，需要回答"我是谁"。这一方面说明人具有了主体意识，意识到自我与他物、自我与他人即自我与他者的不同。另一方面说明人还能够在思维中把自我区分为"主体"和"客体"，就是说自我（主体）把自我作为自我认识的对象——客体。初步地确定了对"自我"的认识与理解之后，就需要对自我存在的价值与意义，自我未来的可能性、方向性等加以思考。

我能做什么？作为一个人，来到这个世界上，是为了什么？这就是人们常常追问的"我为什么活着？"其实这个追问必须是"类"意义上的，因为对于实存的个体来说，追问"我为什么活着？"会立即获得这样的答案：因为父母生养了你，遗憾的是这之前他们无视了你的"存在"，根本没有征求你的同意。因此，在这个问题上，对于个体而言能够追问的是："（既然已经来到人间，）我应当怎样活着？"而于人类而言，追问"我（人）为什么活着？"则是要回答人与其他生命有什么根本性上的不同？人这个物种存在的价值和意义是什么？人这个物种可能的未来是怎样？个体层面与类层面上的追问共同构成对于"我能做什么"的探寻。为什么要问这样的问题呢？还是源于人的生存方式，人的生存方式是实践性的生存方式，人是有能力改变自己生存着的世界的——改变自然、改变社会、改变人自身，一句话改变存在着的现实与现存。为此需要一方面要考虑改变的对象，哪些是可能改变的；一方面要考虑改变的可能（限度），即人的能力；一方面要考虑改变的边界，即什么可以改变，什么不可以改变。因为，以人的能力而言，是可以做许多事的，况且人的能力是历史的，随着社会进步这个能力是不断拓展和增强的，古人就发出过"人定胜天"的壮语豪言。但在运用这个能力的时候，能不能克制自己的贪欲，有所为、有所不为，千万注意什么是不能随意改变的，这才是最为重要的。

　　我能期待什么？人类的生存不仅要改变实存的世界，还要创造意义的世界。对于这样的双向世界的考虑就指向了十分重要的命题——自由。卢梭说过："人是生而自由的。"①萨特认为人必须是自由的。在这里，自由意味着人这个物种来到世间有着无限的可能性也可以说是不可预测性，"人是什么"不是先定的而是后天的。自由，一方面是对必然性的认识和把握，并在这个基础上安排自己的行动。从这一点上讲，人又是不自由的，是自由与不自由之间没有终结的斗争、对抗与超越。另一方面是对人的行为的自我约束，清醒地认识到人的需要是什么，清楚地认识到如何满足人的需要是正当的合理的。更要认识到什么能做，什么不能做。要认识到自由意味着对自己负责，对自己的行为负责，对自己行为造成的结果负责。特别需要强调的是对于自由的要求还要注意到，要保证自由的合理限度，就需要认识到自由还可能意味着每个人应当拥有选择"做"与"不做"的能力和权利。结合这几个方面，自由就是在把握了世界的必然性与人的需要并清醒地认识到两者之间矛盾关系的基础上，认识到人类可能达到的高度和这个过程中人类活动的方式及其界线。当然从创造"意义世界"的角度，可以说这就是人类对于美的追求，这是一个纯粹属于人类的世界，是合规律性与合目的性相统一的层次，是"蓦然回首，那人却在灯火阑珊处"的境界。

　　以上的分析，还可以表述为这样六个方面：一是"有没有"：这是实存的吗？二是"是不是"：这是个"什么"？三是"对不对"：这个判断正确吗？四是"真不真"：经验与超验能否统一，如何统一？五是"好不好"：这是个"好东西"吗？六是"美不美"：这个"好东西"有什么意义？第一个问题即"有没有"属于本体论（存在论）问题，要回答有与无，前提是"有"；第二至四个问题即"是不是""对不对""真不真"属于认识论问题，要回答真与假，前提是"能够认识"；第五个问题"好不好"属于价值论问题，前提是"有用"，要界定善与恶；第六个问题"美不美"属于审美观问题，前提是既要"实在"，又要"有用"，要辨别美与丑。

　　具体说来，一是"有没有"：这个东西是实存的吗？思考的是事物的"有"与"无"，"存在"与"非存在"。对人的认识与活动而言，不存在的东西是没有意义的。比如，你说自己很孤单，我出个主意，你去捉个"鬼"来给你做伴。

　　二是"是不是"：这是个"什么"？即这个实存的物是什么？这里有个东

---

① 卢梭. 社会契约论［M］. 北京：商务印书馆，2003：4.

西，它是个什么东西。如，这里有个人，是位美女。三是"对不对"：这个判断正确吗？他是这个"东西"吗？如，她真的是美女吗？四是"真不真"：经验与超验能否统一，如何统一？即感性与理性、现象与本质的一致性，概念与实体的一致性。如，你认为她是位美女，你如何证明她是位美女？你如何保证你的认识——关于她是位美女的认识——是正确的。在这里需要解决如下的问题：能否认识的问题；如何认识的问题；认识结果的表达是否正确的问题；能否正确表达认识内容的问题；认识结果与认识对象能否相一致的问题。也可以把这样的认识过程概括为三层含义，第一层，对对象的认识即复制与摹写——"像不像"；第二层：对对象的本质与规律的把握——"真不真"；第三层：认识过程中的思维的逻辑——"对不对"。

五是"好不好"：这是个"好东西"吗？什么是"好的"，什么是"不好的"，标准是什么。如，她是位善良的美女。为什么说这个美女是个心地善良的美女，是个好人，好与不好的标准和依据是什么？这是一个价值判断的过程，价值判断一定是主体需要与客体属性的协调统一，这里的判断首先要以人的需要为基准，同时要兼以社会文明进步的尺度，还要考虑人与自然的和谐关系。也就是在考虑"有没有用""有多大用"的同时，兼顾他者的利益和需要，力求需要的合理性和满足方式的正当性。另外，判断的尺度具有主体性、客体性、历史性和多维性的特征与属性。

六是"美不美"：这真是个"好东西"吗？这个东西能带来快感吗？这个东西能使人愉悦吗？这个东西能让我幸福吗？如，这位美女可爱吗？招人喜欢吗？能让我快乐吗？能给我带来审美的享受？这是个"意义"的世界，基本属于精神升华的范围，是在人的生理满足之后的所特有的心理与情感满足的需要。即一事物如果是客观存在的，也是有用的，那么它对人的意义是人基于自身的需要而且是尽量地超越了直接功利性需要之后赋予的。高山大海是客观的存在，会影响到人的生活，但无所谓善恶、美丑，而人们看到后却会因为自身的体验与想象，因为自身情感需要特别是情感与思想升华的需要，或感慨、或深思、或叹息，从而赋予其人所追寻的意义和价值——子在川上曰：逝者如斯夫。

如果用哲学的流派和现有的学科来界定，对于上述问题的思考可以做这样的归类。哲学涵盖有五个研究领域，分别是逻辑学、美学、伦理学、政治学和形而上学。如威尔·杜兰特所指出的："明确地说，哲学意味着包括五个研讨的领域：逻辑学、美学、伦理学、政治学和形而上学。逻辑学探讨思维和研究的理想方法：观察和反思，演绎和归纳，假说和实验，分析和综合——这些人类活动的形式都是逻辑学企图理解和引导的；对于我们大多数人来说，这是一门枯燥乏味的学问，然而思想史上重大的事件都是人们在思维和研究方法上有所改进的结果。美学是研究理想形式或美的科学；它是艺术的哲学。伦理学研究理想的行为；苏格拉底曾说，最高的知识是关于善与恶的知识，是关于生活智慧的知识。政治学研究理想的社会体制（并非如有人可能设想的那样，是研究攫取并保持政权的艺术和科学）；君主政体、贵族政体、民主政体、社会主义、无政府主义、男女平权主义——所有这些都是政治哲学戏剧中的人物。最后，形而上学（它招致极大的麻烦，因为它并不像其他的哲学形式那样，企图按理想的模式来协调实际的事物）研究所有事物的'终极实体'：研究'物质'的根本属性（本体论），研究'意识'的根本属性（哲学心理学），研究感知和思维过程中'物质'和'意识'的相互关系（认识论）。这些就是哲学的组成部分。"①

我们还可以将哲学按照人们对其研究对象的不同理解和关注，做出如下的分别：本体论说，世界观说，普遍规律说，认识论说，存在意义说，语言分析说，精神境界说，文化批判说，文化样式说，实践论说等等。这样的分类就有点过于个性和琐碎了。这样的分类与其说是研究对象的不同，不如说是关注角度和研究方式的区别。不过，这样的分类有助于开拓人们对于哲学的理解，意识到哲学思考范围和对象的广阔与深远。当然，可以肯定的方面就是，哲学必须是对"真善美"的研究和思考。真——"我是谁？"研究人的主体性和认识问题，即谁是主体？谁在认识？认识什么？如何认识？是否正确？怎样证明？善——"我能做什么？"研究人的行为问题，即人能做什么？并且在能力的范围内思考应当做什么或不应当做什么？美——"我能期待什么？"研究人的存在意义问题，即在满足了人的生存需要之后，人还需要什么？还能要求什么？

五、为什么这样定义哲学？

这样定义哲学其实仍然是源于人的生存方式或者说是人的存在方式及其与生存的世界的关系。要说明这一点，先要看看人类生存的世界是怎样的。人类生存的整个世界——自然、社会——究其实质讲是一个竞争世界。竞争是世界变化的动力之源和基本手段，竞争的法则是优胜劣汰或者说是"赢者通吃"，竞争的运行机制就是大家非常熟悉的"物竞天择，适者生存"。无论对于自然界也

---

①　威尔·杜兰特. 哲学的故事（上）[M]. 北京：生活·读书·新知三联书店，1997：4-5.

好还是对于人类也好，竞争首先是必然存在的现实，而且是个好东西。竞争保证了事物的进步和发展，竞争保证了付出了就可能会有回报，竞争保证了努力与不努力会有不同的结果和境遇。遗憾的是人们往往对竞争有一些理解上的偏颇，比如说有个出自 360 百科的解释就说：竞争是指每个参与者不惜牺牲他人利益，最大限度地获得个人利益的行为，目的在于追求富有吸引力的目标。这其实是对竞争的片面的理解，其关注点在于不仅强调了竞争手段可能存在的不正当性，同时强调了竞争可能造成的消极后果，但却忽视了竞争存在的必然性和必要性。世界的本来面目是：在自然世界里，各个物种如果没有竞争就很难面对和适应自然的选择，就无法满足生存与演化的需要。在人类社会中，如果没有竞争，没有对努力付出的成功者以获胜的奖励，社会的发展就会丧失前进的动力。在人与人之间，如果没有竞争，人们就可能不思进取、安于现状，社会就会失去进步、上升的活力。如果没有竞争，人与人之间的不平等、社会中的不公平就有可能固化。对于大学生来说，如果没有竞争，还有什么必要和需要上大学？更不要说什么读研、考博啦。因为竞争的必然性和不可逃避，才提倡人们努力奋斗，正所谓没有奋斗就不可能有成功，当然还要看到奋斗了不一定就成功。努力和奋斗是成功的必要条件，但不是充分条件。另外，我们说自然选择是残酷的，这是基于人的立场的判断，其实对于自然万物而言无所谓应当与不应当，也无所谓合理与不合理，自然的本来面目就是如此。不过，对于人类社会而言，竞争的情况就复杂得多，特别是随着社会文明程度的不断提高，人们不仅需要竞争来激励斗志、实现进步、达成目标，而且希望对竞争的手段、过程和结果加以适度的调节。这就是说，第一，竞争的手段必须是正当的，必须遵循道德、法律和公序良俗的规制。特别是不能把自己的成功建筑在对他人或社会利益肆意侵害的前提上。第二，竞争的过程必须是正当的，这里包括起点公平、过程公平和规则公平。在今天，之所以强调教育公平就是希望给予事实上还存在不平等的社会中的每个人以可能拥有大致相同的奋斗条件和前提。规则公平是对"潜规则"的拒斥，是实质公平得以实现的必要前提。第三，竞争的结果须是合理的、可调节的。竞争的直接结果当然是"优胜劣汰"，在自然世界中这一点无可厚非，但在人类社会中则必须要加以调适。人类社会越进步，越会考虑对于失败者的合理保护。比如罗尔斯的"无知之幕"设计就是这样的考量，即承认每个人的能力和努力以及出身、机遇的不同，对于弱者的权利加以适度的必要的照顾。也就是说人类社会不能简单地运用"丛林法则"，不能讲也不能做失败者就该被淘汰的事，我们往往需要去"拉兄弟一把"。不过，在人类历史相当长的时期里这种结果的调整往往是通过暴力、流血、杀戮、灭绝、改朝换代来实现的，我们为此付出的代价太沉重、太惨痛了。所以马克思才深刻地反省道："只有在伟大的社会革命支配了资产阶级时代的成果，支配了世界市场和现代生产力，并且使这一切都服从于最先进的民族的共同监督的时候，人类的进步才会不再像可怕的异教神怪那样，只有用被杀害者的头颅做酒杯才能喝下甜美的酒浆。"①

那么，人的生存方式或者说是存在方式是怎样的呢？用马克思的话就是：实践是人的存在方式。什么是实践？是人能动地改变世界的感性、对象性活动。这种生存方式与其他生命有着根本性的差异，差别就在于自然中的其他生命在自然选择中往往是通过改变自身来适应自然、满足需要、繁衍生命的。非洲大草原上的羚羊出生后几个小时就能够奔跑、跳跃，秃鹫能在数千米的高空发现地面的腐尸，这是自然长期进化选择的结果，也是人类所不具备的能力。人类适应自然、满足生存需要的方式主要地不是通过改变自身的生理机能和结构，而是通过制造和使用工具。如果说其他生命是改变自身满足生存，人类则是改变世界满足自己；如果说其他生命是从自然中"获取"满足需要，人类则是从自然中"创造"来满足需要。通过制造和使用工具创造出人的生存所需要的各种条件，满足人类不断变化和增长的形形色色的需要。如果单单只靠人的自然生理能力是很难适应自然的严酷选择的，更不要说完成登上月球、深入马里亚纳海沟等等之类的活动。所以马克思才说："一个种的整体特性、种的类特性就在于生命活动的性质，而自由的有意识的活动恰恰就是人的类特性。生活本身仅仅表现为生活的手段。动物和自己的生命活动是直接同一的。……人则使自己的生命活动本身变成自己意志的和自己意识的对象。"② 原来，实践才是人的存在方式，在实践中人们不仅满足着生命基本的需要，而且改变着这个世界；不断拓展生命存在的内容和方式，获得生命的本质、价值和意义；在实践中追求和实现的是人的自由。

这种生存方式使得人不仅要超越自然、还要超越社会群体和自身。人通过实践这一主动性、创造性的活动改变世界（自然、社会、人自身），满足需要，获得幸福；人通过实践这一主动性、创造性的活动实现自我、丰富自我、发展自我，获得本质；人通过实践这一主动性、创造性的活动超越束缚、拓展可能、实现理想，获得自由。人的需要的满足不是守株待兔式的，也不可能是懒汉吃饼式的；每个个体生命的内容取决于自己的活动和努力，靠做梦是不可能实现

---

① 马克思恩格斯文集：第 2 卷［M］．北京：人民出版社，2009：691.

② 马克思 .1844 年经济学哲学手稿［M］．北京：人民出版社，2000：57.

理想的自我的，你之所以是"这样的一个人"源于你自己的行为，正是在这个意义上讲：我命由我不由天；在这里人通过自己的努力不断地打破自然、社会和自身的束缚，不断地开拓可能性的空间，不断地实现做自己想做的事，实现自己向往的生活，从而不断地获得自由和不断地追求更大更多的可能与自由。因此，人的本质是自由的，这是由人的实践性生存所规定的，实践活动的本性是不断地改变和创造而不是简单地顺应和依从。也就是说，自由是人的生存本性，是人之所以为人的根本表现与确证。劳动者理应也必须是自由的，马克思对资本条件下劳动力自由的局限性进行了深刻的批判，不断冲破资本、权力等外在束缚的劳动者一定是趋向自由的，任何违背人的自由本性的事物都是注定要被历史淘汰的。社会的进步不仅要不断开拓自由的空间与可能，最为基础性的是必须体现在尊重每个人自由选择的空间——做或不做由自己做主，体现在给予每个人更多的自由发展的可能性与空间。如果忽视了这一基础，自由可能会是危险的。就可能以种种看似合理正当的理由，以某种"群体"的名义，甚至是"圣人"的尺度，对每个个体加以越来越多的要求和约束。同理，只有使得每个人拥有真正的自由，人们才能真正地为自己负责、为自己的行为负责。只有使得每个人拥有真正的自由，人们谈论尊严、价值和意义等话题才变成为可能，并且获得切实的意义。只有使得每个人拥有真正的自由，人们才能出于自我提升的需要和自律的要求构建自己的道德操守，因为德行的培育是源于个体内在的需要，而不是外在的强制。无论社会公德、职业道德、家庭美德、个人品德概莫如此。换言之，跪着的奴隶人格如何培养自尊、自爱、自强？如何培养德行、自律和追求高尚的操守？没有自尊何以谈自律？没有尊重何以谈感恩？没有自由何以谈道德？

在实现人的本质、价值和生存意义的过程中，每个人都要能够对自己的行为负责，负责的前提是每个人的行为都是个体自由地自主选择的结果。在这里，每个人不仅要实现自我的价值，还要实现他者——他人、集体、社会——的价值，实现个体与个体、个体与群体之间价值的调和与一致。不过这里需要纠正的是一种流行已久、貌似合理的说辞——大河流水小河满，真相应当是小河流水大河满。不积小流无以成江海，小河才是汇聚成大河的前提，而不是相反。在我们各类的教科书中往往把整体与部分的关系等同或类比为系统与要素的关系，提出整体居于主导地位，整体统率着部分；部分处于被支配的地位，部分服从和服务于整体，并以此作为个体服从群体，群体利益高于个体利益的理论依据。这一分析整体与部分关系的理论范式似乎有着简单化、绝对化的倾向，而且从逻辑层面上看，整体与部分的关系同系统与要素的关系有着根本性的差异。系统思想提出，一个系统（事物）总是有各个要素组成的，该事物的状态、功能、性质是由要素的组成结构所决定的，这就是所谓"结构决定功能"。在一个系统中，任何要素都是不可或缺的，各要素按照一定的结构组成一定的系统。例如，人体作为一个系统由八大子系统组成，缺少其中任何一个子系统人都不可能是一个完整的生命体，甚至会危及生命本身。在整体与部分的关系中，情况则发生了变化，整体是由部分组成的，一方面整体具有部分所不具有的功能，另一方面其中个别部分的缺失并不一定影响整体的存在和功能，而且部分同样有着不同于整体的存在自在性和存在价值。比如在一个集体中，首先，集体是由众多的个体组成的，没有众多的个体也就无所谓集体，个体是集体得以产生和存在的前提，然后集体的产生与存在能够更好地服务于个体的存在和发展（实际情况是并不是所有的集体都能够做到这一点，只有良性运行的集体才可能具备这一功能）。其次，集体能够实现个体难以完成或无法完成的任务（恰恰是在这个意义上，形成了整体），为了这一目的，个体需要服务服从于整体，从而通过整体的力量（必须也是必然地包含着个体的努力）实现个体无法实现的目标。再次，个体同样有自身存在的目的和意义，并且某一或部分个体在一定情况下脱离了特定的整体不仅仍然能够存在，而且整体也不会因为这个或部分个体的缺失而陷入崩溃。之所以强调这一点的原因在于，要永远把人当作目的，而不是手段，努力达成每个人的自由的发展。说白了就是把人当人，而不单纯是实现某种目标的工具。尽管在实现社会进步的过程中，往往还不得不把人当作手段，但这绝不是应当如此的依据，事实上恰恰是随着社会的进步需要不断否定和超越的部分。只有实现了这一点，只有保证和实现人的自由，只有这样生存的人才是真正大写意义上的人。也正因为如此，西方中世纪的哲学家们面对万能的上帝，始终不放弃并坚称人是具有自由意志的。

在实现人的本质、价值和生存意义的过程中，首先要实现个人存在的价值与意义。如果没有这个前提，社会的进步就会与个体无涉，社会的进步也就失去了其根本的目的与意义，进而这样的进步与个体也毫无关系。其次要实现个体成长与他者进步的同向和一致，这是一个相互促进、相互支持、相互满足的过程与内容。特别是要防止将个体或某些群体的利益无限制地置于他者之上，甚至不惜损害他者的利益满足自身。人的价值、本质与自由即存在的意义与内容不是先在的，但却是被人的存在方式即实践所规定着的，又是在人的存在方式即实践中去实现着的。这是一个漫长的持续的过程，伴随着人类进步的始终，也伴随着每个人出生、成长的始终。任何理论、任何主张、任何思想、任何主义只要是宣称是为了人而创立的，就不可能回避或无视这个问题。

正是这样的考量，哲学或许能够助力人们思考做什么样的人、怎样做人。在这个层级上哲学或许能够帮助人们理解生存的价值与意义是什么，理解人为什么活着，需要怎样活着，应当怎样活着。记得爱因斯坦说过："仅凭知识和技巧并不能给人类的生活带来幸福和尊严，人类完全有理由把高尚的道德标准和价值观念的宣道士置于客观真理的发现者之上。"① 对于人类而言，仅仅是做实然性思考是远远不够的，没有应然性的分析，人类的行为和目标往往会出现难以忍受的重大偏离。不要忘记人类的活动始终是要用"意义"加以"研判"的。归根到底，哲学是教我们努力地做一个无论到哪里都能给人们带来快乐的人，而不是一个只有他离开了人们才会感到快乐的人。当然也不是给所有的对象都带去快乐，面对权力和小人我们无须如此。这其实是一个十分高大上的、又十分接地气的标准。孔子希望人们眼中的自己是这样一个人："老者安之，朋友信之，少者怀之"同样是这个道理。看似充满温情，其实充盈着理想与追求。事实上，很多理想化的目标是需要在现实中去切实地实现的，一是有实现的可能，二是需要努力践行。回首一生，如果能够达到这样的层次，还有什么不能释怀呢？因为人生价值的衡量不仅仅在于其长度，更在于其所作所为带来了什么。

这样界定哲学，你满意吗？苏格拉底对他的学生说过：别在乎你的哲学老师是好是坏，只思考哲学自身，那么你就会通情达理了。还是让我们一起去领略哲学的魅力吧！

---

① 杜卡斯·霍夫曼. 爱因斯坦谈人生 [M]. 北京：世界知识出版社，1984：61.

第二讲

人的出现

哲学是人所创立的知识体系，没有人的思想和认识活动无所谓哲学，哲学是人的哲学。人类在漫长的进化过程中，是什么时候产生了哲学，怎么产生的哲学，为什么会产生哲学，对这些问题的回答需要追问、反思。为此，或许要简单地说明一下人类的起源，探讨一下人这个高级动物独特的思维能力和方式包括认识世界的能力和方式、表达认识的能力和方式，也包括人类的认识能力和认识方式产生的历程。换言之就是，人类是怎样认识、理解和解读世界的，人类认识的终极目标是什么？人类为什么要认识世界，人类解读方式世界的方式是怎样的？这一切是怎么形成的。当然要思考和回答这样的问题，首先要简略地谈谈人类的起源。

一、人类的进化

地球形成于约 46 亿年前，大约 38 亿年前才出现了原生单细胞生物——最早的生命，随着生物不断地从低等生命向高等生命进化：从微生物进化到原始植物，再进化到无脊椎动物，继而进化到脊椎动物。然后是两栖动物、爬行动物，接着是鸟类，最后是哺乳类动物。一般生物分类为界、门、纲、目、科、属、种。人属于动物界，脊索动物门，脊椎动物亚门，哺乳纲，灵长目，人科（裸猿科），人属，智人种。

如果把地球约 46 亿年的历史浓缩为一天即 24 小时，其中 1 秒约等于 53240 年。那么灵长类动物的出现是 23 点 57 分，直立人的出现大概在 23 点 58 分，直到最后一刻即 23 点 59 分 58 秒左右现代人类——智人出现了。人类是自然选择与进化的产物，是从普通的类人猿进化而来的。目前考古学界关于人类起源的时间、地点、路线等方面还有许多争议，一般认为人类的起源地是在大约 400 多万年前的非洲东部和南部的热带草原上，也有学者认为在 600 万年前。在起源地上，多数人坚持"非洲起源论"，认为最早的人类起源于非洲，之后走出非洲，迁徙到亚洲、欧洲、美洲和大洋洲。也有学者主张"人类多地域起源说"，认为早期人类是在世界的许多地方独自起源和进化的。从进化的路线上讲，人们过去曾经以为远古人类的进化是线性的。从"匠人"发展到"直立人"，从"直立人"发展到"尼安德特人"，从"尼安德特人"进化到"智人"即今天的我们。而实际上，地球上不是只有单一人种而是曾经有过不同的人种，根据《人类简史》的看法，从大约200万年前到大约1万年前为止，整个地球上同时存在多种不同人种，而不是只有我们这一种人。"从整个历史来看，过去多种人种共存其实是常态，现在地球上只有'一种人'，这才是异常。"① 相信随着考古理论与技术能力的不断进步，今后一定会有更多的新证据出现，也会有新的认识和观点产生。

在这里讲人类的起源和进化主要是想分析一下这样几个问题：一是直立行走；二是制造工具；三是火的使用。然后谈谈语言和文字的出现。

(一) 直立行走

早期人类如何实现直立行走在学术界还是个没有定论的热门话题，但直立行走一定是新的、人类这个物种出现的标志。学术界有认为直立行走是环境变化的结果，有认为直立行走是基因突变的结果，有认为是长期演化的结果。当然，能不能在这个问题上不要总是"非此即彼"，可不可以"亦此亦彼"，就是说直立行走是环境变化、基因突变和长期演化等多重因素共同作用的结果。"1973年，科学家在东非的埃塞俄比亚一个考古现场发现了一具最古老的人类骨骼化石，距今320万年，因为他们进行发掘时正在收听一首摇滚歌曲，歌里的女主角叫露西，正好这具骨骼化石也是一位女孩，大家就把新发现的化石命名为露西，这位露西后来名扬天下，她死的时候只有12岁，个子不高，才1米左右，但从她的骨盆判断，她已经生过孩子，露西也被称为'人类的祖母'。从露西的骨骼化石判断，她已经可以直立行走，主要是三个重要特征：第一个重要特征是足弓。第二个重要特征是巨大的膝盖骨。第三个重要特征是骨盆。"② 而且古人类骨骼化石的发掘不断地证明直立行走的年代比露西还要久远，目前的结论是440万年。但是迄今为止人类发现的最早的旧石器时代的石器工具才250万年，也就是说，人类直立行走比学会制造工具至少早了100多万年以上。无论如何，直立行走对于人这个物种而言有着极为重要的革命性的意义。为什么这么说呢？

---

① 尤瓦尔·赫拉利. 人类简史——从动物到上帝 [M]. 北京：中信出版集团，2017：7-8.
② 史钧. 疯狂人类进化史-解读1：我们再也爬不回去了 [R/OL]. (2017-09-07) [2022-2-12]. https://zhuanlan.zhihu.com/p/29141427.

直立行走改变了这个新物种"看世界"的方式，从"趴着看"到"站着看"，这就更容易扫视整个草原：观察环境，发现敌害，寻找食物，看到同伴等等。在茂密的草原上直立行走扩大了这个新物种观察世界的视域，这是爬行动物所无法具备的优势。人类没有复眼这种全方位、几乎无死角的视界，人单眼的水平视角最大可达156度，双眼的水平视角最大可达188度。人两眼重合视域为124度，单眼舒适视域为60度。直立可以让人比较轻松地转动头颅和身体从而观察身体的左右、后方和上方，同时获得更加丰富的信息，直立行走还使得后来人们仰望星空可以更加方便自如，就抬头望月的能力来说人还是比爬行动物强得太多，以后哲学的产生与仰望星空是有密切关系的。更加大量的信息获得和有效信息刺激对于直立人的大脑发育具有十分重要的作用，通俗点讲就是因大量的信息获得和信息刺激使得直立人会变得越来越聪明，同时脑容量也会变得越来越大。进化论学者海克尔曾经提出了"生物重演律"：生物个体的胚胎发育史实际上是种族进化史的简单而迅速的重演。在今天人类的婴儿发育的过程中，可以看到这样的情况：当婴儿能够直立行走后，智力的进步曲线会呈现出一个"跃迁"现象。聪明很大程度上是后天学习与刺激的结果，而不仅仅是遗传。人工饲养的猴子、猩猩通常要比野外生存的同类聪明能干，这里的原因就是在人工饲养的状态下，人们常常给它们设置难题，逼着它们不得不动脑子。

直立行走改变了这个新物种的行为方式。只有双腿负责行走，这就解放了前脚（慢慢进化为双手），也就是说手脚开始了分工。前肢从此可以承担更加多样复杂的工作，"空闲"下来的双手可以去制造和使用工具，可以拿起武器打击敌人、抵御猛兽保卫自己，可以打手势表达和传递信息，特别是可以表达爱恨情仇，可以采摘、捡拾各种物品和食物，可以拥抱爱人怀抱孩子，可以握紧双手打击对手，可以捡、可以抓、可以握、可以扔、可以捏、可以挑、可以掐、可以拧、可以抚摸、可以拥抱……可以比爬行动物做太多太多的事啦。直立行走可以更充分地展示身体的美，甚至改变了这个新物种"做爱"的方式，在哺乳动物里大概只有人才能做到面对面的"爱爱"吧，并且使得性交不再仅仅是生理本能意义上的，而且是情感、心理和精神意义上的。所以对其他动物的性交我们常常用"交配"，而对人类的性活动则冠之以"性爱"（尽管不是所有的性行为都有爱或都要建立在爱的基础上）。"手能做的事情越多，可以说人就变得越厉害；于是人的演化也就越来越着重神经发展，也不断对手掌和手指的肌肉做修正，能够处理非常精细的任务，特别是能够生产、使用复杂的工具。最早有证据证明人类开始制造工具，大约可追溯到 250 万年前。"① 而手的发育、神经系统的进步对于脑的发育和进步同样具有相互推进的作用。一方面是"心灵使手巧"，另一方面是"手巧心更灵"，这是一个互动的进程。

直立行走使得这个新物种能够更好地适应改变了的环境，能够承受热带草原上阳光的暴晒。原因在于直立行走后，身体受热（太阳直射）面积变小；直立行走后，上身受到地面上蒸腾起来热气的影响也会随之减少。直立行走使得这个新物种能够在移动自己的时候节省更多的能量，据科学家研究表明，人类使用两条腿行走消耗的能量只有四肢着地行走的黑猩猩的四分之一。当然直立行走与其他爬行动物相比较，速度是下降了许多，这就是我们在遛自己的宠物时，常常被它们"遛"的原因，更不用说那些大型的食肉动物。幸亏人"站起来"了，手中不仅有棍棒和石头等武器，直立行走还使得人具有了长时间持续奔跑的能力，短时间短距离"我"跑不过"你"，长时间长距离"我"跑死"你"。长时间地、不间断地追赶是早期人类捕获猎物的重要手段，少有哪种动物能经得起不间断的长途奔跑。当然如果在五六百米的距离内"你"可以摆脱猎豹的追击，那么猎豹就不太可能再去追赶你，注意这里说的是可能。很可能是为了给长时间奔跑的身体更好地降温，我们逐渐地脱去了浑身飞扬的毛发，露出了光滑而富有弹性的皮肤，在非洲一望无际的草原上疯狂地裸奔。

还有一点至关重要，从力学的角度讲直立行走使得我们可以支撑更大的头颅，我们的近亲黑猩猩的平均脑量是 400 毫升。成年"能人"的脑量为 800 毫升左右。现代人的平均脑量约为 1400 毫升，约占体重的 2%-3%。人脑有超过 800 亿个神经元和 1000 万亿个突触，消耗着人体 20%-25% 的能量。要支撑这么重而大的脑袋，"爬行"显然有点困难了，面对即使是同样的重量，"托拽"与"上举"相比所付出的力量是有较大差异的。这么重而大的脑袋意味着，动物往往只能适应一种生存环境，"而人类，决不是只适应一种环境。人类靠自己的大脑，而不是自己的身体，能适应任何环境"。②

对于这个新物种来说，众多的改变都是直立行走所带来的，直立行走改变了这个新物种"看世界"的方式，改变了这个新物种的行为方式。直立行走使得这个新物种能够更好地适应改变了的环境，还能够一点一点地创造新环境，直立行走使得这个新物种能够在移动自己的时候节省更多的能量。这一切的改

---

① 尤瓦尔·赫拉利. 人类简史——从动物到上帝 [M]. 北京：中信出版集团，2017：9.

② 斯塔夫里阿诺斯. 全球通史——从史前史到 21 世纪（上）[M]. 北京：北京大学出版社，2006：5.

变都源于"直立行走"。在它所带来的结果中可能脑容量扩大、解放双手进而能够制造和使用工具是最为重要、最为关键的两大因素,这两大因素与直立行走共同构成人类的优势所在,并最终使人类区别并超越了几乎所有的其他动物。因此,其他生命创造的自然史,而人类创造的是文化史。

不过什么事情都是一分为二的,这个新物种为直立行走承担的代价同样是巨大的。为了实现"站起来"的人类"进化梦",人类不得不"改造"脊柱和骨盆,之后造成了腰椎间盘突出、膝关节和踝关节的病痛,特别是脚更是负担着全身的重量。人类原来是爬行的,直立行走导致心脏负荷一下子加大,四肢爬行动物患高血压病的现象十分罕见,但是在灵长类动物——猿和人中则十分普遍。"直立行走直接提高了大脑的高度,导致大脑极易缺血,而要加强供血,心脏负担必然随之增加,使得人类易患心血管疾病。同时由于长时间站立,使得肛部血压增加,血液很难回流,从而引发了一种只有人类独有的疾病——痔疮。四肢爬行时,动物内脏都是平放的,现在由于直立,五脏六腑都被吊了起来,结果各种内脏受到重力作用造成各种下垂,如:胃下垂、肾下垂、小肠下垂、子宫下垂等。人类已知的自身疾病有13000多种。"① 这一切都与基因演变、物种进化息息相关。

直立行走"这点对妇女来说造成的负担更大。直立的步行方式需要让臀部变窄,于是产道宽度受限,而且别忘了胎儿的头还越来越大。于是,分娩死亡成了女性的一大风险。而如果早点生产,胎儿的大脑和头部都还比较小,也比较柔软,这样母亲就更有机会渡过难关……自然选择就让生产开始提前。与其他动物相较,人类可说都是早产儿,许多重要的器官发育都还不够完善。看看小马,出生没多久就能开始小跑;小猫出生不过几周,也能离开母亲自行觅食。相较之下,人类的婴儿只能说没用得很,许多年都得当个啃老族来被抚养、保护和教育。"② 为了兼顾直立行走的需要。女性骨盆的结构既要使直立行走成为可能,又能够让宝宝通过产道,就必须在两种需求之间取舍平衡。结果是,臀部变窄,女人骨盆变小,产道严重变窄,虽然还算管用,但只是勉强将就。同时,大脑的不断进化,脑容量的不断加大,使胎儿头部变大,更使得女性的生产成为几乎所有生物中最困难最危险的事。分娩对所有的妇女来说,都是一场严酷的生死考验,因为它意味着剧痛和死亡。直到100多年前,分娩一直是育

---

① 史钧. 疯狂人类进化史-解读3:直立行走带来的好处与烦恼 [R/OL]. (2017-09-30) [2022-02-12]. https://zhuanlan.zhihu.com/p/29824442.

② 尤瓦尔·赫拉利. 人类简史——从动物到上帝 [M]. 北京:中信出版集团, 2017:9.

龄妇女的头号杀手。

直立行走使所有人类的婴儿都不得不成为"早产儿",人类新生儿的脑量只有成年人的三分之一。"根据与其他灵长类对比得出的一项简单的计算结果显示,智人的平均脑量为1350毫升,按计算其妊娠期应该是21个月,而不是实际的9个月。"① 这并不是母亲不负责,原因就在于直立行走导致女性骨盆变窄,"当新生儿的脑量达到现在的385毫升时,骨盆开口就已经达到了上限。"② 再不出生就生不出来了,人类的婴儿可不能做哪吒。这同时造成了人类独特的生长发育曲线,人类出生后,脑容量还要有几乎是出生时3倍以上增长,才能拥有正常的脑容量。同时,婴儿要经历一个比较长时期的成长期,在此期间是无法自立的。另外,从儿童期到成年,人类在生长突增期身材尺寸增加大约25%,③ 在婴幼儿眼中,成年人几乎都是巨人。当然在成年人眼中,婴幼儿都是不折不扣的"啃老族"。要知道非洲赛伦盖蒂草原上的角马出生5分钟内就必须能够站立进而奔跑,否则就很可能成为狮子、猎豹等天敌的美餐。

需要说明的是并不是所有的直立人都进化成为了现代人类,谢天谢地谢苍生,今天的智人的成功可能是一件非常偶然且幸运的事件。

（二）制造工具

人能够使用工具,人能够使用和制造工具,人能够使用和制造工具并且还能够制造"制造工具的工具"。在这个三级跳中,人把所有的动物包括能够使用和制造简单工具的动物抛在了自己的身后,目前还不知道地球上有哪种动物能够对此不服气并提出异议。人类的祖先曾被命名为"能人",其含义就是"手巧的人",即这个物种能够制造工具。

"黑猩猩能熟练使用工具,用枝条钓蚂蚁,用树叶做勺子,用石头砸开硬壳果。但至今为止没有人在野外见过黑猩猩制造石器。而人类在250万年前开始用两块石头碰撞,以制造边缘锋利的工具,从而开启使用一系列技术的人类史前时代。小石片是最早的工具,它是通过两块石头相互击打而制得的。石片长约12.5厘米,非常锋利,它看似简易,但有很多用处。"科学家们发现,"石片上有各种用于割肉、砍树或切割草类等较软植物而引起的擦痕。"④ 运用石头制造石片,今天的人们往往以为这是一项十分简单的技能,然而当人们试图制

---

① 理查德·利基. 人类的起源［M］. 杭州：浙江人民出版社, 2019：62.
② 理查德·利基. 人类的起源［M］. 杭州：浙江人民出版社, 2019：63.
③ 理查德·利基. 人类的起源［M］. 杭州：浙江人民出版社, 2019：61.
④ 理查德·利基. 人类的起源［M］. 杭州：浙江人民出版社, 2019：49.

造出石器时代的工具时才发现，想要成功地制造出这样的工具是有相当的难度的。人们以为用两块石头相互猛击就可以做出原始人类所制作的石片，不过，"石器并不是那样做出来的。毫无疑问，早期工具制造者具备超出猿类的心智能力，制造工具需要靠运动能力和认知能力的相互协调。""为了提高制作效率，打石片的人必须选择一块形状合适的石头，从正确的角度进行击打，这个动作本身只有通过多次实践，才能将适当力度的力施加于正确的地方。"①

　　使用工具，制造和使用工具进一步地持续地改变着原始人类的生存方式。原始人类在最初长达数百万年的时间一直位于食物链的中间位置，他们较少猎杀大型动物，还要时刻提防肉食动物的威胁。维持生计主要靠采集植物的根、茎、果实，挖、捉昆虫，猎杀小动物，还有就是寻找大型肉食动物吃剩下的肉或骨头，幸运的时候可能会捡到濒死或自死的动物。工具的制造和使用，特别是越来越先进的工具的制造和使用，加上团队的合作，以及后来火的使用，使人类跃上了食物链的顶端。这其中很重要的原因在于，人类的进化中自身的自然力量并没有质的飞跃，相反在很多方面反而在退化。逐渐后缩的吻部，使得人类的牙齿的撕咬能力大幅下降，甚至很难咬开野兽厚厚的皮。"当祖先发现了制造锋利石片的诀窍时，人类史前时代便有了一次重大突破，即人类突然得到了以前可望而不可即的食物。小小的石片是一种很高效的工具，除了那些极其坚韧的兽皮之外，能切开其他所有的兽皮，使兽肉暴露出来。制造和使用这些石片的，无论是猎人还是拣食残尸者，都能让自己获得一种全新的能量源——动物蛋白。"②

　　不过，直立行走虽然改变了人类，但缺点也是显而易见的。在广阔的草原上，直立更容易被猛兽发现，甚至成为空中猛禽的美餐，著名的汤恩小孩就是死于鹰爪。直立行走虽然使人类具有了长时间长距离奔跑的能力，但奔跑的速度却下降了，不幸的是非洲草原上所有能对人类造成威胁的食肉动物，人类几乎都跑不过。跑不过怎么办？使用工具，制造和使用工具，制造和使用越来越精良的工具以获得食物、保护自己、抵御侵害……一句话，想方设法地"活下去！"除此以外，还能有别的什么办法吗？

　　今天的研究基本已经证明，人类制造工具和运用语言源于同一种大脑活动，这种活动都要受到目的的驱使，都要有预期的目标，都要有为达目标而进行的过程的思考，即对活动和思维的过程进行预判与设计，然后形成活动或思想的

---

① 理查德·利基. 人类的起源 [M]. 杭州：浙江人民出版社，2019：51.
② 理查德·利基. 人类的起源 [M]. 杭州：浙江人民出版社，2019：53-54.

最终意图，进而指导人们的思想与行为活动。在制造工具的时候，在头脑中人们已经预先有了工具的样式，人们已经知道了用什么样的材质才可以制作出想要的工具，知道了借助什么工具、用什么样的方法制作所想要的工具。即我需要什么样的工具，用什么制作工具，怎么制作出工具。这里一定需要具有想象的能力、空间的感知能力、运动能力、认知能力、并且将这些能力统一起来的能力。

　　使用工具，使用和制造工具，使用和制造工具并且还能够制造"制造工具的工具"，这一切一定不是生命本能可以达到的能力。它是"人"——这个物种特有的能力，是在"人"——这个物种长期进化中持续拥有和不断发展的能力，直到今天人类仍然是在工具层面生存的，是在工具和技术中获得生存的，没有工具和技术就没有人类，可以说技术和工具是人的生存方式之一。工具背后一定是人的认识——是什么，为什么，怎么样；人的技术与技艺——能不能做，怎么做，如何做；人的知识体系——概念、判断、推理和构成知识的逻辑规则。这些，后来就成为哲学所探讨的主体与客体、已知与未知、发现与发明、技术与科学、知识与能力、思想与原则等等问题。工具与技术的变迁成为了人类历史划分的标准之一：旧石器时代、新石器时代、青铜时代、黑铁时代、蒸汽时代、电气时代、信息时代等。恩格斯特别指出使用和制作工具的劳动是从猿到人转变过程的主要推动力，同时反复强调了使用和制造工具在人类形成过程中的地位和作用，提出制造工具是人类特有的劳动产生、人类形成和人类社会出现的标志。在《自然辩证法：劳动在从猿到人的转变中的作用》一文中，恩格斯认为："劳动创造了人本身"。"劳动是从制造工具开始的。"制造和使用工具使猿的前肢演变成了人的手，"手不仅是劳动的器官，还是劳动的产物。"在劳动中，人类开始形成语言，"语言是从劳动中并和劳动一起产生出来的。"劳动和语言一起推动猿脑变成人脑，"首先是劳动，然后是语言和劳动一起，成了两个最主要的推动力，在他们的影响下，猿脑就逐渐地过渡到人脑。"劳动使人猿相揖别，"人类社会区别于猿类的特征在我们看来又是什么呢？是劳动。"劳动是创造性的活动，而不是生命本能的活动，劳动能力的获得与提升更多的是后天的学习而不是先天的遗传。

　　（三）火的使用

　　火是人类利用的第一种能源，是人身之外的能量，火的使用在人类的进化过程中同样具有不可替代的重要价值。与自然界中绝大多数的生命不同（除了飞蛾扑火的勇敢，一般的动物对于火都是敬而远之的），人是主动地使用并保存火的。它的使用大大地改变了原始人的生活方式和内容，提升了原始人的生活质量，更是开辟了人类进化的新篇章。在许多民族的神话故事和传说中都有关于火的描述，而且火往往被赋予特殊的意义。最为大家所熟知的是古希腊神话中普罗米修斯为人类盗取天火的故事，中国古代传说中的圣人——燧人氏也是因为教习人们"钻木取火"而载入史册。可以想见，火的使用对于原始人的影响一定不仅仅是物质意义上的，还会有认识、心理等精神意义上的，因为原始人使用"火"一定会经过观察、判断、分析、决断和行动这些过程。

考古发现，生活在距今 170 万年前的云南元谋猿人可能已经开始使用火，生活在距今约 70 万年至 20 万年的北京猿人生活的洞穴中发现的用火遗迹，不仅证明北京猿人能够使用火，还表明北京猿人已初步掌握了火的保存方法，具备了控制火的能力。不过人工取火是后来智人才能做到的。原始人使用火大体应当经历了三部曲，第一步是从自然中获得火种加以利用；第二步是逐步摸索到保留火种的方法，能够持续地用火；第三步是发明了人工取火的方法，并不断改进之。在韩非子的《五蠹》里有这样的描述："上古之世，民食果蓏蚌蛤，腥臊恶臭而伤害腹胃，民多疾病。有圣人作，钻燧取火以化腥臊，而民说之，使王天下，号之曰燧人氏。"把这段话翻译成白话文就是：远古时期，人民吃野生的瓜果和生的蚌蛤，不仅味道十分腥臊难闻，而且还因为生食损害了大家的肠胃，民众纷纷得病。这时，有一位圣人出来，教大家钻木取火，用火烧烤食物，以去除食物的腥臊气味，人民十分爱戴他，就拥戴他治理天下，他被称为燧人氏。

"火的使用给人类带来了光明，这光明驱散了蒙昧、黑暗，带来了文明。有了火，人类就开始熟食，食物的种类和范围扩大，营养丰富了，人类的体质得到了加强，大脑进一步发达。火可以御寒，帮助人类在恶劣的气候环境中生存下来。火可以照亮洞穴，使人类由野居变成洞居，改善了居住条件。可以猜测，只是在使用火之后，人类才开始住进山洞的，火还可以用来保护自己，驱逐凶猛的野兽，甚至围捕野兽时，也可以起很大的作用。"① 首先，火的使用改变了人类饮食的方式，这是"火"最大的功劳之一。人类大脑发育所需的营养成分主要来自肉食，但生肉是难以咀嚼和消化的。据考古研究发现，北京猿人在一天中要用十几个小时来咀嚼食物（特别是肉食），因此北京猿人的下颚骨极为强壮。一天到晚都在吃，人类的先辈就是一群"吃货"。火的使用则改变这一切，用火烤熟的食物更容易嚼烂和下咽，更容易为肠胃所吸收，经过烹饪还可

---

① 吴国盛. 科学的历程 [M]. 北京：北京大学出版社，2002：32-33.

以杀死食物中对人体有害的病菌和寄生虫,更能满足原始人身体发育的需要,特别是熟食可以更好地供给大脑发育所需要的种种营养元素,对原始人类的大脑发育有着极大的促进作用,使得猿人的智力大幅度上升。火的使用使得人类第一次吃到的熟食是烧烤,后来人类又学会了制造陶器,重要的是谷物等植物的种子不像野兽的胴体可以直接在火上烧烤,有了陶器之后,人类的饮食方式再次发生了很大的变化,那就是从烧烤走向了"火锅"。植物淀粉类食物在蒸煮后,肠胃更容易吸收。陶器可以帮助人们盛装包括水在内的许多流质物品,还可以储存。不过,陶器的发明和使用在人类进化史上是非常晚近的时期了,陶器的出现标志着新石器时代的到来。煮以及后来的蒸,是人类饮食方式的又一次革命(据说用于加热食物的箅子,还有笼屉也是中国人发明的)。而为了尽快地吃到"热锅"里的食物,聪明的中国先民还发明了叉和勺。在距今 5000 年前的甘肃马家窑文化遗址发现了一件骨质三齿叉,在齐家文化遗址也发现了一件骨质三齿叉。相比之下,文明的欧洲人使用刀、叉、勺不过是最近五百年间的事,首先是皇室,后来是寻常百姓。再后来,聪明的中国人又发明了"筷子"即"箸",这就大大简化了餐具的种类和形制。这些聪明的"吃货"用两根树枝取代了麻烦的叉、勺,结果重于过程,内容大于形式;用两根相互合作的树枝完成"吃货"的意愿,缺一不可、相互配合。一根木棍什么也不是,两根组合在一起,情况就完全不同了。这些中国人更为关注的行为方式和目标取向似乎从中国先民的餐具中就有了些许的体现。

其次,火的使用给人类带来了光明,还可以帮助人们御寒。火照亮了黑暗,人们可以借助火扩大活动的范围,延长活动的时间;火带来了温暖,人们可以适应更寒冷的环境,如果没有火,早期人类要离开温暖的非洲去外地生存是难以做到的。第三,火的使用改善了人类居住的条件。从露宿到洞居,人类逐渐走出了天当被、地当床的居住方式,这在很大程度上改变了原始人类的生存环境,应当也使人类更加地喜欢群居。第四,火的使用改变了人类的交往方式。劳作一天下来的人们围绕篝火,分享食物和各自白天的经历,火在改造着人类的组织和交流的方式,进而促进了群体社会的形成。可以想见的是更多更加频繁的交流对于语言的产生无疑具有催化的作用。今天的人们在野外不是仍然喜欢围坐在篝火旁边,载歌载舞、嬉戏交谈、大快朵颐、眉来眼去吗。人们喜欢的歌舞和吟唱一定与围坐在篝火旁边的兴高采烈、情不能已有关。第五,火的使用可以抵御野兽虫蛇的侵害。人类的自然生命力在自然万物中绝对算不上优秀和领先的,很多自然物(生物也好非生物也罢都有置人于死地的能力,火成为了脆弱的人类有效的防御利器。第六,火的使用可以制造更多高效实用的工具。如烧制陶器，烧制木质工具，很可能还会通过烧烤石头以制作更加趁手、更加锋利的工具。第七，火的使用使得人们去享用熟食，从而大大减少了咀嚼生食所用的时间。节省下来时间，对后来分工的出现一定是有意义的。第八，火的使用之后带来了全新的生产方式——刀耕火种，原始耕种时火常常用于烧荒。人类逐渐从采集生产走向种植生产，这为人类提供更为丰富和相对更加稳定的食物来源，对于人类的大量繁衍是极为关键的。否则仅仅依靠从自然中采集和猎取是不可能满足人类生存需要特别是种群迅速壮大的需要的，这就是为什么智人出现后，地球上的生物出现了大规模灭绝的重要原因。智人登陆澳大利亚后，"整个澳大利亚的生态系统食物链重新洗牌，在澳大利亚当时24种体重在50公斤以上的动物中，有23种，都惨遭灭绝。"① 在智人光顾后的南、北美洲同样如此，"在14000年前，美洲的动物物种远比今天丰富。智人抵达后不过两千年的时间，大多数这些独特的物种就全部惨遭毒手。根据目前的估计，北美原本有足足47属的各种大型哺乳动物，但就在这短短的时间里，其中34属已经消失；南美更是在60属之中失去了50属。"②人类对生态系统的破坏绝不仅仅是近代以来的，这个物种一出现就以自己的生存方式和需要对地球上的其他物种构成了致命的威胁。

火的使用，是原始人类利用自然力量改变生活方式、满足自身需要的一项创举。对于原始人类的进化而言，不仅是物质与能量意义上的，还是文化意义上的。一方面，人学会了使用自身之外的能量。人类进化和发展与其他生命进化与发展的根本性不同在于，人类是通过改变环境来满足自身的需要，而不是改变自身去适应环境，而且这种能力的不断进步和提升成为文明进步的标志之一。"对几乎所有动物来说，它们的力量靠的都是自己的身体：肌肉的力量，牙齿的大小和翅膀的宽度。虽然动物能利用风和海流，却无法控制这些自然的力量，而且也无法突破先天的身体限制。但人类用火的时候，可以说是控制了一项既听话而又有无穷力量的工具。人类可以选择在什么地点、什么时间放出一把火来，而且火的用途各式各样、不一而足。最重要的是，火的能量并不会受人类身体的形式、结构或力量所限。能够用火之后，有许多发展即将水到渠成。"③ 使用火，给人们带来了光明——驱散了黑暗，给人们带来了温暖——赶走了寒冷，给人们带来了安全——远离了危险。这是火给予人们最为直观的感

---

① 尤瓦尔·赫拉利. 人类简史——从动物到上帝［M］. 北京：中信出版集团，2017：63.
② 尤瓦尔·赫拉利. 人类简史——从动物到上帝［M］. 北京：中信出版集团，2017：68.
③ 尤瓦尔·赫拉利. 人类简史——从动物到上帝［M］. 北京：中信出版集团，2017：12-13.

受，也是火给予人们最为直接的满足。这些感受与满足很可能不仅仅是生理上的也是心理上的，不仅仅是肉体上的也是精神上的。火在改变了人们的饮食习惯的同时，还大大地改善了人们的饮食感受。从茹毛饮血到烧烤烹煮，从火这里开启了人类饮食的文明，也把对食物的需求从满足生存向同时获得享受提升。另一方面，人学会了继承和传递。在保存火种的过程中，人类学会了继承，学会了代代相传；学习着分工，学习着承担责任；学会了耐心，学会了精心；学会了观察，也学会了想象。还有就是，在使用和保存火的过程中，人们开始了对自然、自身更加深入地，也是必需的认识。因为要改变这个世界首先要能够认识这个世界。从火来讲，什么东西可以用来烧，什么东西不能烧；什么东西好烧，什么东西不好烧；什么东西耐烧，什么东西不耐烧等等。从人来讲，需要多大的火，需要多长时间的火，什么时候需要火，谁更需要火，烧什么？怎么烧？怎么更好地使用这个暴脾气的家伙。原始人看着火，一定以为它是个精灵，有温柔的一面而更多的是狂野的一面，有可爱的成分也有可怕的成分；有变幻不定的身形，有灵动摇摆的灵魂。怎样才能让它吃饱，怎样才不会饿死它？怎样让它能一直活着，怎样能生出火来？望着神奇地散发着温暖、摇曳着的火光，原始人的心里一定是满足的舒坦的，心理一定是快乐和复杂的，心情一定是难以言状的。

在中外众多的传说和神话中"火"都是一个重要的标志性形象和话题，中华文明中的"三皇五帝"中的三皇之首就是燧人氏，云南少数民族还有火把节。火可以说是人类文明的标志物，也是人类文明的根源性象征。借用一个广告词，如果没有联想，人类将会怎样。可以说：如果没有火（的使用），人类将会是什么样？人类一旦掌握了火，就获得了改变世界、改变自身、去创造未来的，更为强大的力量、信心和勇气。后来的冶炼、火药、燃料，随之而来的金属——新材料，火器——新武器，发动机——新动力，锅炉——新能量等改变着人类的生存，改变着人类生存的世界，改变着人类自己。今天的人类对于能量的使用依然是在"火"的意义上的，火赋予了人类改变世界的能力，也改变了人类自己。

二、语言文字的出现

人不是自然界中最强大的，但却是非常独特的，人的生存不简单，人一定是生存于文化之中的。这个文化就是人类创造出的不同于原生自然的生存环境，它既是人类创造的结果，也是人类创造的前提。不过，这个环境的创造肯定是需要一些条件的，一是语言；二是文字。

　　先说语言（即口语）。"口语的进化是人类史前时期的转折点，甚至可能是唯一的转折点。人类有了语言，就能在自然界中开辟新的世界，即内省意识和我们创造并共享的'文化'世界。"① 首先，直立行走带来的生理弱势，以及同时带来的超大的脑袋都在共同地为原始人类面临的困境从不同的方面提供解决的方向与道路。其次，使用和制造工具，使用火，都不会只是简单的单纯个体性的行为，这些活动一定具有群体的性质。工具的使用和制造，工具使用的技巧和制造方法，火的使用及其使用方法、保存方法，狩猎、寻找宜居的山洞等等，在大多数情形下一定都是在群体状态下进行的。用今天的话就是联合起来，团结就是力量。群体的联合与协作怎么实现？一定要有把人们联系和沟通起来的工具——语言。要知道人类一旦团结起来就连上帝也会感到害怕，《圣经》里就记述了这样一件事：从大洪水中幸存下来的人们商量着建造一座通往天堂的高塔——巴别塔，上帝知道后大惊失色，急忙使人们忘掉共同语言，说着彼此听不懂的话。由于人们无法相互沟通，要完成这么庞大而复杂的工作就不再可能，造塔一事于是告吹。团结起来是多么强大，强大得就连上帝也会感到不安，但要团结必须要有联系的纽带。

　　语言的产生同样是一个漫长的进程，按照辩证唯物主义的观点，语言是人的意识的物质外壳。人的意识是与人的进化同向进行的，也是和物质世界的演化息息相关的。经历了从一切物质所具有的反应特性到低等生物的刺激感应性，再从低等生物的刺激感应性到高等动物的感觉和心理，然后从高等动物的感觉和心理到人的意识。一切物质所具有的反应特性是指任何具体物质都会对外界的刺激做出反应，如水滴石穿、铁杵成针，其特点是被刺激的物体是通过改变自身来回应刺激，对于外界刺激没有选择性，无论是何种刺激都只能够被动地承受。低等生物的刺激感应性则具有了服务于生存需要的选择性，其选择标尺为趋利避害，这是所有生物无论其贵贱所赖以生存的本能。高等动物的感觉和心理建立在更为复杂的生理器官上，特别是复杂的神经系统，还逐渐进化出了管理神经系统的大脑，可以统摄和整合大量的信息，可以运用声音、肢体等进行交流，有了喜怒哀乐等情感和情绪。等演化出了高度发达的人脑以后，意识——人的专属能力——就产生了，伴随出现的是语言，后来还有了文字。

　　考古学家和人类学家则从更多的方面分析了语言产生的可能。在人类进化的过程中，并不是只有今天人类的祖先——智人——这一种人，还有尼安德特人、丹尼索瓦人等。然而，"不论智人是否是罪魁祸首，但每当他们抵达一个新地点，当地的原生人类族群很快就会灭绝。现存历史离我们最近的梭罗人遗迹，大约是 5 万年前。丹尼索瓦人在那之后不久也已绝迹。至于尼安德特人是在大约 3 万年前退出了世界舞台。"① 在这个过程中，智人对他们进行了种族灭绝，当然也存在着部分的占有情形下的同化，人类基因组测序工作揭开了这个面纱。"就现在中东和欧洲的人类而言，有 1%-4%（一）的尼安德特人 DNA。现代美拉尼西亚人及澳大利亚原住民最高有 6% 的丹尼索瓦人 DNA。"② 由于"他们的离去，也让我们智人成了人类最后的物种。究竟智人胜出的秘诀为何？我们是怎么将其他人类物种赶出世界舞台的？为什么就连强壮、脑部发达、不怕寒冷的尼安德特人也无法抵挡智人的屠杀？而目前最可能的解答，正是让人得以辩论的原因：智人之所以能征服世界，是因为有独特的语言。"③ 要知道，智人的语言并不是世界上的第一种语言（之所以这样讲是因为，嚎叫、手势、肢体、服饰和妆扮等同样具有交流和传递信息的功能），也不能说是第一种有声的语言。

学者们认为，众多的族群成员和更为复杂的活动方式需要比猿类相互之间梳理毛发更为有效的交流方式，"语言提供了有效的沟通方式。当我们的祖先开始从事比猿的生存方式更富有挑战的狩猎和采集时，语言能力确实让祖先受益。随着这种生产方式日益复杂，社会和经济关系更需要协调，有效的沟通也更有价值，所以自然选择稳步提高了语言能力。"④ "南方古猿进化到人属之后，脑部突增 50%，脑量的增加表明了我们祖先的语言能力在逐步发展。"⑤ 在拥有了脑量不断变大且日益发达的大脑后，"语言能力在大脑和语言相互作用的自然选择中进化，已经至少持续了漫长的 200 万年。"⑥ 在这个过程中，不排除智人的大脑内部连接方式发生了某种偶然的基因突变。同样，在这个过程中，原始人的发声器官也在不断地进化和完善。黑猩猩与所有的哺乳动物一样，可以边呼吸边吞咽，但也限制了发声范围。人类不能同时进行呼吸和吞咽，但发声范围很大。同时，黑猩猩只能在呼气时发出声音，而人类不仅能在呼出气时发声，还能在吸入气时发声（莫言先生在其作品《火把与口哨》中就描述了三叔口哨演奏的过人之处，不但吐气能发声，而且吸气也能发声），这就为语言（口语）

① 尤瓦尔·赫拉利. 人类简史——从动物到上帝 [M]. 北京：中信出版集团，2017：18.
② 尤瓦尔·赫拉利. 人类简史——从动物到上帝 [M]. 北京：中信出版集团，2017：16.
③ 尤瓦尔·赫拉利. 人类简史——从动物到上帝 [M]. 北京：中信出版集团，2017：18.
④ 理查德·利基. 人类的起源 [M]. 杭州：浙江人民出版社，2019：170.
⑤ 理查德·利基. 人类的起源 [M]. 杭州：浙江人民出版社，2019：176.
⑥ 理查德·利基. 人类的起源 [M]. 杭州：浙江人民出版社，2019：175.

包括复杂的发声提供了必需的生理基础。科学家们还认为，语言能力的提升对于原始人类制作更加精致的工具具有关键作用，而且这两个方面具有同步性。使用和制造工具的方法的学习、传递、改进、创新，需要复杂的口语才能充分实现。"没有语言，人类便不能任意将方法施加于所制作的工具上。"① 可以认为语言的产生是个长时段进化的结果，语言的进化与制造工具能力的提升是同向同行的，良好的比较成熟的语言的出现大约是在旧石器时代晚期。需要说明一点的是，在谈论人类进化的诸种现象、可能、路线、原因、结果时，或许非线性的理解模式、相互依存相互作用的理解模式比起线性的理解模式、非此即彼的理解模式所得出的认识会更为合理和可能。因为"在几十万年前的地球上，至少有6种不同的人。从整个历史来看，过去多种人种共存其实是常态，现在地球上只有'一种人'，这才是异常"。②

　　每种动物都有某种语言。就连蜜蜂、蚂蚁这些昆虫都有着极为精密复杂的沟通方式。蜜蜂用舞蹈来传递蜜源的信息，不同的舞姿表示蜜源的距离，身体倾斜的角度表示蜜源的方向，舞蹈的时间长短表示需要出动工蜂的数量。蚂蚁在树枝上相遇时，通过交流空身的会给负重的让路。猴子会发出不同的叫声：小心！有老鹰！或者，小心，有狮子！八哥、鹦鹉能够惟妙惟肖地模仿许多声音。那么，人类的语言与它们有什么不同？有什么特别的地方？

　　卡西尔认为，语言中最初和最基本的层次是情感语言，在动物世界中同样有着十分丰富的类似或相似的情感语言，就黑猩猩而言，它们可以表达颇为丰富的情感，但它们只能表达情感，绝不能指示或描述任何对象。人的语言中很大一部分也属于这一层次，但人还有一种语言形式，不带有某种情感或情绪的色彩，而是一定的句法结构和逻辑结构。即"命题语言与情感语言之间的区别，就是人类世界与动物世界的真正分界线。"③ 卡西尔提出，动物的语言属于信号（signs），而人的语言则是符号（symbols）。"信号和符号属于两个不同的论域：信号是物理的存在世界之一部分；符号则是人类的意义世界之一部分。信号是'操作者'（operators）；而符号则是'指称者'（designators）。"④ 通俗一点说就是，动物的语言是经验性质的，是一定要与具体的事物和场景相联系的。离开了这一点，动物则既不能表达也不能理解。动物具有实践的想象力和智慧。人的语言是抽象化的，是以符号化的方式表现出来的关于事物的内容和意义，代

① 理查德·利基. 人类的起源 [M]. 杭州：浙江人民出版社，2019：183.
② 尤瓦尔·赫拉利. 人类简史——从动物到上帝 [M]. 北京：中信出版集团，2017：6-8.
③ 恩斯特·卡西尔. 人论 [M]. 甘阳，译. 上海：上海译文出版社，2004：42.
④ 恩斯特·卡西尔. 人论 [M]. 甘阳，译. 上海：上海译文出版社，2004：44.

表着人所特有的符号化的想象力和智慧。在黑猩猩那里，杯子里的水是喝的，桶里的水是洗手的，河里的水是灭火的，各不相同。在人这里，这些都是水，没有根本性质的区别。而且人还有想象和虚构的能力，可以把水想象为柔弱，也可能想象为任性。可以把水虚构为一种精灵，也可能八卦一下水的故事。别忘了，语言还经常被人们用来"传闲话""捣是非"。

再说文字。使用和制造工具，使用、保存火，人工取火，群居生活等等，需要沟通和交流，需要有效、高效的交流工具。同时，这些行为还同时是认识活动，原始人需要在这些过程中能够正确地认识和理解，认识的对象既包括自身也包括他物，既包括同类也包括异类。比如需要什么样的工具，什么东西能成为工具？什么东西能够制作工具？怎样制作工具？这些本领怎么教给别人？或者我需要什么，同伴需要什么？我和同伴关系如何？我怎么和同伴更好地相处等。语言在原始人类的生产与生活中逐渐地产生，并越来越进步和完善。在这个过程中，慢慢地有了记录的需要，图形符号开始出现了。不过，比起口语，文字的出现是很晚很晚的事了。

"从没有语言到语言产生，是人类进化史上的一大飞跃；从没有文字到文字的产生，又是人类进化史上的一大飞跃。"① 语言的书面化就是文字，文字是语言的记录符号，是人与人之间交流的视觉信号系统。文字将语言的声音信号变为图形信号（符号），记载在一定的载体上，成为记录语言、情感表达、交流思想和进行认识活动的工具。"文字是逐步产生的，为了克服有声言语的局限，人类的祖先最初是使用实物来帮助记忆与人们之间的交际交流，这些实物有结绳、刻契、结珠与讯木等。"②《庄子·胠箧》中讲道："当是时也，民结绳而用之。"这个"当是时"是指神农氏时期。"结绳是先民们使用最普遍的实物记事方法。刻契是在木条或竹条上刻齿来记数记事。结珠是把大小不等并带有各种颜色的贝壳穿在树皮、大麻皮或芦苇上，贝壳的数量和颜色代表各种意思，据说中国的算盘就是从结珠蜕变而来。讯木是在一根木棒上画上或刻上各种花纹符号，或是插进各种东西，我国古代使用的令箭就含有讯木的特点和功能。实物记事的进一步发展是文字画。"③ 相比结绳，在刻契、结珠与讯木这些方法中，已经含有符号的意思了。

实物记事只能起到回忆的作用，或者说帮助记忆的作用，它们本身还不能

① 李梵. 汉字的故事［M］. 北京：中国档案出版社，2002：2.
② 钟年. 文化之道——人类学启示录［M］. 武汉：湖北人民出版社，1999：241.
③ 钟年. 文化之道——人类学启示录［M］. 武汉：湖北人民出版社，1999：241-243.

独立地、完整地记录事情，更不可能表达语言中的读音。实物记事进一步发展逐渐出现了图画或图形——文字画，不过这种画不是用来欣赏的艺术品，而是用于记录各种事情的工具，记事是文字画的基本功能。它比之前的实物记事表达的内容更为清晰、明确，但对于事件的记载还只能是个大概，它既不能表达语音，也表达不了语言中词和词的顺序。文字画与实物记事一样，离开了当事人的解释可能就会成为万古之谜。人类的图画从一出现可能就兼具两种功能，或者说是具有不同的功能。一个是情感的表达和想象的产物，一个是事件记录和意思表达。良渚文化的研究者将其分为"图画式图符"和"符号式图符"，不过两者之间的界限并不是截然不同的。① 前者的发展成为艺术，后者的发展成为了文字，而且早期文字大多确实具有图形的特点。也就是说文字起源于图画，但图画不等于文字。一般说来，记事图画能够表达一定的含义，但没有固定的读音，也不能分解为字。"文字和图画的界限可以概括为以下三点，第一，图画的特点是'逼真'，而且画法不一；文字线条简单，而且写法要求大体一致，为大家公认。第二，图画没有固定读音；文字是记录语言、代表语言的，它有固定的读音。第三，记事图画的意义是不确定的；……文字表示语言里的词，意义是确定的。"② 当图画越来越简单，越来越线条化，能够读出来，有了读音，并且代表语言里一定的字或词的意思的时候，这种图形就成为文字了。

具有独立的记录字、词功能，能够表达一定意义同时具有相对固定读音的符号才能称之为文字。文字可分为三种类型，第1种文字是表形文字，用线条来描画事物的形状；第2种文字是表意文字，用特定的符号来直接表示词或词素的意义，如汉字；第3种文字是表音文字，用字母直接拼写有声言语的语音来记录语言，如阿拉伯文，希腊文。"语言是一种约定俗成的东西，人们同意使用什么符号，这符号的性质是无关轻重的。"③ 著名语言学家索绪尔把人类的文字分为两种，他认为文字"分别和语言的音和意相关联。语言的要素只有音和意两种，如果一种文字根据语言的意义来构造形体，那就是表意文字；如果根据语言的声音来构造，那就是表音文字"。④ 世界上有5种古老的自源文字，第一个是古巴比伦，在公元前3200年出现的苏美尔楔形文字。第二个是古埃及，

① 夏勇，朱雪菲. 图画与符号——良渚原始文字 [M]. 杭州：浙江大学出版社，2019：24.
② 李梵. 汉字的故事 [M]. 北京：中国档案出版社，2002：49.
③ 费尔迪南·德·索绪尔. 普通语言学教程 [M]. 北京：商务印书馆，1980：31.
④ 转引自王宁. 汉字与中华文化十讲 [M]. 北京：生活·读书·新知三联书店，2018：33.

大约在公元前 3000 年出现了圣书字。第三种是古希腊克里特岛线形文字 A，产生于公元前 3000 年，这种文字至今还无法破解；另一种是克里特岛线形文字 B，产生约在公元前 1650 年，这种文字已经被破解了。第五种就是汉字（甲骨文。），估计它产生的时间是在公元前 4000 年—前 3500 年左右。① 人类有了文字就开始了文明的时代，从蒙昧通向文明，文字的出现是重要的标志。同时语言和文字也是一切文化或者是文明的载体，是人类文化或文明存在、发展、前行的基础性要件。因为只有文字才能承担起记录信息、保留信息、传递信息、转换信息的功能，《说文解字·叙》中就说过："及神农氏，结绳为治而统其事。庶业其繁，饰伪萌生"。所以文字的出现是人类进化、文化进步的必然。今天人们的成长是从读书学习开始的，如果没有文字，学习何在？文明与文化何存？良渚文化的研究者们还指出："文字只是文明形成的条件之一，（文字）是为了达成人神互通的目的，文字的创造与运用是为统治阶级所掌握的，是统治者与神沟通的媒介。"② 文字一出现就可能具有了一定的意识形态的功能。

语言和文字赋予了人类不同的生存与活动方式，"在人类世界中我们发现了一个看来是人类生命特殊标志的新特征。……除了在一切动物种属都可看到的感受器系统和效应器系统以外，在人那里还可发现可称之为符号系统的第三环节，它存在于这两个系统之间。这个新的获得物改变了整个的人类生活。"这个新的获得物就是语言和随后产生并不断发展成熟的文字，它们都属于符号系统。这样，"在有机体的反应（reaction）与人的应对（response）之间有着不容抹杀的区别。"从此，人类的生存、活动和认识有了不同于其他生命的特殊方式，包括人的认知功能也不仅有了量上的扩大，而且有了质的变化，"人不再生活在一个单纯的物理宇宙之中，而是生活在一个符号宇宙之中。"③ 人类符号系统有两个显著的特点，一个是普遍适用性，一个多样多变性，并且这两个特点是相互伴随，相互补充并有着必然的关联。这为人的认知、思考和想象活动提供了几乎是无限的可能，"一个符号不仅是普遍的，而且是极其多变的。我们可以有不同的语言表达同样的意思，甚至在一门语言的范围内，某种思想或观念也可以用完全不同的词来表达。……而这种多样性和易变性，显然是动物世界所没有的。"④ 为此，人类还具有了新的能力——反思和反省的能力。"反思或反省的

---

① 参见王宁. 汉字与中华文化十讲［M］. 北京：生活·读书·新知三联书店，2018：4-5.
② 夏勇，朱雪菲. 图画与符号——良渚原始文字［M］. 杭州：浙江大学出版社，2019：21.
③ 恩斯特·卡西尔. 人论［M］. 甘阳，译. 上海：上海译文出版社，2004：35.
④ 恩斯特·卡西尔. 人论［M］. 甘阳，译. 上海：上海译文出版社，2004：50-51.

思想是人的这样一种能力，即人能够从混沌未分、漂移不定的整个感性现象之流中择取出某些固定的成分，从而把它们分离出来并着重进行研究"。① 日常中我们总结以往的经验教训，或清醒头脑，或引以为戒，或后悔不迭；追问为什么、探寻应如何、思考未来的可能等等，大体都基于我们具有这样的能力。我们的思想和人类的文化也是在这样的场景中得到产生、发展、变化和实现。文明、文化、思想、科学知识成为人类独有的现象，每个新生命降生后漫长的甚至是伴随着终身的学习同时也成为人这个物种的独有现象。在这个意义上可以说，学习是人的存在方式。面对这样的生存方式，逃避一定不是最好的选择，学而时习之不亦乐乎，孔子早就看到了其中的端倪，这才是大智慧。既然无法抗拒何不坦然接受？令人们纠结的是人类作为一种生命骨子里又有着贪图享受和安逸的基因。人啊人，从你来到世间就是个矛盾的复合体，生活本身就是矛盾。

三、理性的曙光②

抽象思维能力——这是人的独有的能力，语言和文字都是抽象思维的产物。换言之，没有抽象思维能力时的语音（口语）还不能称之为语言，没有抽象思维能力也无法创制文字。这涉及对人的认识和定位，什么是人？柏拉图说：人是两足无毛的动物，这个定义太粗略、太宽泛了。帕斯卡说：人是一棵能够思想的苇草，这个定义并没有说明人与狗尾巴草、骆驼刺在生物本性上的差异。其实人是物质与精神的统一体，具有物质与精神的二象性，就好像光具有波粒二象性一样。可惜很多观点往往在这个问题上顾此失彼或者厚此薄彼，其实，忽视任何一个方面，都已经不是人了。人既是自然存在物，还是社会存在物，又是有意识的存在物。从自然存在物来看，人是能够制造和使用工具的高等动物。"人类通过改变环境来适应自己的基因，而不再是改变自身的基因去适应环境。"③ 从社会存在物来看，人与其他生命相比较，人是生活，它们是生存；人的本质在其现实性上是一切社会关系的总和，这是由人的行为方式决定的，人是在创造性的活动中生存的，这种行为方式与其他生命是有根本性区别的。从意识存在物来看，人类通过自己的大脑认识世界，进而能够去改变世界，创造

① 恩斯特·卡西尔. 人论 [M]. 甘阳，译. 上海：上海译文出版社，2004：55.
② 本节写作参考了拙作《先秦元典的思想内涵与精神意蕴》中的部分内容，吉林大学出版社，2020 年版.
③ 斯塔夫里阿诺斯. 全球通史——从史前史到 21 世纪（上）[M]. 北京：北京大学出版社，2006：5.

自己生活的环境——文化；人是通过自己创制的东西——符号，来认识世界并表达认识、分析认识的，人是符号的动物（animal symbolicum）。①符号是抽象思维的产物，是理性能力的表现。不是先有符号后有抽象能力，而是先具备了抽象思维能力，然后能够创制符号并运用符号表达人对世界的理解与认识。不仅图形是符号，文字是符号，语言也是符号，即声音符号。今天的计算机语言、自然科学的公式与代码同样是符号。人是通过建立和运用符号并在符号中认识和理解世界的。

　　人的创造性和社会性是建立在人的认识能力的基础上的，没有对于世界（自然、社会和人自身）的认识，就没有不同于其他生命的人。人类的认识活动是反映、建构和虚拟相统一的过程。一方面希望更为或最为准确、精确、全面、详尽地反映认识对象的本来面目，这被称之为摹写，好像达·芬奇画蛋的过程；另一方面又要依据人类特有的认知结构，对已经获知的信息运用人类自己创设的，人类自己可以理解和认识的方式进行加工和处理，这是一个建构的过程。同时，人类的一个独特之处在于我们有想象力，能够以人类特有的想象力去描绘人的希望、梦想和追求，用想象和虚拟创制一个自然中本来不存在的世界，并以此实现人的精神的满足、升华与超越。人是用自己创设的符号理解和认识世界的，是人眼（包括人脑）在观照世界，这就是具备理性能力的人。人类是否具备以及何时拥有抽象思维能力即理性能力，有这样几个标尺：

　　一是能够在思维中将精神与肉体区别开来；二是能够在思维中将自我与他物区别开来；三是具有了想象和虚构的能力。可以说，这三点是人类具备了抽象思维能力的标志。也可以说，只有具备了这些能力的那种生命才可以称之为"人"。

　　首先，尼安德特人居住的洞穴中的岩画的出现说明了这样一种能力的产生，原始人类可以用抽象的符号即线条来表达对事物的认知和理解。符号（线条）一定是抽象思维的产物，不是事物本身，是人借以表达自己认识内容的工具即指代功能。符号是创制的，是从具象到抽象的演进。符号是文字的前身，文字是文明的基本要件。一般动物则更多地依靠声音和肢体语言传递和交流信息，而人类运用创制的符号来表达自己的思想和情感以及对世界的认知，或者说将自己的情感和思想以及对世界的认知通过符号表述出来。人们又可以通过自己创制的符号（在一般情形下主要是通过符号）来理解和认识自己的思想和情感，来理解和认识外部世界的林林总总，完成人与人之间

---

① 恩斯特·卡西尔. 人论［M］. 甘阳，译. 上海：上海译文出版社，2004：37.

的信息的交换和传递，这是人类独有的能力。当然，除了图画应该还有音乐，可惜如果没有记录的载体特别是能够长久保存的载体，声音是很难传承的。因此，声音的记录一定是在有了文字等符号以后。所以，我们还无法证实早期人类是否具备了运用音乐的能力，但人类独有的发音生理结构和机能，使我们相信这个情况是很可能存在的。在这个意义上，音乐、舞蹈、美术都应该具有这样的功能。声音符号、形体符号和图像符号表达着人对世界的认知，表达着人这个生命对世界的情感投入与向往。所以，卡西尔才说，人是符号的动物。现代语言哲学也致力于对语言文字——这一人类独有的符号系统——的研究。语言及其记载语言的符号系统——文字的出现，意味着人类有了认识世界并记录这个认识内容的独有工具。符号还有替代的功能，可以用自然中不存在的东西来表达人的认识和想法，这同样是人所特有的能力。现代社会的数字化生存恰恰说明当下的人类是在符号意义下存在与活动，是通过符号完成生活和工作并赋予其价值和意义的。

其次，更为有意味的是尼安德特人的墓葬。可以推断的是尼安德特人的墓边神话标志着这一能力的初步形成，人类具备抽象思维能力的起点竟然是因为人类的祖先开始埋葬自己同伴的尸体。为什么这样讲？为什么地球上众多物种只有人才这样处理自己的身体（尸体）？

对原始人类而言生存是最基本的需要，然而对以采摘、猎取为食物获取的唯一方式和来源的人类祖先，食物来源的困难是今天以制造和生产为满足需要基本方式的人们难以想象的。虽然有学者对此提出不同的看法，但在人类进化的大多数时段和大多数地域，食物不是唾手可得的，否则人类怎么会在进化过程中杀光那么多的物种，几乎成为地球上物种灭绝的头号杀手。"早在工业革命之前，智人就是造成最多动植物绝种的元凶。人类可以说坐上了生物学有史以来最致命物种的宝座。"① 因此，杀掉其他族群的人并吃掉他们，吃掉自己老弱病残或死掉的同伴当然是再合理不过的选项。在这里请不要用今天的道德和法律理念作为评判原始人类行为善恶的尺度，在探寻人类远古时的情形时请一定不要站在"泛道德主义"的立场上，文艺"小清新"和"圣母情结"是不可能去客观地认识历史的。

问题是为什么以前"吃人"，后来，却"放下屠刀"不吃了呢。是良心发现后的幡然悔悟？是对逝者的爱戴或尊敬？是对死亡的恐惧或厌恶？或者还有其他什么难以启齿的什么东西？凯伦·阿姆斯特朗对此进行了颇为耐人寻味的

① 尤瓦尔·赫拉利. 人类简史——从动物到上帝［M］. 北京：中信出版集团，2017：71.

分析："考古学家从尼安德特墓葬群中发掘出武器、工具和用于祭祀的动物骸骨,这一切意味着某种信仰的存在——对类似于他们自身所栖居世界的另一个世界的信仰。……动物也会面临其他个体的死亡,但是,就我们所知,它们并没有对此进行过深入思考。但尼安德特人墓葬群表明,当人类先民产生死亡意识之后,便开始创造某类与死亡相反的叙事,以便能面对死亡。"① 原来这一切是源于对死亡的认识与理解。

这实际上又提出一个问题,那就是远古时期的人类为什么对死亡会有不同于其他生命的体会?目前的解读可能只有一个,那就是进化中的古人具有了抽象思维的能力,同时还拥有了想象(虚构)能力。抽象思维能力(即理性思维能力)使人类不仅要认识事物的表象,还要寻求事物的本质;不仅是看到事情的结果,还要探究发生的原因;不仅要掌握事物的本质,还要探寻事物的意义和价值。我们没有看到人之外的哪个生命会为生存的价值和意义而焦虑,我们也没有看到人之外的哪个生命为生命的短暂和生活的艰辛而烦恼。千万还要注意,想象力是"人类的另一个独特之处,……个体具有超出理性之外的思考能力和经验。"想象力使我们具备了"一种思考非当下之物的能力,以及思考某种还没有客观存在事物的能力。"② 在这两种能力的作用下,原始人类能够在思维和想象中将精神与肉体区别开来,在思维和想象中将自我与他物区别开来。原始人类开始对感知觉之外的事产生了兴趣。关于这一点以及梦境对原始人的影响,恩格斯曾经做出了很有意味的描述:"在远古时代,人们还完全不知道自己身体的构造,并且受到梦中景象的影响。③ 于是就产生这样一种观念:他们的思维和感觉不是他们身体的活动,而是一种独特的、寓于这个身体之中而在人死亡时就离开身体的灵魂的活动。从这个时候起,人们不得不思考,这种灵魂对外部世界的关系。如果灵魂在人死时离开肉体而继续活着,那就没有理由去设想,它本身还会死亡,这样就产生了灵魂不死的观念。"④

现代人基本上能以平常心对待的梦境,在原始人那里竟然有如此丰富而悠

---

① 恩斯特·卡西尔. 人论 [M]. 甘阳,译. 上海:上海译文出版社,2004:2.

② 恩斯特·卡西尔. 人论 [M]. 甘阳,译. 上海:上海译文出版社,2004:3.

③ 注:在蒙昧人和低级野蛮人中间,现在还流行着这样一种观念:梦中出现的人的形象是暂时离开肉体的灵魂;因而现实的人要对自己出现于他人梦中时针对做梦者而采取的行为负责。例如伊姆·特恩于1884年在圭亚那的印第安人中就发现了这种情形。(172 关于梦中出现的人的形象是暂时离开肉体的灵魂等描写,见埃·斐·伊姆·特恩的著作《在圭亚那的印第安人中间》1883年伦敦版第344-346页。)见马克思恩格斯选集:第4卷 [M]. 北京:人民出版社,1995:223、777.

④ 马克思恩格斯选集:第4卷 [M]. 北京:人民出版社,1995:223-224.

远的意境。就像弗雷泽指出的：原始人认为"有一个小的存在物或灵魂存在于活着的生命体内，但又与之有显著的区别，并且还可分离出来。"① 不仅如此，"未开化的人们常常把自己的影子或映像当作自己的灵魂，或者不管怎样也是自己生命的重要部分，因而它也必然是对自己产生危险的一个根源。"② 影子被当作人和动物身体的有机部分，"对人和动物的影子的伤害，其感觉就如同对他（它）身上加害一样。"③ 记得童年时代，小朋友们常常会去踩踏同伴被阳光或灯光投射在地上的影子，乐此不疲，内含的机理大体应当如此。在蒙昧时代那些未开化的人们看来，"一个动物活着并且行动，只是因为它身体里面有一个小动物在使它行动；如果人活着并且行动，也是因为人体里面有一个小人或小动物使得他行动。这个动物体内的小动物，人体内的小人，就是灵魂。正如动物或人的活动被解释为灵魂存在于体内一样，睡眠和死亡则被解释为灵魂离开了身体。睡眠或睡眠状态是灵魂暂时的离体，死亡则是永恒的离体。"④ 在这里肉体与精神是两个东西，是可以分离的，包括在睡眠和死亡两种情形下分离。涂尔干也提出，"灵魂观念通常是由于自己在清醒状态下和睡眠状态下过着两重生活的现象理解不清而提出来的。尤其是野蛮人（或者叫原始人），将清醒时的表象和梦中感到的表象一同客观化了。为了解释自己的肉体在休息但是却又在同时去过远方的矛盾，只能相信灵魂的存在。"⑤ 否则，怎么解释得清楚呢？又如何摆脱困惑呢？

多么形象、生动而又有趣地认识。我们可以设想这样一些桥段：

场景一，一个快乐的原始人白天在河边看到自己倾慕已久的恋人，怯怯地上去搭讪，却被心上人轻蔑地拒绝，那种被视作空气般的存在的滋味委实太过痛苦。然而入夜后，小伙子在梦中又一次来到河边，再次看到自己倾慕已久的恋人，正在犹豫是不是该上前搭讪时，姑娘却发出了惊喜的尖叫，扑向了自己的怀抱（以下省略××字）。然而洞穴中滴下来的冰凉水珠惊醒了沉浸在甜美梦乡中的少年，这是怎么一回事呢？少年一面起身整理天亮后去打猎的行装，一面反复回想着刚才的美梦。不知不觉中又来到河边，心爱的姑娘正在梳妆，小伙子不禁心跳加速，回想着方才梦中的情景，小伙子大胆地上前亲吻了姑娘，没想到姑娘回应的却是一记重重的耳光，小伙子一下子愣住了……姑娘这是怎

① J. G. 弗雷泽. 金枝 [M]. 北京：新世界出版社，2006：257.
② J. G. 弗雷泽. 金枝 [M]. 北京：新世界出版社，2006：191.
③ J. G. 弗雷泽. 金枝 [M]. 北京：新世界出版社，2006：192.
④ J. G. 弗雷泽. 金枝 [M]. 北京：新世界出版社，2006：181.
⑤ 涂尔干. 宗教生活的初级形式 [M]. 北京：中央民族大学出版社，1999：50.

么啦？这种天堂与地狱间的瞬时转换让小伙子感到的不仅仅是难言的痛苦更有难解的困惑：为什么白天的经历与梦中的甜美有那么大的差距？到底发生了什么？哪一个才是真实的呢？姑娘身上隐藏着什么秘密呢？为什么受伤的总是"我"？

场景二，小强和小兵是一对形影不离的好伙伴，也是大家公认的勇敢的猎手。在一次与剑齿虎的搏斗中，小兵受了重伤，不管小强怎样拼命地呼唤，怀里的小兵再也不能回应。夜幕降临，小强渐渐睡去。突然他听到小兵在叫他。"你不是已经……"，顾不上了，同伴又回来了，还有什么能比这更让人兴奋的呢？于是两个人一起又去捕捉猎物，可惜狡猾的猎物越跑越远，情急之下，小强大声呼喊小兵：快点拦住它！梦醒了……眼前什么都没有发生，只有洞穴中火堆发出的零星的火光，身边是小兵冰凉而僵硬的身体。这到底是怎么啦？

一定是有个什么东西，它存在于我们的身体之中，又可以在我们睡着的时候或死去时离开我们的身体。这是个什么东西呢？它会是什么东西呢？对，是灵魂。活着的时候是灵魂，死了以后是鬼魂。除此以外，还能有什么东西呢？她既看不见，也摸不着，但却是实实在在地存在着的。既存在于我们的身体之中，又常常会开小差溜出去，还能够悄悄地回到我的身体里。即使是鬼魂，它也会常常回来的。一旦它回来时，发现我们把他已经吃了，这怎么能行呢？

于是，古人开始不再吃掉自己的同伴的尸体。当然对于敌人和作为战利品的俘虏还是要吃的，也是可以吃的。在旧石器时代，北京猿人的尸体没有人为的目的性的置放，他们的骨骸是随意弃置的。这就说明，北京猿人还没有认为他们的灵魂会到另一个世界生活，换句话说，他们还没有产生、形成灵魂的观念。北京猿人还不能发出多音节的语言，他们还不具备进行完整叙述、表达词语的能力即还不具备进行抽象思维的能力。在之后的尼安德特人那里，他们把死者的遗骸，放成了头东脚西。这表明，尼安德特人已经开始对生死有了自己的理解和认识，也有了对死者的怀念与不舍，或者有了对生命长存的希望。"法国莫斯特洞穴中，曾发现一个青年尼人的遗骸，他的头枕在一块燧石上，身体周围放置着74件石器。左侧有一柄石斧，头部和肩部还用石块保护着。燧石是远古人类在石器打制过程中经常发出火花的石头。以燧石枕头，大约是想给死者一个光明和温暖的去处。用石块保护尸骸，反映了生者对死者能够得到永生的想象。至于在生产力水平极其低下的时代，用这样多的石器给死者做陪葬品，就很难解释为单纯的怀念了。这里已经可以看出，尼人认为死者将要到另一个世界。"①

处在旧石器时代的山顶洞人，他们已经基本具备了现代人的体质，思维能力有了很大的发展。"山顶洞人的墓葬更明显地反映他们的冥世观。山顶洞人所生活的洞穴，约 12 米长，8 米宽，面积有 90 多平方米，洞穴划分为'上室'和'上室'。'上室'是生者的住室，'下室'则是死者的墓地。山顶洞人将死者一起葬在'下室'，说明他们认为死去的亲人，仍将在另一个世界中共同生活。对死者的遗骸撒以赤铁矿粉末，是认为人的鲜血是灵魂寄居的所在，带有'输血'的含义。人们相信，赤铁矿粉末能使死者的'灵魂'归来，并在'永恒'的世界中去'生活'。这种做法实际上表现了人们相信有一个'彼岸世界'存在的思想。这些都说明，山顶洞人已经产生了冥世观念"②。同时，还可以看出原始人已经初步地认识到血液对于生命的价值，这个鲜红的东西一旦流失殆尽，生命也将终结。诸多宗教对于血液的禁忌包括禁食血液的戒律的源头也是出于此，而将禁食血液神圣化并不具备什么科学的道理而往往是宗教意义的。将普通而常见的事物神圣化或者神秘化是诸多宗教难以拒绝并且常常是有意为之、乐此不疲的选项。

只有人类才为自己和同类的死亡设计如此丰富、复杂、多样的仪式，并且还认为死亡也是一种生存方式，甚至是比现实更为幸福、美满和快乐的生存方式。"人类社会最强烈的共鸣体验是对死亡的恐惧，或者简单地说，是在神话和宗教的形成过程中起重要作用的死亡意识。尽管黑猩猩有自我认知能力，但他们对死亡一无所知。举办仪式祭奠死者明显地表现出人们的死亡意识和自我认知。每个社会都有处理死者的各种方式，作为其神话和宗教的组成部分。尼安德特人的墓葬是人类历史上最早出现的有意识的埋葬证据。"③ 不过人们观察和研究表明黑猩猩对于同伴的死亡也会表现出难过和悲伤的，但没有证据表明它们会按照一定的方式去处理同伴的尸体。

灵魂观念的产生可以说明原始人类具备了这样的能力：在思维中将精神与肉体区别开来；在思维中将自我与他物区别开来；具有了想象和虚构的能力。即原始人类具备了清醒的自我意识，能够意味到肉体与精神的差别，自身与他物的不同，包括"我"与"你"的不同，"我"与"它"的不同。换言之，只

---

① 罗竹风. 宗教通史简编［M］. 上海：华东师范大学出版社，1990：4-5.
② 罗竹风. 宗教通史简编［M］. 上海：华东师范大学出版社，1990：5-6.
③ 理查德·利基. 人类的起源［M］. 杭州：浙江人民出版社，2019：209-212.

有具备这些能力，原始人类才可能产生灵魂观念。另外需要强调的是，想象和虚构的能力使得人类具有了其他生命所不具备得更为强大的能力。"'虚构'这件事的重点不只在于让人类能够拥有想象，更重要的是可以'一起'想象，编织出种种共同的虚构故事。这样的虚构故事赋予智人前所未有的能力，让我们得以集结大批人力、灵活合作。"① 想象和虚构甚至是人类集体社会性生存的重要前提。借助语言和文字，我们还能将以前从未听说过的、从未看到过、从未碰到过的事物，描绘得栩栩如生，讲述得煞有介事。人类社会中的很多事情都是想象的产物，人类的很多观念都是想象的产物，人类的许多共同体都有可能是"想象的共同体"。人们许多时候都会在想象和虚构中生存，也需要在想象和虚构中才能生存下去。为此，人们会或有意或无意地想象和虚构，或善意或恶意地想象和虚构，只是我们能够时时看清楚这一切吗？能够在想象和虚构中生活得心安理得、恬静坦荡吗？还是有时候或者很多时候为了逃避生存的痛苦不得不如此选择，在想象和虚构中获得一点点可叹的慰藉，为苦难的灵魂给一点点寄托，因为生活对于我们来说真就是太艰难、太难堪、太悲凉、太残酷、太无法忍受了。其实我们很多时候都不得不生活在这样的状态之下，对于生活，往往是活着而已，并不是像歌中所唱的那样：我们的生活充满阳光。认识到这一点并不可怕，可怕的是根本不知道这一点，甚至明知道是这样的却有意无视甚至粉饰太平。人们都希望生活得幸福，可什么是幸福？如何得到幸福？幸福是一种获得还是一种体会？幸福能否长久和持续？有时候人的生存就像是集中营里的囚徒：从门到窗户是七步，从窗户到门还是七步……虽然我一生放荡不羁爱自由。

　　关于自我意识需要再说明一下，动物学家做过许多这样的试验，当把一面镜子放在动物面前时，它们一般都无法意识到镜子中的那个东西竟然就是它自己。一头豹子在看到"自己"后错以为是另一头豹子，因此向"它"发起了攻击。即使是动物界中最聪明的黑猩猩往往也不具备这种能力，在一段影像中记录了这样的场景：两只黑猩猩正在跟镜子中的对手"斗舞"，但事实上，它们在镜子中的对手正是它们自己。而当它们感到最终无法征服镜子中的对手时，它们向镜子中的对手表现了臣服。科学家发现，只有很少的动物能像人类一样认识到镜子中是自己的反射，这个实验称为"镜像自我认知测试"。想一想，我们的婴儿在第一次看到镜子中的自己时，是不是也曾有过这样的表现呢？

　尤瓦尔·赫拉利. 人类简史——从动物到上帝［M］. 北京：中信出版集团，2017：23.

自从盘古开天地，人类的诞生是地球上开天辟地的一件大事，地球上自有了"人"这个东西后，其整个存在与运行的状态都发生巨大的变化。这个被柏拉图称为"两足无毛"的生命，是以一种什么样的生存方式成为万物之灵，那个充满好奇与疑问的小小的脑袋里又会产生出什么样的奇思怪想，让上帝发笑，就让我们一起来探究人类思想发生、发展、变化的进程吧。

第三讲

前哲学时期

　　迄今为止的哲学史，常常叙述的是哲学发展史而不是哲学发生史，哲学史一般都会详尽地叙述哲学发展的历史，却很少讨论哲学发生的历史。人类具备了抽象思维能力和想象能力后产生的认识和知识并不是直接地以哲学的方式表现出来的，而是经历了神话、巫术和宗教等漫长的演进过程。这是一个人类的思维能力包括抽象思维和想象思维不断进步成长、修正反思的过程，这个时期是一个前哲学的时期。在我们考察哲学发展史的时候，十分有必要考察一下哲学的发生史，考察一下哲学产生之前的思想史——前哲学时期。

一、神话话语模式

　　"凡有人类的地方，必有神话。"① 神话是人类最早的"百科全书"，是人类最早的"十万个为什么"，是先民对因果关系的最初探索，是对未知和困惑的解读和言说，是对人的好奇心与求知欲的满足。神话中充满了"问题"意识，每一个神话都是一篇"科学探索论文"，是人尝试用经验、感觉和想象来回答"问题"，回答关于是与不是、原因与结果、现象与本质、可能与现实、偶然与必然的关系的困惑。不过这时候的论述方式不是逻辑的、推理的，而是讲"故事"。可以说，任何一个民族甚至文明的最原始的文化形态，就是神话。

　　抽象思维能力和想象能力的拥有让原始人有了对自身和他物更加深刻且意味深长的认识和思考。具备了这样的能力的原始人首先关注的是生命与死亡的话题，"对死亡的恐惧无疑是最普遍最根深蒂固的人类本能之一。人对尸体的第一个反应本应是让它丢在那里并且十分惊恐地逃开去。但是这样的反应只有在极为罕见的情况下才能见到。它很快就被相反的态度所取代：希望能保留或恢复死者的魂灵。"② "尼安德特墓葬群表明了关于神话的五个重要层面。其一，

---

　　① 凯伦·阿姆斯特朗. 神话简史 [M]. 重庆：重庆出版社，2005：2.

　　② 恩斯特·卡西尔. 人论 [M]. 甘阳，译. 上海：上海译文出版社，2004：121.

神话根植于人类的死亡经验和衰亡恐惧之中。其二，从动物骸骨可以看出，在埋葬的同时举行了献祭活动。宗教与仪式密不可分，神话离开了仪式活动将黯然失色，也正是仪式为神话带来新的生命力，从而也导致它不为俗世凡夫和亵渎神明者所理解。其三，尼安德特神话可以称之为'墓边神话'，它是在生命濒临极限之际的回光返照。所有最具分量的神话都与濒死状态相关，它迫使我们走出自身的日常经验。在这一刻，我们会以不同的方式抵达前所未闻之处，开始前所未有的行动。神话是关于未知的神话，是溯源到无以言说处的言说。神话由此抵达那伟大静穆的核心。其四，神话并不是一个自圆其说的故事，而是关涉到我们应有的行为举止。在尼安德特墓穴，有些尸身被摆放为一个初生婴儿的姿态，似乎是为了重生——已逝者甚至为自己准备好了死后的下一个步骤。可见只要能够正确地诠释神话，他就可以给人类带来更为平衡的精神状态和心理状态，无论是在此世还是来生。其五，也是最后一点，所有的神话都言及与现存世界并存的另一个维度，这似乎也有据可寻。信仰这一不可见但更为有力的真实——我们把它称之为神之世界——这是神话的基本母题。这也被称之为'永恒哲学'。"① 这代表着人类对自身存在的追问，对生命有限性的反思，对突破有限追求无限的希望，对有形世界和无形空间的想象。

　　人是要寻找生命的价值与意义的——追问；

　　人是具有理性思考能力的——反思；

　　人是具有超出理性能力去建构认识的能力的——想象。

　　神话就是人话，是人类经验的总汇。是远古人类对"自己从何而来"这个追问的最早回答，是对"我们将往何处去？"这一追问的最早思考。神话是人类最早的"科学"，但又不是真正的科学。科学是通过对因果关系之间的必然与偶然的探寻，建立起对因果关系的规律性的认识，并通过严格的逻辑推理与证明建构起来的人类的知识体系。而神话是通过想象，特别是拟人化的想象建构的。想象的方法很多，有类比、有夸张、有变形等等。卡西尔认为："我们可以说动物具有实践的想象力和智慧，而只有人才发展了一种新的形式：符号化的想象力和智慧。"② 不要忘了，想象力是人的创造力的源泉，也是我们生活的希望与意义所在。

　　比较一下科学与神话可以看到，例如对于生命演化的科学认识，海克尔的"生命重演律"就提出这样的推理：每个生物个体胚胎的发育史就是这个物种的

---

① 凯伦·阿姆斯特朗. 神话简史 [M]. 重庆：重庆出版社，2005：4-5.
② 恩斯特·卡西尔. 人论 [M]. 甘阳，译. 上海：上海译文出版社，2004：46.

浓缩的演化史。我们可以通过对一个物种的个体发育过程来关照该物种的进化历史，帮助我们探寻曾经的历史进程。神话则是通过类比、拟人、夸张、想象的手法来说明生命的产生和变化。比如，人们熟悉的"女娲"用黄土抟人的故事，而中国人的肤色恰好是黄色的。在神话里经验与想象结合在一起，回答了先民的困惑与好奇。我们的先民用"故事"解读"是什么""怎么样"和"为什么"，就像我们的孩提时代总是追问"是什么""怎么样"和"为什么"，其中很多的困惑父母和长辈往往是用"故事"来解答的。"盘古开天地"回答了先民对天地的好奇，逐日的夸父之死回答了先民对万物产生的关心，"女娲补天"回答了先民对星空的关注，"女娲造人"回答了先民对人自身的思考。有意味的是还有这样的解答：女娲用泥土捏成小人后担心不结实，于是用火烘烤了一下。由于第一次没有掌握好火候，火大了、烧过了于是烧成了白人。第二次火又太小了烧（熏）成了黑人。直到第三次火候掌握得恰到好处才烧成了小黄人——就是完美的我们。① 这里其实透露着原始人的生活经验和体会：首先，编制这个神话的人们已经开始会使用火了和烧制陶器。火的使用在人类进化史上有着非同寻常的价值与意义，火是人类利用的第一种能源。人类第一次吃的熟食一定是烧烤。而烧制小人的过程恰同于烧制食物，火太大就会烧成灰烬，灰烬是白色的。火太小又容易熏黑或者烧煳，只有火候恰到好处时烧烤出的食物才是金黄的、最好的。人类学会了使用和保存火，又学会了制作陶器，还学会了烧制陶器，有了这样的经验和认识，加上丰富大胆的想象，人的来源之谜就有了一个极好的故事模板。而且，在这个故事里，我们发现原来黄种人是最好的。在没有科学的认识和研究方法时，这样的故事回答了人们认识上的困惑，极大地满足了人们的好奇心。这样的故事想不相信都是很难做到的，还有什么说法比这个故事更贴切、更可信、更有说服力。

神话是对问题的思考和回答，可以说没有问题就没有神话，因为人类在了解了"是什么"之后，还要寻求因果与意义。可惜，神话又不是科学，因为神话是不能被追问的，神话故事中既有因果关系，又往往不得不超越因果关系。神话常常是这样开始：在很久、很久、很久以前……，如果听故事的人非要追问到底"有多久"，那么，这个故事就没法讲下去了。神话在回答起源问题时常常会这样讲：天地之间什么都没有，只有一个鸡蛋（或者其他什么）……，如果这时听故事的人非要追问"如果什么都没有，那这个鸡蛋是从哪里来的"，那么，好尴尬啊，还讲不讲故事了。另外，天地万物不是人创造的，一定是造物

---

① 参阅钟年. 文化之道——人类学启示录［M］. 武汉：湖北人民出版社，1999：6.

神的杰作，人也是造物神创造的，神是终极原因，神的起源一般不需要回答。这其实就说到了产生神话的几个要件。第一点是神话的产生一定是基于人们具有了抽象思维能力和想象的能力，在这个前提下，第二点是神话的产生同样需要基于人们产生了泛神论的信仰。泛神论也可以称为"万物有灵论"，就是相信"几乎任何一个地点、任何一只动物、任何一株植物、任何一种自然现象，都有其意识和情感，并且能与人类直接沟通。对泛神论者来说，还不只实体的物品或生物有灵，甚至连非物质也有灵，像死者的鬼魂以及各种友善和邪恶的灵，也就是我们所说的恶魔、精灵和天使。"① 神话产生的动力大体包括对生与死的困惑和疑虑，对超越有限的渴望，对万物未知的惶恐，对因果关系的关注，对可能性的探求。一句话，对认识未知和摆脱困惑的渴望，希望知道和懂得"是什么""怎么样""为什么"。神话作为人类认识世界和表达对世界认识的一种方式，一般具有这样的基本内容、结构和特征："第一，万物皆有起源，认识的主要任务是说明自然事物与自然现象是如何发生的。第二，万物的发生均是很久以前的事情，具体时间均不可考。第三，通过想象用故事的情节来回答万物的起源。第四，事物和现象发生的最终原因是神。第五，自然事物和现象发生的过程是突变的过程。第六，用前件与后件的相似来说明突变的合理性。许多神话是根据相似性原则来想象，来编造故事的。第七，拟人化原则。第八，联想。第九，不相干原则，即前件与后件毫无直接联系可言，想象神能实现使前件变为后件的奇迹。第十，对常识的超越。"② 提炼这十大原则，可以看出神话的思维逻辑，如果有逻辑的话，一是拟人化；二是联想（想象）。拟人化是感同身受，是类比，是由人及物或者由物及人，是人与物、人与神相通、相同；联想是想象，是相关性想象，也有不相关性想象，后一种想象就超越了常识，神话的故事情节要成立往往必须超越常识、超越因果关系。联想中也包含有类比。同时，拟人化和联想中都包含着虚构。"所以，神话中没有概念，只有角色；没有推理，只有情节；没有结论，只有结局。这就是神话与古代科学的本质区别。"③ 对于神话所描述的内容本身是不能追问的，并且神话中的因果没有可靠的联系，尽管神话也在描述因果。

梳理一下上述分析后可以说，神话是人所独有的精神——思想、心理、情感——活动，是人寻求事物之间联系和各种事物、现象间因果关系的思考。神

---

① 尤瓦尔·赫拉利. 人类简史——从动物到上帝［M］. 北京：中信出版集团，2017：52.
② 林德宏，肖玲. 科学认识思想史［M］. 南京：江苏教育出版社，1995：34-40.
③ 林德宏，肖玲. 科学认识思想史［M］. 南京：江苏教育出版社，1995：45.

话涵盖了对于自然和自我的探究，其中有关于天地万物的产生，关于生命包括人的来源，还有在死亡的恐惧下对灵魂的追问；对于自然力的恐惧和臣服；对于自然、祖先和英雄的崇拜。神话最关心的就是有关起源的事情。神话一定是基于万物有灵和灵魂不灭的。关于灵魂，灵魂是可见又是不可见的；灵魂会出走，这个出走可能是暂时的，也可能是永远的；灵魂是可以移居的，它既可以寄附于这个身体，也可能寄附于那个身体，还可以寄附于其他动物、植物甚至是非生物上。这种灵魂寄附不仅是可能的，在一些情况下也是必需的。神话中一定有禁忌，这与后来习俗、道德和法律的起源有不可分的关系。这主要是从其具有约束力的意义上讲，而不是其内容上。弗雷泽认为禁忌有四类：行为禁忌，人的禁忌，物的禁忌，语言禁忌，他还指出这些禁忌绝无任何科学根据可言。神话中的神还不具有完全超验的意义，完全超验的神是宗教的需要。神话仍然是源于人的经验，再加上想象和虚构。"神话兼有一个理论的要素和一个艺术创造的要素。神话仿佛具有一副双重面目。一方面它向我们展示一个概念的结构，另一方面则又展示一个感性的结构。"① 在早期的人类那里，神话思维与理性思维是并存的，两者各有自身的独到之处，对于人类都是不可或缺的。而且，神话中一定包括有人类早期的历史，"世界上任何民族的最早的历史文献都是虚构的神话与历史的真实搅和在一起的混合物"。② 历史学家汤因比在论述历史学的起源时就曾经说过："历史同戏剧和小说一样是从神话中生长起来的，神话是一种原始的认识和表现形式。"③

　　卡西尔对于神话的分析是深刻而富有启发意义的。"神话最初感知的并不是客观的特征而是观相学的特征。神话的世界乃是一个戏剧般的世界——一个关于各种活动、人物、冲突力量的世界。"④ "神话的所有基本主旨都是人的社会生活的投影，社会才是神话的原型"⑤ "神话的真正基质不是思维的基质而是情感的基质。原始人的生命观是综合的，不是分析的。生命没有被划分为类和亚类；它被看成是一个不中断的连续整体，容不得任何泾渭分明的区别。各不同领域间的界线并不是不可逾越的栅栏，而是流动不定的。在不同的生命领域之间绝没有特别的差异。没有什么东西具有一种限定不变的静止状态：由于一种突如其来的变形，一切事物都可以转化为一切事物。如果神话世界有什么典

---

① 恩斯特·卡西尔. 人论［M］. 甘阳，译. 上海：上海译文出版社，2004：104、106.
② 王德保. 神话的由来［M］. 北京：中国人民大学出版社，2004：3.
③ 汤因比. 历史研究［M］. 上海：上海人民出版社，1997：55.
④ 恩斯特·卡西尔. 人论［M］. 甘阳，译. 上海：上海译文出版社，2004：106.
⑤ 恩斯特·卡西尔. 人论［M］. 甘阳，译. 上海：上海译文出版社，2004：110.

型特点和突出特性的话，如果它有什么支配它的法则的话，那就是这种变形的法则。"① 如果以此认为神话就是人类的胡思乱想，那么需要认识到"神话本身并非只是一大堆原始的迷信和粗陋的妄想，它绝不只是乱七八糟的东西，因为它具有一个系统的或概念的形式。但另一方面，又绝不能赋予神话结构以理性的特征"。② 实在是没有比之更富精准思辨和深刻说服力的对于神话鞭辟入里地分析了。

别忘了，在神话世界里除了神灵之外，还有众多千奇百怪的鬼神。魑魅魍魉、妖魔鬼怪也必然地包含在神话的谱系里，几乎是有多少路鬼怪，就会有多少路降妖伏魔的神灵。"鬼怪也是原始人的一种信仰，完全是人对自然力的恐惧心理产生的。它最早似乎由一种客观事物或者死人尸体中逸出来的幽灵变化而成。它与神不同，是自然界破坏力的象征。它想办法来作祟人间，为人类带来灾难。鬼怪被视为潘多拉的匣子，是世界上不幸和苦难的根源。"③ 一到寒暑假各电视台反复播放的《西游记》给我们带来的就是这样的一个世界和体验，人类依靠自己的力量几乎是难以战胜鬼怪的，于是不得不祈求神灵的保护和帮助。中国的神话故事里降妖除怪的孙悟空，不畏强权的哪吒，劈山救母的沉香之所以深得大家喜欢，就表现出人们这样的心理感受和倾向。至于当代的葫芦娃兄弟和黑猫警长已经不属于神话系列，不过是借助了神话的外壳，实际上完全是今天对孩童进行道德教育的产物了。不过，鬼怪通常没有什么统辖关系，只有神灵才会形成谱系。其中"开天辟地的神祇是地位最高的神祇，是众神之王"。④ 与强调唯一神信仰的宗教不同的是，神有很多，而且各司其职。中国的神话里有山神、有土地公公，有雷公电母还有风婆婆，有龙王还有花神。古希腊罗马的神话里有主管天空、土地、海洋、太阳、星辰的神，在人间有战争之神、智慧女神、城邦之神、丰收之神、爱情女神、商业之神，不一而足。"完整的谱系构成，意味着各种文化形态的神话系统最终完成；同时也意味着作为先民主体文化的终结。"⑤ 还有一点要说一下，最初的故事里，神灵一般是住在山上的，后来神都迁居到了天上。随着人间出现了君主，君主往往具有了神人合一的身份，君主、皇帝、帝王概莫能外，天上王国不过是人间王国的倒影，天国的秩序和等级投射的不过是人间的秩序和等级。只是在汉字象形系统里，

---

① 恩斯特·卡西尔. 人论 [M]. 甘阳，译. 上海：上海译文出版社，2004：113-114.
② 恩斯特·卡西尔. 人论 [M]. 甘阳，译. 上海：上海译文出版社，2004：36.
③ 王德保. 神话的由来 [M]. 北京：中国人民大学出版社，2004：207.
④ 王德保. 神话的由来 [M]. 北京：中国人民大学出版社，2004：213.
⑤ 王德保. 神话的由来 [M]. 北京：中国人民大学出版社，2004：216.

"帝"最初很可能指的是女性，是女性最高统治者。

人类各个文明都有自己的神话，而且不同文明里神话的差异还是很明显的。比如，希腊神话中以宙斯为首的奥林匹斯神系，虽然管理着人间的秩序与理性，支配着人类，但它们的权威不是源自人类的目的性要求而是凭借自身的暴力，他们出现后一般不是去造福人类，而是为了实现和满足自己的利益和欲望。他们不仅不会为人类着想，甚至还常常威胁、支配甚至残害人类。他们之间同样以力取胜，贪财好色互相争斗不已，而且没有底线，其中许多行径让诸神的人设崩塌殆尽。如推翻了第一代众神之王的克洛诺斯不仅娶自己的亲妹妹为妻，而且为了保自己的王位，生吞了自己的兄弟姊妹和五个孩子。打倒自己父亲克洛诺斯的宙斯则是生性放荡，骄奢淫逸，绯闻不断，风流成性。人性的种种丑恶在他们身上无不存在甚至有过之而无不及，他们的所作所为丝毫不值得敬重。在古希腊的众多神话里，"荷马和赫西俄德把人间一切羞耻和不光彩的行为都给了神祇：盗窃、通奸、欺诈。凡人与诸神都不是道德理想的化身，而是特殊的精神能力和倾向的体现。"① 一句话，不是神仙而是"神渣"。

中国古代神话中的诸神则截然不同。中国神话故事的人文意味十分深厚，与其他民族的神话还是有一些差别的。那些神祇一般并不掌控人间的事务，更不与人间有直接的交集，他们之所以被民众所纪念和敬仰，往往源于他们曾经建功立业、造福人间。有自然神，盘古开天辟地，女娲造人，女娲补天，后羿射日，精卫填海，夸父逐日……有祖先神，燧人氏钻木取火，神农氏遍尝百草，伏羲氏作八卦，大禹治水三过家门而不入，愚公移山……他们要么是与自然抗争，要么是为民谋利，要么是奋斗不息，要么是知其不可为而为之。在韩非子的《五蠹》里就讲过这么一段话："上古之世，人民少而禽兽众，人民不胜禽兽虫蛇。有圣人作，构木为巢以避群害，而民悦之，使王天下，号之曰有巢氏。民食果蓏蚌蛤，腥臊恶臭而伤害腹胃，民多疾病。有圣人作，钻燧取火以化腥臊，而民说之，使王天下，号之曰燧人氏。中古之世，天下大水，而鲧、禹决渎。近古之世，桀、纣暴乱，而汤、武征伐。"白话就是：上古时期，有巢氏教人们用木材建造房屋以避开各种禽兽的侵害，人民十分爱戴他，就拥戴他治理天下。燧人氏教大家钻木取火，用火烧烤食物，以去除食物的腥臊气味，人民同样十分爱戴他，就拥戴他治理天下。中古时期，天下洪水泛滥成灾，鲧和禹去治水。反之，近古时期，夏桀、商纣残暴昏聩，民不聊生，商汤、周武王征伐他们。这些被人民拥戴的神祇和圣君，无一不是为民众谋福利，脱困苦，救

---

① 恩斯特·卡西尔. 人论 [M]. 甘阳，译. 上海：上海译文出版社，2004：137.

民于水火，解民于倒悬。中国古人心目中的神是为人的，西方的神是为己的，东西文明的早期似乎已经表现了不同的思想格局和价值取向了。

二、巫术话语模式

"巫术——哈，这个字眼底本身就好像充满了魔力，在背后代表着一个神妙莫测、光怪陆离的世界！"① 神话是最原始的百科全书，是人类最早对世界的认识，认识天空、认识大地、认识花鸟鱼虫、认识雷鸣闪电、认识山崩地裂、认识他你直到认识自己。以后人们不满足于只是认识，还想要去控制，还希望让这个"不听话"的世界服从人的意愿和要求，于是有了巫术。"巫术永远没有'起源'，永远不是发明的、编造的。一切巫术简单地说都是'存在'，古已有之的存在；一切人生重要趣意而不为正常的理性努力所控制者，则在一切事物一切过程上，都自开天辟地以来便以巫术为主要的伴随物了。"②

"巫术是一种特殊的活动，人们幻想通过这种活动使自然界或别人按自己的意愿变化，从而实现自己在一般情况下无法实现的目的。"③ 也可以说巫术是一种企图以超自然的神秘方式对人、事物施加影响或给予控制的方法。如果说神话只是解释这个世界，满足人的好奇心和求知欲，那么巫术则是为了改变这个世界，让它满足人的意愿和要求，同时还要实现人与物的联系。神话只是试图解释因果关系，巫术则是在对因果关系认识的基础上，运用这个联系，去实现某种结果。在这个意义上，巫术比神话大大前进了一步。从解释到改变，人类的信心和能力在提升；从服从到抗拒，人类体现出不同于其他生命的创造意愿与能动特性；从言说到沟通，人类不仅意识到事物之间存在着联系，而且努力地尝试在人类与万物之间建立起了联系。神话只是言说、解释，巫术则是技艺和改变。人类开始把认识与行动结合起来，去满足自己的要求，就像之后的人们获得科学认识然后通过技术付诸实践。同时，神话还是巫术的理论支持，"神话都是巫术真理底保状，是巫术团体底谱系，是巫术权利底大宪章。"④

第一点，与神话类似，巫术同样一定是基于万物有灵的认识和立场。这里包含着这样的意蕴：人与自然中的万物都是有灵魂的；灵魂的能力是高于具体实体的；一种事物是什么是由它的灵魂决定的，要影响和改变一个事物就要对它的灵魂施加影响；灵魂是相通的、相互感应的，灵魂之间是可以相互影响和

① 马林诺夫斯基. 巫术科学宗教与神话［M］. 上海：上海科学院出版社，2016：73.
② 马林诺夫斯基. 巫术科学宗教与神话［M］. 上海：上海科学院出版社，2016：81.
③ 林德宏，肖玲. 科学认识思想史［M］. 南京：江苏教育出版社，1995：46.
④ 马林诺夫斯基. 巫术科学宗教与神话［M］. 上海：上海科学院出版社，2016：103.

作用的；人可以通过让灵魂间发生相互作用实现自己的目的和要求；要使灵魂之间发生相互感应和作用，需要特别的技艺——这就是巫术及其操作方法。这里的影响和改变不是外在的，而是内在的；不是表象的，而是深层次的、灵魂层面的。

第二点，巫术一定运用的是直观联想加上类比的思维与认知方式。泰勒认为："巫术是建立在联想之上而以人类的智慧为基础的一种能力。但是在相当大的程度上，同样也是以人类的愚钝为基础的一种能力。人早在低级智力状态中就学会了在思想中把那些他发现了彼此之间的实际联系的事物结合起来。但是以后他就曲解了这种联系，得出了错误的结论；联想当然是以实际上的同样联系为前提的，以此为指导，他就力求用这种方法来发现、预言和引出事变，而这种方法，正如我们现在所看到的这种，具有纯粹幻想的性质。"① 这种联想具有直观的特点，在多数情形下并不具有科学的性质，也就是说在联想中建立起的事物之间的联系并不是真实有效的联系，不具备客观性和必然性，更多的是想当然和一厢情愿的。类比同样不具有科学的性质，是基于表象、现象和想当然的类比，是对已有事物或现象的模拟。即一旦追问为什么是这样的，那么回答一定是这样的：因为就应当是这样的，如果不是这样的，还能是怎样的。

第三点，巫术的目的一是改变，二是沟通。从改变来说，就是通过改变来满足人的意愿。"巫术纯粹是一套实用的行为，是达到某种目的所采取的手段。"② 在神话故事里，人是依附于神的，是被动的；在巫术行为里，人是要发挥自己的作用而不只是服从自然的力量，要凭借自己的力量——主要是精神力量——去调节、支配自然和他物。"对巫术的信仰是人的觉醒中的自我信赖的最早最鲜明的表现之一。在这里他不再感到自己是听凭自然力量或超自然力量的摆布了。他开始发挥自己的作用，开始成为自然场景中的一个活动者。"③ 在这个过程中，巫术还要实现沟通。巫术是实现人神交流、沟通的基本模式，是灵魂间交流与沟通的基本方式，是活着的人与死去的人之间交流、沟通的基本方式。巫术表明人们发现了联系，并希望建立有效的、稳定的联系，同时运用联系去实现人的目的。可以说巫术改变了孤单的智人在这个世界上的孤独境遇，并且提升着智人在这个残酷等级世界中的能力和地位。为了实现这个沟通，巫师们往往需要进入一种状态，在这个状态下能够实现人神间的交流与互动。这

① 爱德华·泰勒. 原始文化 [M]. 桂林：广西师范大学出版社，2005：93.
② 马林诺夫斯基. 巫术科学宗教与神话 [M]. 上海：上海科学院出版社，2016：75.
③ 恩斯特·卡西尔. 人论 [M]. 甘阳，译. 上海：上海译文出版社，2004：128.

个状态不是寻常的状态，需要借助一些东西去实现。使用一些能够使巫师产生幻觉、进入癫狂状态和忘我境界的植物如大麻、古柯叶或者饮酒可能还有别的什么，就成为巫师的专有权利。今天不是还有这样的人，没喝酒之前我是世界的，喝酒之后世界是我的。对巫师而言，如果巫术总是没有效果是危险的，绝望的人们会替换、抛弃甚至杀死他。为了达到目的，巫师往往不得不伤害自己的肉体有时候可能是生命。在这一过程中，"咒语永远是巫术行为底核心。咒、仪式、与被咒及仪式所支配的事物，乃是并存的。"① 为此，唐僧要念咒，孙悟空要念诀。

第四点，巫术是超凡、超验的能力。人们想控制自然和他物，但这种控制并不是必然可能实现的，愿望与现实之间是有差别的。越是难以实现的、结果难以确定和捉摸的就越需要这种能力。卡西尔指出："如果一项事务是危险的而其结局又是不确定的，那么就总是会出现一套高度发展了的巫术以及与此相关的神话。在诸如艺术和工艺、狩猎、收集块根植物以及采集果实的无生命危险的经济事务中，人并不需要巫术。"② 马林诺夫斯基同样指出："凡是有偶然性的地方，凡是希望与恐惧之间的情感作用范围很广的地方，我们就见得到巫术。凡是事业一定、可靠，且为理智的方法与技术的过程所支配的地方，我们就见不到巫术。更可说，危险性大的地方就有巫术，绝对安全没有任何征兆底余地的就没有巫术。"③ 神话只是言说、解释，巫术则是行为、行动。"巫术是人类试图控制外界事物、掌握自身命运的最初的努力。"④ 人不是只能服从于自然力，而是能够凭借着自己的精神力量去调节和控制自然的力量，这种能力应当是超验、超凡的力量。巫术要得到的目的是人们从自然中无法得到的目的。

第五点，巫术发挥能力的规律和原则。弗雷泽在《金枝》中提出，"如果我们分析巫术赖以建立的思想原则，便会发现它们可归结为两个方面：第一是'同类相生'或果必同因；第二是'物体一经互相接触，在中断实体接触后还会继续远距离的互相作用'。前者可称之为'相似律'，后者可称作'接触律'或'触染律'。巫师根据第一原则即'相似律'引申出，他能够仅通过模仿就实现任何他想做的事；从第二个原则出发，他断定，他能通过一个物体来对一个人施加影响，只要该物体曾被那个人接触过，不论该物体是否为该人身体之一部分。基于相似律的法术叫作'顺势巫术'或'模拟巫术'。基于接触律或触染

---

① 马林诺夫斯基．巫术科学宗教与神话［M］．上海：上海科学院出版社，2016：80，81.
② 恩斯特·卡西尔．人论［M］．甘阳，译．上海：上海译文出版社，2004：128-129.
③ 马林诺夫斯基．巫术科学宗教与神话［M］．上海：上海科学院出版社，2016：175-176.
④ 林德宏，肖玲．科学认识思想史［M］．南京：江苏教育出版社，1995：47.

律的法术叫作'接触巫术'。"① 弗雷泽认为"顺势巫术"和"接触巫术"都可以归结为"交感巫术"，两者都认为物体通过某种神秘的交感可以远距离地相互作用。巫术的这个原则显然是建立在人们认为事物的变化是有规律的，一定的原因总是会引起相同或相近或相似的结果这样的认识前提上。巫术的这种认识和能力是神话所不具备的，换言之神话还没有发达到这个程度。

弗雷泽指出："交感巫术的体系不仅包含了积极的规则也包含了大量消极的规则，即禁忌。它告诉你的不只是应该做什么，也还有不能做什么。积极性规则是法术，而消极性规则是禁忌。……积极的巫术或法术说'这样做就会发生什么事'；而消极的巫术或禁忌则说'别这样做，以免发生什么什么事'。积极的巫术或法术的目的在于获得一个希望得到的结果，而消极的巫术或禁忌的目的则在于避免不希望得到的结果。"② 禁忌是神话、巫术和宗教必定包含的内容，禁忌是对"不许做""不该做""不能做"的行为的限制或禁止，颇具有点神秘的色彩。因此，绝大多数的禁忌没有什么科学的道理可讲，但就是不许触犯。为什么不能做，没有理由，就是不能做。"在许多原始社会中，大家知道的惟一冒犯就是犯忌。在人类文明的初级阶段，这个词包括了宗教和道德的全部领域。禁忌的本质就是不依靠经验就先天地把某些事情说成是危险的。"③

禁忌在相当程度上可以被视为人类文明的基石。什么是文明？在一定意义可以说是对人类行为的自觉约束，特别是对人类不当行为的自觉约束。这之前就讲过，人类不仅要改造世界还需要合理地改造世界，人类不仅要满足自己的需要，还要努力地促使满足需要的手段和方式具有正当性与合理性。要做到这一点，人们需要认识和理解什么能做，什么不能做，需要明白应当怎么做，为什么应当这么做。需要意识到对自己的行为和欲求要有所克制，要有所为有所不为。今天的人们已经清醒地认识到一个人的强大一般地不在于能够无所不为，而往往在于能够有效地克制内心的冲动和强烈的欲望，懂得边界做到自律，知其能为、可为而不为，能够有所不为。个体是这样，对于群体也是这样，整个人类更应当意识到这一点。禁忌是规则的一种，人类的文明同样是建筑在规则之上的，《礼记·曲礼上》中讲："人以有礼，知自别于禽兽。"规则告诉人们，什么是允许的、可以做的，什么是不允许的、不能做的，什么是介于两者之间、可做可不做的。人类的进步和文明的成长是与规则的逐渐建立、不断修正、日

① J.G.弗雷泽.金枝［M］.北京：新世界出版社，2006：15.
② J.G.弗雷泽.金枝［M］.北京：新世界出版社，2006：23.
③ 恩斯特·卡西尔.人论［M］.甘阳，译.上海：上海译文出版社，2004：145.

趋完善同步的，可以说没有规则就没有文明。社会正常运行的前提不一定是这个社会道德高尚或者是人们的言行以无私奉献为标准，而恰恰是社会及其人群能够守住底线。面对人类的无限可能，能追求什么，要克制什么。社会肮脏和人性丑恶的泛滥往往不是因为缺少美德，而恰恰是人们无视底线、突破底线、踩踏底线。正是在这个意义上，亚当·斯密认为公平而不是仁慈才是保证社会大厦不会陷于倾覆的基本要件——对于社会来说，没有仁慈社会仍可存续，当然并不美好，但如果失去公平和正义，社会就会被彻底摧毁。① 今天做事、做人要能够做到不吹牛守住底线似乎并不是一件唾手可得的事，遗憾的是人们往往对此并不在意，却更多地热衷于难以落到实处的美德，并以为只要高谈美德自己也就会成为道德高尚的人。同样被人们津津乐道的"无为"也并不意味着无所作为，更不是简单地指向淡泊名利，而是告诉人们要顺应自然而为，遵守规律、恪守规则，不悖逆规律而为就是无为。看看卡西尔是怎么说的："禁忌体系尽管有其一切明确的缺点，但却是人迄今所发现的唯一的社会约束和义务体系。它是整个社会秩序的基石。社会体系中没有哪个方面，不是靠特殊的禁忌来调节和管理。"② 当然原始的禁忌发挥出的并不都是积极的作用，因为面对禁忌人们是被动的，是必须和不得不服从的，这样在相当程度上它就剥夺了人的自由，就割裂了自由与义务的必需关联。只有义务没有自由和只有自由没有义务同样都是有缺陷的。

第六点，巫术与科学的关系。一是，巫术的动机是积极的，表现出人的主动性，代表着人改变自然、控制事物的主观意愿。二是，巫术意味着人们认为人与自然万物之间有着某种一致性，或者说有一个能够把一切事物统一起来的共同纽带。三是，巫术认识到或者体会到事物之间是有联系的，现象与现象之间、现象与结果之间的作用和变化是有一定的规律可以遵循的。因此，联系会带来事物间的相互作用和转化。当然这种作用和变化是通过灵魂的交感实现的。四是，巫术表明了人们运用技术或技能去实现改变的行为方式。虽然巫术看起来仍然像是在做梦，但巫术是主动的，是通过技术进行的。对于巫术与科学的区别与联系，弗雷泽有十分深刻的理解，巫术"认定：在自然界一个事件总是必然地和不可避免地接着另一事件发生，并不需要任何神灵或人的干预。这样一来，它的基本概念就与现代科学的基本概念相一致了。交感巫术整个体系的基础是一种隐含但却真实而坚定的信念，它确信自然现象严整有序和前后一

---

① 亚当·斯密. 道德情操论 [M]. 谢宗林，译. 北京：中央编译出版社，2009：103.
② 恩斯特·卡西尔. 人论 [M]. 甘阳，译. 上海：上海译文出版社，2004：150.

致。……因而，巫术与科学在认识世界的概念上，两者是相近的。二者都认定事件的演替是完全有规律的和肯定的，并且由于这些演变是由不变的规律所决定的，所以它们是可以准确地预见到和推算出来的。一切不定的、偶然的和意外的因素均被排除在自然进程之外。……巫术和科学一样都在人们的头脑中产生了强烈的吸引力；强有力地刺激着对于知识的追求。"① 所以，巫术在人类先民那里不仅仅是可以害人，还一定要能够救人。害的是敌人、坏人、恶魔，救的是亲人、朋友、好人。巫术能够帮助人们驱除邪气、防治疾病、驱逐恶魔，巫术能够求雨、求丰收、求猎获，巫术能够祈求胜利、安宁、健康和吉祥。巫术是科学的近亲，巫术要把不可能变成可能，要把愿望转成为现实，要通过人自身的努力去影响和改变，不过遗憾的是巫术还不是科学，巫术与科学的共同之处也仅只在于两者都相信一切事物都有其内在的联系和规律。

第七点，巫术的本质。弗雷泽认为巫术是科学的近亲，但巫术不是科学。一则，巫术对对象的控制是想象的控制。巫术是通过想象的、想当然的技艺去影响和改造事物，因此巫术是无效的。巫术的有效与成功是偶然的巧合和难得的幸运，当然可能还有高明的巫师的心机与判断，也不排除一些必需的技能技巧和必要的欺骗。二则，巫术看到的联系不是客观的实在的联系，"巫术的本质是把幻想的联系等同于现实的联系。巫术的合理之处是体现了人类实现自己愿望的要求，它的可悲之处是把幻想中的实现，误以为是现实中的实现。"② 弗雷泽敏锐而精准地指出："巫术是一种被歪曲的自然规律的体系，也是一套谬误的指导行动的准则；它是一种伪科学，也是一种没有成效的技艺。……'顺势巫术'是根据对'相似'的联想而建立的；而'接触巫术'则是根据对'接触'的联想而建立的。'顺势巫术'所犯的错误是把彼此相似的东西看成是同一个东西；'接触巫术'所犯的错误是把相互接触过的东西看成为总是保持接触的。"③

总之，"巫术，虽然就其手段而言是想象的和幻想的，然而就其目的而言，也是科学的。从理论上讲，巫术就是科学；虽然从实践上讲，它是一种难以理解的科学——一种伪科学。"④ 可惜的是巫术依然不是科学，也不是真正有效的技艺。它把幻想的联系当作真实的联系，把偶尔碰巧的成功当作必然如此的结果，把人的意愿的实现付诸巫师的神通甚至是运气（而事实上主要是巧合，再加上一点点运气），这个过程充满了风险。的确，在原始人那里，巫术不仅仅是

---

① J. G. 弗雷泽. 金枝 [M]. 北京：新世界出版社，2006：51-52.

② 林德宏，肖玲. 科学认识思想史 [M]. 南京：江苏教育出版社，1995：60.

③ J. G. 弗雷泽. 金枝 [M]. 北京：新世界出版社，2006：15-16.

④ 恩斯特·卡西尔. 人论 [M]. 甘阳，译. 上海：上海译文出版社，2004：105.

害人的技艺，而且还是能够救人的技艺。能够"实现"人们幻想的目的，能够取悦诸神从而得到神的祝福，能够展示人的能力和强大，能够安慰那些面对残酷的自然、残忍的现实、残暴的人类而不知所措的脆弱的"小心脏"。

虽然巫术不是科学，但要实现改变、达成沟通这种愿望却不是一般人能够担当的。只有祭司、萨满或巫觋才能承担起与天地神灵交通的职能，他们在社会生活中具有至高的地位，是祭祀仪式、宗教活动和政治生活中的主角，必要时往往自己还要充当祭祀的牺牲。弗雷泽认为："在早期社会，国王通常既是祭司又是巫师。确实，他经常被人们想象为精通某种法术，并以此获得权力。"①在原始部落里，"国王兼祭司"是一种具有普遍意义的文化现象，中国上古史中的巫史同源说明中国古代的三皇五帝、夏商周时代的统治者应当都既为政治领袖，也同时是群巫之长。国之大事之一就是祭祀。他们被认为有着这样的能力：是可以与天地、神灵进行交通对话的，能够传达神的意志，还能将民意上传给天神。记住，"人类走向文明的第一大步都总是发生在神权政治的专横统治之下。"②可惜的是纣王将用来使其进入迷狂状态从而实现与神灵沟通的祭酒，改变为了供其与美女寻欢作乐享受鱼水之欢的美酒，而且还毫无忌惮地认为：我生不有命在天，最后落得个国破家亡、身首异处。

然而，"就巫术公务职能曾是最能干的人们走向最高权力的道路之一来说，为把人类从传统的束缚下解放出来，并使人类具有较为开阔的世界观，从而进入较为广阔自由的生活，巫术确实做出了贡献。对于人类的禆益决非微不足道。当我们更进一步想到巫术还曾为科学的发展铺平道路时，我们就不得不承认：如果说巫术曾经做过许多坏事，那么，它也曾经是许多好事的根源；如果说它是谬误之子，那么它也是自由与真理之母。"③人类的进步通常是一个不断纠错的过程，对历史和过往的反思不仅仅是要看到成就和荣耀，而是深刻地认识到为了实现进步曾经付出了什么，曾经走了那些弯路，曾经犯过那些错误。认识到所犯的错误中哪些是不得已的，哪些是不应该的，那些是惨痛的、那些是荒唐的。要知道人类历史的进程一般地都不是铺满鲜花和红地毯，不是高唱着人道的牧歌，而常常是充斥着刀光剑影、血腥、杀戮、罪恶、无耻、卑鄙和下流。能够认识到曾经的错误和自身的不足才有可能实现改变和进步。

对于巫术的能力和作用的认识是随着人类认识能力的不断提升而改变的，

①　J.G. 弗雷泽. 金枝 [M]. 北京：新世界出版社，2006：14.
②　J.G. 弗雷泽. 金枝 [M]. 北京：新世界出版社，2006：50.
③　J.G. 弗雷泽. 金枝 [M]. 北京：新世界出版社，2006：50.

虽然在人类已经进入现代文明的今天，巫术还是有一席之地，特别是在人力所不能企及的地方，巫术大概还有心理安慰的作用。南非世界杯时，那些自己国家队与阿根廷队分在同一小组的惧怕梅西的球迷们不就是人手一个小布偶——梅西，在比赛时拼命地用针去扎梅西神奇的左脚，口中还念念有词："射不进！"奇迹发生了，那一届世界杯梅西没有进球。失望的中国球迷能否从中得到启发，让不争气的中国男足再次打进世界杯呢？不过，就在两千多年前，西门豹已经把那些装神弄鬼的巫姬、三老通通地扔进了邺水中与河伯共死生。当人们认识到巫术不靠谱以后，那么最后被替代就会是必然的。不过，取代巫术人们采用了不同的方式，一个是科学，在科学的认识和行为模式里真实的联系取代了虚幻的联系，必然的法则代替了偶然的可能，经过并透过现象抓住了本质；一个是宗教，弗雷泽认为"巫术的失败和破产为宗教开辟了道路，宗教一旦产生，巫术就必然崩溃。"① 对于这一点，卡西尔则有不同的看法，他认为："我们根本没有任何经验的证据可以表明，曾经有过一个巫术时代，接着被一个宗教时代所代替。"② 可以明确的是，科学与巫术有着本质上的不同，而宗教则与巫术有着扯不断、理还乱、含糊不清的联系。

三、宗教话语模式

弗雷泽认为宗教要比巫术深刻得多，因为巫术建立在事物之所以发生相继的变故只是由于它们互相接触或彼此相似，宗教则认为自然进程决定于有意识的力量。于是，"对于巫术所固有的谬误和无效的认识促使人类之中更富于思想的人们去寻求一种关于自然的更为真切的理论和一种更为有效地利用其资源的方法。"③ 宗教"指的是对被认为能够指导和控制自然与人生进程的超人力量的迎合或抚慰"。④ 显然，试图彻底划清神话、巫术与宗教的界线很可能是徒劳的，不过他们之间的差别也是明显的。马林诺夫斯基认为："在神圣领域以内，巫术是实用的技术，所有的动作只是达到目的的手段；宗教则是一套行为本身便是目的的行为。……巫术里面的信仰，因为合乎它那明白实用的性质，是极其简单的；在宗教里的信仰，则有整个的超自然界作对象。"⑤ 这可以说是巫术与宗教根本性的区别。

---

① 恩斯特·卡西尔. 人论 [M]. 甘阳，译. 上海：上海译文出版社，2004：130.
② 恩斯特·卡西尔. 人论 [M]. 甘阳，译. 上海：上海译文出版社，2004：130.
③ J. G. 弗雷泽. 金枝 [M]. 北京：新世界出版社，2006：59.
④ J. G. 弗雷泽. 金枝 [M]. 北京：新世界出版社，2006：52.
⑤ 马林诺夫斯基. 巫术科学宗教与神话 [M]. 上海：上海科学院出版社，2016：109.

　　宗教既要回答神话需要回答的问题，也要解决巫术希望解决的问题。"从一开始起，宗教就必须履行理论的功能同时又履行实践的功能，它包含一个宇宙学和一个人类学，它回答是世界的起源问题和人类社会的起源问题，而且从这种起源中引申出了人的责任和义务。"① 一是要回答万物的来源，而且这个来源是不容置疑的；二是要解决必有一死的人的存在价值与意义以及死亡后的去向和安排，即回应人类天然本能的对死亡的恐惧，对死亡恐惧的恐惧。宗教被认为是这样的一种力量，能够具有超人的控制自然的能力，并且可以对人类生命发展进程中的困惑和苦难加以安慰或调节。正是在这个意义上，才说"宗教是人民的鸦片"，具有麻醉和疗治伤痛的作用。这个作用是否有效，则无法确定，笃信宗教的人认为一定会有这种作用。研究与认识宗教，可以使我们了解几千年前的古人在想什么，从而可能更清楚地认识到今天的人们为什么这样想。"并非每一种哲学都是一种宗教，但每一种宗教却都是一种哲学。"② 宗教也是人类认识、理解和解说世界（包括自己）的立场、观点、方法。

　　"在人类历史上巫术的出现要早于宗教"。③ 宗教产生的时候，社会即使没有出现阶级但也一定产生了阶层的分化，出现了一定程度上的社会分工。宗教的产生大体经历了万物有灵、自然崇拜、图腾崇拜、祖先崇拜、灵物崇拜、偶像崇拜，然后是多神崇拜，最后是一神崇拜。需要注意的是，有着高度发达的大脑，从而有着高度智慧的和强大社会组织能力的人可以说是世界上最残忍的物种。动物只是为了领地、巢穴、食物、交配等物质因素，即生理需要而相互残杀，人类甚至不是为了那些具体实在的物质利益，仅仅出于立场的差异，价值观与意识形态的不同而自相残杀，并且毫不留情。然而，这个被称之为万物之灵的物种同样面临着诸多的困惑，甚至可以说是困境。当然这一切一定是源于人类具有抽象思维能力，具有想象和虚构的能力。在这样的能力的支持下，希望并且能够认识世界，可惜的是对于死亡的恐惧仅仅依靠认识是解决不了问题的，理智并不能解决情感面对着的所有困惑。宗教产生的前提同样是在具备了抽象思维能力的前提下形成了万物有灵和灵魂永生（不死）的观念。

　　面对无法理解的种种事物和现象，人们开始出现了对自然物的崇拜，即万物有灵。表现为对土地、山川、日月、星空、河流、水石火、云风电等的崇拜，对动物、植物的崇拜，看看《西游记》中的神仙精灵、妖魔鬼怪，想必可以很

---

① 恩斯特·卡西尔. 人论 [M]. 甘阳，译. 上海：上海译文出版社，2004：131.

② 安修·Lee. 宗教的故事 [M]. 呼和浩特：内蒙古人民出版社，2002：3.

③ J. G. 弗雷泽. 金枝 [M]. 北京：新世界出版社，2006：57.

好地理解这一点。凡是和人的生活有着密切关系的，并且或多或少地对人的生活产生着影响的，这些影响可能是有益的，也可能是有害的，这些与人有利害关系的自然物都会成为崇拜的对象。崇拜是与利益紧密相关的，换言之，没有利害关系是不会产生崇拜的。自然崇拜中还有一种是"魔力崇拜"，这是人们认为有一种神秘的超自然力，对它产生的崇拜。这种超自然能力可以附着在山川、土石、日月、动物、植物等自然物上，也可以附着在风、云、雷、电等自然现象中，还可能寄居于活人的身体或死人的灵魂。人能够获得、遗传、转移或丢失它，也能控制和驾驭它。这种崇拜在今天的电子游戏、神话作品，甚至是孩童的想象中还有强大的活力和广阔的市场。

然后是伴随着灵魂观念产生的鬼魂崇拜。灵魂对于生命而言，活着的时候是灵魂，死去时是鬼魂。活着的时候灵魂与肉体相联系，偶尔也可以游离，比如在睡眠的时候；死去以后就与肉体无关而成为鬼魂。人们一方面祈求能够得到死者灵魂的帮助，另一方面又不由得畏惧亡灵的报复，由此形成了一套灵魂崇拜的仪式和禁忌，主要表现为对死者的各种葬礼和葬仪。埋葬尸体或者希望是鬼魂有个栖息之地，不至于失去住所成为孤魂野鬼四处游荡。或者是希望"尸体消灭得越快越好，使鬼魂早点脱离肉体，到同族的死者那里去团聚，不致留在尸体附近扰害活人"。① 原始葬礼中的"带孝"实在是人们惧怕鬼魂的化装，人们认为鬼是有善恶之分的，对于鬼魂一般是既祈求它的保护又惧怕它会祸害人，所以往往是敬而远之的态度。对于"善鬼"，主要是祈求它的保护；对于"恶煞"，人们往往要讨好它，给它供奉祭品，向它许愿。

随后是出现了生殖崇拜和祖先崇拜，"中国是标准的祖先崇拜的国家"，② "国之大事在祀与戎"。③ 种的繁衍是早期人类非常重视的，当时的人们认为新生命是女性生产的，这样，生殖崇拜首先是对女性生殖器的崇拜。卫聚贤认为："人类由女子生，故崇拜女子生殖器，在新石器时代的彩陶上，都有三角形如'▽'的花纹，即是崇拜女子生殖器的象征。此三角形后演变为上帝的'帝'字。"④ 人类最早的始祖神往往是一位女性，如女娲，然后才是男性生殖崇拜，汉字的"祖"其实就是表现了对男根的崇拜。再就是对具有强大生殖力的物种的崇拜，比如中国古代的神话人物女娲、伏羲，就是蛇首人身。近年来，有学者考证认为，女娲的形象是一只大青蛙。蛇、鱼、青蛙、蟾蜍等都是有着强大

---

① 陈麟书，陈霞. 宗教学原理 [M]. 北京：宗教文化出版社，2003：183.
② 恩斯特·卡西尔. 人论 [M]. 甘阳，译. 上海：上海译文出版社，2004：119.
③ 《左传·成公十三年》
④ 卫聚贤. 古史研究 [M]. 北京：商务印书馆，1936：168.

繁殖力的动物，这些也常常被人们作为崇拜的对象。祖先崇拜的对象一般都是善灵，是与本族有着密切血缘关系的先辈。对于祖先的崇拜一是源于繁衍后代的生殖崇拜，再就是祈求祖先驱除"恶鬼"，保佑后代，还有一点是不忘根本的血脉传承，进而加强族群的团结。进一步发展又出现了英雄崇拜，将人类文明进步过程中的一些关键事件或历史过程归结为某些神灵或天才人物或神与人的结合物的发明或恩赐。如上天盗火的普罗米修斯，教人们钻木取火的燧人氏，教人们耕种和采药的神农氏，教人们用绳织网渔猎的伏羲氏等。在古希腊神话里，英雄就有死人的精灵的含义。当然不是所有死去的人，主要是曾经有过杰出贡献的祖先、功绩显赫的领袖、骁勇善战的勇士等。

崇拜的对象开始越来越具有综合性时，图腾崇拜出现了。图腾崇拜是自然崇拜、动植物崇拜、鬼神崇拜、祖先崇拜互相结合起来的一种形式。"图腾"（totem）一词源于美洲印第安人的方言，意思是"他的亲族"。是古代原始部落所信仰的某种自然物（主要是动植物，以动物为多），或有血缘关系的祖先、保护神等，常常用来作为本氏族的徽号或象征。也就是说他们认为自己的祖先曾与某种动物（或其他自然对象）之间有着血亲关系或特殊关系，因而将其神化，并作为本氏族的图腾标志来崇拜，相信能得到它所具有的超自然力量的庇护。"动植物是图腾崇拜的直接对象，其崇拜的观念则又具有鬼神崇拜或祖先崇拜的内容。图腾被当作氏族或部落的标记和名称。"① 比如，黄帝部落的图腾是熊；"天命玄鸟，降而生商。"玄鸟（凤）便成为殷商的图腾；华夏族的图腾是龙，多种动物的附合体。恩格斯在《家庭、私有制和国家的起源》中也谈到（道）："摩尔根举出易洛魁人的氏族，特别是赛讷卡部落的氏族，作为这种原始氏族的古典形式。这个部落内有八个氏族，都以动物的名称命名：（1）狼，（2）熊，（3）龟，（4）海狸，（5）鹿，（6）鹬，（7）苍鹭，（8）鹰。"② 图腾崇拜的对象已经具有了一定的综合或抽象的特征，崇拜的对象已经不再是个体的意义的具体物，而是"类"的意义上的自然物了，或者是某种综合性的物，比如"龙""凤"。图腾崇拜主要表现为对图腾标志的礼仪和对图腾对象的禁忌，特别是以图腾禁忌为表征，图腾禁忌是原始社会的重要行为规范，是需要遵守的基本规则，如在两性关系上就有图腾外婚制度，是早期乱伦禁忌的主要形式。"图腾崇拜主要有以下几个特点：一是对亲缘关系的信仰，相信氏族成员乃是某一图腾祖先的后裔，认为某一图腾代表的动植物是兄弟。二是对禁忌的遵守，

---

① 陈麟书，陈霞．宗教学原理［M］．北京：宗教文化出版社，2003：185.
② 马克思恩格斯选集：第4卷［M］．北京：人民出版社，1995：84.

完全不能或在一定的时间地点不能伤害图腾代表的动植物。三是相信图腾乃氏族成员的保护者。四是利用图腾象征氏族，作为氏族的标志，为氏族命名。五是自认有义务进行使图腾种属兴旺的崇拜仪式。"① 图腾崇拜对于人类的影响是十分深远的，直到今天依然活跃在我们的生活之中，几乎世界上的每个民族都有自己的图腾并成为这个民族的代表或象征。比如龙就成为了中华民族的象征，是以蛇为主体的图腾附着上其他动物，进而以人的丰富想象而合成的，闻一多先生认为龙以蛇的身子为躯干，兼有马的毛、鹿的角、狗的爪、鱼的鳞和须、兽的四肢等。

崇拜的对象开始越来越抽象时，出现了灵物崇拜、偶像崇拜。灵物崇拜与自然崇拜有了显著的不同，它崇拜的不是具体的对象物，也不是自然物在自然状态下表现出的力量，而是灵物之外的神秘力量。比如孙悟空的如意金箍棒定海神针铁。这种灵物还有具体的形态以及与其原来功能相似的功能，后来的发展中，灵物的神力就更多地在于人为的想象和设定了。比如，护身符、十字架之类的都可视为灵物崇拜的延续。灵物崇拜是人类思维能力发展的产物，原始人类用抽象思维加之想象和虚构，将物体与灵性结合起来，赋予物体以神秘的力量，这就造成了灵物。在人类崇拜物的变化中，可以看到人的思维能力的进步，离开了抽象思维、离开了想象和虚构，"崇拜"这种精神现象和心理活动是无法产生和存在的。在灵物崇拜的基础上又发展出了偶像崇拜，崇拜的对象不再是自然物或人的原来的状态，而是经过了人的加工，或者更加形象了，或者扭曲变形了。比如，带有翅膀的偶像，三头六臂的偶像等。

这林林总总的崇拜不过是原始人对自然现象做出的异化的反映，是把自然现象及其变化神化了。他们为了在残酷的自然中生存下来，在对各种自然现象进行认识的过程中，基于有限的认识能力和认识水平，往往把那么难以理解和把握的自然现象包括其产生的原因、过程等，进行种种的猜测、想象和虚构。把没有意识的自然物看作是有意识的，这样就会产生精灵、灵魂、魔力、神怪等观念。其背后是原始人对生存的要求，对保证生存的条件的要求。这些被原始人崇拜的对象，有的是能够给人们带来好处的自然物或自然现象，被认为是善的，是神灵；有的是会给人们带来危险和伤害的自然物或自然现象，被认为是恶的，是恶魔；有的则喜恶无常，有时是善的、有时是恶的。这些神灵、鬼怪、恶魔是与人的生产和生活有着各种各样的联系的，与人们的生存条件、生存要求、生存基础有着或多或少的关系，正如恩格斯所指出的："这些关于自然

---

① 时光，王岚. 宗教学引论 [M]. 北京：中央民族大学出版社，1994：199-200.

界、关于人本身的性质、关于灵魂、魔力等等的形形色色的虚假观念，多半只是在消极意义上以经济为基础；史前时期的低级经济发展有关于自然界的虚假观念作为补充，但是有时也作为条件，甚至作为原因。"① 这里对于原始人类的种种崇拜的产生不做过多的原因分析，只是想通过这个分析体会到人的思维能力的发展在这一现象发生、变化过程中的作用。同时想说的就是这些被崇拜的对象还不具备后来如上帝的神性和地位，如果它们对人总是没有作用，是会被抛弃的。

再向前发展，多神崇拜就出现了。神在更多的方面表现为想象的产物，同时，神也是一个"类"概念，神是抽象思维、分类思维、想象思维共同作用下的产物。比如，花神是管所有的花的，火神是管所有的火的，风神是管所有的风的……自然界和人间有着各种各样的神，古希腊神话传说中就有数目众多的神，有太阳神、有战神、有智慧女神、有爱神、有酒神等等，中国的古典小说《西游记》中也是有着诸多神仙。不过，神与鬼是有区别的。神一般来讲是善的，鬼则有善有恶，但主要是恶的；神的地位一般高于鬼，鬼的地位一般比较低，后来神就主要在天界，鬼就主要待在冥间（中国人把那里叫作阴曹地府），神鬼的交集在人间；神的超自然力量高于鬼，鬼一般要服从、受制于神。从人们对于神、鬼的态度上看，一般对于神都是崇拜与敬畏，而对于鬼则是畏惧、躲避和厌恶，有时还不得不去讨好鬼。崇拜各种各样的神，或者说把各种各样的神作为崇拜的对象，这就是多神崇拜。这些神有自然神、祖先神、英雄神，有各种职能神。这个阶段，众神在地位上基本是平等的，这也体现出人类社会早期人与人的关系状态。然后，随着社会的进步，阶层的分化，特别是进入阶级社会后，这种其乐融融的众神欢愉就成为了历史，信仰一个"至高神"的宗教和信仰"唯一的神"的"一神教"就产生了。起源于公元前六世纪的佛教是信奉一个"至高神"的宗教，释迦牟尼为"至高神"，在佛祖之下有着众多品级、地位不同佛、菩萨、罗汉、金刚等直到比丘。大约在相同时期在波斯产生的琐罗亚斯德教，也就是中国人所说的袄教也形成了类似的"一神"立场。犹太教是最早的信仰"唯一的神"的"一神教"，希伯来人只信仰一个神——上帝耶和华，希伯来人都是上帝耶和华的子民。基督教或称为天主教源于犹太教，犹太教对伊斯兰教也有重大影响。基督教、伊斯兰教也是信仰"唯一的神"的"一神教"。犹太教的圣经——《旧约全书》的开篇：《创世纪》描述了天主用七天时间创造世界的故事。上帝第一天创造了光，第二天创造了天空和水，第

---

① 马克思恩格斯选集：第 4 卷 [M]. 北京：人民出版社，1995：703.

三天创造了陆地，海洋和各种植物，第四天创造了日、月、星辰，第五天创造了各种动物，第六天按照自己的形象创造了人，第七天休息了。这样就以上帝创世回答了世界和人的起源。

一神教取代多神教，是以神人分离的理念来取代神人合一、神兽混杂的信仰，它将人们的宗教信仰建立在更加超越人间现世和更有伦理意义的原则上，同时排除献祭和巫术等，规范了宗教仪式。从多神到一神，众神衰微不只是观念的变迁，也是宗教文明层次的升华，更是社会变迁的产物，是社会变迁在神话、宗教观念中的反映。神仙世界里至高神或唯一神的出现其实是人间社会最高权力拥有者——国王、君主——在宗教观念上的投影，这是一个神的一元化和自然神的社会化的过程。正如恩格斯所指出的："通过自然力的人格化，产生了最初的神。随着各种宗教的进一步发展，这些神越来越具有了超世界的形象，直到最后，通过智力发展中自然发生的抽象化过程——几乎可以说是蒸馏过程，在人们的头脑中，从或多或少有限的和相互限制的许多神中产生了一神教的唯一的神的观念。"① 对于宗教的起源、演变及其本质的分析需要坚持的是历史唯物主义的立场和方法，需要从社会物质生活中即社会的经济活动和经济基础中，从社会政治、文化、精神生活的方方面面中去探寻宗教产生和变化的根源，探寻宗教的本质和特征。只是要这样做并非易事，正如马克思指出的："事实上，通过分析找出宗教幻象的世俗核心，比反过来从当时的现实生活关系中引出它的天国形式要容易得多，后面这种方法是惟一的唯物主义的方法，因而也是惟一科学的方法。"② 这一方法打开了宗教研究的科学之门，然而如何运用，能否用好用对，对每位意图如此的人提出了很高的理论功底和方法功力的要求。换言之，并不是自诩高举了唯物主义的大旗就能够完成对于诸如宗教这类话题的准确和科学的分析和认识的。对于方法，不仅要懂得运用什么方法，还要掌握怎么使用。否则，人人拿起菜刀就可以成为一个好厨子。

宗教产生以后并不意味神话和巫术的消亡，相反，它们一直是共存的。不过，如卡西尔所说，神话是莫名其妙的，宗教比神话和巫术更为有效，"宗教必须履行理论的功能同时又履行实践的功能"，宗教既要从理论上回答人们思想和情感上的纠结和困惑，又要在现实中解决人们生活中的痛苦和困境。宗教要在理论上回答世界的起源问题、万物的生成问题、回答人类的起源问题，回答世界及其万物的归宿问题、人的归宿问题，回答整个世界的过去、当下和未来。

---

① 马克思恩格斯选集：第 4 卷 [M]．北京：人民出版社，1995：224.

② 马克思．资本论：第一卷 [M]．北京：人民出版社，2004：429.

要在实践中解决人类面临的生存问题：怎样活下去？怎样活得不那么艰难（物质方面）？怎么不活得那么痛苦（精神方面）？怎么摆脱生存的苦恼？更重要的是如何面对死亡？如何应对死亡的恐惧和对死亡恐惧的恐惧？再进一步就会转化为在有限的生命过程中如何活得更有价值和意义，这是一个直到今天还在困扰人们的难题，估计今后还会是人们不得不面对的难题。当然关于这个问题，宗教的解决方式比哲学要轻松得多，在宗教的世界里，每个人都要有一个短暂的现世生命，这个生命往往是痛苦的、无奈的，甚至是罪恶的，同时会有一个永远的天界的存在，在那里才是真正幸福的、完整的、自由的。为了解决好这个问题，所有一神教都有一个超越人类的至高无上的神，他在道德上是无瑕的，具有最完美的情操和品性。由于他完全没有凡人的情欲，所以他在道德上和智慧上是至高、至上、至大、至全、至善、至慈、至善、至睿的，甚至是万能的。他是凡人敬仰和效仿的对象（假如能效仿的话），是凡人的引路人，是指引迷途羔羊奔向天堂的灯塔，是帮助人们摆脱现世中的苦难走向涅槃境界的觉悟者。所以，宗教是被压迫生灵的叹息，是无情世界的有情，是绝望中的希望，是毁灭中的拯救，是不可能中的可能，是麻醉人们的鸦片。

宗教源于人类渴望挣脱束缚寻求自由的自觉也可以说是本能，是人类把握世界、把握社会、把握人生的努力。热爱和追求自由是人这个物种所特有的生存方式决定的，人类来到这个世界上绝不仅仅只是为了活着，一定要寻求活着的意义和价值。动物吃饱足矣，人即使吃不饱也会思考生存的目的。哪怕生活得十分艰难，行动上的、精神上的、言论上的自由都是使人活得具有价值和意义的不可缺少的前提，要知道人是有语言会说话有思想的高级动物。没有自由的人不是真正意义上的人，失去自由的人不是真正意义上的人，这也是无数志士仁人、无数先辈先烈不惜以生命为代价努力奋斗的原因。是"人创造了宗教，而不是宗教创造了人"。① 是人创造了神，而不是神创造了人。宗教（神）是为人服务的，是要满足人的需要的，可惜它并不真正具有这样的能力，不过这并不能构成其消失的条件。需要反思的是，直到今天人们还常常热衷于造神的运动，以为人的生存寻求意义和目标，似乎没有了神、人的生存就会失去价值，却不理解人的生存是每个个体的人自我努力、奋斗的结果，每个人是在自己的行动——实践——中实现自己存在的目的，获得自己存在的价值和意义，形成自己的本质的。从来都没有什么救世主，要获得自由全靠人们自己——我命由我不由天。

---

① 马克思恩格斯选集：第 1 卷［M］. 北京：人民出版社，1995：1.

宗教是现实世界的异化，是人在头脑中对自然力量的异化、对社会力量的异化，是人的本质的异化。在这里，自然力被人格化为神，社会力被神秘化为神的伟力，人的力量被异化为制约人的力量，从而导致"人间的力量采取了超人间的力量的形式"。① 宗教只是也只能帮助人们在幻想的天国里寻找并实现自由，以忘却痛苦、摆脱束缚，获得在苦难的现实中生活下去的勇气。即使如此，宗教也已然成为人类文化的不可缺失的重要组成部分，宗教已经渗透到人类历史和文化的方方面面，要了解人类历史、人类文明、人类的过去、现在和未来，不了解宗教是无法完成的。宗教没有也不可能创世纪，更拯救不了人类，但人类需要在文明进步的脚步中去拯救和扬弃宗教。然而，宗教世界观不是哲学世界观，也不是科学的世界观，宗教对于诸问题的回答是不能真正地解决人类的困惑的。在人类思维能力的艰难且不断地成长中，人们开始逐步地意识到宗教即使有力量也只能救"鱼"，但如果水脏了怎么办？另外，道德良善的力量绝不可能超越构建一个能够有效制止罪恶，维持良性运行的社会制度的努力，换言之，通过"高大上"的说教劝人向善实现美好社会只能是画饼充饥的徒劳，单纯的道德说教更可能地造成伪善盛行、小人当道、伪君子如鱼得水。只有设计并推行一个能够惩恶扬善的制度安排，人类才可能真正地得救。更何况那种认为人世的罪恶源于人的欲望，要消灭罪恶就要抑制甚至泯灭欲望的设计是与人的自然本性背道而驰的，而万能的上帝创造的世界和人类为什么却是充满如此多的罪恶和不完美的？事实上，无论上帝多么万能，无论上帝的话语多么动听，对现实的苦难都毫无意义。从来都没有救世主，也没有神仙皇帝，要拯救人类需要理性的力量。

神话是人类最早的百科全书，巫术是科学的近亲，宗教是人们对于未来的寄托。它们是人类思维的产物，是人对自然和人自身的认识，是人的专利，遗憾的是它们并不能真正地解决人类的困惑、恐惧、希望和梦想。至此，哲学的出现已是必然。

---

①　马克思恩格斯选集：第 3 卷［M］. 北京：人民出版社，1995：667.

第四讲

哲学的诞生

从神话、巫术、宗教一路走来，可以看到"知识与信仰主要是提供一种观念的材料，语言则提供了一种表意与叙述的载体或平台。"① 从神话、巫术、宗教如何进展到哲学，即如何实现哲学的转换，需要思维方式的支持。没有理性思维或抽象思维方式的进步与成长，哲学是难以生成的。语言和文字给了人们将认识的结果观念化、概念化、逻辑化的可能，从而开始形成人所独有的思想内容与观念形式，由此产生的精神世界既是人的基本特征，也是人赖以获得与动物生存方式不同的价值意义的前提。这大概就是说"人是一颗有思想的苇草"的真正含义。

一、早期思维

除了神话、巫术和宗教，早期人类是怎么去认识事物的？或者说认识事物的起始点是什么。这时候的认识活动应该还不具有脱离功利性质的目的，一定是主要地为了满足生存活动的需要而进行的。

（一）二分思维

人类的思维活动的内容与方式一定是与人的实践活动直接相关的，同时作为精神活动也一定有自己活动、运行的法则。原始人类对于事物的认识是与原始人类生存最迫切的需要相关联的，那就是要首先要搞清楚日常生活中息息相关的诸物——"它是什么"？"它有什么用"？这个"它"和那个"它"有什么相同或不同？人认识事物一定是从"是什么"开始，然后是"怎么样"，进而是"为什么"。"是什么"后要问"为什么"，"怎么样"后也要问"为什么"。比如认识一个人，一般状态下总是从"他是谁""他这个人怎么样""他为什么是这样一个人"这样的顺序进行。原始人看到一个东西（无论是物还是人），大概是首先要知道这个东西对自己有益还是有害，这个基本前提下进一步探寻能

---

① 吾淳. 中国哲学的起源［M］. 上海：上海人民出版社，2015：59.

吃还是不能吃、能用还是不能用；然后是搞清楚它好不好吃（用），再后来知道它为什么好吃（用）；最后要知道在什么地方、什么时候可以找到它来吃（用）。没有对"它""是什么"的认识，其他的认识都是不可能成立的。

从认识形成的起点来说，要完成对事物的认识，首先要搞清楚"它是什么"，或者说能够规定"它"是什么，这是一个辨别和分类的过程，并将上升到形成概念和定义的过程，这也是人与其他生命在认识事物和表达对事物的认识方面的根本性的区别。语言是实现这一任务的基本条件，语言是人类进化中形成的符号系统，语言既是具象的，也是抽象的。动物的声音只是一种信号，相对于动物的叫声，人类的语言不仅是具体的、可以描述现实状态的，而且是抽象的、具有逻辑的意义符号。语言是人认识事物的工具，也是人表达认识的工具。洪堡特认为，"对于人类精神力量的发展，语言是必不可缺的；对于世界观的形成，语言也是必不可缺的。"① 语言与人的智力发展，与人的精神活动、认识活动是相互联结、相互作用、相互支持的。卡西尔认为："在古希腊哲学中，正是'逻各斯'一词暗含着并支持着认为言语活动与思想活动有着根本同一性的观点。"② 在古希腊文中"逻各斯"这个词本身兼有"理性"和"言语"两重含义。人们在搞清楚一事物"它是什么"的过程中，先是要分类辨别，要做到这一点就要"起名字"，也就是形成概念。从语言到概念的过程大体是这样的，"从类化意象到抽象概念的过渡，主要是通过音节语言的发展完成的。"③有了"名字"即概念，原始人类的意象思维就进步到抽象思维，在思维中开始了对于实体在抽象意义上个别与一般、实体与属性的思考和认识。有了"名字"即概念，人们才能更为准确地认识和理解该事物，概念是人类抽象思维的纽结，是人们认识事物的出发点。有了"名字"即概念，在对该事物清楚认识的基础上，才能准确地将该事物与他事物区别开来，才能清晰地意识到各种事物间的区别与不同。能够做到这一切的原因在于任何概念都不是信号，而是符号，是包含着内涵规定的符号。前面已经讲过了，信号与符号是不同的，信号表述的是实在世界，符号表达的是意义世界。在符号世界中，人类形成了符号化的想象力和智慧。

其次是二分思维，即能够把各种事物相互区分开来的二分思维。"研究表

---

① 威廉·冯·洪堡特. 论人类语言结构的差异及其对人类精神发展的影响［M］. 北京：商务印书馆，1999：25.

② 恩斯特·卡西尔. 人论［M］. 甘阳，译. 上海：上海译文出版社，2004：176.

③ 刘文英. 漫长的历史源头——原始思维与原始文化新探［M］. 北京：中国社会科学出版社，1996：723.

明，正是以采集与狩猎活动作为背景，原始人在关心世界现象的基础上，首先发展起来的是二分思维以及差异或类分思维。……差异或类分这样一种思维观念，是早期人类所普遍具有的。"① 因为若要把"它是什么"弄清楚，不仅要明白"它是什么"，还要把"这个它"和"那个它"能够区别开来。一是看到差异或不同，二是以此对事物进行区别和划分。原始人注意并认识到：人是有不同，男的女的；日子是有不同，日出为昼，日落为夜；天气是有不同，有温暖有寒冷；东西是有不同，有多有少、有大有小、有高有低、有软有硬、有干有湿；草木是有不同，有枯萎有茂盛、有高大有矮小等等。

认识来源于现实生活的体验和观察，也就是我们常说的实践。自然中的事物的不同更为准确地讲是"二分"或者说是"对立"，这是原始人类首先认识到的事物的区别，从而也是区别事物的方法。紧接着就是这种区别对于"我"有什么用，什么是"我"所需要的、喜欢的，什么是"我"不需要、不喜欢的。为什么"我"喜欢白天不喜欢黑夜，为什么"我"喜欢温暖不喜欢寒冷，为什么"我"喜欢多的食物而不喜欢少的食物？所有的体验和观察都是要为生活的需要服务的。

第三步就是认识到差异。区别事物就是找到不同，找到不同就是认识到差异。认识到事物的不同，认识到事物的多样性，之后就是复杂性。不同的事物是不同的：太阳和月亮是不一样的，水和土是不一样的；草木有枯有荣，果实有大有小。同样的事物也有不同：月亮有阴晴圆缺；同样是太阳，早晨的太阳、中午的太阳、下午的太阳是不一样的。只有认识到事物的差异，人们才可能形成对于事物的知识，也就是说人们要能够认识到一事物的不同，认识到一事物与他事物的不同，进而把不同事物区别开来。这是一个把混沌的世界变成为清晰的世界的过程，是人类的认识能力不断提升，认识需要不断满足的过程。如果做不到这一点，就谈不上形成人的认识，更不会形成知识。原始人必须意识到围猎斑马和攻击狮子要运用完全不同的方式，也必须明白交结朋友和讨好女性的方法有着很大的不同。

第四步是类分，也可以称之为分类。按照列维-斯特劳斯的看法，二分首先是个别化的层次，然后过渡到更一般化的类别的水平。② 先是把 A 和 B 区分开来，就是把该事物与他事物区别开来，然后是归类，再进行分类。如先把男人和女人区分开来，然后把人归为男女两类，最后在人群中把大家分成两类。这

---

① 吾淳. 中国哲学的起源［M］. 上海：上海人民出版社，2015：60.
② 列维-斯特劳斯. 野性的思维［M］. 北京：商务印书馆，1987：197.

里描述的是思维活动的逻辑顺序，在实际操作过程中，归类和分类是同步的。涂尔干也认为原始人应该是先对二分现象发生兴趣，然后才会关注类属问题。不能区分事物的不同，是难以对事物进行分类的。简单地说，不知道人有男女之别，怎么把人分作男女，怎样在一群人中把男人和女人分开来。

这里有一个从个别到一般的上升，形成对事物的共同特征即共性的认识，不管是什么颜色的马都是马，不管大苹果、小苹果、红苹果、黄苹果都是苹果。从个别到一般的上升是思维抽象的过程，也是结果。还有一个从现实到观念，再从观念到现实的过程，即形成观念，并建立起观念与现实事物之间的对应关系。分类一定是建立在抽象思维的基础上，建立在概念形成的基础上。分类既是对事物的认识，也是对已经获得的认识的归纳和整理。分类对于认清这个世界同样很重要。

众多的研究指出，早期人类的二分思维方式在很大程度上源于事物普遍具有的对称性，源于不同事物的相关性和相继性。对称性表现在人自身的身体和器官上，动物的身体和器官上，诸多地方是对称的：眼睛、耳朵、鼻子、牙齿、乳头、肢体、翅膀等，植物也是这样的，植物的枝条，特别是叶片。相关性和相继性表现在白天与黑夜、雨季和旱季、干燥与潮湿、温暖与寒冷、饥与饱、疲劳与轻松、欢乐与悲伤。由此形成的抽象性的概念：左右、上下、前后；昼夜、天地、远近等，并意识到它们之间的不同。在这样的思维方式的指引和作用下，人们开始确定"类"即"起名字"，进而划分事物，形成对于事物的认识，并以此为整理获得的知识的基本方式。皮亚杰就从发生认识论和儿童心理学的层面指出儿童的认识活动在一定发展阶段具有了这样的能力："对它们进行归类、排列顺序，使它们发生相互关系。"① 对于事物的认知是通过"类""类属""类别""分类"来完成的，这同时也是知识形成的逻辑和过程。"总之，在持久的分类活动中，有关'类'的认识就有可能不断提升。一方面，'类'会越来越精细化，由此使得知识越来越精确；而另一方面，'类'也可能越来越抽象化，即归属于某种基本或根本的原因或起源。"② 在分类的过程中，不仅是归属的问题，还会产生量化的要求：所有、大多数、少部分、个别。还有进一步抽象提升的要求，斑马、羚羊、马鹿是一类，因为它们都吃草，生活在地面上；乌鸦、鹰隼、秃鹫是一类，它们都吃肉，飞翔在天上。这就是"类"越来越精细化，"类"也越来越抽象化，其最终结果将指向寻找万事万物的起源或共性。

---

① 皮亚杰. 发生认识论原理［M］. 北京：商务印书馆，1981：26.
② 吾淳. 中国哲学的起源［M］. 上海：上海人民出版社，2015：69.

（二）对本质的探求

在思维中认识事物是从"起名字"开始的，所谓"起名字"就是形成概念，名字不仅是一个符号象征，还是对该事物的本质和特征的界定。认识一事物需要把握该事物的本质和特性；区分不同的事物需要把握不同事物的特性；进行分类同样需要清楚地把握不同事物的不同特性。要保证这些任务完成的精确、精准，就需要掌握事物的方方面面的特征，并从众多的特性中找到事物最基本、最重要的特性。什么是本质，本质就是一事物最根本的最一般的特性或属性。"起名字"的过程就是从个别到一般的过程即从个性到共性的过程，也是我们常说的"通过现象看本质"或者"透过现象看本质"的过程。从个别到一般、从个性到共性是一个不断抽象的过程，是一个对于"类"特性不断地认识、提炼的过程。"通过现象看本质"是指在现象与本质相符合、相一致的情况下看事物，"透过现象看本质"是在指现象与本质相背离、相矛盾的情形下看事物。意识到现象与本质之间可能存在着不一致性，这对于深化认识，提高识别、分析能力，认识到事物的复杂性和多样性有着重要的作用。

"起名字"不仅仅是给予某物一个认知符号，还要把握该事物的特性并加以固定，这一特性规定了一事物为该事物，从而能够把该事物与其他事物区别开来。也就是说，意识到"我"就是"我"，是不一样的烟火。任何概念都是需要内涵的支撑的，离开了具体内涵，概念是不成其为概念的。概念是人类逻辑思维的基本元素，有了概念才可以做出判断，进行推理。概念、判断、推理构成理性思维的基本内容和形式，人类的思想与知识体系是建构在这一理性逻辑的基础上的，从而回答一事物"是什么""不是什么""怎么样"和"为什么"。

为什么人类的理性思维要从概念开始，即为什么要"起名字"，源于人类特有的生存方式。人类的生存方式需要对整个世界更为精准、深刻的认识，了解事物的特征、属性、类型和本质，只有这样才能满足人类活动的需要。"起名字"其实是一个认识事物、规定事物的过程，是认识到一物"是什么""不是什么"。比如，要制造和使用工具，就必须了解什么东西可以用来制造工具，什么东西不能用来制造工具；哪些东西可以用来制造工具，哪些东西不适宜用来制造工具。什么工具好用，什么工具不好用。只有这样才能满足人类生活、思想和情感活动的需要。"我"为什么喜欢"她（他）"，"她（他）"是一个什么样的人，有哪些吸引"我"的地方，为什么别人不喜欢"她（他）"的那些方面却让"我"无法割舍……只有具有这样的认识能力，达到这样的认识程度，才能满足人们改变生存的境遇，实现人的目的和要求。只有具备了这样的认识能力和水平，才可能萌发出想象与虚构，想象力是一种创造的能力，想象力也是科学的起点，想象力给予人们以希望和可能。想象力既是科学的动力，也是人们生存下去的支持力特别是在苦难的日子里。

在力求把握事物的本性、特性的过程中，人们的思维能力和认识水平不断提升，这种能力的提升一定表现在能够将众多的事物加以分门别类。"类"越精细、越精确，由此形成的知识才能越准确、越深刻。还要看到，这一能力的深化将进入对于现象与本质的认识和思考，对于本质与属性的认识和思考，对于特征与类型的认识和思考，对于形式与内容的认识和思考，对于整体与部分的认识和思考；还有就是对于共性与个性的认识和思考，对于一般性和特殊性的认识和思考，以后还会发展为对于万物最一般的共性即本原的认识和探寻。关于共性与个性的关系、一般性和特殊性的关系以及世界万物的共性这一类问题的思考此后一直是哲学致力解决的基础性问题，因为围绕着对这些问题的思考与不同的回答成为了不同哲学立场、派别划分的标准。曾忆否，公孙龙先生的白马非马，芝诺的飞矢不动；唯物论与唯心论在"世界本原是什么"的问题上的水火不容的争论吗？

进入文明社会阶段后，对于"本质"或"本性"的思考，特别是对于人的"本质"或"本性"的思考之后会引发有关善恶、美丑的分析，引发关于自由的思考、关于意义的思考。这里的逻辑思路基本是先回答"是什么""怎么样""为什么"，然后思考"应当怎样"和"为什么"，这样的理路标志着人类的进步和希望。

（三）因果关系及其展开

对于事物普遍具有的对称性、不同事物间的相关性和相继性的认识，使得人们逐渐观察到了现象与现象之间、事物与事物之间存在着某种关系，开始逐渐地认识到这种关系表现为事物间、现象间的相互关联、相互影响、相互作用、相互制约、相互规定，这种关系中最一般、最普遍、最基本的关系就是因果关系即引起与被引起的关系、生成与被生成、产生与被产生的关系。神话、巫术也讲因果，不过神话、巫术讲的因果是更多的是想象和臆造的产物，而且是不容怀疑的。如，因为有了盘古，所以开了天地；因为有巫师作法，所以天上下雨了。伴着人们认识能力的持续进步，伴着经验的长期不断地积累，对于因果关系的认识才渐渐地比较的正确、深刻起来。

意识到因果关系才会希望通过对他物进行控制，以适应自己的要求；意识到因果关系才会对自己的言行进行调节，以得到自己希望的结果；意识到因果关系才能主动地想要去改变事物（包括自己）；意识到因果关系才能懂得可以预测或者规划未来。面对因果关系，人们开始越来越表现出思想与行动的主动性、自觉性和创造性，应该还有自制性、自律性。对于因果关系的认识给人们带来的影响和改变，不仅是思想上的，也一定是行为上的。意识到因果关系后，人们在思想特别是行动时一定会考虑"做"或"不做"或"可做可不做"。

因果关系的思考应当至少是三个方向的，一个是对原因的追问。对于原因的追问会指向起源探寻，包括对于终极原因的追问；一个是对结果的追问。对于结果的追问会引发决定论与非决定论之争，还会出现对未来的关注。还有一个是对原因和结果的相互关系的思考。关于这三个方面，这里依次做进一步的说明和分析。其一，了解了一事件发生的原因或者说产生一现象的原因，还会想进一步了解为什么会出现这个原因，即对原因之原因的思考。这样一方面推进了对事物或现象之认识的逐步拓展和深化，另一方面更加深入地意识到现象与现象、事件与事件之间可能存在着各种各样的联系，从而推动着人们对于整个世界及其变化的更加深入的认识。同时，对于原因之原因的探寻，一定会努力地去找到终极原因，或者意识到因果关系可能会是互为因果的。对于终极原因的追寻，很可能在说不清楚的时候请出某种神秘的力量、一般情况下是上帝来帮忙，因为人们常常会以为因果关系的链条总会有个终结，也应该有个终结，如果做不到这一点，很多人会抓狂的：怎么会没有终极原因呢？意识到因果关系可能互为因果时，有可能会导致循环论，中国传统文化里这一点很明显，如：天下大势，分久必合，合久必分。循环只是事物变化的一种可能，如果只看到循环，那么就看不到事物变化的其他可能与方向。

其二，了解了一事件或现象变化的结果，还会想进一步了解这个结果是最后、最终的吗？还有没有新的变化的可能？如果有？会怎么变化？这种变化有没有尽头？尽头之后还有什么？对于结果，人们往往都喜欢追求好的结果。问题在于，现实生活中不如意者居多，比如，好人不长命，坏人活千年。其实这个问题的产生更多的是源于人们的心理需求和感受，好人活得再长尤嫌其短，坏人活得再短还嫌其长。童话故事里常常会这样讲：经过了这么多的磨难和波折骑着白马的王子和穿着水晶鞋的公主终于过上了幸福的生活。这种大团圆式的叙事方式与其说是事实，不如说是梦想，因为童话都是骗人的。如果再来追问一句：幸福之后呢……另外，对于原因和结果的终极性追问，一定是科学产生、存在和发展的原因。对于因果关系造成的结果和因果间的关系的正确分析才可能是科学，对于导致的变化的方向的分析使人们认识到变化是有多种可能与多种方向的，有大变，有小变，有不变；有渐变，有突变；有循环，有进化，有退化。对于导致的变化的结果的分析使人们认识到结果可能是好的、也可能是坏的、还可能是不好不坏的，甚至是难以预料的。在这些认识的基础上，人们会对事物的变化加以关注，促进好的变化，预防坏的变化；人们会对自己的行为加以规范、要求和约束，努力培育积极因素去促成好的结果，防止消极因素以避免坏的后果。由此，"善不积不足以成名，恶不积不足以灭身。是故，君子安而不忘危，存而不忘亡，治而不忘乱。"① 对于结果的关注还会使人们致力于通过自身的努力去创造一个自然中本来不存在的美好世界，创造一个超越现实生活的美好社会，这一般会让苦大仇深苦难深重的人们有了活下去的欲望与冲动，也会构成人类社会进步的激励机制。

其三，对于因果之间的关系的思考很自然地引申出现实性与可能性的关注与思考。对于现实性的思考促使人们关注"是什么""应如何"的问题。一个是身外之物的存在状态和变化可能；一个是人自身的作为和尺度包括对行动的结果的反思以及今后的行动的修正。比如，这些天这种树上的果实成熟了，能吃吗？够吃吗？能吃多久？什么时候还能再吃？树太高把它砍倒行不行？砍到后下次还能再吃上吗？今天打猎时，我的攻击时机选择得正确吗？有什么问题？我和大伙儿配合上有什么不默契的地方？怎么改进？为什么大家都夸他能干而没有夸我？对于可能性的思考促使人们关注事物或现象变化的态势，关注变化的性质、方向和程度，向有利于人的方向还是不利于人的方向变化，变化的幅度如何。暴风雨来了，会发大水吗？水能漫上堤岸吗？如果漫上来会冲毁我们的房屋吗？对于现实性与可能性的关系的思考促使人们意识到自身的行动既要立足当下，又要考虑未来；既要关注现实，又要关注可能。希望能够预测和把握事物或现象可能变化的方向与结果，这尤其是人的生存与思考方式的特点，即人的生存方式不是完全被动的，而是充满着主动性和自觉性。要实现这种主动性和自觉性，就需要对行动的对象和自身的能力有比较清楚、准确地认识，从而能够对行动的方式及其结果进行分析和预判。立足当下，展望未来，这恰恰是人的生存与认知方式，也是我们不断改变自我的动因。另外，对现实性与可能性的关系如果把握不当可能会导致宿命论或目的论，最为典型的表现就是轮回说、因果报应说、上帝创世说。

其四，对于因果之间的关系的思考同样很自然地引申出对必然性与偶然性的关注与思考。对于必然性的思考最初是与巫术不可分割的，巫术的法力是不能被质疑的，这使得人们慢慢地意识到有些事件或现象的发生是确定、一定以

---

① 《周易·系辞传下》

及肯定的，然而巫术的失败也会导致人们认识到很多事情不一定是这样的。对于偶然性的思考，使得人们慢慢地意识到有些事件或现象的发生是不一定的、不确定的以及不肯定的。不仅仅是巫术，大量地观察形成的实际的生活经验同样让人们意识到事物或现象的发生具有确定性与不确定性两种可能。比如，刮风变天了一定会下雨吗？不一定；从这里挖下去一定能找到可以吃的东西吗？不一定；努力了就一定会成功吗？不一定。对于必然性与偶然性的关系的思考一定能促进人们开始关注并思考行为的结果的各种可能性，同样还会提出努力保证向好的结果变化的要求，怎么促成向好的方向变化，防止向坏的方向变化？还会使人们注意到可能会存在着"机遇"，而且有没有机遇、怎样才能抓住机遇还是很烧脑的。当然也会有人因为坚信好运气而守株待兔。在生活中，可能会有人相信自己面对的一切都是命运注定，也会有人相信所有的一切都是随机的。不管怎样，我们的一生就是在因果关系织造的现实性与可能性、必然性与偶然性中震荡，重要的是时时调整好自己，力求生活得有尊严和价值。

人类社会进入文明阶段后，因果关系的思考会引发实然问题与应然问题的追问，加上对人与人之间、人与社会之间关系的合理性追问，因果关系的思考会引出平等、公正、民主、法治、仁爱（博爱）等价值的探讨与追问。

人类的思维运动、进步是在人的进化过程中萌生、生长、成熟起来的，这是一个漫长的、渐进的过程，也是人之为人并与其他生命相区别的核心标志之一。在研究人的思维的过程中，千万要注意人的思维活动是有独立于直接的物质性活动的自己特有的规律的。为了批判唯心主义夸大人的意识和精神活动的作用的错误，我们往往太多地强调了人的意识对于物质基础和实践活动的依赖性，而在一定程度上忽视了精神活动的独立性和独特性，忽视了精神活动在人之为人的界定中的核心作用。试想一个没有思想、没有情感活动的人，如果肉体还存活的话，要么是个植物人，要么是个废人，但绝不可能被认为是一个真正的人。如果在人的意识问题上只是单纯地讲物质决定意识，意识具有能动性、能够能动地反作用于物质，那么要深刻地把握人的意识活动发展、演化和进步的规律，这样的叙事就显得有点粗线条、简单化了。当然人类早期思维对于事物的分类还没有达到科学、严谨的高度，更多的是依赖于观察、经验而不是分析和实验。对于事物本质的认识，对于各种因果关系的认识，对于本质和因果的思维方法本身的认识与今天相比较还显得稚嫩，然而人类的思维就是这样一步一步地发展起来的。

早期思维显然一是具有以主体的生活和生存需要为基准的功利或实用特征，其核心应当是趋利避害，以人的需要为尺度。二是与抽象思维还不发达相关的具象性特征，列维-布留尔在《原始思维》一书中曾描述了一个叫安东民奥的土著人的精准记忆，他是通过对具体形象的细密观察与记忆来认识和把握事物的，其认知方式具有典型的形象性特点。三是因现象之间的相似性而形成的比类特征，即具有比喻、隐喻或联想的特点。对此，维科、弗雷泽、皮亚杰等人都有相关的研究和论述。还有不仅是形象间的相关性还源于事物之间的相关性而形成的整体性特征，正如列维-斯特劳斯所指出的："巫术与科学之间的第一个区别就是，巫术以一种完全彻底的、囊括一切的决定论为前提；另一方面科学则以层次之间的区分为基础，只有其中某些层次才接受某些形式的决定论。"[①] 四是更多地基于生活实践和日常观察而形成的经验特征。另外，这些认知的传递与继承也往往是心口相传，代代相际，其间出现中断和消失应当是一个比较常见的情况。这或许也回答了为什么考古中发现的许多古人精湛的技艺往往失传很久了的原因。

以这样的方式描述人类原始思维的发生和发展还是十分粗略的，这一描述的目的是想通过对人类早期思维活动发展轨迹的探寻，深入地研究人的思维发展的过程，这对认识人类思维活动的规律和特点，认识人类思想运行的逻辑方式都有着积极的意义。随着工具的制造，早期采集和农耕、狩猎与畜牧，居住和医疗，还有占星术，早期人类对于自然和自身的认识，逐渐地从具象到抽象，从现象到本质发展和深化起来，这为更加抽象地认识活动奠定了基础。因此，哲学思维与观念不是人类一开始就有能力的，也不是突然产生的，从感觉、体悟、经验、想象到抽象、逻辑、理性，是人类思想水平和思维能力渐次进步和上升的必然过程，它也应当是一个漫长渐进的积累、提升过程，也是人这个物种从大自然众多生命中脱颖而出的过程。

二、哲学的萌生

哲学是怎么产生的？柏拉图在《泰阿泰德篇》里提出：哲学产生于惊讶，这尤其是哲学家的一种标志。除此之外，哲学没有别的起源。亚里士多德认为哲学的产生需要这样一些条件：其一，惊异。"古今来人们开始哲理探索，都应起于对自然万物的惊异。"[②] 即看到事物时的疑惑感，并具有提出问题、穷根究底的能力；其二，求知。"求知是人类的本性。"[③] "他们探索哲理只是为想脱出

---

① 克洛德·列维-斯特劳斯. 野性的思维 [M]. 李幼蒸，译. 北京：中国人民大学出版社，2006：12.

② 亚里士多德. 形而上学 [M]. 北京：商务印书馆，1959：5.

③ 亚里士多德. 形而上学 [M]. 北京：商务印书馆，1959：1.

愚蠢。他们为求知而从事学术，并无任何实用的目的。"① 只有超越了功利的需要才有可能进行哲学的思辨。其三，自由。"我们不为任何其它利益而找寻智慧；只因人本自由，为自己的生存而生存。"② 即思想自由。可以说，惊异、求知和自由，当然还要有闲暇，即有从事脑力劳动的物质保障，这是哲学产生的条件。与神话、巫术和宗教不同，哲学不仅要认识"是什么""怎么样"，还要思考和回答"为什么"。神话、巫术和宗教一旦被追问"为什么"将陷入困境，哲学如果不进行"为什么"的思考那么肯定就不是哲学。更何况哲学不仅仅是要追问"为什么"更要追问"应当是怎样的"，无休止的反思与批判是哲学的本质，也应该是哲学不招人待见的地方。

哲学首先面对的问题是什么呢？从对事物分类开始，到寻求事物的本质，事物变化的原因，人们开始不断提炼自己的思想。终于要问：世间这么多东西，它们是从哪里来的？来了以后，就有生有死，就处在生生死死、生死相继、出生入死、一涨一落与一枯一荣中，生为存在，死为消亡。生的来路和死的归宿在哪里？生命是什么？万物是什么？它们是怎样产生的或者是由什么构成的？

一句话，世间万事万物的起源或者本原是什么？

（一）宇宙生成论

罗素说过："哲学是从泰勒斯开始的。……哲学和科学原是不可分的，因此它们是一起诞生于公元前第六世纪的初期。"③ 这个时期在人类文明的历史上具有十分重要的意义，这就是雅斯贝斯所说的轴心期。雅斯贝斯在《历史的起源与目标》一书中提出，以公元前500年为轴，自公元前800年到公元前200年这一时期是人类文明的轴心期。人类思想史上的重大非凡的事件都集中在这个时期里发生了，在中国出现了以孔子、老子为代表的诸子百家，在印度出现了《奥义书》，生活着佛陀，在伊朗查拉图斯特拉创立了以善恶二元对立为核心思想的祆教，在巴勒斯坦先知们纷纷出现，在希腊以荷马、柏拉图、修昔底德、阿基米德等为代表的贤者如云。"神话时代在其宁静与自然中走向了终结，希腊、印度、中国的哲学家们以及佛陀的重要见解，先知们关于上帝的思想，都是非神话的。一场从理性精神和理性启蒙的经验出发，向神话发起的战斗开

---

① 亚里士多德. 形而上学 [M]. 北京：商务印书馆，1959：6.
② 亚里士多德. 形而上学 [M]. 北京：商务印书馆，1959：6.
③ 罗素. 西方哲学史 [M]. 北京：商务印书馆，1963：2.

始了。"①

泰勒斯就出现在这个时期，因为"他预言过一次日食，所以我们就很幸运地能够根据这件事实来断定他的年代；据天文学家们说，这次日食出现于公元前585年。"② 他是希腊的七贤之一，这七位贤者都有自己一句传世的格言，据说泰勒斯的格言是：水是最好的。根据亚里士多德的记载，泰勒斯认为水是原质，其他一切都是由水造成的，大地是浮在水上。用大家易懂的话说就是：水是万物的本原（请注意，这不是泰勒斯的原话，是对他认为万物都是由水构成的这一想法做出的简化和概括）。所谓本原（arche），按照亚里士多德的定义就是一切存在着的东西由它而存在，万物从它那里来、由它生成，毁灭之后又回到它那里去，万物生灭变化，唯独它始终如一。本原（arche）在希腊语中有多个含义，主要的意思有二，一个是开端，一个是主宰。由此我们还把它翻译为"始基"，即一是开始，一是基础。万物从它那里开始，又受其主宰，最后又复归到它那里，既是开端又是根本还是归宿。对于万物万事的本原的思考被称之为哲学的"本体论"问题，③ 这是哲学的"第一课"，当然这个时候的本体论思考更确切地说应该是宇宙或世界的"生成论"问题。如此以来就提出了几个问题：什么是本原？什么是本体论？为什么泰勒斯提出"水是万物的本原"这一观点就标志着哲学的诞生？换言之，泰勒斯的观点与前人有什么内容和立场上的区别？这个观点与盘古开天地、女娲造人、上帝创世纪这些说法有什么本性的差异？因为，乍看起来这个说法实在称不上"高大上"，罗素说过，"万物是由水做成的"这样的看似稀松平常的观点，"会使初学者感到泄气，因为初学者总是力图——虽说也许并不是很艰苦地——对哲学怀抱一种似乎为这门课程所应有的那种尊重。"④

然而，这样的思考却为哲学奠定了自己的地位。哲学首先开创了对于万物万事本原即本体论（ontology）的思考，哲学上的本原是指世界的来源和存在的根据，一是万物的来源；一是万物的共性。所谓"本体论"也可以译作"存在论"，是"关于存在（being）的理论或科学（theory）"，是关于本原问题的理

---

① 卡尔·雅斯贝斯.论历史的起源与目标［M］.李雪涛，译.上海：华东师范大学出版社，2018：9.

② 罗素.西方哲学史［M］.北京：商务印书馆，1963：2.

③ 注：通常上讲哲学的内容和结构体系一般包括：本体论、认识论、辩证法、历史观、人论、实践论等几个方面，还可以加上伦理观（伦理学）、审美观（美学）和逻辑学，只是后三位已经成长为独立的学科。

④ 罗素.西方哲学史［M］.北京：商务印书馆，1963：29.

性方式下的思考。古希腊时也被称之为"形而上学"，这与近代哲学所批评的"形而上学"思维方式并不是同一东西，那是一种以为事物变化的原因缘于外力的作用，事物的存在是孤立、静止的哲学思维。这里所说的"形而上学"与"本体论"或"存在论"具有同样的含义。

"水是万物的本原"这一提法，从人类认识的层面讲带来了什么新东西？

一是意味着人们不再是以想象或从神灵那里寻找万物的起源或根本，而是尝试从现实中寻求问题的答案；二是这里体现了运用经验知识去解释抽象问题的思维方式，以人们可以感知到的事物为基础进行分析、思考；三是人们不再盲从传统和传说，而是运用经验、理性进行思考和批判；四是这一说法开创了自然主义的传统，即从自然现象中去寻求自然的答案。从神话、巫术到宗教，人们为了寻求万物万事的起源或根基经历了漫长的过程，如今终于开始摆脱想象与猜测，而是立足于现实进行思辨，从而标志着神话、巫术、宗教宇宙观向自然宇宙观的过渡。而且提出"水是万物的本原"这一看法，一定是与当时的人们认识到水对于生命的基本价值相关联的，有意思的是在《管子·水地篇》也说道："水者何也？万物之本原也，诸生之宗室也。"因此可以说当人们把一种或几种具体的物质形态作为万物始基（本原）时，真正的哲学意识（尽管仍然比较稚嫩）就开始了。

"本体论"对于本原问题的思考大体包含着以下几个方面：一是本原是什么的问题或者说世间万物是如何产生的，可称之为生成论；二是本原的构成问题，即本原的结构与要素，可称之为构成论。或者是"一"、或者是"两"、或者是"三"或"多"；三是本原的生成原因，即世间万物运动变化的成因；四是万事万物形成、存在与运动的规律。即万物的生成、变化直到消亡是如何进行的、怎么做到的、终极的结果是什么。其中粗略地划分时，前两个问题大体可以合为一个问题，后两个问题大体可以合为一个问题。提示一下，面对这些问题西方哲学与中国哲学的关注点从一开始就出现了差异，如果说西方哲学更多地关注"是什么"的问题，并且由于对这一问题的不同立场和回答引出后来人们习惯性的哲学派别的划分——唯心主义与唯物主义。那么，中国哲学则把目光更多地放在本原的构成（结构与要素）及生成原因，即本原为太极，太极由阴阳构成，阴阳互动生成万物并运行不辍。以《周易》的话讲就是：易有太极，是（太极）生两仪，两仪生四象，四象生八卦，用老子的话就是：道生一，一生二，二生三，三生万物。

正因为古希腊米利都学派的泰勒斯说出了：水是万物的本原，因此他被称之为"西方哲学第一人"。这一论断首次提出了万物的始基、本原的问题，试图用自然界中某种具体的物质状态来说明世界万物的统一性，用自然来解释自然，而不是用神话和宗教来解释自然，这种观点和方法虽然还显原始和稚嫩，但却是一个认知立场上的根本改变。即"不求助于以诸神的干预为基础的解释，而是通过自由地运用理性来提出问题寻找答案"。① 不过需要再次说明一下，这是个"生成论"的回答模式，宇宙及其万物的生成问题仅仅依靠哲学思辨是难以最终完成任务的，随着人类知识的进步，对于宇宙起源、生命起源的问题更多地依靠自然科学的研究加以解答和假设。哲学思考问题的方式是抽象与思辨，换言之是演绎式的思维，对于宇宙的生成问题的思考是实证研究，需要以观察与实验为基本手段。因此，对于宇宙及其万物生成问题即起源的回答，哲学要么放弃努力，要么另辟出路。那么出路在哪里？

（二）从起源到本原

自泰勒斯实现了神话到哲学的革命开始，古希腊众多哲学家们不再依靠传统的权威，不再是依靠超自然的力量或神的启示，而是凭借经验与理性来寻找问题的答案，尝试对事物进行理性的解释，他们围绕着"生成论"提出了各自的看法。米利都学派的最后一个代表阿那克西米尼提出"气是万物的始基"。分析这一观点与泰勒斯的不同可以看出，"气"相比"水"更加具有抽象性，直观状态下是难以看到和感觉到的，"气"同时更有普遍性和变动性。阿那克西米尼还提出气是万物运动的原因。大家非常熟悉的说过"人不能两次踏进同一条河流"的爱菲斯学派的赫拉克利特则提出"世界是一团永恒的活火"，他认为"火"相比于"水"更加富于变化、更加生动灵活。"这个世界对于一切存在物都是同一的，它不是任何神或任何人所创造的；它过去、现在和未来永远是一团永恒的活火，在一定的分寸上燃烧，在一定的分寸上熄灭。"② 即世界的本原是火，火的运动及其生成万物是有规则和尺度即规律的。"人不能两次踏进同一条河流"这一观点实际上指出事物总是在变化中的，没有不变的，只有变是不变的，变化是有尺度和规则的，这个尺度就是"逻各斯"（logos）。可以看到，赫拉克利特的哲学思想富含辩证法，黑格尔称他是辩证法的奠基人。在不断的、永恒的变化中如何把握自然事物，就是要抓住事物运动变化的尺度——逻各斯，只有这样才能赋予知识确定性（所谓知识确定性用大家熟悉的表述就是指知识的正确性，即真理）的基础。逻各斯是古希腊哲学乃至西方哲学的一个十分重

① 斯塔夫里阿诺斯. 全球通史——从史前史到 21 世纪（上）[M]. 北京：北京大学出版社，2006：112.
② 罗素. 西方哲学史 [M]. 北京：商务印书馆，1963：54.

要的概念，因为从它那里衍生出了一个十分重要的概念——"逻辑"（logic）。

提醒一下，当古希腊的思想家们为宇宙的生成问题殚精竭虑时，轴心期其他文明区的思想家们也没有闲着。古印度哲学认为水、火、风、地四大元素是世界的本质，中国古代哲学提出水、火、木、金、土五种元素相生相克构成万物。希腊、印度、中国的哲学家是不是沟通过彼此的观点和看法？当然没有。不过，有意思的是从这些观点中可以看出，早期哲学大都从经验出发，站在了唯物主义的立场上，这种唯物主义具有自发和朴素的特点。这里的自发性是指他们的观点尚缺乏严格的逻辑推理、论证和严密的理论架构，这里的朴素是指早期唯物主义思想还缺乏自然科学研究成果的有力支持，具有相当的想象和猜测的成分。比如说"水是万物的本原"一定是看到了水的价值，只是这一观点并不是建立在严谨的科学实验和逻辑推理的基础上。并且由于在思维方式上采取的是一种还原论的理路，所以说，这种认识主要是对感觉经验加以总结的结果，而不是逻辑思考的产物。然而，在哲学史上这些观点具有重大的意义和价值，因为他们提出了世界的本原和始基的问题，并围绕这些问题展开了理性思考。他们运用自然世界中的具体物质形态作为本原，来说明世界万物的产生和变化，并初步形成了朴素的辩证法思想。同时，需要注意的是，对于"世界是什么"的思考从一开始就伴随着"怎么样"的考量，这也是人们认识事物的基本程式。

当然，哲学自身对此也不会满意。因为，这样的思考依然有神话的痕迹，即追寻万物的起源与产生。而且，前面反复说过宇宙万物的起源与生成问题不是哲学通过抽象思维就能够解决的，这理应是自然科学的本分。对于起源问题的追寻如果没有自然科学的支持，要么会走向循环论，要么会走向"神创论"。循环论看到事物变化不居和成长不息，但看不到事物变化中的更新与毁灭，即人们常说的新事物的产生和旧事物的灭亡，只是把万事万物的运动视作一个周而复始的过程。比如：天下大势，分久必合，分久必分。神创论把万物的产生归结为某一明确时空节点的神的创造，问题是即使神是不可怀疑的，因此不能追问谁创造了神，只就"神创造世界之前的世界是什么或有什么"去发问，也会令神陷入尴尬境地的。换言之，这就是令中世纪经院哲学家想破脑袋的：如果说是上帝创造了世界，那么上帝是从"有"中创造了世界，还是从"无"中创造了世界？对这个问题无论采取什么立场都会坠入逻辑陷阱。可惜人类文明之初并没有哲学和科学的分界，作为人类最初理性思考的自然哲学是包罗万象的。真正成熟的哲学思维是一个从具象到抽象的凝练过程，它真正要思考的是因果关系、本质存在和共性问题。哲学认知要从表象走进本质，从偶然中发现必然，从个别中提炼出一般，从形式中看清内容，从有限中寻求无限，从存在中探索意义。就好像世间有万千生命，只有人类才不断地追问生命存在的价值与意义，总是在追问什么"人为什么活着"这样永远难有标准答案或唯一答案的问题。顺便多说一点，其实对于个体生命而言，"人为什么活着"是个伪命题，因为任何人的出生都不是自我选择的结果，而是被决定的命运。我们也无权质问父母为什么生下自己。"人为什么活着"只有对人类这个整体性存在，即在"类"的意义上才具有实在性的意义，特别是当人类的存在与已知自然中的其他生命有着那么多的不同。对于个体而言，能够追问的只是"我活着是为了什么"，即怎样让有限的生命存在得更加有价值，获得无限性的意义。① 今天人们都喜欢养育宠物，谁见到那只阿猫阿狗不吃不喝而为自己存在的价值或意义苦恼？并因此让它的主人痛苦不已——我家的"宝宝"这是怎么啦？

如果说哲学思考的不应当是"起源"问题，那么，哲学应当思考什么？又怎么来表达这种思考？米利都学派的另一位代表——阿那克西曼德，他第一个开始使用"本原"这个概念，他提出"无限者是世界的本原"。他认为万物都出于一种简单的元质，它是无限的、永恒的而且无尽的。这一观点和立场正如罗素的评价："凡是在他有创见的地方，他总是科学的和理性主义的"。② 很显然，"无限者"这一元质要比"水""气""火"更具有抽象的意味，从这里可以看出对于起源的思考慢慢地发生着某种变化。而毕达哥拉斯学派对于"数学"的痴迷则将哲学思辨推向了新的层级，"数学的知识看来是可靠的、准确的，而且可以应用于真实的世界。此外它还是由于纯粹的思维而获得的，并不需要观察。因此之故，人们就以为它提供了日常经验的知识所无能为力的理想。人们根据数学便设想思想是高于感官的，直觉是高于观察的。"③ 为什么这么说呢？原因在于"数"作为人们表达认知的符号，比起水、火、气、土等具有更高的概括性、抽象性、一般性和普遍性，数学所标示的数字、公式和定理的抽象性一旦与人们对于超越具体事物认知的需要结合起来，就会对起源或本原问题的思考带来显著且重要的变化。

罗素说过：毕达哥拉斯是历史上最有趣味而又最难理解的人物之一。毕达哥拉斯学派的思想是哲学、科学思想与宗教神秘主义的奇特的混合体，他们认为"数"是宇宙万物的本源，万物都是数，一切事物都是由"数"产生。那

---

① 张轩. 先秦元典的思想内涵与精神意蕴 [M]. 长春：吉林大学出版社，2020：13.

② 罗素. 西方哲学史 [M]. 北京：商务印书馆，1963：33.

③ 罗素. 西方哲学史 [M]. 北京：商务印书馆，1963：42.

么，数是如何生成万物呢？该学派认为数有其根——"一"，"一"是数的本原，由"一"产生一切数，数则构成几何图形和感性事物。其中的推理是这样的："一"为点，从"一"中产生"二"，二为线，从"二"即线中产生面，"三"为面，从"三"也就是面中产生了体即"四"。从立体中产生出四种元素——水、火、土、空气，四种元素以各种方式相互结合和转化创造出整个世界。注意，毕达哥拉斯学派有两句名言：什么是最智慧的？——数；什么是最美好的？——和谐。从中我们得到了什么样的启示？

在毕达哥拉斯学派看来，数是一种先于感性事物又不同于感性事物的独立存在的实体，数既是事物的质料，又是事物的形式。不仅如此，他们还赋予数神秘的色彩，他们认为，"一"是神圣的"众神之母"，代表理智，因为他们认为"一"是不变的；"二"是意见，总是摇摆不定；"三"是万物的形体和形式；"四"和"九"是正义，因为这是由第一个偶数2和第一个奇数3自乘而得的数；"五"是婚姻，这是由第一个偶数和第一个奇数结合而成；"八"为爱情，因为八度音是谐音，等等。

毕达哥拉斯学派认识到了存在于客观具体可感的事物中的数的规定性，以及数学知识的可靠性、演绎性和应用的广泛性。很显然，现实世界中的具体事物是具有量的规定性，具有一定的数量关系的，但是需要指出的是这种量的规定性和数量关系只是事物的一种属性，而不是事物本身，并不是事物的本原或始基。恩格斯就明确地指出："数和形的概念不是从其他任何地方，而是从现实世界中得来的。"[1] 并不是先有数，而后有物；而是先有物，然后有数。没有客观存在的具体事物，就不可能有抽象的数字概念的，毕达哥拉斯学派实际上是把事物的量的规定性和数量关系加以抽象，形成了脱离客观事物和人的头脑而独立存在的东西。即用抽象的方法去把握事物的本质，而不是自然哲学的还原方法。"古希腊哲学的基本目标就是要寻求万物的本原，在这个基本目标的指引下，自然哲学侧重于说明一与多的关系，形而上学则更加注重于探讨本质与现象的关系。"[2] 也就是说，形而上学对于世界本原的追问，既不是时间意义上的，也不是空间意义上的，而是逻辑意义上的，即事物的本质是什么——要追问一事物成为该事物的根据，而不是一事物的生成来源。

应当指出的是，毕达哥拉斯学派首次提出的"数"的概念，是人类认识思想史上的一个大的进步。他们已经为人们从质和量的结合上认识和把握具体事

① 马克思恩格斯选集：第3卷［M］．北京：人民出版社，1995：377．

② 赵林．西方哲学史讲演录［M］．北京：高等教育出版社，2009：71．

物做出了重要的理论准备，因为他们强调事物量的规定性，强调事物之间存在的数量关系。同时事物间的数量关系并不是随心所欲的，往往表现出一定的推演关系和规则，这其中又孕育着规律的思想。而用"数"来解释万事万物的本原，其在抽象性、普遍性和逻辑推演性方面又前进了一大步。如果说米利都学派是从经验直观的意义上来寻找万物的本原（严格说来是"起源"），毕达哥拉斯学派已经是通过抽象思维、运用符号来把握事物的本质。只是这一任务还没有真正地完成，哲学家们尚须努力。

毕达哥拉斯学派对数、几何学、数学的研究，对于哲学和科学方法的影响是深远的。正如罗素鲜明地指出的："希腊人所建立的几何学是从自明的，或者被认为是自明的公理出发，根据演绎的推理前进，而达到那些远不是自明的定理。……这样，首先注意到自明的东西然后再运用演绎法，就好像是可能发现实际世界中的一切事物了。这种观点影响了柏拉图和康德以及他们两人之间的大部分的哲学家。"因为，这样的思维方式使人们感到和认为："思想要比感官更高贵而思想的对象要比感官知觉的对象更真实。"这其实是西方哲学发生过程中的十分重要的方面，即追问感官无法把握的抽象实体，这是一条追问世界本体的形而上学的路线，这条路线的开辟在很大程度上要归功于毕达哥拉斯学派，而这条路线恰恰构成了西方哲学的根基和主线。同时，可以说从这里已经开始触及了知识确定性即认识正确性的范围了，对于人类而言，认识世界、正确地认识世界、获得关于世界正确的认识，如何认识世界、如何正确地认识世界、如何获得关于世界正确的认识，这几个方面有着几乎同等重要的意义。

（三）只有存在者是存在的，非存在不存在

先说明一下存在的含义，"存在"即 being（being 在西方语言体系里有着"是""有""存在"等诸种含义，这里沿用传统的译法，即"存在"。如果用动词不定式来表示就是 to be）。这段话是爱利亚学派的主要代表巴门尼德提出来的——"只有存在者是存在的，非存在不存在"，或者也表述为："存在者存在，非存在者不存在"即是者是，不是者不是。如果不了解哲学和哲学史的人，听到这句话即使不发疯，也会抓狂——你们这些玩哲学的人怎么不说人话？那么，巴门尼德这句话究竟讲了什么？

与希腊早期以泰勒斯为开端的自然哲学家寻找和追问的是世界的生成、万事万物的来源和构成不同，巴门尼德追问的是自然万物的本质即其中的普遍性、共性、一般性。巴门尼德所谓的"存在"指的是事物的本质，即纷繁芜杂的现象世界背后的逻各斯（logos）。他认为，存在具有这样的一些特性："第一，存在既不产生，也不消灭；第二，存在是独一无二的，它没有部分，不可分割；第三，存在是不变不动的；第四，存在在时间上是无始无终的，但在空间上不是无边无际的。"① 注意，这是哲学史上重大的一页，从此开始哲学不再思考那个靠思辨根本无法解决的万物时间上在先的"起源"和"构成"问题，转向思考事物的本质和万物的本原即逻辑上在先的本质。"起源"和"构成"问题是自然科学必须回答的问题，"本原"问题才是哲学需要思考的问题。哲学本来就是追寻万物的本原或共性，即世间万物虽然千差万别，然而它们有无共同之处？如果有，它是什么？（用今天的话就是世界统一的基础是什么。）至此可以说，真正的哲学思维开始了。即哲学思考从万物的起源思考转向万物的本原思考，从时间在先探寻转向逻辑在先探寻，从生成性探索转向本体（质）性探索。起源是时间意义上的，是生成、来源、构成问题；本原是逻辑抽象意义上的，是共性、共相或本质问题。简言之，此时哲学思考从宇宙生成论转向了本体论。也就是说哲学不再试图解答"万物的生成或来源"，这个烧脑的问题留给以后成长起来的自然科学去回答吧，哲学思考的是"万物的本原"。万物的起源是从时间角度的思考，有一个先后的顺序，如：是鸡生蛋，还是蛋生鸡。它们之间谁产生了谁，谁在先、谁在后。这是个自然科学问题，虽然解决科学问题时往往离不开哲学。万物的本原才是哲学问题，万物的本原是逻辑意义上的思考，是共性或本质的问题。自然科学问题的解决需要观察、实验和实证，哲学问题的回答需要逻辑、推理和思辨。这里需要说明一下，关于我们存在的世界的起源问题，宇宙大爆炸理论是现代物理学有关宇宙起源的探索中最有影响力的一种学说，这一学说认为我们今天所处的宇宙源于138亿年左右（随着研究的深入，这一时间节点也在不断地趋向准确）的一次大爆炸，源于一个体积无限小、密度无限大、温度无限高、时空曲率无限大的奇点。这一观点与其说是一种理论，倒不如说更是一种假说，因为在这个假说中充盈着想象和思辨。理论物理学家们能否说服人们"相信自己生活在一个完全自足的无始无终的宇宙之中（霍金语）"，与其说需要观测、实验与数据的验证，不如说依赖于这个假说本身的逻辑能否自洽。在这里，曾经分道扬镳的物理学与哲学又联起手来，试图给宇宙的起源给予一个合理的回答。这一方面说明科学研究过程中思维方法和研究模式对于理论建构的基础性作用，另一方面也说明科学与哲学曾经在山脚下分手，但在山顶上又实现了汇合。自然科学与人文社会科学原本就是人类思考世界的方式与结果，是人用不同的范式去认识世界并对这一认识结果加以解读与表述。

① 赵林. 西方哲学史讲演录［M］. 北京：高等教育出版社，2009：74.

很遗憾的是在我们的教育设计中，文科与理科（严格意义上讲应当是自然科学与人文社会科学）的划分似乎是理应如此，学生的知识体系与结构被人为地进行了割裂然后定位，造就了一代又一代知识结构与体系上的"残疾儿"，而且还是相互看不起的"残疾儿"。

对于本原问题的思考是一个人的认识不断抽象上升的过程，这个过程不是一蹴而就的。泰勒斯等代表的自然哲学是用还原论的方法寻找起源，而自毕氏起则是抽象思辨的方法求求本原或共性。前面说过，在巴门尼德完成"高度地抽象"这一任务前，毕达哥拉斯学派提出这样的观点：一切事物是由"数"产生的，万物的本原是"一"。这个观点比起泰勒斯等人的说法有了不同，泰勒斯等人是用自然界具体的事物来解答万物的生成，毕达哥拉斯学派则是用"数字"即符号来说明万物的生成或本原。这就更加抽象、更具一般性，因为事物是具体的、实在的，数字是对事物的量的状态的表述。一方面用符号来表述本身就意味着对"万物的起源"的思考需要转向"万物的本原"的思考，这是哲学的一个进步；另一方面是先有"物"后有"数"，这也同时说明用"数"来表述万物本原还有很多问题，需要进一步加以解决。另外，还说明古希腊的哲学家们认为万物的本原无论是什么，只可能有一个，而不是多个。到巴门尼德这里，他所讲的"存在"是永恒的，是不可分割的，是不变的。这个"存在"才是万物万事的共性和本原，是万物此在的基本状态。"存在"是宇宙自然万物在本质上第一性的东西，是逻辑上先在的东西。注意，在这里"逻辑先在"超越了"时间先在"，哲学层面上对万物本原的思考本来就应当是"逻辑"意义上的思考。讲到这里，对巴门尼德用"存在"来表达万物的本原的深刻意义想必大家能够理解了。可能有人会说巴门尼德的哲学思想具有唯心主义的特征，然而就哲学发展的诉求而言，无论是唯物主义还是唯心主义都需要对"世界的本原是什么"的问题做出回答，而这个回答首先是由巴门尼德给出的，而且还达到了如此高度的抽象。从这个角度讲，今天人们总是热衷的哲学派别的划分，唯心主义和唯物主义的区别都是围绕着"存在"的内涵、本质与属性而展开的。

总之，巴门尼德对于哲学做出了重大的贡献，首先，他第一次将"存在"确定为哲学研究和关注的对象。在他那里，世界就是纯粹的存在，是不会改变的纯粹的存在。这一思路试图撇开宇宙万物多种多样的具体形态，从中寻找出一种永恒不变的本质或本原——"存在"，其目的就是为了给世界一个最普遍的肯定和最高度的抽象。第二，他第一次把现实划分为两个不同的世界。一个是经由知觉可以感知的"现象世界"，一个是通过理性思考而存在的"真实世界"。这一思想也开启了西方哲学关于本质与现象及其关系的分析，进而导致了经验与理性长期对立的历史。第三，他第一次提出"思维与存在同一"的命题。巴门尼德认为，如果一个东西既无法被言说，又不能被思维，那么它就什么也不是。他认为事物的本质只能通过抽象思维才能把握而不是由感觉来完成，即只有当思维把握和认识到事物的本质，才能够真正地反映存在。人类思维的本质就是要从具象上升到抽象，从个别概括到一般，从现象深入到本质，从有限扩展到无限。思维能否反映存在，思维反映存在是运用感性还是理性，这一问题既引出了抽象与具体、个别与一般的对立，使之后的哲学家们对此各抒己见，也导致了可知论与不可知论的纷争，并开启了近代西方哲学经验论与唯理论争论不休的源头。第四，他具有思辨特点的推理论证使得哲学逐步摆脱了直观和猜测进入逻辑推理的层面，为形成普遍必然性的知识提供了可能。一句话，巴门尼德揭示了以泰勒斯等人为代表的古希腊自然哲学的缺陷，摒弃了宇宙生成论的思想路线，把哲学思考的对象从"起源"彻底转向了"本原"，从"生成"转向了"存在"，从"时间在先"转向"逻辑在先"，从而奠定了哲学形而上学和本体论的基础。从赫拉克利特的逻各斯、毕达哥拉斯的数到巴门尼德的存在，现象背后的本质或者形而上学的本体最终被柏拉图表述为"理念"，即 idea。

（四）原子论与悖论

早期希腊哲学还有两位学者有必要简单介绍一下：一位是提出了"原子论"的德谟克利特，一位是巴门尼德的学生芝诺。针对自然万物的本原问题，德谟克利特提出了"原子论"。他认为"万物都是由原子构成的，原子在物理上——而不是在几何上——是不可分的；原子之间存在着虚空；原子是不可毁灭的；原子曾经永远是，而且将继续永远是，在运动着的。"① 他认为原子（atomon，即不可分割）和虚空构成了万物，原子是存在，虚空是非存在，非存在并不是不存在，是与存在相对的状态，它是原子运动的场所。原子在这里不是一个物理学的概念，不要把近代物理学的原子等同于古希腊哲学的原子，虽然它和近代物理学的观点很相似，它是一个哲学概念，它是不可分割的，它是构成万物的基本单元。原子是万物存在的基础但不是万物本身。为此，罗素指出："原子论者乃是严格的决定论者，他们相信万物都是依照自然规律而发生的。"② 换言之，就是具有浓厚的机械论的色彩，原子论者反对用目的论的观念来解释世界，强调在现实世界中只存在原子和空间，万物的存在和变化都是有原因的。可以说德谟克利特的"原子论"是典型的唯物主义学说，原子是万物存在的基础但

---

① 罗素．西方哲学史［M］．北京：商务印书馆，1963：81-8.

② 罗素．西方哲学史［M］．北京：商务印书馆，1963：83.

不是万物本身——这个思想坚持了在世界本原问题上的唯物主义立场，而且要比泰勒斯等人的观点更具抽象性、一般性，原子学说后来在近现代物理学和化学中大放异彩。但他严格的决定论立场也带来新的问题，那就是拒绝了偶然性存在的可能，这既违背了自然事实，还会导致走向宿命论，同时对于古希腊的自由传统和思想也造成了冲击。马克思在他的《博士论文》中就比较了德谟克利特和伊壁鸠鲁的原子论学说，努力把自由意志引入哲学领域，从而尝试着克服德谟克利特的机械决定论。马克思更为推崇伊壁鸠鲁的原子偏斜说，就是看到这个思想用物质运动来说明世界的本源，为事物产生与演变的偶然性找到了依据。马克思把伊壁鸠鲁的原子偏斜说解释为能动的原则，从而为强调人的自由和能动性提供了可能。

芝诺作为巴门尼德的学生为了维护自己的老师提出的存在是不生不灭、独一无二、不变不动的立场，一是从对运动的否定的层面提出了"阿基里斯（也有翻译作阿喀琉斯，是希腊传说中的英雄，奥林匹亚竞技的赛跑冠军）追不上乌龟"，"飞矢不动"等诡辩。芝诺的这些论证涉及了运动的连续性与间断性，事物的绝对运动与相对运动等问题。从感觉经验的角度来看，芝诺的观点显然是错误的，但要从理论上推翻他则需要辩证法思想的成熟，当时的哲学家们由于思维方式的局限并不能完成这个任务。据说犬儒学派那个一辈子生活在木桶里的第欧根尼听到芝诺这句话后，也忍不住地从木桶里爬出来，绕着木桶不停地转圈，他的学生看明白了老师的意思不禁在一旁手舞足蹈，然而第欧根尼却举起手杖狠狠地打了自己的学生：理论的问题需要运用理论来论证，逻辑的问题需要运用逻辑进行反驳，现在我只是用自己的行为指出了芝诺的错误，在理论的层面依然无解，事实论证并不能代替理论论证，你为什么要这样高兴呢？当然，如果运用数学方法倒是可以比较轻松地做到，不过这也是后话。二是从无限大与无限小的角度否定多，"存在"不可能同时既是无限大又是无限小；从无限与有限的角度否定多，"存在"不可能既是有限的又是无限的。因为如果"存在"是这样的，本身就是矛盾。芝诺用归谬法完成了自己的论证。说到这里，不禁使人们思考，无限与有限是不是截然对立、不可并存的，一事物是否可以既是无限的同时又是有限的，无限与有限之间究竟是什么关系？当然从事实上反驳芝诺这一说法也可以做到，比如，送给情人的玫瑰是有限的，而代表的情意是无限的。明白了这一点，可怜的小伙子们今后就再不要纠结玫瑰应该送多少才能表达自己的心意啦。说到这里，顺便说说后来小苏格拉底学派中的麦加拉学派也提出了诸多诡辩论证，如谷堆辩——多少粒谷子才可以形成谷堆？秃头辩——从一个人头上拔掉多少根头发才能变成秃子？这类诡辩要在理论上加以解决的步骤会比较复杂，一方面涉及了辩证法中质、量、度的问题，另一方面涉及了模糊学的问题。当然，他们最著名的就是"说谎者"诡辩——说谎者说我正在说谎，那么，说谎者说的这句话究竟是真话还是假话呢？

简单说来，这些诡辩的意义一方面在于促使人们更加清晰地认识到感觉经验在认识中存在的不可靠性，推动了西方哲学更加重视理性思辨和逻辑推理、逻辑规则；另一方面，在解决这些问题的需要下，形式逻辑和辩证法思想极大地深刻和丰富起来。正因为如此，亚里士多德才称赞芝诺发现了辩证法，黑格尔也称芝诺是辩证法的创始人。没有形式逻辑一般规则的确立，没有后来辩证法思想的深刻思考，要从理论和逻辑上打破芝诺等人的诡辩论是难以做到的。

还是再多说几句，"说谎者"诡辩在逻辑学上被称之为"悖论"。什么是悖论？是指同一命题或推理中隐含着两个对立的结论，而这两个结论都能自洽。悖论的公式就是：如果事件 A 发生，则推导出非 A；如果非 A 发生则推导出 A。对于"说谎者"悖论的分析是这样的：如果说"说谎者说我正在说谎"这句话本身是真话，那么就说明他正在撒谎，因此他说的就不是真话而是假话；如果说"说谎者说我正在说谎"这句话本身是假话，那么就说明他没有撒谎，因此他说的就不是假话而是真话。1947 年，当人们把"说谎者悖论"这一命题输入世界上第一台能用于解决逻辑问题的计算机（即图灵机）时，这台被人们寄予厚望的计算机不但不能解开悖论，而且自身也陷入了反复震荡、来回倒腾的状态，为了不伤害这台可怜的计算机，人们只好让计算机停止工作，为了这个恼人的问题损坏这台昂贵的设备可能有点得不偿失了。悖论——你这个折磨人的小妖精。还有没有其他的办法呢？

著名学者塔尔斯基曾提出语言分层理论，他将语言分为对象语言与元语言等不同的层次，对象语言是作为研究语言的语言，是被研究的语言，而元语言是研究对象语言时所使用的语言。我们要注意对象语言和元语言的区别，不能把它们混淆起来。如果混淆了对象语言和元语言，就可能导致矛盾，产生谬误。举个例子说明一下：

鸟是能飞的。

"鸟"是一个汉字。

第一句话中的"鸟"是对象语言，它反映的是"鸟"这类动物，它们具有会飞的属性；第二句话中的"鸟"则是元语言，它是对对象语言中的"鸟"这个语词形式加以研究的，指明"鸟"是一个汉字。鸟是会飞的，但鸟字是不会飞的。如果搞不清楚这一点，就会得出"'鸟'这个字是会飞的"这样一个结论。

弄明白了这一点，现在用语言分层理论来分析"说谎者悖论"就可以看到：第一，"说谎者说我正在说谎"表示"说谎者正在说一句话并且这句话是假"，这是语义的第一层次，是对象语言。"说谎者正在说假话，这是真的"，这是对对象语言加以研究的语言，是元语言。对象语言和元语言分别属于不同的语义层次，具有不同的含义，不能以元语言是真的来证明对象语言"说谎者正在说假话"中的假话是真话。这就说明，对象语言中的"话"是假的，元语言是真的，这并不矛盾；第二，同样，"说谎者正在说假话"是对象语言，"'说谎者正在说假话'是假的"是元语言，它表示对象语言中"说谎者正在说假话"是假的，也就是"说谎者没有说假话"，元语言中为假，对象语言中为真，这也并不矛盾。① 分析至此，惊不惊喜，意不意外，烧不烧脑，晕不晕乎……

是不是悖论从此就没有价值了呢？悖论对于大家逻辑思维的训练还是很有帮助的，要知道，学习哲学没有逻辑思维和思辨能力是无法胜任的。不信的话，看看这个例子：一天柏拉图和苏格拉底就某一个问题进行辩论，由于双方分歧太大且互不相让，柏拉图气急了，大声说："苏格拉底的话全都是假的，你们一句也不要相信！"苏格拉底掸掸自己破旧的大氅后，微微一笑："请你们相信柏拉图，他刚才说的那句话是真话。"太气人了！哲学家真是不讨人喜欢。喜欢辩论赛的学子们，你们从中学到了什么？

从认识世界到改变世界，人类还有很长的路要走。然而，如果不能认识世界，不能正确地认识世界，不能保证认识结果的正确性，那么人类的前行就不可能实现。天不生仲尼则万古如长夜，人类的认识活动和能力必须要有一个质的飞跃。人类认识不仅是要满足生存的需要，还要满足掌控世界的需要，更是要满足想象世界的需要。人类需要深刻地认识和理解这个复杂变幻的世界。不仅需要面对大海，还要看到春暖花开。对人类而言，黑夜给了我黑色的眼睛，但我注定要用它寻找光明。

① 赵传栋. 论辩原理 [M]. 上海：复旦大学出版社，1997：132-134.

第五讲

理性与自由

从赫拉克利特的逻各斯、毕达哥拉斯的数到巴门尼德的存在，在渐次的抽象和上升中，寻找现象背后的本质或者形而上学的本体就成为苏格拉底、柏拉图、亚里士多德等人努力回答的问题。苏格拉底试图通过归纳论证和普遍定义完成事物"是什么"的认识；柏拉图提出了著名的理念论；亚里士多德则主张实体是客观实在的。同时，作为西方文明轴心期的古希腊文化在探寻宇宙万物统一的基础，追问人生存的价值和意义的过程中，必然地遇到了必然与自由、规律与无序的冲突，形成了包含着相互间矛盾着的两大精神，即逻各斯精神和努斯精神，它们共同构成了西方传统的"理性"精神的内涵。

一、哲学的第一次转向

当巴门尼德为世界万物的本原问题画上一个不大不小的句号后，新的问题又产生了。阿那克萨戈拉提出了"努斯说"，智者学派的普罗泰戈拉提出了"人是万物的尺度，是存在的事物存在的尺度，也是不存在的事物不存在的尺度"。苏格拉底提出"认识你自己"。这意味着哲学在本原问题思考的基础上开始关注和思考更多的问题，哲学不仅要关注世界的本原，还需要关注事物变化的动力；不仅要回答世界是什么，还要回答人是什么；不仅要回答人要怎么活着，还要回答人为什么要这样活着。

（一）从天上回到人间

回答了世界的本原后，又产生了新的问题，那就是万物如何运动，动力源自何处？阿那克萨戈拉认为努斯（nous）即心灵或灵魂，是一切运动的根源。阿那克萨戈拉认为万事万物都由种子组成，此外还有另一种精神性的本原——努斯，正是它造成了万物的生息变化与聚散离合。种子是实体，努斯则是精神性的因素，是努斯支配了一切，对万物加以安排，从而产生出世界上不同性质的各种事物。在尝试着回答了事物变化的动因的同时，阿那克萨戈拉在西方哲学的历史上第一次把精神性的因素作为物质运动的原因。"努斯不仅仅是世界的动力因，而且还暗含着目的因的意蕴"。① 那时的人们因为看到了事物之间的因果联系和人的活动的目的性，很自然地由人及物，认为世间万物的变化也应该有着某种目的。罗素认为他对苏格拉底的思想产生了重要的影响，为此，苏格拉底明确地提出了目的论，并把哲学的关注点从自然哲学转向了道德哲学，力图探寻"人"生活和存在的价值和意义。

普罗泰戈拉在哲学上继承了赫拉克利特关于万物皆变的思想，在认识论上他是一个感觉论者。"人是万物的尺度"就是说感觉是一切知识的来源，事物存在与否以及一个事物是该事物还是他事物，都是以人的感觉为判断标准的。换言之，"事物对于你就是它向你呈现的样子，对于我就是它向我呈现的样子，而你和我都是人。"② 这就是说，在感知过程中，每个人所感知的都是一样确定的，人是万物的尺度，事物是什么样子——就是你所感知的那个样子。再通俗一点讲，一阵清风徐来，有的人会感觉热，有的人会感觉冷。其实风本身无所谓冷热（就同一阵风而言），对于感觉冷的人来说它就是冷的，对于感觉热的人来说它就是热的。即便是同样的风对同一个人，当他身体状况好时，会感到热，身体状况不好时，会感到冷。可以看出，普罗泰戈拉的这一命题夸大了个人主观感觉的作用，抹杀了个人感觉与事物的本性之间的区别，否定了知识的客观性（知识既具有客观的内容，判断知识的正确性同样也有着客观的标准），带有明显的怀疑主义和相对主义的倾向。提示：在认识问题上的相对主义和怀疑主义很容易走向主观唯心主义，这对于人类试图构建具备确定性基础的知识体系的努力是具有颠覆性的。然而，"人是万物的尺度"这一命题又有着十分积极的意义。首先，他强调了主体在认识活动中的能动地位，强调了认识依赖于感觉这一认识基础，从而在西方哲学史上第一次提出了主体在认识活动过程中的作用和意义，触及了主体（人）与客体（事物）间的关系问题，也触及了认识内容与认识对象间的关系问题。其次，他对形而上学的独断论提出了怀疑和批判。"一切皆真"这种相对主义的立场，对古希腊哲学家们苦苦追求万事万物本原的一元性和客观性的努力是非常严重的打击。对于人们在知识和认识问题上固执坚持"唯一性""确定性"的立场是具有警醒和启示的作用的。比如说当两个色盲为交通指示灯亮的是红灯还是绿灯争论不休时，普罗泰戈拉走过来告诉他

---

① 赵林. 西方哲学史讲演录［M］. 北京：高等教育出版社，2009：58.
② 北京大学哲学系外国哲学史教研室. 古希腊罗马哲学［M］. 北京：商务印书馆，2021：139.

们，这个争论是没有意义的，你看到的是什么就是什么，这本来就不是个问题，因为每个人从自己的角度出发对于世界的认识和感受都是真实的。在这里，我们是否能隐约地感觉到一丝后现代主义的气息。再次，这一思想体现了一种人本主义的精神，一切以人而不是以神为尺度，人是万物的主宰，是人在"看"——是人在感觉和认识这个世界，这对古希腊时期的神学观念同样造成了冲击。

阿那克萨戈拉的"努斯"引出了人的心灵与精神问题，促使苏格拉底关注人的精神和道德问题；普罗泰戈拉的怀疑主义则倒逼出了知识是否具有普遍性、确定性的问题，促使苏格拉底开始思考知识确定性的来源与基础；诡辩论则引发了对话的辩证法，智者学派大大地推动了辩论的技巧，为苏格拉底的"对话"给予了方法上的滋养。至此，古希腊哲学历程上的一个重大的变化就要来到了，那就是哲学关注的目光从天上转向了人间，从关注世界是什么到关注人是什么，实现这一转向的是自称为"雅典的牛虻"的苏格拉底。

苏格拉底——不是一个作家，而是一个把自己限于口头论辩的人（罗素语）——他一生没有著作，喜欢在公共场所与人们辩论诸如哲学、道德、社会、艺术等问题。他可不是小鲜肉，据说他长相很丑，"任何人都同意苏格拉底是很丑的；他有一个扁鼻子和一个大肚子；他总是穿着褴褛的旧衣服，光着脚到处走。"[1] 但他的口才却很好，思维敏捷，说话富有魅力。他在与人辩论时总是自称自己一无所知，然后却每每将对方辩驳得哑口无言，嗨！这是一个多么可爱又令人可恨的人。输了并不一定不丢人，丢人的是输给了一个一无所知的人，而且这个一无所知还是对手自己说的。当然，这也给他带来了巨大的灾难，还因为他主张的精英治国论与雅典的城邦民主制背道而驰。城邦民主制主张每一个公民天生禀赋正义感，每个人都有参加政治生活的权利和义务，而苏格拉底却认为管理城邦需要专门的知识，主张专家治国。加上他的狡猾的傲慢，因此他被指控"妖言惑众"，"人们终于认定用鸩死他的办法来使他沉默，要比弥补他所指责的种种罪恶还要更容易些"，[2] 最后被雅典法庭判处了死刑。苏格拉底之死使得人们对雅典民主的运作模式产生了深刻的怀疑和担忧，后来甚至有人将雅典的民主政治称之为"多数人的暴政"，现代人深爱的民主自诞生之日就命运多舛。

早期的苏格拉底曾经对探寻万事万物本原的自然哲学有过极大的兴趣，但

---

① 罗素. 西方哲学史［M］. 北京：商务印书馆，1963：114.

② 罗素. 西方哲学史［M］. 北京：商务印书馆，1963：105.

随着思考的深入，他对自然哲学的立场产生了质疑，"自然哲学力求探寻世间万物存在和生成的原因，但自然哲学家们所提出的水、火、气、土等自然物体根本不是关于事物存在和生成的真正原因，而只是宇宙万物形成的条件。"① 也就是说自然哲学的回答并没有找出事物存在和生成的真正原因，而是把事物生成的条件当作了事物生成的原因。在苏格拉底看来，自然万物真正的主宰和原因并不是物质性的本原，而是它的内在目的。这个内在的目的就是——为什么世界万物被安排得如此合理、如此井然有序。阿那克萨戈拉的"努斯"只是推动和安排了万物，并没有说明它是如何推动和安排的。苏格拉底认为，既然努斯安排了万物，这一安排一定是有目的、有意图的，正因为如此，努斯才将万物安排得恰到好处。努斯在安排万物时一定有遵循某种秩序——逻各斯，逻各斯作为安排事物的尺度和工具时一定遵循着一个确定的目的。即逻各斯不是目的，逻各斯只是尺度——实现目的的尺度。他提出，世间万物的存在和发展都有一种目的——那就是完美，都要遵循完美性的原则，都要趋向完善或美好。是什么东西有这样的权力能够把世界万物设计得如此合理、如此恰到好处、如此井然有序、如此完美无缺？苏格拉底的回答是：神。神是最高的目的，只有神才能有这样的力量和能力。很显然，苏格拉底开创了用神来解释万物生成和存在的原因的思路，他的目的论是一种神学目的论。他的这一思想对柏拉图、亚里士多德产生了直接的影响，对中世纪经院哲学和近代哲学也产生了很大的影响。

正是这一思想的形成，使得苏格拉底从关注自然转向到关注人自身。既然世界是神安排决定和支配着的，那么研究自然就不是人应当去做的事情。而神又为人安排了灵魂，那么人们就应该来认识自己，研究自身，"照顾你的心灵"。苏格拉底将德菲尔神庙所刻"认识你自己"的箴言作为自己思想的基本立场，认为哲学研究的对象应当是自己、是心灵，是人生活的目的即善。由此，苏格拉底就将哲学关注的目光从自然转向了人自身，从关注自然的问题返回到关注人的问题、道德伦理问题和社会问题。正因为如此，罗马的西塞罗说，苏格拉底把哲学从天上拉回了人间。西方哲学史上把泰勒斯称为自然哲学的创始人，把毕达哥拉斯称为形而上学的创始人，把苏格拉底称为道德哲学的创始人，因为他改变了古希腊哲学研究的方向。

"认识你自己"要做什么？要获得知识。苏格拉底把德性（美德）与知识等同起来，提出"知识即德性，无知即罪恶"。他的意思是说只有获得了具有普遍的、确定性的知识，才是获得了真正的、最高的知识，才是获得了善，因为

---

① 吴仁平，彭隆辉. 欧洲哲学史简明教程［M］. 北京：中央编译出版社，2012：31.

知识即德性。德性（arete）① 在希腊语是指事物的特性、品格、特长和功能，亦即一事物成为该事物的本性。人的德性是人之为人的本性，人的德性就是善。分析这一立场和观点可以做出这样的推论：第一，苏格拉底追求的知识不是一般的见识，而是确定无疑的、普遍正确的知识，用大家熟悉的话就是真理。第二，人拥有了正确的知识，即对自己、他人和社会有正确的认识，才能保证行为的正当性即善。也就是说知识对于人们的行为具有指导作用。第三，知识与德性是紧密相关的。人们作恶往往是因为无知，没有认识到自己的行为的错误，这就好像我们常说的"无知无畏"。比如，在网络上充斥的话语暴力、道德绑架，往往不是话说错了，而是说话者的认知水平太低下，完全不能对事情以合理的分析和评价，因为他没有这种能力，却自视甚高、认为自己无比正确。第四，苏格拉底把知识等同于德性，实际上看到了正确性与正当性之间的内在关系，人的行为与思想不仅要追求正确性，还要遵循正当性。与其他生命不同的是，人的生存活动中，"真"和"善"在人这里是具有相关性和一致性的。当然，这种提法也有不严谨之处，就是一方面混淆了知识与德性的界限，知识属于认识思想的范围，道德属于伦理、行为的范围。知识更多地指向人的认知能力和水平，德性更多地指向人的行为表现。另一方面把知识与德性的关系绝对化了。有了知识就一定有德性吗？现实是知识水平与道德水平并不总是正相关的关系，学富五车不一定德高八斗。另外，苏格拉底对于人的德性的规定具有探寻人的本质的含义。至此，我们认识到知识即德性，知识须是具有普遍性、确定性的知识，那么，能不能获得这样的知识？

苏格拉底一方面受到普罗泰戈拉的"人是万物的尺度"这一思想的影响，将哲学的主题回归到人，强调从人出发去获得知识，拥有德性。另一方面，他反对这一观点所包含的相对主义立场。由于"人是万物的尺度"既可以推出"一切皆真"，同样也可以得出"一切皆假"。如果是这样，确定性的知识就无法成立，人们所获得的知识就没有了一定的共同的尺度和标准，那么德性也就荡然无存，而人的德性是人之为人的本性。没有知识则无德性，这怎么能行呢。苏格拉底必须得到德性的一般定义即它的普遍本质。要做到这一点，一方面很难，另一方面往往被人们忽视。从后者来讲，人们常常习惯于提出某些概念，却并不冷静审慎地界定其内涵。人们总是把自由、平等、民主等挂在嘴边，可是如果你要追问它们是什么时，大多数人都会陷入茫然。一般情况下，一个概

---

① 注：德性（arete）也常译作"美德"，但德性一词似乎更为中立、客观。因为人的德性是有不同的层次的。

念的准确界定需要涉及内涵、本质、属性、特征、功能、类型、外延等多个方面的梳理与明确。如此而来，我们常常信口开河的许多名词、概念、观念、理念，自己真的就搞明白了吗？从前者来看，如何才能得出一个概念的相对精准的定义，并不是唾手可得的。苏格拉底认为人的德性是善，那么什么是善？如果说善就是不做坏事，那么，什么是坏事？评价"坏"的标准是什么？这一标准是永恒的还是可能会变化，这个标准本身客观、合理吗？为什么？是不是任何情况下都不能做坏事？有没有特例，什么情况属于特例？等等。如果说善就是多做好事，那么，什么是好事？评价"好"的标准是什么？同样，这一标准是永恒的还是可能会变化，这个标准本身客观、合理吗？为什么？是不是任何情况下都必须做好事？不做好事可不可以？做好事对"我"有什么意义？既不做好事也不做坏事行不行？既不做好事也不做坏事是不是善，如果不是，那是不是恶？善恶之间有中间地带吗？等等。如果说善就是关心他人，那么哲学家们就必须发出一连串的追问：什么才是关心？怎样才是关心？怎么关心？关心到什么程度？对谁关心？对所有人还是对部分人还是对个别人？不关心为什么是不善？……这段分析借用一句网络用语就是：烧脑。苏格拉底对此做了深刻地思考，他用盗窃、欺骗的行为为例证与别人进行了辩论。比如说欺骗朋友固然是恶行，但欺骗敌人则是善行；盗窃朋友是恶行，但如果你的朋友打算自杀，你盗窃了他准备用于自杀的刀子则是善行。很显然，在这样的诘问和对话中苏格拉底意识到，如果只通过具体的、有条件的善来确定什么是善，是远远不够的；只有一般的、普遍的、永恒不变的善才是真正的善，只有关于善的普遍的、永恒的知识，才是真正的知识，才是善。并且，任何德性一定是内容与形式上的统一，用今天的表述就是程序意义上的和实体意义上的。问题的关键在于：这样的知识能获得吗？如何才能获得这样的知识？即如何从个别的、具体的经验中获得一般的、普遍性的知识，获得具有普遍性意义的德性。

苏格拉底运用了以谈话为方式的问答法，用他自己的话就是"精神助产术"即辩证法（辩证法的原意就是指对话，在对话中双方相互诘难，揭露对方话语中的错误和逻辑矛盾）。这一著名的"苏格拉底的方法"一般说来包括反讽、诱导、归纳、结论四个环节。就是在与人辩论的过程中，运用辩证法不断地归纳和归谬，不断追问事物现象背后的本质，不断地指出对方观点的矛盾，不断地修正各种观点，最后达成对事物的普遍定义或一般定义。其中，反讽是在对话中揭露对方观点内在的矛盾，迫使对方认识到自己的无知；诱导是通过启发使对方醒悟到自己潜藏于头脑中的新思想；归纳是通过对具体的、个别的、偶然的意见的否定，导向普遍的、一般的、必然的认识的方法；结论，经过前面的几个阶段，最后形成普遍的概念性的知识，即下定义。

苏格拉底的这种方法其实就是归纳推理和普遍定义，这是科学知识得以建立的出发点。在人们认识事物的过程中，如果没有对一事物"是什么"的确定，是不可能对一事物形成认识，更不可能去追问"怎么样"的。比如，有问道："这是什么?"回答："这是树叶。"如果连树叶是什么都不知道，又怎么可能追问这枝叶是绿的还是黄的呢? 在苏格拉底看来，具体事物是相对的，也是不断变化的，而这个事物的普遍概念才是根本，是不变的，知识就是要达到这个层面才是知识，即对具体事物的共性和本质的一般认识。苏格拉底希望通过归纳推理和普遍定义这样的方法来解决和回答世界"是什么"的问题，要认识到一事物是什么，需要抓住一事物成为该事物的本质规定。认识需要得到的是具有一般性、普遍性的知识，而不是偶然的、个别的、众说纷纭的感觉和意见。只有抓住事物的具有确定性、普遍性的本质，才能形成知识，感觉和意见是不可能形成知识的。只有抓住事物的本质才能认识事物，问题是通过归纳就一定能够得到具有普遍性、一般性、必然性的知识吗?

遗憾的是，就是这样一位伟大的思想家，却被雅典民主政体判处了死刑。

（二）苏格拉底之死

中国人说，天不生仲尼，万古如长夜。西方人说，大自然和大自然的法则藏匿于黑暗之中。上帝说，让牛顿出世吧! 于是世界一片光明。苏格拉底对于古希腊同样具有这样的价值。

苏格拉底对于人们如何获得正确的知识，如何坚持和实现人的善良本性（尽管人性并不一定就是善的），如何生活得有意义和价值这些方面的思考是极具重要性的。因为如果没有这些保证，人如何生活得幸福? 虽然对于幸福有不同的理解，据傅立叶说，单是罗马尼禄时代就有 278 种关于幸福的互相矛盾的定义。虽然有媒体记者举着话筒扛着摄像机到处追问人们"你幸福吗"。但是如果每个人对于自己的生活的感觉是不幸福的，即使这个幸福不幸福是他自己定义的，并不符合记者的标准答案，那么他也一定是痛苦和不适的。古希腊时代关于幸福是一个非常热门的话题，各个学派都提出了自己关于幸福的认识，苏格拉底认为幸福是一种通过知识才能得到的东西，人们只有在理性的指导下，才能追求到自己的幸福。他强调：未经审视的人生是没有价值的人生。可惜的是苏格拉底的幸福论带有明显的禁欲主义倾向，为后来的犬儒学派、斯多噶学派，特别是中世纪宗教伦理学的禁欲主义幸福论开创先河。苏格拉底始终希望自己的思考能够帮助人们认识和理解什么是幸福，进而得到幸福。然而，苏格拉底被人杀死了，或者可以说他是被民主杀死了，被雅典的直接民主杀死了。记得曾经有一个电视剧中有这样一段台词：如果你喜欢一个人，请把他送到纽约来，因为那里是天堂；如果你痛恨一个人，也请把他送到纽约来，因为那里是地狱。民主是个什么东西？是意味着天堂还是地狱，为什么有着 2500 年历史的民主在其中长达 2300 年的历史里，一直被看作是一个"坏东西"，直到近 200 年来，它才被当作"好东西"？

苏格拉底之死给我们带来了沉重的民主之问：什么是民主？

雅典民主（Democracy）的意思是指人民的权力，是一种直接民主。全体公民（指年满 20 岁以上的男性，但奴隶、妇女、外邦人不享有公民权。据估算雅典全盛时期的人口有 30 万至 50 万人，享有充分权利的公民约有 4 万人）组成城邦的公民大会，公民大会是雅典城邦国家的最高权力机构，对城邦的政策拥有最终决定权，执政官由公民大会选举产生。除了公民大会，还有一个五百人的议事会，是公民大会的附属机构，负责政体的日常运作，包括安排公民大会的所有议程，起草议案，预先审查提交公民大会的议案，召集并主持公民大会。第三个是民众法庭。公民大会不是由公民选举出来的代表组成，而是全体公民都能参加的大会，公民大会可以对关系到雅典生活的方方面面进行讨论和表决。五百人议事会的议员是从年满 30 岁的自愿候选人中抽签抽出来的。民众法庭，有 200 多位公民组成，他们是从所有 30 岁以上的公民中随机抽签产生的，他们既是陪审员，也是审判员，并且根据多数票来断案。由陪审员来判断一个人有罪无罪，法官则是依据法律决定刑罚。① 亚里士多德在他的著作《政治学》中，以统治者人数多寡的角度对政体进行了分析，把一个人执政的制度称为君主制政体，少数人执政的制度称为贵族政体，多数人执政的制度称为民主政体。由此可以看出，雅典民主政体是一种国家政权形式，是一种多数人统治的政权（虽然这个多数人很有限），也是一种直接民主的形式。

就是在这个法庭上苏格拉底被判处了死刑。苏格拉底本来可能有多个途径避免死刑：或者请求法庭上法外施恩，处以放逐，这样就可以离开雅典而不至于殉难；或者上交一笔法庭判处的巨额赎金，虽然苏格拉底本人很穷，但他的朋友和学生是愿意为他交上这笔钱的；或者买通看守逃狱，他的学生和朋友为他安排了不止一次的越狱机会；或者当众承认自己错了，今后不再在大街上"妖言惑众"。然而，苏格拉底全都拒绝了。"死别的时辰已经到了，我们各走各

---

① 参阅王绍光. 民主四讲［M］. 北京：生活·读书·新知三联书店，2008：3-9.

的路吧——我去死，而你们去活。哪一个更好，唯有神才知道了。"① 雅典法庭用死刑堵上了这个整天喋喋不休的令人心烦意乱的苏格拉底的嘴，而苏格拉底的回答是："我将服从神而不服从你们；而且只要我还有生命和力量，我就绝不停止实践哲学与教导哲学，并劝勉我所遇到的每一个人。"②

他继续说道："我还有些话要说，对这些话你们会要喊叫起来的；但是我相信，听我说话是会对你们有好处的，因此我请求你们不要喊叫起来。我愿你们知道，如果你们杀了像我这样一个人，你们就损害了你们自己更有甚于你们损害我。没有什么能损害我，不管是美立都还是安尼图斯——他们都不能够，因为一个坏人是不许损害一个比自己更好的人的。我不否认安图尼斯也许可以杀死我，或者流放我，或者剥夺我的公民权利；而且他可以想象，并且别人也可以想象，他加给了我很大的损害；但是我却不同意这种想法。因为像他这种行为的罪过——不正义地剥夺别人生命的这种罪过——乃是要更大得多的罪过。"③

有人认为苏格拉底是有意激怒陪审团来判处他的死刑的，因为他要以自己的死来唤醒雅典人，不要忘记了，他曾经自诩为雅典的牛虻。为什么他要这样的呢？答案不得而知。但是有一点可以肯定，那就是在苏格拉底的内心之中，人的尊严、思想的尊严、法律的尊严、自由的尊严比起个人的生命更重要。他的死唤起了雅典人关于往昔光荣与崇高的记忆，在很大程度上影响了整个欧洲的精神传统。两千多年后，伏尔泰再次庄严地重申：我反对你的意见，但我誓死捍卫你说话的权利。莫言先生也说过自己小的时候是个"炮孩子"（山东当地方言，意指话多且总说实话、真话，因此常常招惹麻烦），"尽管我取了个名字叫莫言，依然没有能够控制住自己这种乱说话。"这种乱说话的习惯是极不为国人所接受的，因为大家更习惯或者说更喜欢同一个声音。虽然曾有过子产不毁乡校的传统，但在几千年大一统的传承中，少说话、不说话、即使说话也不应畅言、不要说真话——逢人只说三分话，未可全抛一片心——成为大家的首选，也是一个人是否智慧与聪明、精于世道的标志。今天大家可以相对比较随意发表个人见解的网络，对于不同的意见和看法更是无法容忍。

民主的出场竟然是这样的。

今天西方社会已经把这种简单多数的直接民主制度改造成为代议制民主，

① 罗素. 西方哲学史（上卷）［M］. 北京：商务印书馆，1963：112.
② 罗素. 西方哲学史（上卷）［M］. 北京：商务印书馆，1963：109-110.
③ 罗素. 西方哲学史（上卷）［M］. 北京：商务印书馆，1963：110.

即多数人选举、少数人统治、分权制衡，以防止权力滥用和多数人或任何个人专断的政体。一般说来，这属于程序民主，维护的是形式正义。代议制民主同样离不开选举。选举的优点在于，一般情况下不太可能选举出最差、最坏的，因为这样的人太不得选民之心了。当然缺点随之而来，那就是也不一定能够选举出最好的。对应的选拔制度，一般情况下有可能选拔出最好的，但不一定避免选拔出最坏的。这其中的道理简单而复杂，能力强的人并不必然地品德良好，看起来还不错的人，骨子里难免坏水横流。横向选拔（如考试）并不能考察一个人的所有方面，特别是品行与德性。纵向选拔更倾向于服从性强的、执行领导意图不折不扣的，领导看着放心、开心、舒心的，那种有个性的"刺头"一般不会为上级所喜欢。

选举民主有一个必须遵守的规则，那就是参与选举的人们必须尊重和服从选举的结果，俗话说就是"愿赌服输"。所以我们常常看到西方选举中失败者往往很快地就承认败选并向获胜的对手表示祝贺。当然也有例外，最近，美国特朗普先生从胜选总统到连任失败的一系列行为，都是对西方费厄泼赖精神的反叛，是对西式民主选举制度的冲击和讽刺。这一行为对西式民主的冲击是很大的，并且开启了恶劣的先例。

选举还有个问题，就是容易发生贿选。为此必须要有比较周密的制度设计的约束。如美式选举是需要巨额经费支持的，即所谓"3P"——民意调查（polling）、包装（packaging）和推销（promotion）。有学者统计，从 1860 至 2004 年这 144 年间，美国共进行了 36 次总统选举，"平均每次选举的花费比上一届选举增长 45.5%"。[①] 为此，要参加选举的人要么自己很有钱，如特朗普；要么能够募集到大量的政治献金。在西式民主的制度设计中，政治献金是合法的。同时，为了避免政治献金的收受与利益输送牵连在一起，并能够扼制政治腐败，各国均采取立法对政治献金的金额、授受者和提供者进行一定的限制。不过，这种限制的作用如何，似乎还没有对此专门进行的研究和结论。而且，为什么要提供政治献金，为什么要给某人或团体提供政治献金，提供之后要不要回报。对于这些，用无私、慷慨、正义、公益来解释可能永远不会有答案。

程序民主还有个十分重要的基本原则——多数原则，就是我们非常熟悉的"少数服从多数"，苏格拉底的死使得西方对这个原则一度十分警惕，托克维尔就称其为"多数人的暴政"。（有一点请不要忽视，在民主社会里的一般情况下，社会上的有产者往往是少数。）今天对这一原则在一般意义上已经有了更为深刻

---

① 王绍光. 民主四讲 [M]. 北京：生活·读书·新知三联书店，2008：223.

的认识，并做出了制度上的限制——多数决定，同时尊重个人的自由，保护少数人的权利，以法律约束多数的权力。一旦为了公益不得不损害少数人的利益时，社会和公众应该做出必需的补偿。卢梭则尖锐地指出了程序民主最大的问题是："人民自以为是自由的；他们是大错特错了，他们只有在选举国会议员的期间，才是自由的；议员一旦选出之后，他们就是奴隶，他们就等于零了。"①因此，只有程序意义上的民主是远远不够的，还要实现实体正义——实体民主。在这一点上马克思主义的立场是最为鲜明的，即"人民当家作主"，只有人民才是国家和社会真正的主人。这是任何西式民主都无法达到、不愿意达到、也不可能达到的高度，我们也一直不忘初心地致力于这样的民主制度的彻底实现。民主不仅能够真正地落实人民当家作主，还更加有利于社会的稳定，有利于经济的繁荣与发展，增进经济活力。民主不仅可能有效地监督官员更好地为人民负责，而不是简单地对上级负责，还更加有利于扼制腐败——这个人类政治生活中的毒瘤。不过，实体正义一定要有程序正义的制度设计的保证。民主制度的设计有这样一些基本的原则，必须充分尊重人民的选择；充分保护公民个人的自由；必须遵循法治，遵循法律的正当程序；遵循多元化；奉行宽容、合作和妥协的价值理念。并且，民主的实现离不开自由、公正、法治等基本价值和制度保证。

需要意识到，"民主不仅是在国家层面上，而且是在地方和基层各个层面上多元化的参与，民主最基本的也是最必不可少的条件首先是社区的所有成员都享有平等的参与社区集体决策的权利。"②民主不仅是在政治生活方面的和社会生活方面的，更基本的是在经济生活特别是经济利益方面的。否则就如一句拉丁谚语所说的：鸡、猪与人共同参与了鸡蛋和火腿的制作，但它们在参与中却一无所获。对于个人而言，民主更为重要的在于当个人的权利受到侵害时，有没有正当有效的途径加以维护。因为，如果权利只是一种价值观念、意识和法律术语，如果权利得不到有效的维护和实现，权利就不仅仅是纸面上的，还会被人们所抛弃。同时，还要澄清一点，民主并不意味着低效率。从短期决策来看，专制是最有效率的。不过从长远来看，民主更能保证高效率。尽管在决策阶段效率可能较低，但一旦做出了决策，更可能得到贯彻和落实。即使决策发生了偏差，也比较容易得到及时地纠正。专制者的武断决策往往会伤害大多数人的正当利益，因而引起人们的抵制，导致决策流产。同时，一旦决策发生失

---

① 卢梭. 社会契约论［M］. 北京：商务印书馆，2003：121.
② 蔡定剑. 民主是一种现代生活［M］. 北京：社会科学文献出版社，2011：10.

误，就会引起更大的社会灾难。"专制政体的效率与决断是以高昂的代价取得的，它壮观的表面可能掩饰着日益加剧的愤怒与不满和基础的不牢。"① 中国长达两千多年的君主专制治理体系下，周期性的巨大的社会动荡在通过最极端的方式解决社会矛盾的同时，给民众带来的灾难和痛苦，难道不是最直接、最现实的证明吗？

由苏格拉底之死引出的民主讨论暂时告一段落，人类对于社会运行的制度考虑将是一个漫长的不断改进、不断更新、不断完善的过程。没有十全十美的制度设计，只有相对合适、相对合理的制度安排。这就好像我们欣赏美女一样，萝卜青菜各有所爱。民主是个好东西，民主"使整个社会洋溢持久的积极性，具有充沛的活力，充满离开它就不能存在和不论环境如何不利都能创造出奇迹的精力，这就是民主的真正好处。"② 民主已经成为人类的价值共识，尽管对于民主的内涵、实质、程序、性质、功能、制度安排还有很多的争论。并且，由于社会制度、历史、文化的差异，人们对于民主的理解还存在很大的分歧。然而，早在两千多年前，中国人已经清醒地认识到："天下非一人之天下也，天下之天下也。"③ 人类社会发展到今天，专制和独裁已然绝不再是社会制度的可能选项。民主也是每个人的权利得到保障和充分实现的基本前提，是每个人的尊严和自由的本质需要，是每个人活得像个人，更确切地说是让每个人都只能被当作是目的而不仅仅是手段的必然要求。如果说不自由，毋宁死；同样可以说，没有民主，我们还能走多远？关于民主，还有很多话要说，还有很多路要走，相信人类的智慧一定可以开创出更加合理、高效、科学的民主模式，民主的理念也必将刻入精神的骨髓，直到人类创新出可以替代民主的新的价值理念和制度设计，相信并坚守这一点，将是人类进步和幸福的福音。除此之外，还能希冀什么呢？

苏格拉底是西方思想史上一位划时代的人物，他的思想对后世产生了深远的影响。他明确地把"自我"作为哲学研究的对象，他要求人们的认识要从人之外的自然转向人自身，从客体转向主体，从自然转向社会。这样就把以研究人们行为准则为主要内容的伦理学，以研究人的思维形式为主要内容的"概念辩证法"和逻辑学从哲学中凸显出来了。尽管知识就是德性，但每个人要获得德性，必须要接受教育。人要实现与动物不同的生存方式，后天的学习是必不

---

① 蔡定剑. 民主是一种现代生活 [M]. 北京：社会科学文献出版社，2011：28.

② 托克维尔. 论美国的民主（上卷）[M]. 北京：商务印书馆，1988：280.

③ 《吕氏春秋·贵公》

可少的，学习的最为便捷的途径就是接受教育，教师则是不可或缺教育的基本主体。正因为如此，师长成为中国人与"天地君亲"并列的祭祀对象，代表着古人敬天（地）、忠君、法祖、孝亲、尊师的价值取向。由此，苏格拉底也被称之为"西方的孔子"。尊师重道在一般意义上应当是社会的基本状态，可惜，人们往往并不能冷静地认识到这一点，却常常把对师者的批判和苛责视作推进社会进步和道德提升的必须选项。

虽然我们常常批评苏格拉底追求永恒、普遍的"善"的知识的努力，认为他把道德绝对化、永恒化了，忽视了道德的具体内容和道德要求的历史性和现实性。然而，任何时代对于人性的基本要求难道就不存在基本的底线吗？至少"杀人者死，伤人及盗者抵罪"可以是也一定是人们必须遵循和敬畏的基本尺度，当然需要把所有的人都当作人来对待，人类社会距离这一目标的路途还很遥远。他死后他的学生们形成了许多学派，其中以柏拉图学派最为著名。

二、理念论

在苏格拉底的逻辑里，哲学的首要任务是要让人获得知识，拥有了知识才是真正意义上的人，因为知识即德性，拥有德性才能获得真正的幸福。德性才能够告诉人们应当怎样做人，怎样作为。为此，必须获得真知即具有确定性的、普遍性的知识。如何获得真知？苏格拉底执着于归纳论证以达成普遍定义，然而归纳推理能完成这个任务吗？作为苏格拉底忠实弟子的柏拉图意识到归纳论证在获得普遍定义时存在着的难以克服的困难，在构建他的哲学体系时，提出了其哲学的核心概念——理念（idea，也有译为"相"或"共相"）。客观存在的理念是唯一真实的存在或实体。比如说，"这里有一只猫"，当人们看到一个"物"并做出自己的判断是一件非常平常的事。狗和猫不一样，猫和猫不一样，同一只猫也会有变化。为什么人们都把这种动物称为猫？在柏拉图看来，每只猫都有一些共同的东西，这个动物之所以是猫，是因为它分享了一切的猫所共有的性质。这种共同的永恒的不变的东西才是最根本的，它不因这只猫或那只猫的变化而变化，它不因这只猫或那只猫的死亡而消失，这一共性才是稳固的实体。罗素认为柏拉图的思想受到了毕达哥拉斯、巴门尼德、赫拉克利特以及苏格拉底的影响。

（一）理念论的逻辑基础和内容

"柏拉图的哲学奠基于实在与现象的区别之上"，① 柏拉图虽然是苏格拉底

① 罗素. 西方哲学史（上卷）[M]. 北京：商务印书馆，1963：151.

的学生，但他的哲学立场与思想同苏格拉底却有着很大的不同。首先，苏格拉底要通过归纳推理来寻求事物的一般定义，当然主要是德性范围内的道德范畴的一般定义，比如：那时希腊流行的四种美德——勇敢、公正、节制和智慧。柏拉图则是要探讨整个世界存在的一般根据和基础。今天站在辩证唯物主义的立场上，我们认为世界统一于物质，而柏拉图认为整个世界存在的根据是理念。其次，苏格拉底在探寻事物的本质或形式时，并不认为事物自身与事物的本质是相互分离的。他认为"本质或形式"并不是与具体事物相分离的独立自在的实体。"柏拉图的'理念'学说建立在把现实世界分割成两个不同世界的基础上。在'理念'（或'形式'）中，事物的存在是'不可改变、永恒的真实存在'；自然界中的万物的存在，则是处于不停运动和变化之中的非本质的存在。"① 在柏拉图这里，理念与具体事物就被割裂开来，理念成为了高于具体事物的独立自在的实体。因此，柏拉图的理念不仅是独立自在的，而是具体事物存在的前提和根据。在柏拉图看来，这个世界不是先有"圆"这一具体图形，而是先有"圆"的理念。而且，"思想要比感官更高贵而思想的对象要比感官知觉的对象更真实"。②

在柏拉图这里，理念就是事物的"类"，是超越于具体事物并且是具体事物存在的根据。通俗地讲，理念就是概念，是一类事物的共性。理念具有这样的一些特征：第一，从根基上讲，理念是万物的本原，具体事物是由理念派生出来的；第二，从地位上讲，理念是绝对的、完美的，具体事物是相对的、不完美的，是对理念的摹仿（模仿）。"几何学讨论严格的圆，但是没有一个可感觉的对象是严格地圆形的；无论我们多么小心谨慎地使用我们的圆规，总会有某些不完备和不规则的。"③ 第三，从认识上讲，理念是通过理性来把握的，具体事物是通过感官感知的。感觉经验是不可能认识到理念的。第四，从变动性上讲，理念是永恒的、不变的，具体事物则是处于不断变化之中的、不定的。比如，具体的花是多种多样的、万紫千红、不断生长和衰败的，花的理念却是始终如一的。第五，从理念与具体事物的关系上讲，理念是共相，是客观自在的精神，是先于并独立于具体事物和人的头脑而存在的，具体事物是理念的派生物，是对理念的摹仿和分有。比如，玫瑰花只有"摹仿和分有"了花的理念，才成为玫瑰花，否则它什么都不是。哲学家们只会对一个理想的"圆"或

---

① 马丁·摩根史特恩，罗伯特·齐默尔. 哲学史思路——穿越两千年的欧洲思想史 [M]. 北京：中国人民大学出版社，2006：7.
② 罗素. 西方哲学史（上卷）[M]. 北京：商务印书馆，1963：45.
③ 罗素. 西方哲学史（上卷）[M]. 北京：商务印书馆，1963：45.

"花"感兴趣，而不是对感觉世界中所发现的许多的、各种各样的"圆"或"花"感兴趣。

（二）"洞穴说""回忆说""摹仿说""分有说"

巴门尼德认为世界的本原是存在，那么，存在是什么？人是如何把握到存在的。循着巴门尼德从理性的角度追问事物的本质和共相的思路，柏拉图提出了自己在这一问题上的观点。他的"洞穴说"其实就隐喻了人们在认识过程中所存在的问题和经常会犯的错误。在一个山洞里，一群人被铁链锁着面向洞壁，他们看见洞壁上有闪动的影子，以为它们是真的，其实他们看到的只是他们身后的物体被火把映出的影子。终有一人挣脱了锁链，看到了真实的世界，然而被捆绑的人都不相信他所说的是真的。这表明，在认识活动中人们往往只是看到了表面的、眼前的东西，却没有看到事物的内部和本性，换句话说他们只是看到了影子，而不是事物真实的自身。应该说，柏拉图的"理念论"看到了经验知识（柏拉图称之为"意见"）与理性知识（柏拉图称之为"知识"）之间的差别；看到了感觉经验所带来的知识存在的不可靠性、不确定性；看到了要保证知识的一般性、确定性时，归纳推理这一方法存在的不足；看到了事物的现象与本质间的差异，因此认识事物不仅要看其表面的、外在的东西，还要把握其内在的、本质的东西；看到了要把握事物的本质和一般性，必须依靠理性思辨。也就是说，意识到哲学要建立在不证自明的认识前提的基础上，这种"自明性"如果是依靠感觉经验、依靠归纳论证是难以达成的。意识到要保证知识的确定性必须依靠人的理性能力。但是，柏拉图把这种认识能力和认识结果绝对化、抽象化、神秘化了。柏拉图的"理念论"在解决上述问题的同时，也给自己带来了许多难题，这些问题必须加以解决，否则，理念论将难以自洽。

为此，柏拉图提出了"回忆说""摹仿说""分有说"。"回忆说"需要回答的是，如果不依赖于感觉，那么人所获得的理念是如何得到的？是通过灵魂。柏拉图认为灵魂是非物质的而且是永恒存在的，即灵魂不灭，灵魂先于肉体存在，灵魂统治着肉体。灵魂在进入肉体之前，就具有对理念的认识。人们出生后，由于受到肉体的玷污而遗忘了原有的理念知识，后天需要借助"学习"把它回忆起来。柏拉图就用这种并不高明的"回忆说"回答了理念或者说是知识的来源问题，这个手法足够露骨地宣扬了先验论，使其成为欧洲哲学史上先验论的先驱，这当然是唯心主义的。这一观点代表了这样一种思维方式和立场：如果关于事物的一般性认识即概念不能从感觉经验中得来，那么只能说概念（理念、共相）在感觉经验之先，就已经先天地存在于我们的头脑之中了。除此之外，还能怎么解释这一切呢？问题又来了：如果说"先天"存在的理念是通过回忆获得的，那么——既然知识是先天就存在于我们的头脑中的，为什么后天还要努力地苦读寒窗，听凭命运的安排就可以了；既然知识是先天就存在于人们的头脑之中，那么人们为什么还要去研究和探索世界的奥秘？哲学家们要让人们相信自己的理论其实也很难，有时也会很尴尬，尴尬的还在后头呢。

　　如果具体事物与事物的理念是相分离的，比如玫瑰花与花的理念是相分离的，那么，玫瑰花是如何得到了花的理念而成为花的？也就是说理念（概念、共相）与具体事物之间的分割关系是怎样弥合的。"摹仿说""分有说"就是要回答这些问题。"摹仿说"源于毕达哥拉斯，就是认为理念是原本、是模型，个别事物是理念的摹本。具体事物对理念的摹仿是不完善的。"分有说"是说具体事物分享了同名的理念，这样具体事物才得以存在。一句话，现实世界中的万事万物都是理念的摹本，是分有理念的结果。理念就是具体事物的普遍本质即共相，也是具体事物存在的根据，还是具体事物摹仿的模型，最后是具体事物的目标。问题是如果具体事物与理念已经是分离的，它为什么要摹仿、分有这个理念而不是那个理念，如何才能摹仿和分有？其中的运行机理是什么？怎么运行？由于柏拉图割裂了一般与个别的关系，割裂了概念与具体事物间的关系，所以在处理理念与具体事物的关系时，他的回答只能是，这个世界是神创造的，万事万物都要遵从神的意志，也就是说具体事物要服从理念，因为这是神的意志。这样，柏拉图的本体论就用神创说代替了物质始基说，用宇宙目的说代替了宇宙的客观必然性理论，这当然是典型的客观唯心主义哲学。

　　大体上可以说，柏拉图的"洞穴说""回忆说""摹仿说""分有说"艰难地实现了理念论的理论自洽。他用"洞穴说"揭示了感觉经验存在的不足，同时为其理念论奠定了理论支点。用"回忆说"回答了理念如何为人所认识和拥有，并成为人的认识的前提的问题，从而以自己的方式打通了理念与人的认识之间的鸿沟。用"摹仿说"和"分有说"解决了具体事物即个别如何获得一般或者说是具有了"类"的属性，从而提供具体事物在"类"的意义上得以存在的可能。

　　另外，柏拉图的辩证法思想对之后的哲学家特别是黑格尔有着很大的影响。他研究了各种理念间的关系，试图从认识个别理念上升到认识一般理念。这一方法强调了分析与综合相结合的方法，探讨了诸理念之间的辩证关系，这是一种概念辩证法，从性质上讲仍然是唯心主义的。

　　柏拉图还从其哲学立场提出自己关于政治学的理论，提出了理想国的方案。在今天看来他所主张的政体是一种君主专制政体，体现了当时贵族要求实施极权政治的主张。柏拉图认为社会和国家中的人是分等级的，每个等级的人各司其职，安守本分，做自己的事，就是正义——"人人都做自己的工作而不要做一个多管闲事的人"。① 柏拉图提出了"共产"的主张，这个共产是指财产共产或者说共有，马克思所说的共产是生产资料的公有，这是有质的区别的，不要把这两者混淆在一起。柏拉图还主张统治者应当说谎，也必须说谎。他认为捏造出来的谎言应当是使统治者自己也会信服，这大概就是后来西方人乐道的"谎言不断重复就成了真理"的源泉。

柏拉图的哲学是西方哲学史上第一个庞大的体系，他对欧洲哲学的影响是巨大的，怀特海就说过，整个哲学史不过是为柏拉图作注释而已。黑格尔则是这样评价的："柏拉图是具有世界历史意义的人物之一，他的哲学是具有世界历史地位的创作之一，它从产生起直到以后各个时代，对于文化和精神的发展，曾有过极为重要的影响。"② 柏拉图用抽象的理念作为万物存在的本质和形式，而且理念还是先在的，质料只有通过"分有"或"摹仿"才能构成具体事物，这一理论立场和思想方式对于后世的影响是深远的。同时，由于他割裂一般与个别、共性与个性的内在关系，否认感觉经验与理性知识之间存在着不可分离的相互关系，等等，都给哲学造成了诸多的麻烦和问题，也是后来的哲学家们必须以不同的立场选择并予以回答的。

三、吾爱吾师

亚里士多德是一位百科全书式的学者，是古希腊哲学的集大成者，他是第一个对科学知识进行全面系统的分类的思想家。作为一位百科全书式的学者，他几乎对每个学科都做出了贡献。亚里士多德的研究涉及了形而上学、政治学、伦理学、逻辑学、美学、心理学、经济学、神学、修辞学、物理学、生物学、天文学、教育学等，纵贯人文社会科学和自然科学。罗素认为，亚里士多德的优点是极其巨大的，缺点也是同样巨大的。优点在于他对西方科学知识体系几乎是全方位的贡献，缺点则与他的摇摆不定的哲学立场相关。"自起十七世纪的初叶以来，几乎每种认真的知识进步都必定是从攻击某种亚里士多德的学说而开始的"。③ 亚里士多德是柏拉图的学生，也是柏拉图十分喜爱的学生，虽然柏拉图看不惯亚里士多德的公子派头，"一个追求真理的人不应该过分打扮"。他

---

① 罗素. 西方哲学史（上卷）[M]. 北京：商务印书馆，1963：143.
② 黑格尔. 哲学史讲演录：第2卷 [M]. 贺麟，王太庆，译. 北京：商务印书馆，1978：160.
③ 罗素. 西方哲学史（上卷）[M]. 北京：商务印书馆，1963：203.

又说："我的学园可以分为两部分——多数的学生构成它的躯体，亚里士多德代表它的头脑。"① 亚里士多德也很尊重自己的老师，他说过："虽然友爱与真两者都是我们的所爱，爱智慧者的责任却首先是追求真"。② 大概就是这句话之后衍化成了大家熟悉的那句名言：吾爱吾师，吾更爱真理。之所以这样说，是因为亚里士多德的哲学思想与他的老师有着很大的不同，他的思想恰恰是建立在对柏拉图理念论加以批判的基础上的。

（一）形而上学

亚里士多德面临着一个首要的任务是要把古希腊哲学思辨中的"自然哲学和形而上学这两个传统结合起来，在柏拉图理念论与德谟克利特原子论的对立中寻求统一。"③ 自然哲学探索的是万物的起源，形而上学思考的是万物的本原，这两个方面都是哲学需要关注的。当巴门尼德提出世界的本原是"存在"后，德谟克利特的原子论认为世界的本原是物质性的"原子"，柏拉图的理念论认为世界的本原是精神性的"理念"，它们一个是物质性的存在——原子，一个是精神性的存在——理念，这是不同之处；相同之处在于他们都认为这个"存在"既是客观存在的实体，还是不同于现象的抽象存在，代表不同于具体事物的一般特性。对于这一问题的探寻，用今天的话就是，世界万物的统一性是什么？或者世界万物统一于什么？（关于这一点，在我们教科书里的回答是：世界统一于物质，物质的特性是客观实在性。）

对这一问题的思考，亚里士多德称之为"第一哲学"，即关于存在本身的学说。它是亚里士多德全部思想的理念基础。具体科学研究的是某一类事物的存在及其规律，"第一哲学"研究的是"作为存在的存在"，即世界万物的统一性或本原性。亚里士多德的学生在编纂他的著作时将研究这一部分的内容单独成卷，放在了《物理学》后面，称之为"metaphysic"，含义是"在物理学之后产生的知识，或者经由物理学得到的知识"，也可以说，对于哲学问题的探讨是以物理学的基本原理和知识为前提条件的。④ 关于存在的存在及其规律的思考显然具有思辨性和超验性，它研究的是万物统一的基础和根本。日本学者在翻译这个概念时，借用了《周易》中"形而上者谓之道，形而下者谓之器"，将它译为"形而上学"，即研究形而上问题的思想和学问。这个翻译应该说是形神兼

---

① 苗凡卒. 智慧之旅—西方古典哲学漫笔 [M]. 合肥：安徽文艺出版社，1998：87.

② 亚里士多德. 尼各马可伦理学 [M]. 廖申白，译注. 北京：商务印书馆，2003：13.

③ 赵林. 西方哲学史讲演录 [M]. 北京：高等教育出版社，2009：110.

④ 马丁·摩根史特恩，罗伯特·齐默尔. 哲学史思路——穿越两千年的欧洲思想史 [M]. 北京：中国人民大学出版社，2006：13.

备，国内一直沿用下来。

对于"存在"，亚里士多德首先要回答的是"存在是什么"。认识一个事物，第一步就是要知道"它是什么"，然而才能追问它"怎么样"和"为什么"。从人们认识事物的一般顺序和知识建构的步骤来看，就是首先要下定义。定义的最常用的方法就是"属加种差"，首先是找出被定义项的"邻近的属"，然后找出被定义项与其他同级种概念之间的差别——种差，最后把"邻近的属概念"与"种差"加在一起组成定义。比如说，什么是人？人是直立行走的、能够制造和使用工具的、具有理性思维能力的高等动物。这里"邻近的属"就是高等动物，人与高等动物的"种差"就是"直立行走、能够制造和使用工具、具有理性思维能力"，把"邻近的属概念"与"种差"加在一起就组成了关于"人"的定义。定义的基本要求是一个定义能够把被定义的事物与他事物区别开来，看看柏拉图给人下的定义能不能达到这个要求：人是两足、无毛的动物。

哲学思考的是"作为存在的存在"，用"属加种差"的方法是无法给"存在"下定义的。"属加种差"的方法下定义时，要定义一个概念必须有一个高于它的属。然而，"存在"是最高概念，既没有在它之上的属，也没有与之相应的种差。怎么办呢？亚里士多德认为，"第一哲学"即形而上学就是要研究存在的本质和属性，他把具有必然性的本质属性称为"范畴"，所谓"范畴"就是对各种事物进行抽象和概括之后形成的最基本的概念，反映了事物最普遍、最一般的特征。概念是有不同的层级的，只有最基本的、最一般的、最抽象的概念才属于范畴。比如，物质（标志着客观实在的哲学范畴）、联系（概括了事物之间和事物内部诸要素之间的相互影响、相互作用的哲学范畴）、运动（标志物质的根本属性的哲学范畴）等。亚里士多德划分出了十类范畴：实体、数量、性质、关系、地点、时间、姿态、状况、活动、遭受。所有事物都由这十个范畴构建起来，任何事物都不能离开这些范畴而存在。比如说，这里有位女子，是个美女。这位美女一定是与性别、身高、体重等量的规定，与时间、地点、状态等必须的关系相关联的。亚里士多德认为，在这些范畴中，实体是最为基本的，没有了实体，其他范畴就没有意义。要研究"存在"，研究"存在的存在"，首先要回答"实体"是什么。

（二）实体说

亚里士多德认为，实体指的是事物是什么，表述的是事物的本质。要研究"存在"就要说明"实体"是什么？"实体"的原因是什么？"实体"是怎样存在的？注意，这个原因是指一切事物存在和生成的全部根据和条件，即一事物如何成为自身，而不是指因果关系中的原因。其中，"实体"是什么？对于这个问题的回答形成了他的狭义的"实体学说"；"实体"的原因是什么？对于这个问题的回答构成了他的"四因说"；"实体"是如何产生或怎样存在的？对于这个问题的探讨则产生了"潜能与现实"的理论。这实际上构成了哲学思考的基本范式，即一事物"是什么"，为什么"是什么"，应当"是什么"。

首先，什么是实体？亚里士多德认为："实体，就其真正的，第一性的，最确切的意义而言，乃是那既不可以用来述说的一个主体，又不存在一个主体里面的东西。例如某一个个别的人或某匹马。"① 实体是指这样的东西，它是独立存在的，在任何意义上都是在先的（无论是在定义上、认识的次序上和时间上都是在先的），是其他一切的东西——如性质、数量、关系、状态、变化等——所赖以存在的基础。亚里士多德是把客观存在的、具体的、个别的事物作为实体，是自在的，这与柏拉图认为理念是脱离具体事物而存在的看法是不同的。罗素指出，"一个专名词所指的东西就是'实体'，而一个形容词或类名（例如'人的'或'人'）所指的东西就叫作共相。实体是'这个'，而共相则是'这类'——它指事物的种类而不指实际的特殊事物。共相不是实体，因为它不是'这个'。"② 在对实体的理解上，罗素还提出："专名词适用于'事物'或'人'，而其中的每一个都只是这个名词所适用的唯一的事物或人。太阳、月亮、法国、拿破仑等等，都是独一无二的；这些名字所能适用的并没有许多的事例。另一方面像'猫''狗''人'这样的字，则适用于许多不同的事物。共相的问题就是要探讨这些字的意义，以及像'白''硬''圆'等等这些形容词的意义。"③ 因此，共相是不能自存的，共相只能存在于特殊的事物，只有实体才是客观自存。亚里士多德说道："'共相'一词在我的意思是指具有可以用于述说许多个主体的这样一种性质的东西，'个体'一词在我的意思是指不能这样加以述说的东西"。④

亚里士多德认为实体有这样的一些特征：第一，实体是一个个体，是"这一个"，即具体的、个别的事物。第二，实体不同于属性，没有与之相反的东西。拿破仑就是拿破仑，没有与之相反的东西。而反观属性，属性则与之有相反的东西，如"高"的相反者是"低"，"大"的相反者是"小"。第三，实体之间没有程度上的差别。比如，柏拉图和亚里士多德都是人，谁也没有比谁更

① 亚里士多德. 范畴篇·解释篇 [M]. 北京：生活·读书·新知三联书店，1957：13.
② 罗素. 西方哲学史（上卷）[M]. 北京：商务印书馆，1963：207-208.
③ 罗素. 西方哲学史（上卷）[M]. 北京：商务印书馆，1963：207.
④ 罗素. 西方哲学史（上卷）[M]. 北京：商务印书馆，1963：207.

是人。第四，实体是变中之不变。比如苏格拉底无论是年轻还是年老，无论是青涩鲜肉还是油腻大叔，无论他如何改变，他就是苏格拉底，是不变的。相对于"苏格拉底"——这一实体——变化的是他的属性，"苏格拉底"是变中之不变。

通过对于实体是什么的分析，可以看出，亚里士多德以实体说批判了柏拉图的理念论。第一，柏拉图的理念论是无法有效地解释事物何以存在的。亚里士多德认为，事物的存在总是以个体的方式存在的。人的存在总是以"王五""赵二"等具体的、个别的人的形式存在的，"人"是一个概念，是对这一类事物的共相的概括，"人"的存在总是具体的。个别事物的存在并不是理念创造的，不是先有了"人"这个概念，才有了"王五""赵二"等具体的个别的人，而是恰恰相反。不是有了猫和老鼠，才有了汤姆和杰瑞，而是有了汤姆和杰瑞，才有了猫和老鼠。第二，柏拉图理念论的"摹仿说""分有说"并不能说明具体事物是如何产生的。具体事物的产生和存在是客观的，原因在于自身而不是什么理念。难道母亲在生产的时候还要思考我的宝宝需要分有或摹仿理念吗？分有或摹仿什么样的理念呢？是不是通过这样的分有或摹仿，宝宝就可以长成宝妈所希望的那样？如果分有或摹仿时出了差错，或者分有或摹仿时没有获得人之为人的全部要素，那么，上天保佑——千万别生出个哪吒来。第三，柏拉图的理念论无法说明事物的运动和变化。如果理念是不变不动的、没有生灭变化，那么分有或摹仿了理念的具体事物如何变化和运动。事实上具体事物总是处在不断的运动和变化之中的，不变不动的理念怎么生成了不断运动和变化着的具体事物的呢？关于理念的不变性，柏拉图的本意应该是想说明理念的基本性或者根本性，在这个意义上是不变的。比如，人就是具有理性能力的高等动物。在"人具有理性能力"这一点上，人的这个本质性特征是不变的，但他并没有说明白这种不变性与具体事物的变动性指的并不是同一个层级的问题，即一个是要说明事物本质的相对稳定性，一个是指具体事物的存在状态。而且，具体事物的变动相对于理念的内在规定性，主要是在量的方面的变化。比如，一个人的理性能力是可能得到强化与提升的，也可能随着老去而下降。每个人的理性能力也会有高下之别。如果本质发生了变化则意味着一事物变成了他事物，若是一事物要保持自己是该事物，其本质是不会发生根本性的变化的。而且一事物也不会永远是该事物，在现实事物的存在与发展过程中，也会发生质的变化，这当然是辩证法的后话了。第四，柏拉图的理念论实际上割裂了一般和个别的关系，因为柏拉图的理念即一般是脱离个别事物而独立存在的。事实上，人是以"王五""赵二"等具体的个别的人的形式而存在的，世界上没有独立自存的一般事物，只有存在着的具体事物。理念是依托于具体事物而存在的，是对具体事物的共相或类的理性概括，并不存在可以脱离具体事物而独立存在的理念。可以说，亚里士多德对于柏拉图的批判是切中要害的，"柏拉图很可爱，但真理更可爱"，在真理和老师面前，亚里士多德选择了真理。

其次，"实体"的原因是什么？亚里士多德认为哲学不仅要认识实体是什么，还要说明实体的原因是什么。"我们应须求取原因的知识，因为我们只能在认明一事物的基本原因后才能说知道了这事物"。① 所谓实体的原因就是说一个实体即具体事物为什么会成为该事物，它能够成为这样的事物存在或产生的原因是什么，也就是说它之所以作为这样的事物是什么决定的。注意，这里所说的原因不同于通常所说的因果关系，更接近于事物得以存在的前提和基础。亚里士多德认为寻求事物的原因就是要找出事物的本质，这样的原因有四个，分别是：质料因，形式因，动力因和目的因。第一，质料因是指事物自身，是指事物是由什么材料构成的。如雕像使用的大理石，大理石是雕像的载体，是雕像的质料因。质料就是事物由之生成并继续存在于其中的东西。第二，形式因是指实体被规定的本质，即一事物成为该事物的内在规定。雕像之为雕像不在于大理石，而在于它符合雕像的形式，具备了雕像的本质。形式因也就是本质，是事物的根本原因。第三，动力因是事物生成和变化的原因，是什么东西使它成为该事物。比如，两性的交媾孕育出新的生命——内在原因；木匠的打造将木头做成书桌——外在原因。第四，目的因即做一件事的缘故，或者说是为什么要造成它。把这四个原因综合起来，以塑造雕像为例，塑造雕像使用的大理石等材料就是雕像的质料因；塑造什么样的雕像的设计蓝图就是雕像的形式因；雕塑师的劳动和技艺就是雕像的动力因；雕像的用途就是目的因。

亚里士多德的"四因说"是对前人思想的概括和总结。质料因出自米利都学派，形式因缘自毕达哥拉斯学派，恩培多克勒和阿那克萨戈拉提出了动力因，苏格拉底则探讨了目的因。后来，亚里士多德认为形式因、动力因和目的因是统一的，这样他就把"四因"简化为两种原因：形式与质料。形式既是事物的本质也是事物的动力，还是事物的目的。一切具体事物都由形式和质料构成，两者不可分割，统一于具体事物之中。"质料就广义而言是形式的可能性；形式则是质料的现实性，是完成了的实在"。②

---

① 亚里士多德. 形而上学 [M]. 北京：商务印书馆，1959：7.
② 威尔·杜兰特. 哲学的故事（上）[M]. 北京：生活·读书·新知三联书店，1997：101.

再次，"实体"是如何产生的？亚里士多德提出了"潜能与现实"的理论，他认为，一切具体的事物的存在都具有两种状况：一是处于潜在的状况（潜能），一是处于现实的状况（现实）。潜能和现实是相对的：潜能实现的时候就是现实，现实还没有实现就是潜能。换言之，潜能是没有实现的现实；现实是实现了的潜能。质料与形式的关系就是潜能与现实的关系：质料是潜能，是被动的要素；形式是现实，是能动的要素。质料给形式以可能性，形式给质料以规定性，使之成为实体。从质料到形式的过程就是从潜在的东西发展为现实的东西，这个过程也就是运动。

亚里士多德的哲学立场是不断摇摆的。当他认为任何事物（实体）都是质料和形式的结合时，他是唯物主义的和辩证的；当他把四种原因并列在一起，且只把形式看作本质时，表现出向唯心动摇的折中倾向；当他认为形式既是事物的本质，又是事物的目的和动力时，就倒向了目的论（唯心主义）；当他认为质料是消极的、被动的，形式是积极的、能动的，形式大于和高于质料时，就回到了柏拉图的理念论立场上去了。大体上，当今的哲学思想在这一问题上的探讨则是通过形式与内容的关系加以表述。任何事物都是内容与形式的统一体。其中，内容是指构成事物的一切要素的总和；形式是指把内容所包含的诸要素统一起来的结构和表现内容的方式。一般来说，内容高于形式。比如，"春晚"是形式，是一台晚会形式的电视节目，内容是组成"春晚"的各类各种文艺节目。而且，"春晚"好不好看，更多地取决于它的内容。

然而，亚里士多德的形而上学对于哲学思想的贡献是巨大的，他确定了实体的概念，指出实体就是本质。这一立场确定了人们在认识事物的过程中，必须对于事物的本质规定加以深刻清晰地把握，这是人们认识事物和进行深入研究的前提。他关于形式和质料、潜能与现实的关系的探讨，自觉地提供了把握一事物之所以是该事物的本质规定性时必须遵循的思维规则，探讨了把握一事物之所以成为该事物的发展道路及其过程时必须坚持的思维逻辑。亚里士多德在这些问题上的思考对于人们确立认识活动的基本规则，从而实现人们认识事物的可能，坚持认识活动的理性特征，保证知识的确定性之意义是极为重大的。他的"目的因"思想由于混淆了自然事物运动变化的规律性、必然性（仿佛是有目的的）与人的活动的主动性、指向性（即目的性）的关系，以为自然事物也受到某种心智安排从而具有合目的性。同时，混淆了事物变化过程中的内在目的与外在目的的关系，这就为后人运用神学目的论来解释自然提供了理论可能。然而，如果将其"目的因"聚焦人类的活动，就可以看到：人的绝大多数的活动都是有意识、有目的的活动。对于目的本身的思考即对目的的可能性与正当性的思考，对于实现目的的手段正当性、合理性、合法性、有效性的思考，构成了人类自我反省和自我修正的理性前提，也使得对人的生存的意义和价值的探讨成为可能。他关于"潜能与现实"的分析提供了人们关于实现生命活动的目的的可能性与现实性的考量。一个现实的人是什么，不在于他想了什么，他能什么，而在于他做了什么，他是怎么做的。亚里士多德的"实体说"对于人类的思想建构的方式与路径，给出了在今天也应当遵循的基本思维道路。一般说来，要进行问题思考或学术研究，必须对所涉及的对象进行精准地界定，必须回答清楚：它是什么？为什么"是什么"？它会（应）是怎样的？即何为如是？何以如是？应何如是？遗憾的是，一些所谓的学者往往喜欢制造一些甚至投机取巧地挪用已有的概念，既不深入地进行理性分析，也不对其进行严格的界定，却急于进行自以为是的研究，这才是万万要不得的。

从以上的分析中可以看出，西方哲学有一个特点或者说是前提性要求：就是对自明性问题的反思。这个特性源于哲学思维方式的特点：反思。这是抽象性反思，从个别中抽象出一般来；从现象或者说表象中发掘出本质。这是从古希腊哲学开始的，表现在古希腊哲学上就是：学以致知。即通过把握宇宙万物的最普遍的本质根据，从而构建具有普遍必然性的知识体系。"为达此目的，知识建构的第一步，必须以某种不证自明、无可置疑的根本原理为前提和基础；知识建构的第二步，从这一根本原理出发合乎逻辑地推演出整个的思想理论体系；知识建构的第三步，这一根本原理及其理论体系必须具有确定性即普遍必然性，是放之四海而皆准的真理"。① 在这个意义上，理念尽管抽象但稳定而真实，具体事物尽管实存却短暂而多变，常常转瞬即逝。在本体意义上，哲学思维要追寻的一定是恒久、稳定的，最具有一般性的"存在"。

（三）百科全书式的研究领域

前面说过亚里士多德是一位百科全书式的思想家，他留下的著作数以百计，他所研究的领域涉及十分广泛。

在自然哲学方面，亚里士多德提出物体和运动是不可分的。物体永远处于运动之中，运动就是物体的运动，离开事物而独立存在的运动是没有的。时间和空间也是与运动不可分的。运动是物体的运动，物体与空间不可分，所以空间和运动不可分；时间是运动的量度，运动与物体不可分，运动与时间不可分。亚里士多德还提出了"地球中心说"，他认为宇宙是由天体和地球两个部分组成，宇宙是封闭的圆周状，地球则是处于不动的圆心，天体围绕地球运动。这

---

① 参阅张志伟，欧阳谦. 西方哲学智慧 [M]. 北京：中国人民大学出版社，2000：23.

一学说到公元二世纪时由托勒密加以系统化，直到哥白尼的太阳中心论的提出。

在认识论方面，他肯定了客观事物是认识的对象，提出要感觉必须有被感觉的东西，引起感觉的东西是外在的。也就是说，认识来源于感觉，感觉是外部对象作用于感官而引起。他把人的心灵比作"蜡块"，感觉则是外物印在蜡块上的痕迹。亚里士多德把感知过程划分成了三个阶段：感觉、知觉和表象。同时强调，虽然我们的感觉经验能够认识事物，但要了解事物的原因（存在及其条件）必须通过理性。

在逻辑学方面，"他几乎没有先驱，几乎全凭他自己的苦苦思索，竟创立了一门新科学——逻辑"，"逻辑的意思就是正确思维的技术和方法，它是各门科学、各个学科和各种技术的学问和方法。"① 他是形式逻辑的奠基人，形式逻辑的基本内容在亚里士多德这里都已作出规定了。亚里士多德认为，逻辑学是关于正确思维的科学，是获得知识的工具。他第一次提出了逻辑思维的三条基本规则：同一律、矛盾律、排中律；确定了判断的定义及分类；制定了三段论推理的主要规则和形式，例如，

凡是人都要死——大前提，

苏格拉底是人——小前提，

苏格拉底要死——结论。

他阐明了演绎法和归纳法以及两者间的关系。他认为范畴是思维和存在的最高形式，为此，提出了十类范畴：实体、数量、性质、关系、地点、时间、姿态、状况、活动、遭受。例如：

——某运动员是一个人。这是指"实体"。实体是存在物的本质。

——该运动员身高1.75米，体重65千克。这是指"数量"。

——她是一名短跑运动员。这是指"性质"。

——她是中国籍运动员。这是指"关系"。

——她在参加比赛。这是指"地点"。

——她在百米赛场上。这是指"时间"。

——她在做准备活动。这是指"姿态"。

——她身穿比赛专用服装。这是指"状况"。

——她正在冲刺。这是指"活动"。

——她撞线时摔倒了。这是指"遭受"。

---

① 威尔·杜兰特. 哲学的故事（上）［M］. 北京：生活·读书·新知三联书店，1997：85.

为保证思维过程及其结论的正确性，亚里士多德创立的思维逻辑规则功莫大焉。由此也形成了西方哲学的一般思维模式："是 A 就不是非 A，是非 A 就不是 A。"即是这个就不能是那个，是那个就不能是这个。然而思维规则的稳定性与固定性并不能代替现实世界的多样性与变化性。客观事物并不简单地总是"非此即彼"，还有可能"亦此亦彼"，甚至是"非此非彼"。形式逻辑的思维规则并不是人类思维活动的唯一法则。

在政治学方面，亚里士多德认为国家不是从来就有的，为此，他探讨了国家的起源。他反对柏拉图的理想城邦理论，提出了"理想政体"理论。认为好的政体有三种：君主政体，贵族政体和共和政体。坏的政体有：僭主政体、寡头政体和平民政体。一个国家应该由中等阶级进行统治。

在伦理学方面，亚里士多德更为重视人的实践活动而不是认识活动，提出道德的任务是为了成为善良的人。他认为："人的善就是灵魂的合德性的实现活动，如果有不止一种的德性，就是合乎那种最好、最完善的德性的实现活动"。① 幸福就是合乎德性的实现活动。为此，他提出了"中道"（也有译为"中庸之道"）思想。所谓"中道"是"在适当的时候、对适当的事物、对适当的人、由适当的动机和以适当的方法来感觉这些感觉，就既是中间的，又是最好的"。② 由此说来，中道就是要求人们的行为要适度。自苏格拉底提出"认识你自己"以来，"人应该怎样生活"以及"什么样的生活才是幸福的"成为古希腊哲学家们十分关注的话题，也是古希腊伦理思想的核心问题之一。苏格拉底认为知识即德性，幸福是一种通过知识才能得到的东西。他强调：未经审视的人生是没有价值的人生。柏拉图认为拥有德性和智慧是人生的真幸福。德谟克利特认为只有把肉体的快乐与精神的快乐结合起来，并能够自我克制，才是幸福的。伊壁鸠鲁认为保有身体健康和灵魂宁静（无烦扰）的快乐才是幸福，他的继承者则把快乐推进至享乐和纵欲主义。受到犬儒学派很大影响的斯多葛学派主张德性即幸福，而快乐与德性是不同的。该学派著名的代表人物爱比克泰德（也有译为"埃皮克提图"）认为世上本无事，庸人自扰之。切记，"我们的思想全由自己支配"，痛苦和孤独与其说外在强加的，不如说是自己的感受。要懂得和学会忍受。该学派以后渐渐地走向了禁欲主义。怀疑主义的代表皮浪认为最高的善就是不做任何判断，即使在海上遇到风暴，也要像船上那只

① 亚里士多德. 尼各马可伦理学［M］. 廖申白，译注. 北京：商务印书馆，2003：20.
② 北京大学哲学系外国哲学史教研室. 古希腊罗马哲学［M］. 北京：商务印书馆，2021：333.

埋头猛吃、大快朵颐的猪一样泰然自若、无动于衷。因为你不需要对自己的处境作任何判断。这些学派关于人的生存方式和态度的思考提出了关于人的一系列关键性问题：人是什么？人如何为人？人应当怎样活着？这些问题一直为哲学家们、伦理学家们津津乐道，当然也始终无法达成共识。

亚里士多德在继承和改造以往哲学的基础上，创立了一个内容丰富的思想体系，可以说他的哲学思想是古希腊哲学发展的最高峰。亚里士多德的哲学立场摇摆于唯物主义与唯心主义、辩证法与形而上学之间，成为后世各派哲学的思想源泉，也为各派的争论不休开辟了自由的殿堂。

四、逻各斯与努斯

作为西方文明轴心期的古希腊文化内在地包含着两大相互矛盾的精神：一个是努斯精神，指向自由；一个是逻各斯精神，代表着规律，它们共同构成了西方传统的"理性"精神的内涵。以理性追寻万事万物的本原过程中，必然会高度关注和重视事物的本质和规律，而如果只有铁的规律，只有人不可违抗的必然性，那么一定会带来一个严重的问题，面对铁律，人是什么，人能什么，人的存在的价值与意义是什么，每个人能否抗拒命运、改变现实、创造自己的未来？必然与自由既是人类内在本质的体现，同时相互之间又内含着冲突，在对这一矛盾的解决中，哲学在思考中成长、成熟。

（一）逻各斯精神

逻各斯（Logos），意思是说"话语""表述""言说"。是说人们表达自己的意愿和思想时语言的规范性，引申出道理、理性、规则、规律等多种含义。赫拉克利特在回答世界的本原问题时，认为"这个世界对于一切存在物都是同一的，它不是任何神或任何人所创造的；它过去、现在和未来永远是一团永恒的活火，在一定的分寸上燃烧，在一定的分寸上熄灭。"① 火的燃烧是必然的，火燃烧的形状是不定的。即火的运动及其生成万物是有规则和尺度即规律的，这个规律就是变。变是永恒的，一切都在变化，只有变是不变的。变化不是杂乱无章的、不是无序的，是有一定的规则和尺度的，这个规则和尺度就是"逻各斯"（这一思想与周易的立场颇有共同之处）。只有找到了这个逻各斯，才能真正地把握事物的规律和必然性，也才能保证知识的确定性。

古希腊时期已经表现出了西方哲学思维模式的一个特色，就是对于语言的高度重视，语言能够反映共相、反映事物的本质。柏拉图的理念直白地说就是

---

① 罗素. 西方哲学史（上卷）[M]. 北京：商务印书馆，1963：54.

概念，概念才是真正的实体，现实具体事物是概念的表现。逻各斯在汉语里没有相对应的词汇，一般直译为"逻各斯"，也有以老子的"道"来表述。也有学者认为应当用中国古代名家的"名"来对应"逻各斯"，因为"名辩"相当于"言说""对话"的意思。相对于西方对于语言确定性的高度关注，中国古代哲学更注重感悟、体验，不可言说，正所谓：此中有真意，欲辩已忘言。老子的"道"虽然也是对万物本原的思考，但却没有确定性的定义，"玄之又玄，众妙之门"，"湛兮，似或存"。道既玄妙深远，又隐而无形，处于在与不在中。总之，道存在着但说不清，也没有必要说清。都说出来了，都说明白了，就不是道了，也没有意味了。反正你见与不见，"道"始终都在那里。

古希腊哲学对于逻各斯的执着有着十分重要的内容和意义。首先，只有把握了宇宙的逻各斯，才能把握宇宙万物的本原和规律。换言之，要解决本原问题，就不能浮于表面，一定要深入事物的背后抓住根本。就是要通过对于定形物的把握来认清和说明具体多变的感性世界。比如，如果说世界的本原是存在，那么什么是存在？它何以存在？它是怎样的存在。例如，立足于唯物主义，认为世界的本原是物质，那么，什么是物质？物质是如何存在的？其次，如何把握到逻各斯？很显然，依靠感觉经验是远远不够的，需要人的理性能力，只有这样才有可能抓住本质和规律。同时，具体事物往往是多变的、个性的，能不能通过对于具体事物的认识把握逻各斯？如果不能，怎么办？如果能，怎样才能从个别中提取出一般？柏拉图恰恰是看到了这一点，才提出理念论，强调理念是真实的存在，具体事物是多变的、不定的。再次，"逻各斯"这个词本身兼有"理性"和"言语"的含义，客观事物的本质与规律与我们思维和言说的逻辑之间具有一致性。这就意味着人们的言说和语言能不能保证把握逻各斯；如何规范语言的表达，使之能够精准地表达逻各斯，即保证语言的准确性，只有这样才能保证知识的确定性。亚里士多德为此以一己之力创立了逻辑学，规定了思维的基本规则，以确保思想和认识的确定性。最后，逻各斯代表着必然性，意味着人必须遵守不可抗拒的宇宙规则。规则面前没有特殊，人人平等、万物平等。由此，一是人必须从纷繁芜杂的世界万象中把握一般性、普遍性的共相，必须从不定形的感性世界中把握定形。这既是人们认识的目的，也是认识必须完成的任务，还是衡量知识确定性的标尺。二是人的生存必须遵守这个逻各斯。人虽然是万物之灵，但其生存从来都不是随心所欲的，总是有一些东西是必须要遵循的，就好像自由从来都是相对于必然而成立和存在的。

这样问题就来了：面对逻各斯，面对必然，面对命运，人什么都不能做吗？有没有其他的可能？如果仅只是这样的确定性，努力和奋斗还有什么意义，躺平好啦。

（二）努斯精神

努斯（Nous），意思是"灵魂"或"心灵"。这是一个精神性的实体，代表着人的超越性和能动性，这种超越性应当既是行动上的又是心灵上的。从宽泛的意义上讲，努斯也指向了感觉、思想、情感、意志和这些活动的主体。阿那克萨戈拉在解释万物运动的原因时提出了"努斯"这一概念，他认为努斯即心灵或灵魂，是一切运动的根源。阿那克萨戈拉认为宇宙最初是一个由数目无限多、性质各异的种子的混合体，世界万事万物都由种子构成的。不同的种子之所以能够分离和聚合从而产生各种各样不同的事物，是在努斯的推动下完成的。努斯是一种精神性的本原，它造成了万物的生息变化与聚散离合。种子是多，努斯是一；种子是异质的，努斯是同一的；种子是物质性的，努斯则是精神性的因素。正是努斯支配了一切，对种子加以组合、对万物加以安排，从而产生出世界上不同性质的各种事物。阿那克萨戈拉在西方哲学的历史上第一次把精神性的因素作为物质运动的原因。同时，揭开了人的存在所必然面对的自由问题，人有没有自由，能不能超越必然性的束缚，如果能将如何实现超越。

古希腊哲学思想里孕育了关于"自由"这一问题的深刻思考，这与中国古代哲学重关系、重两一、重依存是不同的。古希腊哲学在追问世间万物的本质、必然性和规律的同时，还需要回答人们面对本质、必然、规律时，有没有可能性，是否存在偶然性。先秦时期的哲学运思在回答了宇宙的始祖或本原是"道"之后，对于"道是什么"，不再做深入探究——"道也者，至精也。不可为形，不可为名，强为之名，谓之太一"。① 转而探讨道是如何生成世间万物的，老子说："道生一，一生二，二生三，三生万物。"《周易》中讲："易有太极，是生两仪，两仪生四象，四象生八卦。""两仪"是什么？就是阴阳。阳与阴是两个东西，不是一个；阴阳又是一个东西，是二者合一。这就是说宇宙万物的生成是一中生二，二合为一。由此，阴阳两个东西之间是相互依存、相互配合、相互关联的。在这样的存在状态中，需要考虑的是如何保证相互依存、相互配合、相互关联；需要关注的不是个体的独立性和自由，而是两者之间的相互关系——什么样的关系才能保证二者相互依存、相互成长。因此，有学者指出中国哲学思想的立场是整体主义的，由此产生了责任先于自由，群体高于个体，

---

① 《吕氏春秋·大乐》

义务先于权利，和谐高于冲突，秩序重于自由的价值取向。① 也因为如此，由于每个人都是家庭、家族、乡里、国家、社会乃至天下的一分子，都必须也必然地有着自己在众多关系中的位置，必须也必然地有着自己在关系中的责任。面对责任及其责任链条，显然自由不是需要考虑的首要价值。这是两种不同的哲学思维取向。一个是面对规律，一个是面对关系。一个是从万事万物何以存在的层面——基础，一个是从万事万物如何存在——状态，即相互依存的层面。遗憾的是，在具体的实行中，常常以群体的利益取代、遮蔽个体的诉求。更兼以后世对于"存天理去人欲"的误读，对个体的自由、个体的尊严、个体的人格、个体的价值的追求长期处在被蔑视或忽视的境况之中。

面对铁律，人是什么，人能怎样，人应如何。努斯在古希腊文化中十分重要。首先，它深刻而敏锐地触及了人的自由问题。人的生存方式决定了人这个物种具有内在的超越性，人是什么？不是一个先在的实体，而是后天人的生存活动的结果。人必须不断地打破和超越自然与社会的限制，获得存在的价值与意义。古希腊思想家们非常关注的幸福必须也必然地是要在不断地超越中去实现的，幸福不一定仅仅在于得到了什么、实现了什么、满足了什么，幸福更在于可能需要什么、可能实现什么、可能希冀什么。自由同样如此，自由意味着可能性、不确定性。其次，努斯触及了人的活动的主动性和能动性问题。人的活动从类的意义上讲，具有自由、自觉的特性。如果说其他生命为了种群和自身的存续，只能是不断地改变自己适应自然。那么，人为了生活，则是需要不断地改变包括自身在内的整个世界。再次，努斯揭开了人的活动的目的性问题。如果说由苏格拉底引入的自然目的论会导向神学世界观，那么，反身观照人类世界则会发现，人的活动无论是物质性的活动还是精神性的活动都具有强烈的不可或缺的目的性。亚里士多德关于"潜能"与"现实"的理论恰恰印证了人的活动的特质。最后，努斯精神揭示出了人的独立性、自主性和自为性。简单地讲一个真正的人在社会生活中应当能够自由地表达自己的意志，自主地独立做出审慎的决定，自觉自律地进行自己的活动与行为。如果不是这样，一个人来到人世间进行的只可能是生存，而绝不会是生活。人类进步和努力的意义与价值恰恰在于每个人都应当享有通过自己的努力，达到自己想要的生活的可能，而不是一出生就被冠以种种所谓的责任。希望每个人都能活出自己想要的自己，活出一个不一样的自己，世界那么大，人生那么短暂，多想活得有意义。

---

① 参阅陈来. 中华文明的核心价值——国学流变与传统价值观 ［M］. 北京：生活·读书·新知三联书店，2015.

　　然而，作为具有客观规定性的逻各斯与具有主观能动性的努斯能否共存、能否相处？何以共存、何以相处？如何共存、如何相处？显然是一个必须解决的问题。

　　（三）逻各斯精神与努斯的统一及其展开

　　逻各斯和努斯，一个代表必然，一个代表自由。表面上好像是相互矛盾和对立的，但它们就是"理性"，或者说西方哲学中的理性内含着逻各斯精神和努斯精神。"古希腊的努斯精神和逻各斯精神是两种不同的精神，但它们是相辅相成的，并且是出自同一社会文化背景。努斯精神体现了希腊人对个体自由意识的初步的觉醒，这种自由基于每个人不受世俗感性事物束缚的超越性的灵魂，体现了自己决定自己、自己选择自己的行为方式和生活方式的独立性；逻各斯精神则体现了这些个体灵魂在自由行动中所必须遵循的规律性，这种规律性是他们能够继续作为自由主体存在，保持人格一贯性，而不至于在与别的自由主体的相互冲突中遭到毁灭。"① 人的生存活动其实就是在必然与自由之中寻求不断的可能与突破，始终存在着必然与自由、可能与现实、理想与现存、有限与无限的纠结与矛盾。

　　逻各斯精神指向事物内在的、固有的规律、逻辑或命运，体现的是事物的确定性、规定性和规范性，代表的是客体性原则；努斯精神指向事物（特别是人）的变动与能动，体现的是个体的能动性和超越性，代表的是主体性原则。逻各斯精神是客观的规范，是人所不可违背和僭越的必然性，它是必然；努斯精神是对规范的突破和超越，改变旧的规范和重建新的规范，它是自由。这就是说，逻各斯的确定性和规范性是通过努斯的超越实现的。没有努斯的冲动，用今天的话就是没有人的主观能动性，如何超越现象把握本体，如何透过现象把握本质，如何突破旧我实现新我。对于规律、必然性的把握不仅是人的主体性活动的结果，而且正是在人的主体性活动中，人类才能从自在的存在走向自为的存在，实现人的生存的目的性与价值。同样，努斯的超越性和能动性是通过逻各斯的规范性和确定性实现的。没有逻各斯的规范性，超越就是盲目的。人的活动的主体性和能动性是在自然与社会即人类历史的必然性中实现的，用今天的话就是人的主体选择性与历史必然性的统一。人的自由、生命内在的冲动总是在一定的规范、具体的历史背景、现实的也是具有有限性的活动中展开和实现的。是希望与当下、理想与现实的统一。对于这一点，古希腊的思想家是清醒的。无论是提出逻各斯的赫拉克利特，还是提出努斯的阿那克萨戈拉，

---

①　邓晓芒. 黑格尔辩证法讲演录［M］. 北京：商务印书馆，2020：15.

从苏格拉底到柏拉图再到亚里士多德，对此都保持着理智。赫拉克利特的"火"在一定的分寸上燃烧，在一定的分寸上熄灭。分寸是"一"，是确定的、定形的；燃烧和熄灭是"多"，是不确定的、不定形的。"火"的燃烧与熄灭是确定与不确定的统一，是定形与不定形的统一。既体现出规定性与确定性，又彰显着自由与可能性。阿那克萨戈拉的努斯既是独立的、自主的、自为的，又内在地包含着规范性。一方面是一种摆脱羁绊与束缚追求超越、实现自由的能力，另一方面，努斯还通过自己的活动使得世界获得秩序，从而达成秩序井然。努斯的自由与超越的目的却是要实现世界的秩序，而秩序的实现又体现了自由活动的结果。苏格拉底追求的万物原因的目的论解释将外在的逻各斯转换为人自身的尺度，客观的真的原则必然地包含着主观的善与美的原则。柏拉图的理念如果没有努斯的活动，是无法克服人心的惰性实现对理念的"回忆"的，通过努斯的自由和冲动，超越了感性的束缚升华到纯粹理念的世界。亚里士多德的形式与质料实现了自在与自为，必然与自由，客体性与主体性的统一，"质料就广义而言是形式的可能性；形式则是质料的现实性，是完成了的实在"。① 正是由于质料对于形式的追求，从而通过自己的潜能将自己的形式"实现"出来。"这不仅是说，努斯把逻各斯当作了自己实现自己的工具，而且是说，逻各斯、定义或形式本身就是一个使自己自我实现的能动活动；这也不仅是说，逻各斯成为了努斯所努力追求的目的，而且是说，努斯对逻各斯的追求其实就是它的自我追求，是'对思想的思想'"。② 在亚里士多德这里，逻各斯和努斯形成了一致性和统一性，努斯的超越实现着逻各斯的合规律性与合目的性的统一，逻各斯和努斯共同构成了西方"理性"的两个必然环节，它们是不可分割的。

古希腊作为西方文明的源头和轴心期，其逻各斯和努斯奠定了西方科学思想和文化的两个原点。③ 逻各斯确立了宇宙存在着普遍有效的本体和规律，人类需要同时可能通过理性与智慧超越自身的有限性把握世界的本体和规律，为此，在思想、言论和行动上必须是自由的、民主的。抛开抽象概念神秘的面纱可以看到，努斯实际上确立了人的生命具有的超越性本质和生命的内在性冲动的价值，人的本质的规定性不一定是先定的，更多地可能是生命"内在冲动"下活动的结果。人的本质或者说是本性在类的意义上是自由的，可以说没有自

---

① 威尔·杜兰特. 哲学的故事（上）［M］. 北京：生活·读书·新知三联书店，1997：101.

② 邓晓芒. 黑格尔辩证法讲演录［M］. 北京：商务印书馆，2020：49.

③ 参阅郝苑，孟建伟. 逻各斯与努斯：西方科学文化的两个原点［J］. 中国人民大学学报，2012，26（02）：124-131.

由就没有人。后来，在黑格尔的绝对精神的自我否定的运动中，在马克思的实践唯物主义中分别从抽象的理性和行动的现实性上证明了这一点——人是自由的存在物。对于人这个物种，这个类，没有自由就没有人，没有自由就无法生成人，没有自由就无法实现人，没有自由就无法发展人。自由既是人的本质，也是人的核心价值。只有在自由中，人才能够把自己当作目的而不是手段。只有人这个物种是自由的，人才是人、人才成为人。在这个意义上，自由对应的一定是必然而不是责任。在必然中如何实现自我，成为哲学的恒久关注目标，甚至可以说是哲学的第一任务。逻各斯和努斯既是自然世界运动变化的法则，同样也是人的生命活动的法则。只有必然性或者只有偶然性的世界与人生都是不存在的，也是无法接受的，更是无法想象。实存的世界与人生一定是复杂多变、充满着矛盾的，在矛盾中生，在矛盾中存，在矛盾中成，在矛盾中长。只是在理论层面要彻底讲明矛盾的内涵、矛盾双方的相互关系、矛盾作用的机理，还需要时日，需要哲学思维的成长与进步。这或许恰恰彰显了思想的价值与思维范式的重要。

另外，需要指出的是希腊人对于自由的热爱是与其经济活动的方式以及民主政体形式是直接相关的。希腊社会是由无数自治自给的蕞尔小邦组成的，其主要的经济形式是商品货币经济。商品经济与贡品经济或者自给自足的小农经济是不同的，商品交换实现的前提不可能是强买强卖，而只能是自由交换和公平交易，恰如中国人所说的"童叟无欺"、买卖公平。商品经济是以契约为要义的，契约要求的是自愿原则、公平原则，以及建立在自由与平等基础上的守信意识即契约精神。诚实与守信是商品经济活动的必需要求，这不是简单地依靠良心与自觉就可以实现和运行起来的。契约精神只可能存在于一个以自由、平等为基本理念的社会里，而绝难存在于一个以服从和责任为要义的等级社会中。亚里士多德提出的交换正义就是对人们在交易活动中需要遵守的行为准则的重要考量，并且必须恪守不得损人利己的基本前提。同时，伴随着对棱伦改革原则的维护及其发展，希腊向民主化方面还跨出了一大步，"'主权在民'与'轮番为治'总是它们的共同的特色"。① 当然希腊社会并不是美好社会，"一个缺点是存在奴隶；虽然奴隶和客籍民构成居民的大多数，但是，他们绝无雅典公民权。另外，希腊妇女的社会地位也很低，……狄摩西尼在提到雅典有三种女人时绝妙地总结了这种赤裸裸的性别歧视，他说：'我们有情妇让我们取乐；有

---

① 顾准. 顾准文集 [M]. 北京：中国市场出版社，2007：103.

小妾和妓女供我们满足情欲；还有妻子替我们生育后代'。"① 然而，"评价古典希腊，不应看它哪些没做到，而应看它做了什么。……自由探究的精神，民主政体的理论和实践，多种形式的艺术、文学和哲学思想，对个人自由和个人责任心的强调——所有这些构成了古典希腊留给人类的光辉遗产"。② 今天，对于自由、平等、民主、法治（契约）、人权的追求与执守，已经成为人类文明进程的必然内容、要求与尺度。即使最专制的政体也不得不对此虚与委蛇地进行标榜。

五、希腊哲学的尾声

这一阶段涵盖了希腊化时期和罗马时期的哲学。所谓"希腊化时期"一般是指亚历山大大帝征服东方的时期。这一时期伴随着军事征服，希腊文化向北非和亚洲扩张开来，希腊文化与东方文化（这里的东方文化是指巴比伦文化、波斯文化、埃及文化）相互影响、渗透，形成了一种不同于古典希腊文化的新文化，史称"希腊化时期"。公元前1世纪，罗马征服了马其顿、埃及，开始了罗马时代。公元476年西罗马帝国被日耳曼人灭亡。罗素认为古代希腊语世界的历史可以分为三个时期：自由城邦时期、马其顿统治时期和罗马帝国时期。"在这三个时期中，第一个时期的特点是自由与混乱，第二个时期的特点是屈服与混乱，第三个时期的特点是屈服与秩序。第二个时期即人们所称的希腊化时代"。③

在这一阶段里，随着社会剧烈的动荡与变幻对于个体人生的冲击，每个人都不得不面对这样一个事实：在压倒一切的非人的力量面前，该如何处世立身的问题。"知识分子的反应倾向于摆脱俗务，由理性转向神秘主义。……这种逃避现实的倾向也反映了当时诸如犬儒主义、怀疑主义、享乐主义和禁欲主义之类的哲学中。这些哲学虽然有许多方面不同，但通常关心的都是追求个人幸福，而不是社会福利。……因而，古典希腊的现世主义和理性主义，此时让位于神秘主义和修来世。"④ 人们不再执着于探究世界的"本原"或"实体"，而是关

---

① 斯塔夫里阿诺斯. 全球通史——从史前史到21世纪（上）［M］. 北京：北京大学出版社，2006：115.

② 斯塔夫里阿诺斯. 全球通史——从史前史到21世纪（上）［M］. 北京：北京大学出版社，2006：115.

③ 罗素. 西方哲学史（上卷）［M］. 北京：商务印书馆，1963：279.

④ 斯塔夫里阿诺斯. 全球通史——从史前史到21世纪（上）［M］. 北京：北京大学出版社，2006：118.

心现世生活的乐趣与幸福。"哲学已经不再关心终极真理的问题，不再关心形而上学，而是蜕变为一种伦理学。形象地说，哲学由引导人们追求真理的火炬，变成了跟着经验生活后面救死扶伤的救护车。"① 此时的哲学要回答的是人生的目的，特别是如何保证和实现人生的幸福。"知识优异的人们与他们当时社会的关系，在不同的时代里是非常之不同的。在某些幸运的时代里，他们大体上能与他们的环境调和，……在另一些时代里，他们是革命的，……又在另一些时代里，则他们对世界绝望的。"② 在这个绝望的时代里，哲学家们就创造出种种安慰，主要的流派有伊壁鸠鲁主义、斯多葛主义、怀疑主义和新柏拉图主义。"他们不再问：人怎样才能够创造一个好国家？而是问：在一个罪恶的世界里，人怎样才能够有德；或者，在一个受苦受难的世界里，人怎样才能够幸福？"③

伊壁鸠鲁主义。"伊壁鸠鲁的时代一个劳苦倦极的时代，甚至于连死灭也可以成为一种值得欢迎的、能解除精神痛苦的安息。"④ 伊壁鸠鲁认为：快乐是幸福的起点和终点，是最高的、天生的善。快乐在于第一是肉体无痛苦，第二是灵魂不受纷扰。哲学的目的就是帮助人们在充满痛苦的世界里寻找到能够让灵魂安宁、恬静，从而摆脱痛苦获得幸福的方法和道路。为此，首先，他修正了德谟克利特的原子论思想，提出原子不仅有直线运动（必然性），还有偏斜运动（偶然性），从而摆脱了必然性的束缚和宿命论的思想。既然我们生活在一个充满偶然性的世界，一切事物的变化都是无常的，而且这些变化与神灵没有任何关系，所以大家只需坦然处之而不必惊慌失措。其次，面对人们对于死亡的恐惧。他提出死亡并不可怕，它只不过是感觉的丧失，而每个人都体验不到死。"因为当我们存在时，死亡对于我们还没有来，而当死亡时，我们已经不存在了。因此死对于生者和死者都不相干。"⑤ 这话说得太扎心了，确是实实在在的大实话。第三，他主张构建一个公正和谐的社会以消除人际关系的纷争与不和，构建的方法是基于互利的约定，建立一个友爱、互利与社会合作的共同体。这是政治哲学史上第一位提出社会契约论思想的哲学家。在他的墓碑上刻着这样四句话：神不足惧，死不足忧，乐于行善，安于忍恶。这正好概括了他的伦理学。需要说明的一点是，伊壁鸠鲁本人并不是一个纵欲主义者，不是一个"伊

---

① 赵林. 西方哲学史讲演录［M］. 北京：高等教育出版社，2009：148.
② 罗素. 西方哲学史（上卷）［M］. 北京：商务印书馆，1963：292.
③ 罗素. 西方哲学史（上卷）［M］. 北京：商务印书馆，1963：294.
④ 罗素. 西方哲学史（上卷）［M］. 北京：商务印书馆，1963：322.
⑤ 北京大学哲学系外国哲学史教研室. 古希腊罗马哲学［M］. 北京：商务印书馆，2021：381.

壁鸠鲁主义者"。将他的思想发展为醉生梦死的纵欲主义，是他的弟子的杰作。

斯多葛主义。斯多亚在希腊语里是"画廊"的音译，斯多葛学派可以分为早期和晚期，早期的创始人是芝诺（这是另一位芝诺，不是那个诡辩论者芝诺）。这个时期斯多葛学派关注的问题同样是如何得到心灵的宁静，不过在理解上与伊壁鸠鲁有很多不同。他们认为人生就是要追求幸福，幸福就是拥有德性（美德），德性就是要顺应自然、服从命运。斯多葛学派把美德当作幸福，伊壁鸠鲁学派把快乐当作幸福，这就导致了美德和快乐之间形成了对立，而且发展成为西方思想历史上纵欲主义和禁欲主义的对抗。其实，欲望本身无所谓善恶，善恶产生于欲望的实现方法、过程和结果中。善恶问题不是一个抽象的自然性问题，而是一个现实的社会性问题。比如老虎捕获、杀死、吃掉猎物是无所谓善恶的，而人获取自己所需要的则涉及善恶评价的问题。晚期斯多葛学派的代表人物里有罗马大臣赛涅卡，获释奴隶爱比克泰德，罗马皇帝奥勒留。他们已经看破红尘，窥透人生。他们的思想一个比一个消极、悲观。他们认为面对命运多舛，只需要服从，不要抗拒。赛涅卡说：愿意的被命运领着走，不愿意的被命运拖着走。总之你都得走。爱比克泰德说：人生如同演戏，使我们恐惧的不是灾难本身，而是对待灾难的态度，听其自然吧。奥勒留说：人生是苦斗逆旅，死后万物皆空，要以愉快的心情等待死亡。人生如戏，剧本不是你写的，你只是一个演员，演什么、怎么演、演多少也不取决于你。斯多葛派认为，一切人天生都是平等的，这种天赋平等的思想对基督教产生了深刻的影响。

怀疑主义。怀疑主义的代表是其创始人皮浪。怀疑主义者同样也在追求灵魂安宁，但是如何达到灵魂安宁的问题上，与伊壁鸠鲁主义和斯多葛主义却不相同。他们是采取彻底放弃认识的方式，而不是通过对世界万物的本质及其规律的把握去实现。就是说通过对一切保持沉默，不作判断，达到"不动心"的境界，以此来谋求灵魂的安宁。因为他们的基本立场是，我们不可能认识事物的本性，既然不可认识，判断是非曲直就毫无意义，那就不如保持沉默。一次皮浪乘船出海遇到了风暴，船上的同伴都非常惊慌，而他却若无其事地指着船上一头正在安静吃食的小猪说，聪明的人应该像这头猪一样，不作判断，这就是哲人应当具有的不动心状态。罗素认为皮浪似乎在对感官的怀疑主义之外，又加上了道德的与逻辑的怀疑主义。他还认为，怀疑主义是懒人的一种安慰。①

---

① 参阅罗素. 西方哲学史（上卷）[M]. 北京：商务印书馆，1963：298-299.

晚期怀疑主义者以"论式"① 的形式将其主张理论化、系统化了。在认识的问题上，指出了感性认识存在的局限和理性知识的不可靠，发现了认识本身所包含的矛盾，从而促使哲学进行自我反省。同时也助长了神秘主义等非理性思潮的流行，并对后来西方哲学的发展产生了重大的影响。

新柏拉图主义。新柏拉图主义的创始人是普罗提诺。新柏拉图主义哲学不仅继承了柏拉图的哲学，也综合了晚期希腊的各种学派的学说，同时吸纳了一些东方神秘主义宗教神学的因素，最终发展出一种柏拉图的理念论与宗教神学相结合的哲学样式，具有明显的折衷性。② 新柏拉图主义是希腊哲学发展的最后一个学派，他们的思想已经与基督教神学，有着千丝万缕的联系。"普罗提诺既是一个终结又是一个开端，——就希腊人而言是一个终结，就基督教世界而言则是一个开端"。③ 中世纪的宗教哲学实际上就是柏拉图主义和亚里士多德主义的发展和融合的过程。希腊哲学的客观精神至此开始转向主观精神，从关注客观的世界本原，转向关注主观的人类精神。只是这个人类精神是被异化了的主观精神——上帝。

罗素精辟地指出了这一时代人们的痛苦与心态："在一个有希望的时代里，目前的大罪恶是可以忍受的，因为人们想着罪恶是会过去的；但是在一个疲惫的时代里，就连真正的美好也都丧失掉它们的滋味了。"④ 这些哲学家们给予痛苦的人们的不是希望而是忍受。

希腊哲学是整个西方哲学的发源地。希腊哲学不仅奠定了西方后来所有思想体系的基础以及西方文明的基础，而且几乎提出了西方哲学关注的所有的问题和解决问题的各种方式。如果将近代西方哲学描述为认识论哲学，那么把追寻宇宙万物统一（产生）的根源、事物的本性或本质作为哲学的首要任务的古希腊哲学，则可以称为本体论哲学。这一时期的思想者们以探索自然的规律或因果关系（必然性），思考人生的存在与意义（自由）为己任，从各自的目的和立场的考量出发，或是持有朴素的辩证法情结和经验主义立场，或是执守纯

---

① 注：晚期怀疑主义提出了十个老论式和五个新论式，对早期怀疑主义的不作决定、悬置判断的观点进行了论证。十个老论式是要说明感性知识的不可靠，五个新论式是要说明理性知识的不可靠。

② 参阅吴仁平，彭隆辉. 欧洲哲学史简明教程［M］. 北京：中央编译出版社，2012：77-78.

③ 罗素. 西方哲学史（上卷）［M］. 北京：商务印书馆，1963：383.

④ 罗素. 西方哲学史（上卷）［M］. 北京：商务印书馆，1963：337.

粹理性的信念，或是意识到人的主体性地位与作用，纷纷地阐发着各自的理解、思想与忧虑，并成为此后西方哲学各个流派的鼻祖。"一提到希腊这个名字，在有教养的欧洲人心中，尤其在我们德国人心中，自然会引起一种家园感"。① 他们的思考触及了解决人对未知的困惑——认识自然；解决人对自身的困惑——认识自己；解决人对社会的思考——理想国；解决人对生命意义的思考——幸福。当然这其中也演绎着唯物与唯心、辩证法与形而上学之争，初学哲学的人往往执着于这种派别的划分。逻各斯和努斯则奠定了西方科学思想和文化的两个原点，自由与必然的关系也成为哲学永恒的话题。随着亚历山大大帝对东方的征服，东方文化对于希腊文化的渗透，伴着希腊哲学的式微，面对"在一个充满痛苦与不幸的世界里，人如何才能获得幸福"这一难题，理性的力量似乎并不足以回答这一诘问。"基督教出世精神的心理准备开始于希腊化的时期，并且是与城邦的衰颓相联系的"。② 上帝就要降临人间了，他一定会来的，他一定要来的。

---

① 黑格尔. 哲学史讲演录：第 1 卷 [M]. 贺麟，王太庆，译. 北京：商务印书馆，1978：173.
② 罗素. 西方哲学史（上卷）[M]. 北京：商务印书馆，1963：293.

第六讲

信仰的时代

以具体历史时期划分，"中世纪"是指公元 476 年西罗马帝国灭亡到 1640 年英国发生资产阶级革命这一时期。与中国古代社会自秦统一中国后形成中央集权的君主专制社会不同，这一时期欧洲历史是以封建制度的形成、发展和解体为主线的。对于西方哲学史的划分通常包括：古代哲学（古希腊哲学）、中古哲学（中世纪哲学）、近代哲学和现代哲学。中世纪哲学包括教父哲学、经院哲学、文艺复兴和宗教改革，时间跨度从公元 2 世纪到公元 16 世纪，其中教父哲学与古希腊晚期哲学有重合之处。所谓经院哲学"指的是一种由信仰坚定的基督徒建构的，自觉地以基督教的信仰为指导的，又以人的自然理性论证其原理的哲学形态"。① 在这一千多年的时间里，"经院哲学狭隘地从信仰转向理性，然后又从理性兜回信仰，在未经批判的假设和前定结论中往返兜圈子"。② 基督教产生于古老的犹太教内部，基督教的诞生是具有世界性意义的重大历史事件。基督教的"天路历程"内含着西方人的"心路历程"和"人间历程"，要认识西方哲学，如果不了解基督教及其基督教哲学，就不可能真正地理解西方的哲学思想及其变化。

一、教父哲学

人们常说西方哲学有两大源头，指的就是希腊哲学和基督教哲学，也可以称之为"两希文化"，即希腊文化和希伯来文化。阿拉伯半岛的希伯来人创立了犹太教，这是一个一神教，基督教是从犹太教的反对派开始的。

（一）基督教的诞生

基督教产生于犹太教之中。犹太教是犹太人（也称之为以色列人或希伯来

---

① 吴仁平，彭隆辉. 欧洲哲学史简明教程 [M]. 北京：中央编译出版社，2012：85.
② 威尔·杜兰特. 哲学的故事（上）[M]. 北京：生活·读书·新知三联书店，1997：146.

人）创立的宗教，大约形成于公元前 6 世纪左右。犹太教的经典是《旧约全书》，宣称耶和华即上帝是宇宙间惟一的真神，他是世界万物的创造者，也是人类的创造者。耶和华是犹太人的保佑者，犹太人是上帝的选民。所谓"旧约"就是犹太人的祖先亚伯拉罕和摩西与上帝的约定，上帝保佑犹太人保有自己的国土，并繁衍生息。犹太人只信奉耶和华，并遵守上帝订立的诫命。

《旧约全书》的开篇是上帝创世纪，上帝用七天创造了整个世界。第一天，上帝区分了光明与黑暗；第二天，创造了天空；第三天，创造了陆地。长植物，结果实；第四天，创造日月星辰；第五天，创造了走兽、飞禽和海洋生物；第六天，上帝按照自己的模样创造出了人。其中一个是叫亚当的男人，后来又从亚当身上取出一根肋骨做成了女人，名叫夏娃；第七天，上帝休息了。西方各种神话故事中有关宇宙及其万物的起源延续到这里画上了一个句号。一神教与希腊神话是迥然不同的，"希腊宗教没有经典，只有神话，希腊神话中的神，是一个大家族，他们和她们有七情六欲，也犯罪，而且也受命运的支配。"[1]

犹太民族的一位政治领袖——摩西，是犹太教教义的奠基者，他创立了犹太教法律，将犹太教改造成为律法宗教，即"摩西十诫"。"摩西十诫"的基本内容是：1. 除了耶和华之外不可有别的神；2. 不许崇拜任何偶像；3. 不许妄称耶和华的名；4. 要以安息日为圣日；5. 要孝敬父母；6. 不可杀人；7. 不可奸淫；8. 不可偷盗；9. 不可作伪证陷害他人；10. 不可贪恋别人的妻子、仆婢、牛驴及其一切所有的。"摩西十诫"作为《圣经》中的基本行为准则，流传了下来，影响深远。其中的五至十条构成了文明社会的基本要求，它是以色列人一切立法的基础，也是西方文明核心的道德观。其实，汉高祖刘邦在进入秦都咸阳城时也曾"与父老约，法三章耳：杀人者死，伤人及盗抵罪"。[2] 对于生命权、健康权、财产权的保护，应该是人类对于基本人权的共识。犹太教还有许多的规则，如，要行割礼，不许吃猪肉，不许吃动物的血，不许吃无鳞的鱼。

产生于中东地区的犹太教（还有当时流行于波斯地区的琐罗亚斯德教，在中国称为"袄教"）以一神教取代了多神教，以神人分离取代了神人合一，逐渐摆脱了原始宗教的混杂体系和仪式，推进了宗教文明层次的升华。后来从犹太教中不仅孕育出了基督教，还对伊斯兰教产生了重要的影响。除此以外，旧约中有许多大家耳熟能详的典故，如：伊甸园、禁果、诺亚方舟、和平鸽、巴别塔、出埃及记、雅各的红豆汤、泥足巨人，等等。

---

① 顾准. 顾准文集［M］. 北京：中国市场出版社，2007：139.

② 司马迁.《史记·高祖本纪第八》

基督教诞生于公元 1 世纪初罗马帝国东部的小亚细亚与巴勒斯坦一带，其创始人是耶稣，最初只是一个主要由社会下层人士组成的犹太教的革新教派。耶稣的追随者们相信耶稣就是基督（Christ），也就是希伯来语中的弥赛亚（救世主）。因此这些人被称之为基督徒，其宗教被称之为基督教。耶稣被犹大（耶稣的 13 个门徒之一）出卖后，被钉死在十字架上。耶稣以自己的死与上帝达成"新约"，相信耶稣为救世主的人将得到拯救。他的信徒们宣称耶稣死后已经复活，并在不久后将降临人间，举行末日审判。

耶稣进行宗教改革的核心内容在于将摩西开创的律法宗教改造为伦理宗教。对于律法的遵守是外在的、强制的，对于上帝的诚信应当是出于内心的虔诚和笃信，是内在的、自觉的。首先是要爱上帝，即内化，这是一切行为的基础和前提，然后是基于对上帝的爱而爱人，即外化，这是伦理与价值观的体现。耶稣用主动的、自觉的、发源于内心的爱代替了对律法的被动的、形式上的服从，这给了每个信徒以自己的行为信仰上帝、规范言行的主动权。基督教在传播的过程中，从上帝普爱世人出发，改革了犹太教只将犹太人作为上帝的选民的教义，打破了民族的界限，认为只要信仰上帝都是上帝的选民。基督教在发展的过程中，逐渐放弃了对罗马帝国的直接对抗，主张人生的希望在于来世，宣扬爱人如爱己，甚至要爱自己的仇敌，这也构成了基督教文化中主张宽恕的传统。

早期的基督教教义并没有完成系统的理论体系，加之教派林立，人们的理解也不尽一致。从理论上完成基督教教义的系统化、理论化，同时应对来自其他思想特别是古希腊理性主义哲学的挑战，为基督教的合理性和合法性进行辩护，推动了基督教哲学的产生。神学家们先是利用柏拉图主义解释基督教教义，后来是利用亚里士多德哲学为基督教哲学服务，基督教哲学呈现出柏拉图主义与亚里士多德哲学的奇特混合。

（二）理性与信仰

哲学与神学是两种完全不同的思维体系，希腊哲学与基督教哲学同样是两种完全不同的哲学形态。前面说过，西方文化有两大传统即希腊文化与希伯来文化，希腊文化传统是指理性与思辨的哲学传统，希伯来文化传统是指宗教信仰的神秘主义、出世主义传统。这两种不同形态的文化碰面后，理性与信仰、哲学与神学的交汇必然将碰撞出火花，也产生出对立与矛盾。"希腊哲学的精神是一种乐观主义的悲剧精神，它的主题是命运、必然性和规律。他们对现实生活保持着乐观向上的积极态度，形成了崇尚知识的理性主义和人文精神。基督教哲学则正好相反，在特定的社会历史背景之下，中古时代的人们逃避、抛弃

和否定了现实生活，以否定现实的方式谋求灵魂的救赎，视人间为走向天国的
'天路历程'，试图通过信仰上帝使灵魂得到永生。因此，他们对现实生活采取
了悲观主义的态度，而对来生来世则采取了乐观主义的态度"。① 正因为如此，
宗教是无情世界里的有情，苦难心灵的叹息，慰藉人们痛苦与绝望的鸦片。

如何解决理性与信仰的矛盾，构成了基督教哲学的核心内容，贯穿了中世
纪哲学发展的始终。为了解决这一核心矛盾，基督教哲学进行了积极自觉的努
力。首先，基督教哲学为哲学提供的贡献是它的超验性。虽然希腊思想中也不
乏超验的思想，对于柏拉图主义者来说，那个永恒的理念世界才是与虚幻的现
象世界相对立的真实世界。但从主导方面来看，仍然是现实主义的。对于基督
徒来说现实的世界是毫无希望的，只有天国即另一个世界才是有意义的。基督
教哲学以弃绝尘世的决绝方式为人们提供了一个具有无限性的超感性世界，这
或许在一定程度上开拓并丰富了人类的精神世界的领域和层次。尽管这个超感
性世界是虚幻的、难以企及的。其次是追求和完成信仰的内在性。与希腊哲学
将世界视为一个需要认识和把握的客体的立场不同，基督教哲学将无限的精神
（实体）内化于每个个体的心灵之中，诉诸个人的内心信仰，以每个人的灵魂在
场实现灵魂得救。通俗地说就是灵魂得救的要件是对于上帝自觉的、内在的信
仰。再次是人的自由问题。希腊哲学用逻各斯和努斯统摄必然与自由，在必然
中实现自由，占据主导地位的是必然性。基督教哲学中这一问题转换为命定论
与自由的关系，上帝的万能与人的自由意志的矛盾。至此，人的自由意志始终
是基督教思想中几乎无解的难题。然而问题依旧，如果没有自由，人对上帝的
信仰的意义和价值就会大打折扣；如果没有自由，人何以成为人。最后是超自
然主义的观念。在希腊哲学思想里，自然是现实的也是神圣的存在。在基督教
哲学思想里，自然是被上帝所创造的毫无神性的东西，这有可能为人们对于自
然的态度和立场发生转变——从敬畏自然到改造自然——提供可能。②

中世纪哲学讨论的核心问题基本上有这样几个：一是理性与信仰的关系；
二是"共相"与"殊相"的关系；三是上帝的本体论证明；四是人的自由意
志。这些问题充满着矛盾，而贯穿中世纪哲学的典型特征就是矛盾或者说是对
立，"有僧侣与世俗人的二元对立，拉丁与条顿的二元对立，天国与地上王国的
二元对立，灵魂与肉体的二元对立等等。所有这一切都可以在教皇与皇帝的二

① 张志伟. 西方哲学十五讲 [M]. 北京：北京大学出版社，2004：148-149.
② 参阅张志伟. 西方哲学十五讲 [M]. 北京：北京大学出版社，2004：149.

元对立中表现出来"。①

　　教父哲学发端于公元元年至公元 6 世纪，是基督教哲学的第一个历史形态，其主要任务是护教。或者是主动吸收和改进希腊哲学，利用希腊哲学中的理性精神来阐释基督教教义；或者是高举信仰的大旗，将理性与信仰割裂开来。其代表人物是圣·奥古斯丁。在他之前，被人们称为"基督教哲学真正的第一个开端"的是查士丁，他有说过一句名言："真哲学就是真宗教，真宗教就是真哲学。"他首先提出了"基督教哲学"的概念，认为上帝的智慧包含着理性的精神，逻各斯就是上帝的内在理智和永恒智慧，上帝是借着逻各斯创造万物的，逻各斯永恒地普照万物。由此，上帝就是逻各斯，因此，只有基督教哲学才是真哲学。这样，在信仰与理性的关系上，信仰高于理性。在这一问题上，德尔图良则走向另一个极端，他有一句名言："因其荒谬，所以可信"。其实他并没有说过这句话，是后来人们对他另一句话的概括：上帝的儿子死了；正因为这是荒谬的，却无论如何是应该相信的。并且他被埋葬，又复活了；正因为这是不可能的，所以才是确定无疑的。德尔图良认为，"一切世俗知识在上帝面前都是愚蠢的。启示不仅是超理性的，而且也是反理性的"。② 这样他就把哲学完全排除在宗教之外，把信仰与理性完全对立起来。

　　作为教父哲学的集大成者的奥古斯丁将基督教原典《圣经》与新柏拉图主义结合起来，利用哲学的理性精神，对基督教教义进行了系统的阐释，奠定了基督教神学思想的理论体系，主要内容有"上帝创世说""原罪说""预定论"和"三位一体说"（圣父、圣子、圣灵同属一个神的本体，上帝兼有三者的神格）等。面对信仰与理性的矛盾，奥古斯丁从"信仰寻求理解"出发，以求在一定程度上调和信仰与理性的冲突。一方面，他坚持信仰在先，理性在后。有了信仰，人才能获得真正的智慧，才能把握真理。另一方面，理性之所以无法把握信仰，在于理性自身出现了问题，需要对理性本身进行反思。即信仰是获得一切知识和真理的先决条件和途径，信仰是理性的前提和目的。后来，安瑟尔谟表达得更为直白：我绝不是理解了才能信仰，而是信仰了才能理解。其实基督教的奥秘是违背常识的，运用理性是根本无法理解和把握的。面对万能的上帝，面对上帝无限的奥秘，最好的办法不是思考而是信仰。因为理性能力是有限的，上帝的奥秘是无限的。

　　基督教教义的核心问题是"救赎"，怎样从罪恶和痛苦的现实中摆脱出来，

---

①　罗素. 西方哲学史（上卷）[M]. 北京：商务印书馆，1963：386-387.

②　张志伟. 西方哲学十五讲 [M]. 北京：北京大学出版社，2004：153.

使灵魂得到救赎；怎样从现实的死亡和痛苦中超越出来，去向永生的极乐世界。马克思说过："宗教里的苦难既是现实的苦难的表现，又是对这种现实苦难的抗议。"① 罗马帝国后期帝国之暴戾与衰败，罪恶之肆虐与横行，百姓之无助与绝望，生命与尊严被随意无视、被恣意践踏，广大民众从现实上、心理上都急迫地需要这样的救赎。奥古斯丁通过上帝创世说，阐明了宇宙万物以及人类都由上帝创造和左右的。通过原罪说告诉人们，要获得拯救就要笃信上帝，要遵循信仰、博爱、希望这一基督教三大主题，以赎免自身的罪恶，获得救赎。只有虔诚地信仰上帝，一切才有可能。

奥古斯丁面临着几个难题。一是人的自由意志的问题；二是上帝创造世界的问题。三是预定论的问题。先说说第一个问题，如果说上帝是世界万物的创造者，是唯一的创造者，而且上帝是至高、至上、至善、至睿的，或者换一种表述，上帝是全知、全能、全善、全明的，一句话：上帝是万能的。那么，上帝创造的世界从根本上讲就是善的、就应该是善的，或者说上帝创造世界时就不会给其带来恶，然而人世间为什么会有罪恶呢？即恶是如何产生的，恶是从哪里来的。在此，奥古斯丁引入了自由意志论，认为恶是人的自由意志的选择的结果。奥古斯丁的回答是，这是因为人滥用了上帝赋予人的自由意志，背离善行使恶是人自己选择的结果。这一回答模式被称之为"神正论"（由希腊语中的"神"和"正义"组合而成），即用以解释上帝与恶的关系，以使上帝对于恶的容忍正当化。对于恶的产生，奥古斯丁的解释有两种，一是新柏拉图主义的，一是原罪说。基于新柏拉图主义的立场的解释是这样的：上帝是造物主，是至善，从而善就是绝对的，是实体。在这里我们看到了理念论的表述方式，即理念是绝对的、是实体。世界万物本身是善的，因为是上帝创造的，但由于万物是被创造的，不可能像上帝一样是至善的。这里我们同样看到了理念论的影子，具体事物分有、摹仿了理念，因此是偶然的、个别的、不完美的。同时，上帝是唯一的本体，恶不是本质，不是某种存在着的实在（实存），而是善的缺乏，源于具体事物的不完善。而人又有自由意志，能够自主地选择，在选择的过程中选择了恶，而不是善。就是说人滥用了上帝赋予人的自由意志，背离了善而选择了恶。在这个基础上，就有了原罪说的生成与解读，亚当和夏娃如果能够听从上帝的教诲，就是善的。但他们违背了上帝的告诫，偷吃了智慧之树上的果子，这就是善的缺乏，而善的缺乏就是恶。偷吃禁果是亚当和夏娃自由意志选择的结果，这一行为导致了罪恶，是人的祖先犯的罪，这就是原罪，也

---

① 马克思恩格斯选集：第 1 卷 ［M］. 北京：人民出版社，1995：2.

是人的第一宗罪，由于人的始祖有罪进而导出人人生而有罪。如何赎罪，只有虔诚地信仰上帝，祈求上帝的宽恕。

然而这个回答留下了太多的问号，它并没有说清楚人的自由意志与万能的上帝的关系。特别是全知全能全善的上帝为什么没有或者不能制止、消除恶？换言之，如果上帝是万能的，为什么不愿、也不能消除或制止罪恶。还有就是，如果上帝创造了世界，上帝该不该为人世间的罪恶负责？如果上帝不需要负责，谁应该对此负责？另外，原罪一定是罪吗？亚当与夏娃最初的无忧无虑的状态难道不是一种混沌与无知、蒙昧与野蛮吗？如果没有自我意识，他们就不会有羞耻感，就不会在吃了智慧之果后，用无花果树叶遮挡自己的身体……如果是那样，人与动物还有什么区别？上帝按照自己的模样创造人类还有什么意义？为什么人有了羞耻感，有了自我意识就是罪恶呢？这难道不是人与动物的区别之关键吗？在这样的问题面前，我们可以发挥充分的想象力，可以有无数问号。但是，不能再说下去了，这样下去对上帝会大不敬的。

第二个是上帝如何创造世界的问题。这个问题同样不好回答。对于这个问题的惟一回答只能是：上帝从“无”中创造了这个世界，而决不能是上帝从“有”中创造世界，因为不能有比上帝更为先在的东西。一句话，上帝创造世界只能是无中生有。问题又出现了：如何无中生有。这当然牵涉着对于“无”的理解，是形式意义上的，还是质料意义上的；或者“无”是纯粹意义上的，还是相对意义上的。另外，这个话题还衍生出一个问题：上帝在创世之前在做什么？这同样是一个难以自洽的问题。其实在神话创世故事里这些问题就已经存在了，只是神话的言语体系特别是其成立的前提是不能被追问的。

第三个是预定论的问题。奥古斯丁认为人们能否得到拯救与自己的行为无关，上帝在创世之初就已经预定了。这个解读对于信徒们来说是可怕的，之后教会则用自由意志的救赎观取代了预定论的救赎观。不过，这一思想却与后来的宗教改革一脉相承，韦伯认为这一思想构成了资本主义产生的伦理前提。在基督教哲学的发展过程中，“从单纯信仰到逻辑论证是第一步转变，从逻辑论证到感性直观则是第二步转变”。① 如果说第一步转变是由教父哲学完成的，那么第二步转变的工作就交给了经院哲学。

二、经院哲学

中世纪时期文化延续的承担者是基督教会，教会创办的大学是中世纪对人

---

① 赵林. 西方哲学史讲演录［M］. 北京：高等教育出版社，2012：208.

类文化的一大贡献。经院哲学（scholasticism）是接续教父哲学之后出现的哲学思潮或神学思潮的总称，是在教会创办的修道院和学校发展起来的基督教哲学。这些学校是研究哲学和神学的中心，学校的教师和学者被称为经院学者，因此他们的哲学就被称之为经院哲学。经院哲学试图调和信仰与理性的矛盾，用理性即逻辑推理来论证基督教的教义，实现知识与神启的结合。经院哲学面临有两个主要问题：一个是上帝的证明问题；一个是共相与殊相的关系问题。

（一）上帝的证明

一个虚无缥缈的、无法验证、难以实证的东西要让人们相信并对之顶礼膜拜是十分困难的。对于基督信徒们而言，要信仰上帝首先是要解决上帝的实在性或实体性问题，即信仰的前提是确证上帝的存在。早期基督教认为上帝的存在是不证自明的事实，后来取代了以狂热的信仰为根本的教父哲学的，重视理性论证的经院哲学则试图以理性推理来完成上帝的证明。经院学者们一般是用脱离实际、空洞繁琐的纯粹逻辑推理而不是客观事实来论证基督教的正统神学信条，被称为"最后一位教父和第一个经院哲学家"的安瑟尔谟开启了上帝存在的"本体论证明"。他的证明是这样的：

大前提：最完美的东西一定是存在的（如果它完美而不存在，它就不是最完美的了），

小前提：上帝是最完美的东西（上帝就是至高至上至善的），

结论：因此，上帝是存在的。

这是一个典型的亚里士多德演绎三段论的推理模式。从一个完美的概念推出上帝的存在，则是一个典型的先验论推理。用今天的话就是从一个概念中验证一个具体事物的存在，比如，因为这个世界上有鬼的概念，人们也认可这个概念并且似乎有过这样的体验和经历，所以这个世界上一定有鬼。如果没有鬼，你为什么会害怕小黑屋。"安瑟尔谟首先断定人心中有至高无上者的观念，继而宣布至高无上者不可能只作为观念存在于人心中，它必然也在现实中存在，上帝就是这样的至高无上者，最后推论出上帝必然存在于现实中的结论"。① 这一论证方式立足于用理性和逻辑来论证上帝的存在，用逻辑推理的方式来证明基督教的教义，从所谓"不证自明"的公理出发证明信仰的合理性和实在性，从而将理性精神引入基督教神学之中。（注意：这里这个作为逻辑推理前提的公理是"不证自明"的，是不容置疑的。）这样的论证方式对于后来的哲学家如近代的唯理论学者、德国的黑格尔等都提供了重要的参考和借鉴。

---

① 吴仁平，彭隆辉. 欧洲哲学史简明教程［M］. 北京：中央编译出版社，2012：111.

　　如果说理性的论证还不能真正解决上帝存在的问题，而且有着独断论的风险，那么通过经验的方式证明上帝的存在应该是一个必然的选项。这一艰苦的工作就将由圣·托马斯·阿奎那来完成了。大约在 1224 年末或 1225 年初，托马斯·阿奎那出生于意大利，他自幼体魄强健、身形庞大却生性腼腆，因此有一个绰号叫"西西里哑牛"，不过正如他的老师所预言的，这个哑牛的吼声将震惊世界。托马斯·阿奎那将亚里士多德哲学与基督教神学进行了结合，创立了自己的神学思想体系，其中关于上帝存在的证明是他的一项重要的工作内容。他的证明共有五个，包括四个宇宙论证明和一个目的论证明。由于第四个证明中也存在着目的论的因子，也有人把他的证明分为前三个是宇宙论证明，后两个是目的论证明。

　　在《神学大全》中，托马斯提出了这五种证明："1. 事物的任何运动都是由在它之前的另一个运动引起的，推论下去，最后必然追溯到一个不受其他事物推动的第一推动者。2. 任何事物都以另一事物为动力因，因此必然有一个最初的动力因。3. 任何事物都是从其他事物获得其存在和必然性，由此推论下去，必定有一种东西，它自身就是必然的，同时又能赋予其他事物以必然性和存在的理由。4. 事物都在不同程度上具有良好、真实、高贵等品性，其标准就在于它们与最好、最真实、最高贵的东西接近的程度，因此，世界上必然有一种东西，作为世界上一切事物得以存在和具有良好以及其他完美性的原因。5. 世界上的一切事物都是和谐的，有秩序的，仿佛是有目的安排的。之所以如此，是由于受到某一个有知识和智慧的存在者的指挥。综合上述推论，就可以得出一个必然的结论，即上帝是存在的。"①

　　从论证的结构上讲，托马斯的前四种证明实际上是依据亚里士多德的"无限后退不可能"原则所推导出的逻辑结论，也就是说，基于因果关系的原则——每一结果必定有引起它产生的原因，而每个原因又有产生该原因的原因，即原因的原因、前提的前提，为了避免无穷后退，一定有一个不可后退的、不可证明的第一原因或者说是终极原因。那么这个原因是什么，这个第一原因就只能是上帝，它是无原因的原因，无前提的前提。前四种证明都有一个不可怀疑的最高原因作为前提：即"第一推动者""第一原因""一切事物的必然性原因""最完善的原因"。可以说这是一种从经验事实中推导出一个具有终极性根据的方法。第五种证明是目的论的证明，是从人的活动的目的性来论证自然世界中同样地充满了目的性，从而推出上帝的存在。比如，人们建造房屋是为了

---

　　① 张志伟. 西方哲学十五讲［M］. 北京：北京大学出版社，2004：162.

居住，制造弓箭是为了狩猎，以此类推。自然物也具有这样的目的性，在自然中有了猫是为了吃老鼠，老鼠存在的目的是为了让猫吃，有了狼是为了吃羊，羊儿存在的目的是为了让狼吃，如此种种。这样，从自然物存续过程中的目的性得出，一定有一个目的的创造者或者说是赋予者，它就是上帝，上帝创造了宇宙万物并赋予它们特定的目的，形成了一个环环相扣的目的链条。问题是即便人的活动是有目的性的，自然万物的存在与运动也有目的性吗？提醒大家注意的是目的性不等于必然性或规律性。

与安瑟尔谟不同，安瑟尔谟运用的是概念推理，即从上帝的概念中推导出上帝的存在。阿奎那则是从经验事实出发进行推理，从感觉经验中抽象出共性。他的五种证明分别源自运动与变化产生的原因，原因与结果的关系，可能性与现实性，事物发展中的过程性、阶段性（包括目标的理想性），人类活动具有的目的性。这都是人类可能、可以感知的经验事实。从经验推出上帝的存在，托马斯只是在推导过程中把这些事实神秘化、神圣化了。另外，这个推理的前提是古人所依托的那种有限性的、线性关系的认知图式。然而利用经验事实来论证上帝的存在对于经院哲学是危险的，这几乎无异于饮鸩止渴，作为感觉经验无法感知的上帝，人是如何运用经验进行认识的。而且对于感觉经验所带来的认识的可靠性，希腊时期就已经有了深深的怀疑。威尔·杜兰特就说过亚里士多德哲学是希腊人留给基督教的"特洛伊木马"，"阿奎那的独创性表现于对亚里士多德哲学稍加篡改用来适应基督教教义一事上"。① 罗素因此认为阿奎那没有什么真正的哲学精神，他是不配和古代或近代的第一流哲学家相提并论的。不过却是他把这匹致命的木马拖进了经院哲学。

（二）共相与殊相

所谓共相与殊相就是一般与个别，共相与殊相的关系也就是一般与个别的关系，还可以引申为抽象与具体的关系，这是唯名论与唯实论争论的焦点。这个问题在古希腊时期就已经提出并产生了纷争，比如，柏拉图认为理念是实在的，是一类事物的共性（共相），理念是独立存在的、绝对的、完美的。具体事物（殊相）是由理念派生出来的，是相对的、不完美的。亚里士多德认为实体是独立存在的，实体就是客观存在的、具体的、个别的事物。共相是不能独立自存的，只能存在于殊相之中，即具体事物之中。

唯名论的立场是经验主义的，唯名论认为具体、个别的事物即殊相才是真实的存在，共相不是实存的，是概念、语词，是人对具体事物的命名。是殊相

———————

① 罗素. 西方哲学史（上卷）[M]. 北京：商务印书馆，1963：586.

在先，而非共相在先。唯名论最具代表性人物是奥卡姆，他曾经提出了"如无必要，勿增实体"的认识原则，被后人称为"奥卡姆剃刀"。

唯实论的立场是理性主义的，唯实论认为共相才是真实的存在，是实在的，具体事物即殊相不过是现象。也就是说一般概念是实在的，是不依赖于具体事物独立地存在的，即存在于具体事物之外。是共相在先，殊相在后。在客观上讲，唯实论的认识方法与立场强化了人们对于理性方法的重视，也在很大程度上发展了演绎逻辑的方法。阿奎那持"温和的唯实论"立场，认为从认识发生的角度讲，是先认识具体事物，再得到一般性的概念。即殊相在先，共相在后。从具体的认识过程上讲，是共相在先，殊相在后。人们认识事物总是依据已有的概念先进行归类或分类，然后再进行进一步的认识。比如说，面对一物，它是什么？先指出它是一块石头，然后再说明是什么石头。

唯名论与唯实论之争实际上关涉到上帝存在的证明的重大问题。粗略地说唯名论具有一些唯物主义的色彩，但并没有清楚地说明共相与殊相的辩证关系，没有认识到共相从形式上看具有主观性，但从内容上讲具有客观性。共相是对殊相的共性的抽象。共相是依赖于殊相存在的，殊相中同时又包含着共相，离不开共相。比如说，"羊"是羊亚科的统称，是人类的家畜之一。"羊"是共相即一般，"这一只（动物）是羊"是殊相即个别。"羊"是对这类动物的共性的概括和抽象，"这一只是羊"是基于共性对这一只动物的属性（归属、归类）的判断。"这一只羊"是"羊"，但不等于"羊"，"这一只羊"只是"羊"的一个具体个例。之所以判断这是一只羊，是因为这一只动物具备了羊的共性。同样，"羊"也不等于"这一只羊"，它是所有这一类动物的统称，是这一类动物的共同属性，是共性，是一般性。"羊"在现实中不能单独存在，它必须存在于具体的每只羊之中，"羊"在观念中是可以独立存在的，是对这类动物的共性的抽象。这种观念中的"羊"的存在同时又具有客观性，因为它摄取了这一类动物的共同属性，它是形式上的主观性与内容上的客观性的统一，每只羊都必须具有这样的共性才能作为"羊"而存在。形式上的主观性是从其概念本身及其表达方式上而言，内容上的客观性是从概念包含着的内涵及其存在的方式而言。从形式上讲，"羊"是一个概念、一个名词，代表着这一类生灵，从内容上讲，世间确实存在着这样一类生灵。

唯实论更具唯心主义的特征，他们不仅割裂了共相与殊相的内在联系，而且把共相看成是脱离了殊相而独立存在的东西。由此，共相就必须成为先在的、先验的或者说超验的存在。然而对于上帝的实在性来说，唯实论要比唯名论冷静得多、也清醒得多。因为，若要证明上帝是最高的、最完美的存在的，不仅是至上的而且是实存的，上帝就一定不能是具体的即殊相，而只能是一般的即共相，是高于殊相的共相，而且必须是高于殊相的共相，必须是不依赖于殊相的且实存的共相。正如理念中的圆永远要比现实中的圆更完美、更永恒、更绝对。要维护上帝的实在性，必须坚持共相的实在性，上帝是一定要高于具体事物的，上帝怎么能够混同于具体的个别的事物之中呢？上帝是世间万物的创造者啊。所以，对于上帝而言唯名论是危险的，唯实论深刻地认识到了这一点，因而视唯名论为"异端"。因为，唯名论的经验主义立场——经验是知识的源泉，经验才是认识客观事物的真正方法——冲击着不顾经验与事实，固执地进行理性论证和思辨的形式主义和先验论的方法与认识立场，从而"引起了对信仰的怀疑和对神学的蔑视，促进了以经验来认识自然界的倾向的增长，打开了唯物主义传播的门户，这就给经院哲学的破产以及文艺复兴时期科学和哲学的新高潮做了必要准备，甚至也为近代唯物主义的产生作了间接的然而是极为重要的思想准备"。①

三、基督教教义的逻辑难题与困境

马克思深刻地指出："人创造了宗教，而不是宗教创造人。"② "一切宗教都不过是支配着人们日常生活的外部力量在人们头脑中的幻想的反映，在这种反映中，人间的力量采取了超人间的力量的形式。"③ 费尔巴哈也尖锐地指出，动物是没有宗教的，宗教是人跟自己的本质的分裂，宗教是人的本质的异化。④ "人使他自己的本质对象化，然后，又使自己成为这个对象化了的、转化成为主体、人格的本质的对象。这就是宗教之秘密。"⑤ 概言之，宗教不是科学，宗教不是科学的世界观，宗教是唯心主义的，是一种颠倒了的世界观。宗教自产生以来就一直存在着自身无解的诸多难题。

（一）反智主义困境

在《旧约全书》中有一则大家耳熟能详的故事，上帝创造了亚当和夏娃后，让他们生活在伊甸园中，那里有很多种的大树，其中有两种树很特别，一种是生命之树，一种是智慧之树。上帝告诫他们，可以吃生命之树上结的果子。如果吃了智慧之树上的果子就会死亡。后来由于受到蛇的诱惑，亚当和夏娃偷吃

---

① 陈修斋，杨祖陶. 欧洲哲学史稿 [M]. 武汉：湖北人民出版社，1987：210.
② 马克思恩格斯选集：第 1 卷 [M]. 北京：人民出版社，1995：1.
③ 马克思恩格斯选集：第 3 卷 [M]. 北京：人民出版社，1995：666-667.
④ 参阅费尔巴哈. 基督教的本质 [M]. 北京：商务印书馆，1984：45.
⑤ 费尔巴哈. 基督教的本质 [M]. 北京：商务印书馆，1984：39.

了智慧之树的果子，违背了上帝的诫命，于是被上帝赶出了伊甸园。这就是人的"原罪"。这个故事细思极恐。第一，上帝创造的人，最初是没有思想、没有智慧的，只是用于陪伴上帝免于孤单的吃货。第二，上帝创造的人是不需要有智慧的，换言之，人拥有智慧是上帝所不允许的。第三，人因为拥有了智慧，才拥有了罪恶。第四，人拥有了智慧，才认识到生命的有限性，认识到人的存在的自由性（可能性、选择性、不确定性）。这一点不仅不是上帝赋予的，反而是人自我认识的结果。第五，人有了智慧，才知道自己是有死的。生存与死亡是人类的永恒话题。

原来，上帝是不需要人有思想的，人拥有智慧和思想是人的自由选择的结果。那么，人还需要信仰上帝吗？答案可以是：要，或者不要，或者也要也不要。如果需要信仰，拥有自由思想的人如何才能够信仰上帝？是依靠理性（思想），还是依靠信念，或者依靠别的什么。另外，上帝为什么不让人有智慧和思想？难道仅仅是为了不让人类自寻烦恼吗？如果没有思想，人与其他生命还有什么不同？要知道，有了智慧（思想），生存与死亡就成为人生最根本的痛苦与矛盾。有了智慧（思想），人就始终希望能够去超越有限，实现无限；超越暂时，实现永恒；超脱此岸，达到彼岸；超越现实，追求理想。可是，拥有智慧与思想竟然成了人的罪恶——还是原罪！

（二）禁欲主义困境

这一困境源于天真质朴的亚当与夏娃偷吃了"禁果"。先是夏娃按捺不住自己，吃了智慧之果，然后又递给亚当一枚果子。他们吃过禁果之后，意识到自己是赤身裸体，知道了男女有别，都羞羞地不好意思起来，于是就摘了一些无花果树叶遮盖住自己的身体。不久，当上帝来到园中召唤他们时，亚当和夏娃却躲了起来，上帝意识到他们偷吃了禁果。于是先惩罚了蛇，要它用肚子爬行，毕生日日吃土。又责罚了夏娃，要她承受怀孕与分娩的痛苦，还要服从自己的丈夫。最后，处罚了亚当，要他一生都要在田地里劳作，承受汗流浃背的痛苦才有饭吃。由于夏娃没有抵御住诱惑，还诱惑了自己的丈夫，女人是容易盲从轻信、且意志轻薄而不可靠的，为此，她必须听从丈夫的辖制。然而这里最为关键的一是，上帝不过是用这个办法解脱了自己，人的后代的繁衍不再需要上帝的辛苦劳作了。因为亚当与夏娃偷吃的正是男女性交的禁果（这是禁果的第二层含义，第一层含义是拥有智慧）。在文学作品中，我们不是常常看到这样的描写：一对苦命鸳鸯或纯情男女或少男少女，反正是一对男女，在一个……的黑夜里按捺不住灵魂与肉体的冲动，终于冲破了世俗的偏见、逾越了一切束缚、打碎了道德的藩篱、尽情地释放了激情……（此处省略 N 字）。偷吃禁果即性交并生育——这是人这一物种繁衍的前提——这却成为人的罪过。

宗教往往将人世间的罪恶归于人的自然欲望。然而，如果没有欲望，人还是人吗？如果没有欲望，人存在的可能在哪里？如果没有欲望的满足，作为一个自然生命的人如何生存？如果没有欲望及其满足，人活着还有多少意思？其实人世间的罪恶不在于人有欲望，而且欲望即使是恶劣卑下的欲望如果没有表示出来，甚至可以说如果没有付诸行动，又有什么可以加以诅咒的呢？（千万要记住，隐藏于内心中的想法是不犯罪的，哪怕是卑劣的念头，否则人人都有被推上断头台的可能。）人世间的罪恶其实源于人们满足自己欲望的手段和途径是否具有正当性、合理性与合法性。不要清纯地企望用内在的道德修养与良善来解决现实问题，社会的美好需要的是合理的、可行的制度设计与良性运行。用泯灭人的自然欲望、生理需求实现世间美好，最后的结果反而是制造出更多的罪恶，中世纪教会与神职人员的贪婪不正说明了这一点？司汤达的《红与黑》对此描述得还不够入木三分吗？这个难题在现时代难道就解决了吗？以为泯灭欲望、高歌道德就可以实现美好消灭丑恶需要多么强大的自信与无知？当然，坚守良知，知道自己什么能做，什么不能做，面对无限欲望之时，能够克制自己。特别是在自己知道自己能做什么的时候，选择克制或放弃，懂得遵循合理的界线，是十分重要的却又是很难做到的一件事。能够达到这一点，往往标志着人格的强大与可敬。

二是如果男女的性爱是万恶之源，那么生命如何延续？繁衍本身就是恶的，每个来到人世间的人都是恶的产物，一句话就是孽种。所以，中世纪的天主教徒真的很不容易，一方面需要有爱，这是上帝的告诫——人与人要相互有爱，爱到深处一定有性，有性才能繁衍后代。另一方面，由爱产生的性也可能是由性产生的爱却是万恶之源。为此，奥古斯丁作了这样的解释："如果为了繁衍后裔，结婚生活中的性交必须被认为无罪。然而即便在结婚生活中一个有德者也还是愿能做到不以色情而为之的地步。"甚至，"性交所以需要色情是对亚当所犯罪孽的一项惩罚"。① 问题是，没有爱的性交与动物有区别吗？性爱，真的是一件痛苦并快乐着的东西，是一件必须的又是充斥着罪恶的东西，但愿不要因此导致大家的精神与人格产生分裂。幸亏中国的先贤没有这样教诲我们，反而认定：食色，性也。我们的文化元典《诗经》一开篇讲的就是男欢女爱：关关雎鸠，在河之洲；窈窕淑女，君子好逑！这或许是中华文明能够生机勃勃的一

---

① 罗素. 西方哲学史（上卷）[M]. 北京：商务印书馆，1963：457-458.

个重要的因子。把人的自然生理欲望视为万恶之源，并通过扼制与压抑（万分抱歉，实在是无法消灭）这个东西，以实现人间美好、消弭人间罪恶，是一件多么不靠谱的努力与梦呓啊。更要警惕一些人动辄高歌无私、奉献、纯洁，满嘴仁义道德，这种做派看起来似乎很高尚，然而，这类说教专家不仅是很好笑、很滑稽、很卑鄙，而且骨子里比谁都更加龌龊，因为现实中的这样的人在面对自身的利益和欲望时其贪婪与不择手段往往是为任何道德观念所不齿的。颇具后现代意味的电影《顽主》里的那位德育专家就是这类人真实而含蓄的写照。可怕的是还有许多人不自知，甚至以此自我标榜、自吹自擂。善良的人们千万不要上当啊。

（三）自由意志困境

首先，人必须是自由的（无论从什么立场与角度界定自由），这源于人与动物不同的生存方式，自由一定是与人自身的行为相对应的。并且，自由对应的一定是责任，否则就是无法无天，因为在现实生活中这样的自由是难以成立和实现的。自由意味着责任，这件事你做与不做是自己选择的结果，你做与不做都要承担由此而产生的后果。因为这是你的选择，你必须为自己的选择负责。一句大白话——出来混，总是要还的。

这样说来，人必须是自由的。第一，如果没有自由，人就根本没有必要、也不可能对自己的行为负责。如果人的行为不是人的自由选择的结果，人为什么要为自己的所作所为负责？如果没有自由，人的所作所为都不是人的自觉主张和行动，或者是被迫的、或者是被要求的、或者是被指定的，人如何能够负责，更不应该负责。第二，如果没有自由，人生存的意义与价值在哪里？没有自由的人不过是一个傀儡、一块石头，他的一切都不是出自他自身的意愿。那么，他是为什么活着的？他活着又是为了什么？第三，如果没有自由，人所做的一切的买单者只能是上帝——这个万能的、人的创造者。问题是，上帝是否需要为人类的行为买单？上帝是否有能力买单？第四，如果没有自由，人对上帝的信仰就不是自觉、自愿的，而是一种生而有之的被动行为，这样的信仰既是对上帝的不敬，也在极大的程度上消弭了信仰所应具有的神圣性的意义与价值。

其次，需要追问的是：自由是上帝赋予的，还是人自有的？很显然，在伊甸园里的亚当和夏娃是没有自由的。表面上看两个人无忧无虑、衣食不愁，但只是上帝的陪伴，他们并不能违背上帝的旨意去做上帝不允许他们做的事情，因为他们对于如何生活并没有选择的权利。一旦他们来到凡间，所有的一切都需要通过自己的努力去解决，无论是生活所需的生产，还是生命繁衍所需要的性交、生育。事情的真相是在人的自身的活动中，人自己满足自己，人自己发展自己，人自己成就自己。这样说来，人的自由是由自己的生存方式决定的，是与生俱来的，与上帝无关。或者说恰恰因为上帝抛弃了人（把亚当和夏娃赶出了伊甸园，从此人就进入了自生自灭的状态），人才拥有了自由。如果人的真实生存状态是这样的，人为什么一定要选择信仰上帝。如果人就是自由，那么是否信仰上帝，就是人的自由。可以选择"信"同样也可以选择"不信"。只是两千多年前的人们在极度艰难的生活中有很大的可能会选择"信"，因为活着实在太过痛苦与无助了，但文明发展、进步到今天的人们呢？

再次，由于上帝是万能的，他创造人类的时候就应该也能够赋予人自由。可是赋予人自由以后，人就有可能不再信仰上帝，那么，上帝为什么要赋予人自由？一个解释是人有了自由，人选择信仰上帝才是自主的、真诚的、发自内心自愿的，这样的信仰才是有价值的。然而新的问题又产生了，人有了自由以后，既可以服从上帝的意旨，也可以违背上帝的意旨。那么，万能的上帝在赋予人自由时，是否考虑到人有了自由以后很有可能不再信仰自己。如果不信仰自己，上帝怎么办？这里实际上又引发出曾经的问题，那就是自由很可能不是上帝赋予的，而是人生而就有的。

第四，就是人有了自由以后可能作恶，也就是上帝为什么会让人有作恶的自由（可能）？前面说过，奥古斯丁的解释是：恶不是某种存在着的实在（实存），而是善的缺乏，源于具体事物的不完善。而人又有自由意志，能够自主地选择，在选择的过程中选择了恶，而不是善。就是说人滥用了上帝赋予人的自由意志，背离了善而选择了恶。这个解释并不能使人满意，还是要继续地追问：如果上帝是万能的，为什么他的创造物会有恶？如果上帝是万能的，为什么他的创造物会作恶？对此，宗教还有一个解释是：上帝只有创造一个不是完全被自己所支配的造物，而不是创造一个完全被自己支配的造物，才能真正地展现上帝的荣耀与伟大。① 这个不被上帝完全支配的造物就是人，人拥有的"自由"体现着上帝的无限能力，是上帝赋予了人违背上帝的意志的自由，而不是人以自己的能力就能够违背上帝。这么说来，上帝有点奇怪了。换个角度看，正因为上帝有这样任人胡作非为的能力，才更彰显出上帝的伟大。可惜这个伟大对人类来讲意味着无尽的苦痛和灾难。而且，上帝是全善的，为什么要赋予人这样的能力。难道使人完美无缺就不足以彰显上帝的荣耀和伟大吗？难道非要人

---

① 张志伟，欧阳谦．西方哲学智慧［M］．北京：中国人民大学出版社，2000：8．

们付出如此惨重的代价：获得自由从而选择作恶，信仰上帝从而弃恶从善，并给人们造成巨大的伤害，才能彰显出上帝的伟大和诚信吗？

自由或许是人生而就有的，或许是拜上帝所赐，但无论如何，人是自由的。人拥有自由意味着人才真正地有了未来，因为自由意味着可能性、不确定性与无限性。尽管这个未来是不确定的，尽管这个自由给人带来的不一定就是福音，尽管为了自由人类要付出惨重的代价，尽管自由给予的前路太凄迷。然而，再说一遍，如果没有了自由，人还是人吗？

（四）上帝创世困境

上帝用什么创造了世界？为什么要这样问，因为这个世界上从来都没有无中生有的东西。然而，如果说上帝是从"有"中创造了世界，那么，这个"有"是什么？这个"有"是从哪里来的？是不是上帝创造的。如果回答"是"，一是会陷入循环论证，即被不断地追问创造"有"的"有"是从哪里来的。二是会被追问：上帝用"什么"创造出这个"有"？这个"什么"又是"什么"？前面说过，在神话创世的故事里，这个前提是不能也不需要追问的，限于当时人类的思维与认识水平，这样是可以的。但当人类的心智已经成长起来之后，这个前提就是必须要被追问的。

那么，上帝只能是从"无"中创造的世界。问题又来了：第一，"无"是什么，这个"无"是绝对的无，还是相对的无？"无"和"有"是什么关系？对此，似乎无解。老子的"有无相生"指的是双方的依存与转化关系，西方人是不这样思考问题的，要么"有"中生"无"，要么"无"中生"有"。第二，无中如何生有。答案是，上帝就是从"无"中，也只能是从"无"中创造出了世界。对于这个回答，你满意吗？如果你心中有上帝，你就会满意的。因为上帝是万能的，是创世者，你只需要相信上帝创造了世界，而没有必要追问上帝如何创造了世界。

还有一个衍生出来的问题就是：上帝在创世之前在做什么？奥古斯丁的回答是：上帝创造世界万物的同时也创造了时间。这倒是有点类似现代物理学的解释了：在奇点那里是没有时间和空间的。我们现在可以感知与认识的宇宙是在大爆炸后产生的，爆炸的同时产生了时间和空间。时空是依赖于具体的物质而存在的。当然，对于宗教而言，上帝是万能的，上帝创造了世界的同时创造了时间，在这之前没有时间，所以追问"上帝在创世之前在做什么"是没有意义的，这才是对上述困惑的唯一的解释。

（五）预定论困境

上帝要拯救人类，可是上帝并不会拯救所有的人。在罗得之妻的故事里，在诺亚方舟的故事里，上帝并没有拯救所有的人，而只是有选择地拯救了几个人，对于作恶的大多数人都给予了死亡的惩罚。如果是这样，是不是只要笃信上帝，多做善良之事就可以得到上帝的拯救。然而，奥古斯丁却提出，人们能否能够得到拯救与自己的行为无关，上帝在创世之初就已经预定了，谁也不可能知道，自己是否是上帝的选民。这也太残酷了吧。

然而，这样的预设恰恰要求人们对于上帝的信仰不能有一丝的杂念，不能有功利的目的。只有努力地虔信上帝，始终如一地向善，才有可能成为上帝的选民。信仰与不信仰上帝是人的选择，拯救与不拯救是上帝的选择。"全部意义在于上帝，而不在于人；上帝不是为了人类而存在的，相反，人类的存在完全是为了上帝"。① 教徒的唯一使命就是"在现世的生活里遵行上帝的戒律，尽其本分来增耀上帝"。② 然而，如果是这样的，可不可以有另外的选择呢？那就是为什么还要信仰上帝呢？可不可以破罐子破摔呢？这确实带来一个棘手的问题，如果人们是否能够得到拯救与自己的行为无关，上帝在创世之初就已经预定了，那么，我的行为——虔诚地信仰上帝——需要多么强大的意志力的支持，有多少人能够做到这一点？

另外，自由意志与预定论相容吗？面对预定论，拥有自由意志的人可以有许多的选项，人们应该怎么办？这个问题同样的烧脑。

（六）博爱困境

博爱是一种美德，博爱应该是高层次的爱。大体上，人首先是爱自己，然后是爱亲人，之后是爱他人，再提升就是爱众生。博爱一定是需要爱人如己，普爱众生的。

人们常说上帝要求人们之间相互关爱，因此达到大家亲如一家的状态。其实这是误读。上帝要求的爱（用中国人曾经的理解就是人人皆兄弟），是建立在对上帝的信仰的前提下的，注意一定是同一个上帝。"你们不要以为我来，是为把平安带到地上；我来不是为带平安，而是带刀剑。因为我来，是为叫人脱离自己的父亲，女儿脱离自己的母亲，儿媳脱离自己的婆母；所以人的仇敌，就是自己的家人。谁爱父亲或母亲超过我，不配是我的；谁爱儿子或女儿超过我，不配是我的"。③ 这里宣扬的是爱吗？当然是，只是这个爱是建立在对神的信仰

---

① 马克斯·韦伯. 新教伦理与资本主义精神 [M]. 于晓，陈维钢，译. 西安：陕西师范大学出版社，2006：50-51.

② 顾忠华. 韦伯《新教伦理与资本主义精神》导读 [M]. 桂林：广西师范大学出版社，2005：47.

③ 《圣经·玛窦福音》10：3.

（一定是对一个神的信仰）的前提上的。对于异教徒是不需要爱的，对于同一宗教的不同教派也是不可以爱的。基于宗教信仰的爱其实是不宽容的。

人们还以为爱是无私的，这也是误读。原因有以下几点：爱是对象性的，不是非对象性的。爱是双向的，不是单向的。爱是有条件的，不是无条件的。在一般情形下，爱从来都不是无私的，也从来都不是不需要回报的。爱是需要回报的，不是从不索取的。爱不是纯粹精神层次的，爱一定包括物质的内容和条件。贾府的焦大是很难爱上林妹妹的，当然林妹妹是更加不可能爱上焦大的。有人反驳道母爱是伟大的，是不需要回报的。这又是误读。君不见伟大的母亲们在责备孩子时常说：我为你付出了一切，你却以这样的行为、考试成绩、表现等等回报我，我生养你有什么用？还是中国古人的理解很有价值，那就是：爱是对等的。你爱我，我爱你；你不爱我，我不爱你；你怎么对待我，我怎么对待你。所以，"君之视臣如手足，则臣视君如腹心；君之视臣如犬马，则臣视君如国人；君之视臣如土芥，则臣视君如寇仇。"

要知道不需要回报、只是付出的爱是大爱，这不是普通人可以做到的。大爱、博爱是理想不是现实，是将来式不是完成式。爱并不能拯救你我、拯救人类，也不能拯救世界，尽管人们宁可真诚地相信爱有这样的力量。不要忘了，世俗的爱会产生强烈的占有欲和领地意识，会因爱生恨，会因爱失智，会因爱发狂。不要忘了，世间有多少悲剧因爱而生。爱是个好东西，但并不总是好东西，也不是总能带来好东西。每一个具体的爱可能改变，也可能消失。所以，爱可以救鱼，但不能治水。所以，"有人以为，当他说人本性善的这句话时，是说出了一种很伟大的思想；但是他忘记了，当人们说人本性是恶的这句话时，是说出一种更伟大得多的思想"。①

（七）万能困境

这样说来，宗教在理论逻辑和现实中有着诸多的困境。其实在前面的分析中大家已经多次地触及了上帝万能的困境。为了让人们对上帝不加质疑地顶礼膜拜，上帝的形象被描绘为全知、全能、全善、全在的，一句话，上帝是万能的。在这理论和现实中都给上帝带来了无尽的困难。

首先，如果上帝是万能的，那么上帝为什么不创造出全善的人，为什么有那么多恶人？为什么人世间会充满罪恶？如果上帝是万能的，人的自由意志如何可能？如果上帝是万能的，他在赋予人以自由意志时，难道没有意识到这会使人拥有不信仰自己的自由？一旦如此，又如何应对？如果上帝是万能的，上

---

①　马克思恩格斯选集：第 4 卷 [M]. 北京：人民出版社，1995：237.

帝能不能能其所不能？太多的困局由此而生，然而，上帝无论如何必须是万能的——全知、全能、全善、全在的，否则，人类还有什么必须信仰上帝的无可置疑、不许辩驳的理由呢？上帝必须是万能的，只有这样，才能无中生有，才能使人们顶礼膜拜，才能给予善良的人们以天堂的慰藉，给予邪恶之人以地狱之惩罚。如果不是这样，上帝存在的价值在哪里呢？其实，万能的上帝真的好难。

其次，就是在逻辑上对上帝万能的质疑。如果上帝是万能的，上帝能创造出一块他搬不动的石头吗？这个提问太有杀伤力了，如果上帝能够创造出一块自己也举不起来的石头，那么，上帝就不可能是万能的；如果上帝创造不出来一块自己也举不起来的石头，那么，上帝同样不可能是万能的。对此，万能的上帝该怎么办呢？

因此，问题的关键还在于"万能"本身，凡一物被赋予极值，被推向极致，那么该物自身的存在就是不可能的，更谈不上什么万能了。正如，有人要制造一种能够溶解一切物体的液体，问题是还有什么东西能够盛装这种溶液呢？为了让人们对上帝五体投地、顶礼膜拜，宗教极力宣扬上帝的万能，却使自己陷入无法自拔的困境。在嘲讽宗教的同时，我们就可以自诩清高吗，现实中人们在这些方面犯的错误还少吗？曾几何时，人们高喊"万寿无疆"，追捧"最高指示"，要求"灵魂深处闹革命"，"狠斗私字一闪念"，到头来不过是一场造成深重苦难与灾难的荒诞的戏剧。健忘的人类啊，哲学为此才会始终提醒人们要反思。善良而无知的人类啊，不要好了伤疤忘了痛。为什么总是在重复昨天的故事，总是在重复曾经的错误？

另外，几乎所有的宗教都为人们勾画了一幅美好的未来。这个未来体现在来世、在天堂，在那里世间的一切痛苦和烦扰都不复存在。然而这个天堂是在现世生活中无法得以确证的，只能相信；这个天堂只有人们在失去生命之后才能够经历，然而"当我们存在时，死亡对于我们还没有来，而当死亡时，我们已经不存在了。"① 那么，谁又可以知道自己的身后事呢，谁能给我们展示和特别是证明天堂究竟是一个什么样子呢？天堂里真的没有艰难、没有痛苦、没有暴力、没有私利，也没有冲突？天堂里真的人人平等，不需要辛苦地劳作，物质财富源源不断，人人和睦相处？那么，天堂里有没有交通事故呢？如果天堂真的那么美好，为什么人们不期盼自己早点摆脱俗世进入天堂呢？或者对自己

---

① 北京大学哲学系外国哲学史教研室. 古希腊罗马哲学 ［M］. 北京：商务印书馆，2021：381.

最心爱的人的最真挚的祝福能不能是"希望你早点进天堂"呢？假如你有勇气这样说的话。当然，天知道你要有多大的自信、力量和胆识才敢于对你的"真爱"如此表达你的"真爱"。

　　总结一下吧。一般说来，宗教一般地都具有反智主义的特征，具有禁欲主义的特征，具有蒙昧主义的特征，具有非理性（反理性）主义的特征，具有神秘主义的特征。如此说来，宗教是不是就一无是处呢，答案远远要复杂得多。人类之所以需要某种信仰和依靠，甚至是笃信虚幻的上帝与天堂，恰恰说明现世的生活之艰难与痛苦是多么的深重，恰恰说明要通过自己的努力去获得安康与幸福是多么的渺茫，恰恰说明在人类社会的大多数时间里个体生命是多么的渺小、卑贱、脆弱、无助、凄凉与悲哀，恰恰说明要坦然面对死亡，对于每一个个体而言是多么的艰难，这绝不是如探囊取物般轻松与随意就可以做到的。为此，不惜以幻想的天国来安慰惨痛的内心，不惜以放弃今生的代价来获得所谓的来世的幸福，不惜以自造的神灵拯救悲催的自我。天不生仲尼，万古如长夜。即使有了万能的上帝，人类的希望与未来又在哪里？可是，除此而外，还有什么办法能摆脱生活的重压与惨痛的人生？还是有个寄托会好一点，哪怕是虚幻的寄托。与其怀疑不如相信；与其清醒不如麻木；与其拼死相争不如安于忍受。直到今天的人类生态依旧不是高唱着人道的牧歌，普罗大众即使要过上哪怕是平凡的生活尚需要竭尽全力的挣扎。屈原老先生就曾经发出过痛彻的慨叹：长太息以掩涕兮，哀民生之多艰！如此说来，宗教真的是无情世界里的有情，冷酷人生中的温情，艰难生活中的希望，苦难心灵的叹息，慰藉人们的鸦片。除此而外，普罗民众深入骨髓的苦难还有什么可以宣泄的渠道和地方呢？幸亏我们有了马克思，不仅要解释世界，还要用行动去改变世界。只是要达到这样的清醒，还需要漫长的时日。

四、人的再发现

　　从 14 世纪到 16 世纪，西欧开始了自己历史的转型时期，史称"文艺复兴时期"，这是一个重新发现人的时代，也是一个"冒险的时代"。罗素认为这一时期有两点最重要："教会的威信衰落下去，科学的威信逐步上升"。[①] 伴随着新航路的开辟或称之为地理大发现而引起的资本主义经济的出现、新兴资产阶级的产生，思想领域里的文艺复兴和宗教改革，与教权相争中世俗政权的日趋强大，近代西方进入了新的文明时期。人类社会自此开始逐渐地打破相互封闭、

---

① 罗素. 西方哲学史（下卷）［M］. 北京：商务印书馆，1963：1.

自我隔绝的状态，西方以铁与血的残酷方式开启了世界历史的进程。

（一）文艺复兴

"文艺复兴"是自意大利的佛罗伦萨始，继而扩展到西欧各国的思想文化启蒙运动。表义上是指希腊罗马古典文化的复兴，其实是以复兴希腊罗马古典文化之名，行人文主义之实。人文主义（humanism）构成了文艺复兴的精神动力。当时的学者们通过阐发基督教的传统美德对教会神职人员和世俗贵族的贪婪、奢侈和荒淫进行了深刻的批判。通过吸收基督教中的原始平等观念对西欧封建社会神权和世俗权力中的等级制、特权制进行了批判。

人文主义运动的实质就是以"个体（人）本位"反对"神本位"，反对宗教神学抬高神、贬低人的观点，强调人的价值和人的尊严，高扬人的地位。为此，对基督教倡导的禁欲主义进行了辛辣的嘲讽，追求人生的享乐和个性的解放；反对将幸福安置于虚无缥缈的来世，主张追求现世的幸福和人的自由。同时，反对封建等级制度和观念，主张人的自然平等。其评判的尺度就是以个人为中心，即以个人的意志、欲望和利益对世间万物、万事进行观察、思考和判断，以人的需要为标准而不是以神的旨意为标准作为认定是非曲直、进行价值判断的天平。

其代表性人物有人文主义的先驱——但丁，他的名作《神曲》通过对善恶、美丑的冲突与斗争的描述，对宗教蒙昧主义和禁欲主义的鞭挞，反映了对世俗美好生活的追求。有人文主义之父——彼特拉克，主张要认识自己，人生在世最重要的幸福是现世幸福，他提出：我是凡人，我只要求凡人的幸福。薄伽丘在其代表作《十日谈》中，对封建特权、禁欲主义、神俗组织和人员的残暴与虚伪进行了无情地嘲弄，歌颂现世生活，宣扬社会平等，主张自由爱情。这三位并称为"文艺复兴三杰"。

"文艺复兴运动摧毁了死板的经院哲学体系，这体系已经成了智力上的束缚。……把知识活动看成是乐趣洋溢的社会性活动，而不是旨在保存某个前定的正统学说的遁世冥想。……文艺复兴不是民众性运动；是少数学者和艺术家的运动"。[①] 文艺复兴时期在艺术领域出现了达·芬奇、米开朗琪罗、拉斐尔等艺术大师——文艺复兴艺术三杰，在自然科学领域中出现了既是艺术大师也是伟大的科学家，主张认识要以感觉和经验为起点，科学要通过实验和数学方法进行研究的达·芬奇；向基督教会作为理论支柱之一的托勒密的地心说进行挑战，通过观察与推理，在《天体运动论》一书中提出"日心说"的哥白尼；坚

---

① 罗素. 西方哲学史（下卷）[M]. 北京：商务印书馆，1963：12-13.

持唯物主义和辩证法思想，概括并推进了哥白尼的新发现，被宗教裁判所烧死在罗马鲜花广场的布鲁诺。在政治思想领域里，还有一位毁誉参半的，认为君主在统治时可以不择手段，主张实施"开明君主制"的马基雅维利。设想了一个人人平等、按需分配、信仰自由、没有剥削和压迫的"公有制"社会，从而推出了早期空想社会主义学说第一部杰作——《关于最完美的国家制度和乌托邦新岛的既有益又有趣的金书》即大家熟悉的《乌托邦》（Utopia）——的托马斯·莫尔。还有一位有着类似主张的，将现实的罪恶归结为私有制和个人利己主义的《太阳城》一书的作者——康帕内拉。学界常说的社会主义五百年就是从此时开始的。

在一个需要巨人的时代产生了巨人，文艺复兴就是这样的时代。对于人与自然的认识大门已经开启，在这道曙光面前，一切皆有可能。

（二）宗教改革

人文主义对宗教的批判还没有能够撼动教会的权威，中世纪的欧洲教会的权势如日中天，从天上到人间，渗入了社会生活的每个角落，而它的虚伪与腐败也张扬到了极致。在 16 世纪的德国和瑞士，宗教改革运动达到了高潮，改革的结果不仅是脱离了罗马天主教会，成立了新教。更为重要的是表达和实现了早期资产阶级反封建、反神权的愿望，同时将对上帝的信仰从教会的辖制交给了个人，从外在的权威返回到个人的内心。这其中以马丁·路德和加尔文的宗教改革最具代表性。

路德是个德国人，他的宗教改革核心问题是灵魂如何得救的问题，这也是基督教的中心教义。路德反对教会是沟通人与上帝的中介，反对以童身、守贫等禁欲的方式践行信仰，也特别反对当时的天主教会售卖"赎罪券"（只要向教会缴纳一定数额的钱财，各种罪孽就会得到赦免，并可以领到赎罪券，作为死后灵魂进入天堂的门票）搜刮钱财的做法。路德主张：因信称义。这源于《圣经》中所说的："义人因信德而得生命。"[①] 人人在上帝与《圣经》面前都是平等的，只有信仰才是获救的必要条件。路德认为人具有肉体和精神双重本性，灵魂要想得到拯救只能通过信仰——精神渠道来实现，外在的修行包括购买赎罪券是不能抵达精神领域的。事功只要做到足以抑制情欲的程度就够了。新教教徒对于世俗生活的立场和态度可以从他为自己的儿子写了一首歌中得到反映，歌词中唱道：谁若不爱美酒、女人和歌，他就终身是个大傻瓜。

加尔文出生于法国，他同样主张"因信得救"，反对罗马天主教会的救赎理

---

① 《圣经·罗马书》，1：17.

论，反对教会通过这种方式聚敛钱财。认为事功并不能使灵魂得救，教会和神职人员不能代表上帝，不是人与上帝的中介。人人都可以通过阅读和信仰《圣经》而直接与上帝沟通。他的主要思想是推出了奥古斯丁的"预定论"也称"先定说"。上帝预先就安排好了对人的拯救。这就是说，谁能得到上帝的拯救，谁将被上帝遗弃，取决于上帝预先的拣选。个人的事功和教会的存在都不可能改变上帝的"预定"。即便是这样，人们也不应当放弃现世的努力，而是应当坚信自己是上帝的选民，积极追求事业上的成功。而上帝对于已经拣选的选民，一定会给予充分的支持，事业的成功很可能就是上帝嘉许的助益。后来，韦伯正是从这种困惑中引申出了新教伦理与资本主义精神之间的关联。

"加尔文的信条正适合当时资产阶级中最果敢大胆的分子的要求，他的宿命论学说，从宗教的角度反映了这样一件事实：在竞争的商业世界，成功或失败并不取决于一个人的活动或才智，而取决于他不能控制的各种情况，决定成败的并不是一个人的意志或经营活动，而是全凭未知的至高的经济力量的恩赐"。① 资本主义英雄时期那些清教商人严守清规戒律，勤勉敬业，开拓进取，为了获得被拣选的确信积极热情地工作生活。只有在日常坚持着紧张而热情的工作和生活才能驱散预定论造成的痛苦、无助感和疑虑，获得被拣选的确定感。他们相信这是一种有助于增添上帝的荣耀的真正的基督徒行为，即使失败也可以从中汲取教训，坚持不懈地取得最后的成功，而这种行为已经成为他们的生活方式和生活态度。

路德和加尔文的宗教改革，否定了罗马教会和教皇的绝对权威，肯定了人的世俗生活，鼓励人们用自己的头脑去思考，通过个人内心的信仰以及自己的行为获得权力、财富和地位，实现个人的解放和灵魂得救。这就不仅为资产阶级的商业经营活动和政治斗争披上了宗教的神圣外衣，也为之后的人的主体性的觉醒准备了条件。而另一位来自德国的宗教改革者——闵采尔——则不满足于如此方式的理论与思想上的变革，他相信把天国的构想在人间变成现实的方式是暴力革命，这一点得到了恩格斯的高度评价："正如他的宗教哲学接近无神论一样，他的政治纲领也接近共产主义。"②

路德和加尔文的宗教改革只是在宗教范围内的改革，具有浓厚的反理性反科学的色彩。在对宗教异端的血腥镇压中，在对哥白尼"日心说"的恶毒诅咒

---

① 马克思恩格斯选集：第3卷［M］. 北京：人民出版社，1995：706-707.
② 马克思恩格斯选集：第2卷［M］. 北京：人民出版社，1995：248.

中，在将发现了人体血液循环的塞尔维特送上火刑架的烈焰中，他们标榜的宗教信仰自由就已经破产了。"的确，路德战胜了虔信造成的奴役制，是因为他用信念造成的奴役制代替了它。他破除了对权威的信仰，是因为他恢复了信仰的权威，他把僧侣变成了世俗人，是因为他把世俗人变成了僧侣。他把人从外在的宗教笃诚中解放出来，是因为他把宗教笃诚变成了人的内在世界。他把肉体从锁链中解放出来，是因为他给人的心灵套上了锁链"。① 文艺复兴与宗教改革并没有从真正意义上完成新兴的商业资本的要求，这种旧瓶装新酒的做法也难以实现哲学思想彻底的变革，不久后自然科学方面的划时代成就和主体性觉醒了的哲学一同开启一个近代的理性之光，并在德国人思辨的头脑中达到了巅峰。

---

① 马克思恩格斯选集：第 1 卷 ［M］. 北京：人民出版社，1995：10.

第七讲

经验与理性

近代西方哲学秉承着文艺复兴时期反对神学的态度和人文主义张扬的人本精神的气度，感受着地理大发现、新航路开辟带来了先进的资本主义生产方式引起的大变革，汲取着以伽利略、开普勒、牛顿为代表的自然科学神奇发展提供的新知识，以理性主义、经验主义和科学主义的立场，在人的主体性觉醒的基础上，从对人的理性认识能力的批判出发，不仅关注认识论和自然哲学的命题，而且关注本体论问题，并努力地将这两个方面结合起来。

哲学是黄昏起飞的猫头鹰。近代西方哲学的典型特点是"反思"，是对"认识的认识"，"对思想的思想"。与以往时代不同的是近代哲学高扬了人的主体性，并对人的认识活动本身进行深刻的反思与诘问，不仅要思考知识是如何获得的，还要追问所获得的知识是否是正确的，这就为哲学研究带来了认识的转向，即认识论的转向，这一转向是服务于思维与存在的同一性问题的。

一、经验论与唯理论

近代哲学的发展受到近代自然科学发展的强烈影响，从哥白尼的太阳中心说到牛顿创立的经典物理学体系。物理学的发展改变了人们对于自然与人的关系的认识，人既不是上帝的杰作和宠儿，也不是宇宙的中心，人只不过是宇宙中的一个偶然。"人要求成为宇宙中心的权利失去了它的基础。人被置于一个广大无边的空间之中，在这种空间中他的存在似乎处在一种孤独的尽头"。① 但这同时给人带来了另一种可能，那就是人们从此摆脱了宗教和愚见为人设定的界限，从而有了开放的视界和自由思考的无限可能。"无限的宇宙并没有给人类理性设置界限，恰恰相反，它会极大地激发人类理性"，② 因为科学的辉煌胜利使人的自尊复活了。重新来思考"人是什么"这一核心问题。

---

① 恩斯特·卡西尔. 人论 [M]. 甘阳，译. 上海：上海译文出版社，2004：20.
② 恩斯特·卡西尔. 人论 [M]. 甘阳，译. 上海：上海译文出版社，2004：23.

在思考人的认识对象即自然时，近代哲学与希腊哲学产生了方法和立场上的不同：希腊哲学以客体为原则，并没有将关于自然的知识与自然本身区别开来，他们认为思维与存在是直接同一的。近代哲学则是以主体为原则，已经自觉地意识到人的认识对象与认识结果即知识之间存在着差异，自然具有自在性，知识具有主体性，用今天习惯的表述就是，自然是客观存在的，人的认识及其内容是具有主观性。那么，人是如何认识自然的？如何获得关于自然正确的认识？如何保证知识的客观性？怎样才能证明知识的确定性即认识的正确性？换句话说就是，希腊时期哲学家们关注的是：其一，我们是怎样获得关于世界的知识的？其二是人的知识（认识结果）与世界（认识对象）的关系是怎样的？近代西方哲学关注的是：一是思维是如何认识存在的，即知识的来源问题，正确的知识的源泉是感官感觉还是理智的思考。二是知识确定性的基础是什么，即知识的证明问题。知识的证明问题又包含着两个方面的内容，第一个是知识是否具有真理性？第二个是如何证明知识的真理性。这里所说的"确定性"是指知识的普遍性和客观性。围绕上述问题，伴着"主体性的觉醒"，近代哲学形成了两大不同的派别：经验论与唯理论（也被称为经验主义和理性主义）。其渊源可以追溯到古希腊的柏拉图与亚里士多德之争，中世纪的唯实论与唯名论之争，唯实论是中世纪的"理性主义"，唯名论是中世纪的"经验主义"。

（一）英国经验论

由于持经验论立场的哲学家们主要来自英伦三岛，所以人们习惯上把经验论称为英国经验论。代表人物有具有唯物主义立场的培根——他是经验论的开局之人，提出了"知识就是力量"这一著名口号，这句话在 20 世纪 80 年代几乎成了中国学校里所有教室里的标配。关于人的认识，培根认为认识源于感觉经验，提出了著名的"四假相说"即"种族假相""洞穴假相""市场假相""剧场假相"，以此分析了产生错误认识的根源。主张运用以科学实验为基础的归纳法——新工具——来获得真理性的认识。他的《政治和伦理论说文集》（中译本《培根论说文集》）在 20 世纪 80 年代的大学生中风靡一时，成为大家争相传阅和摘抄的对象，不会说几句培根的名言，女朋友恐怕都看不上你。

第二位是霍布斯。他系统化了培根的唯物主义，创立了一个完整的机械唯物主义体系。不过，大家更为熟悉的是他的政治哲学思想，其名言"人对人像狼一样"就出自《利维坦》这部著作，"利维坦"是《圣经》中描述的强大无比的海兽，它不需要神的指导，而是按照自己的意志制定法律、判定善恶，能使一切匍匐于自己巨大的威力之下。将国家以及类似的社会机构、社会组织比喻为怪兽，绝不是头脑发热，在现实社会里，每个人在自己的一生中都可能被强大的组织或体制所左右，被动地甚至是毫无意识地听从于组织的安排与支配，囿于体制的束缚。曾记否，坊间大家熟悉的一句话就是：服从组织安排。他所提出的以人性论、自然法和社会契约论为基础的国家学说使得他成为近代政治哲学的奠基人。

第三位是洛克，他将经验论打造成了完整的理论体系。关于认识的来源问题，他的解决办法就是"白板说"——心灵原本是一张白纸，知识源于经验，我们全部的知识都是由经验得来的。在政治思想上，洛克提出了著名的"三权分立"学说。近代的思想家们已经认识到国家和法律秩序不是由上帝创造的"自然秩序"的一部分，人才是法律的制定者和政治权力的根源。为了保证政府能有效地保护订约者的自然权利（包括生存权、自由权和财产权，这三种权利是不能转让的、在自然状态下赢得的基本权利，这是基本的公众福利），洛克提出将政府的权力分为三种——由不同机构分别掌握和行使的立法权、行政权和外交权。① 后来，孟德斯鸠修正为立法权、行政权和司法权即审判权。只有这样才能保证社会契约、公意的有效遵守和施行，防止专制政体对人权的侵害。洛克在《政府论》中倡导的"理性""自由""平等""天赋人权"等原则使其成为近代启蒙思想的伟大先驱。"三权分立"的自然人性预设是人性恶，虽然站在马克思主义的立场上，我们常常不会赞同关于人性善恶的分析范式，但从社会规则或制度设计有效性的角度，立足人性恶而不是善，或许是更为冷静和实用的考虑。

经验论的阵容中还有具有唯心主义立场的贝克莱和休谟。贝克莱的思想可以用他的这样几个观点来描述：第一，物是观念的集合；第二，观念的存在就在于被（自我）感知；第三，存在就是被感知。在这样的立场上，很容易否认世界万物存在的客观性。由于这些思想散发着浓烈的主观唯心主义气味，所以贝克莱往往被人们所诟病。然而，他的思想对哲学特别是认识论问题的冲击是强烈的。继希腊智者学派的普罗泰戈拉提出"人是万物的尺度"后，贝克莱把人的主观感觉推向极致的同时，也使人们再次意识到，是人在认识，认识活动的主体是人，知识的起点必须是感觉经验，人们对于客观事物的认识离开了感觉经验是无法成立的。换言之，如果人没有感觉到，就不可能认识，甚至连这个事物是否存在也无法确定。感觉经验是认识之始。贝克莱的观点还触及一个更为深刻的问题，人的对世界的认识，不仅是人类认识活动的产物，而且人是

---

① 参阅约翰·洛克. 政府论 [M]. 杨思派，译. 北京：中国社会出版社，2009：236-238.

用自己的方式认识世界并表达这一认识的，也就是说，人的认识结果并不等同于认识对象，它是主观精神、人的思想认识的产物。有人常常把贝克莱的观点与中国古代禅宗的慧能，心学的王阳明相提并论，其实他们的思想旨趣有着很大的不同。慧能所代表的禅宗的任务是要完成佛教的中国化，或者说儒学化。为此，要简化佛教修行中的繁文缛节、清规戒律；要重在内心的感悟，而不是外在的修行，一物是什么不重要，重要的是你内心的体验与感悟。所以才说既非幡动，亦非风动，仁者心动。所以才说顿悟、立地成佛、见性成佛，才说一念悟则佛，一念迷则众生，从而实现般若波罗蜜——智慧到达彼岸。王阳明的"心外无物"同样注重的是修身功夫，与西方哲学所谈论的认识论问题有着目的性的差别。君子要格物致知、诚意正心、修身齐家治国平天下，修身为要。修身的关键是自觉，是主体意义上的自觉。修身后才能明明德，明明德后才能为家族、社稷、天下作贡献，才可以成圣。

休谟坚持了彻底的经验主义立场，他认为一切知识只能来源于感觉经验。他说："我们的观念超不出我们的经验。"① 第一，休谟认为感觉不到的东西是否存在，我们无法回答，因为我们对此一无所知，我们不能说它不存在也不能说它存在。由此避免了贝克莱被诟病的尴尬——当你感觉不到某物时，难道就不承认某物的存在吗？休谟在这一点上比贝克莱要高明。第二，休谟在坚持知识只能来源于感觉经验的立场的同时，提出我们的知识只能建立在从感觉经验中获得的观念的基础上，至于这个观念是否正确，是否与认识对象相符合，我们无法得知。因为经验的重复性并不可最终证明知识的可靠性即确定性。这实际上就留置了一个问题，那就是使得如何证明知识的正确性成为不可能。由此，休谟实际上把知识的来源问题就转换成了知识的证明问题。第三，休谟在坚持一切知识来源于感觉经验的同时，对于感觉经验是如何产生的问题上，采取了存疑的态度。之所以有如此立场的原因，一是当把经验论原则贯彻到底时，在逻辑上就必然无法回答感觉的来源问题。就是说，感觉经验是不能自己证明自己的，不可能超出自身去证实自己的来源。这个问题的回答——即感觉经验如何证明自己——需要哲学新的转向，这个转向是由马克思完成的，这是后话。二是当时的自然科学之水平还没有能力对人的认识活动的内在机理，对于人脑思维活动的内在机理做出科学的回应。休谟的上述立场就导向了在认识问题上的怀疑论，怀疑我们能否获得关于事物的正确认识，怀疑我们的知识与认识对象间存在内在关联的可能，甚至会怀疑到认识活动自身。我们习惯上把这种立

---

① 休谟. 自然宗教对话录［M］. 陈修斋，曹棉之，译. 北京：商务印书馆，2009：18.

场称之为不可知论，更确切地说是怀疑论。实际上彻底的不可知论在逻辑上是不成立的，如果认识的前提是不可知，那么这个前提是如何得到的，怎么在不可知的前提下认识到不可知。即如果不可知，你怎么可能知道不可知。第四，休谟看到了人的认识及其结果与认识对象即客观事物不是一回事，思想、知识、观念不过是人的思维或心理活动的结果，知识与客观事物——人之外的事物——是不同的。这一点突出地表现在休谟对于因果关系观念的颠覆：他认为因果关系既不是客观的，也不具有必然性。不是客观世界的事物具有因果关系，而是我们的思维习惯将客观世界先后出现的事物赋予了因果联系。休谟在这里实际上把因果关系从一种客观世界中存在的必然性规则转换成为一种人的主观思维的规则。这一思维方式对于康德的影响是巨大的。说明一下，休谟把人的知识分成了两类，一类是关于观念之间关系的知识；一是关于外在事实的知识。其中观念之间的知识与客观事物无关。关于外在事实的知识只能来源于感觉经验。

休谟的思想在认识论上的意义在于质疑了独断论（唯理论）的逻辑前提；提出了认识问题不仅包括知识的来源问题，还必须包括知识的证明问题；指出了仅凭感觉经验和归纳推理是不能获得具有普遍必然性的知识的；意识到了人的认识结果与认识对象之间存在的差异，它们并不是同一个东西；由此触及了人的认识活动的内在机制或说是图式问题，即人是用自己的方式认识世界，并以自己的方式表达认识的结果的。当休谟说"习惯是人生的伟大指南"时，不仅对于归纳法进行了批判，揭示了以经验为基础得到的知识，运用归纳推理难以保证结论的正确性，而且开启了对人的认识活动的生理和心理机制进行科学研究的必要与必须，对于人的认识活动自身的认识仅仅靠哲学是不够的。我们常说要睁开眼睛看世界，现代眼科学已经证明眼睛反映给大脑的世界是一个颠倒的世界，只是我们生来如此，所以早都习惯了，甚至从来都没有怀疑过自己的眼睛。当然被人欺骗后，痛悔自己瞎了眼、看错了人是另外一回事。

经验论学者在认识论问题上的主要思想及其逻辑是这样的：受近代自然科学认识和研究方法的影响，他们从实验科学出发，认为人所获得的所有知识都来源于人的感觉经验，观察和经验是一切知识的基础和前提，通过纯粹的思考是不能获得关于现实世界的知识的，对于具有普遍必然性的知识的获得是通过对感觉经验所获得的个别知识的归纳概括出来的，这个方法培根称之为经验归纳法。按照逻辑学的传统观点，归纳法即归纳推理是以个别性知识为前提推出一般性结论的逻辑推理方法。它的前提是关于个别事物或现象的判断，结论是关于该类事物或现象具有普遍性、必然性的判断。比如：

铁是导电的，

铜是导电的，

铅是导电的，

……

所以，金属都是导电的。

又：

镐京的乌鸦是黑的，

北京的乌鸦是黑的，

南京的乌鸦是黑的，

……

所以，天下乌鸦一般黑。

在第一个归纳推理中，由于金属种类的有限性，我们可以分别测定和列举所有的各类金属，最终证明它们都是导电的。在第二个推理中，我们不可能观察到所有的乌鸦，一旦发现一只灰乌鸦，我们只能说大多数乌鸦或者说有的乌鸦是黑的。也就是说第二个推理是无法得出全称判断的，只可能是特称或单称判断。这实际上涉及归纳推理能否保证知识的确定性问题，也就是从个别的前提中能否得到一般性的结论。由于归纳推理的结论超出了前提所断定的范围，因此，在归纳推理中前提与结论之间的联系就不一定是必然的，而是具有或然性的。

为什么通过归纳难以保证知识的确定性呢？因为归纳法要保证结论的正确性，就要努力穷尽所有的前提，实际上这是做不到的，这样知识确定性的问题就受到了怀疑。另外，每个人的感觉经验具有差异性，导致感觉经验具有个体差异性、不准确性、不可靠性。同样一盆水，是热还是凉，不同的人感觉会有不同；同一个人以身体不同的部位去接触感觉也会不同。所以，归纳推理很难提供具有普遍性、必然性的知识。由此可以看出，归纳法可以提供新知识却无法保证知识的普遍性。

人类认识世界需要得到的是具有普遍必然性的知识，即真理（真理性的知识一是要具备普遍必然性，二是要具有发展性）。只有这样的知识才能够指导人们的活动，才能够构成知识的大厦，才是有价值的。如果人在不停地进行着认识活动，却始终无法证明认识结果即知识的确定性，那么，不仅认识的结果和内容会失去意义，认识活动本身也会失去意义。比如：

你在干吗？

我在观察这个蚂蚁。

你看到了什么？

我看到它在搬运食物。

你看到的是真的吗？

我也……

那你还观察什么？

……

另外，人之外的事物与人之间，特别是与人的认识之间究竟是什么关系？爱因斯坦曾经向他的学生发出这样的一个提问：你相信不相信，月亮只有在你看到它时，它才是存在的。这说明或暗示了什么？

（二）大陆唯理论

持唯理论立场的学者基本上都在欧洲大陆，所以习惯上称之为大陆唯理论。唯理论的主要学者有三位：笛卡尔、斯宾诺莎和莱布尼茨，其最著名的代表人物是那个提出"我思故我在"（这一思想的先驱是奥古斯丁）的笛卡尔。如果说近代哲学标志着"主体性的觉醒"，那么它的创始人就是法国的笛卡尔。"主体性的觉醒"的表现就是与16世纪虔诚信仰不同，怀疑精神与批判精神构成了17世纪的时代精神，哲学进入了一个普遍怀疑的时代，无论是经验论还是唯理论，都是从怀疑开始了自己的哲学。其实无论是哲学还是其他学科，理性的批判与怀疑是知识或者科学的内在属性。科学的本质就是创新，离开了批判与怀疑，科学就失去了前进的可能，就可能沦为宫廷游戏或御用工具。

笛卡尔一生都在致力于去读"世界这本大书"，他从普遍怀疑开始，对一切事物或知识都进行了怀疑。经过普遍怀疑之后——分别怀疑了一切感性经验，怀疑自然中的一切事物，怀疑数学和其他一切科学，怀疑上帝，甚至怀疑自己身体的各个感官——笛卡尔认为，当我对所有的事物进行怀疑之后，除了"世界上根本没有什么可靠的东西"这句话是真实的以外，还有什么真实可言呢？那就是"不能没有'我'呀！无论我在怀疑，我在受骗，都必须有一个正在怀疑、正在受骗的'我'存在呀！"[1] 也就是说，"我正在怀疑"，这个事实本身不能怀疑，而怀疑一定要有一个承担者。因为即使我对"我正在怀疑"进行怀疑，恰恰说明怀疑是存在的。怀疑作为一种思想活动必须有一个能够进行或正在进行怀疑的东西，这个东西就是"我"。

笛卡尔之所以去寻找不证自明的无可置疑的知识基础——"我思"——理智直观，是为了以此为出发点，获得不证自明的天赋观念。笛卡尔认为哲学或

---

① 笛卡尔. 第一哲学沉思集［M］. 庞景仁，译. 北京：商务印书馆，1996：23.

形而上学是一切知识的基础，为此，哲学应当像数学（他认为数学是科学的典范）那样，从基本的初始原理即公理出发，通过演绎推理系统地推导出其他一切原理。比如：

　　大前提——在平面几何中，三角形内角之和 180°

　　小前提——它是个三角形

　　结　论——所以，它的内角之和是 180°

笛卡尔用"我思故我在"这个命题确立了理性的地位，一切都可怀疑，但"我思"不可怀疑。这样，一方面为哲学寻找到了一个无可置疑的逻辑前提，另一方面确立了哲学的主体是进行着"我思"的抽象思维主体，从而确立了近代哲学的主体性原则。笛卡尔实际上是从方法论角度开始的思考，通过对以往人们获取知识的方法和原则进行了怀疑，提出只有通过理性直觉和演绎推理——新方法——才能获得科学性的知识，只有理性才是判断一切知识的依据——既是知识的来源，也是保证知识确定性的根据。不过，康德认为，笛卡尔将"我思"看作思想实体在逻辑上犯了偷换概念的错误。康德指出，笛卡尔的"我思"是一个逻辑主体，而不是一个可以独立存在的实在主体。

笛卡尔将自我、理性的原则置于哲学的首位，就为近代哲学奠定了主体性原则、反思性原则和理性主义原则，"他的'普遍怀疑'精神动摇了宗教信仰的基础，他的'我思故我在'命题奠定了唯理论认识的基石，他的方法论原则为人们认识和发现真理开辟了道路，他的二元论世界观使人们对于物质和意识的对立有了明确的意识"①，黑格尔称他"是近代哲学真正的创始人"。②

第二位，斯宾诺莎。荷兰哲学家，大陆理性主义的著名代表。罗素对他的人品评价很高，认为他是"伟大哲学家当中人格最高尚、性情最温厚可亲的。按才智讲，有些人超越了他，但是在道德方面，他是至高无上的"。③ 他的哲学思想具有浓厚的伦理学色彩，哲学思考的根本目的是为了实现人的自由与幸福，达到至善和神人同一的至上境界。其"哲学体系由本体论、认识论和伦理学三个部分构成，其中本体论是基础，认识论是手段，伦理学则是最高的目的。"④ 斯宾诺莎把笛卡尔创立的唯理论推向了系统化，并且以实体一元论来克服笛卡尔的二元论思想。斯宾诺莎的实体包括思想和广延（自然性）两个方面的属性，

①　刘自觉．近代西方哲学之父——笛卡尔 [M]．合肥：安徽人民出版社，2004：273.

②　黑格尔．哲学史讲演录：第 1 卷 [M]．贺麟，王太庆，译．北京：商务印书馆，1978：69.

③　罗素．西方哲学史（下卷）[M]．北京：商务印书馆，1963：99.

④　张志伟．西方哲学十五讲 [M]．北京：北京大学出版社，2004：219.

实体与其属性是同一的。这就把对于实体与属性之间关系的对立性从极端对立转换成为"把存在理解为对立面的统一"①。任何事物内部都包含着对立，是对立统一而不是非此即彼。斯宾诺莎这一思想所包含的对立统一方法可以从以下这句话里细细体会："上帝以其存在的无限而是绝对的他者，但它在自己的结果中对世界、对我们都是在场的"。② 他认为自由是对必然性的认识，只有认识了必然性和遵循必然性，才是自由的。用今天的话就是，自由在于对客观必然性的认识和把握。（当然如何认识、怎么把握，是在思想认识中实现认识和把握还是在行动中实现认识和把握，或者是在思想认识指导下的行动中实现认识和把握，这是后话。）这些思想不仅影响了黑格尔，而且也为唯物主义者所认同。为此，黑格尔给予他有很高的评价，"斯宾诺莎是近代哲学的重点：要么是斯宾诺莎主义者，要么不是哲学"。③

第三位，莱布尼茨。德国哲学家和科学家，大陆唯理论的完成和系统化者，但也表现出综合经验论和唯理论的倾向。他在人品上是被诟病的，在哲学思想上却很重要。"莱布尼茨是一个千古绝伦的大智者，但是按他这个人来讲却不值得敬佩。"④ 他与牛顿各自创立了微积分，提出了二进位制（据考证，这一思想受到周易的影响；据说他曾经向康熙皇帝提出申请要加入中国籍），是现代计算机的思想先驱。他在逻辑学方面还提出了"充足理由律"。对哲学略知一二的人，大都听说过他的一个命题：世界上没有两片完全相同的树叶，也没有两片完全不同的树叶。莱布尼茨在世界万物的本原（实体）问题上提出了著名的"单子论"，尝试解决机械唯物主义实体学说的理论矛盾，并试图用辩证法解决单子的连续性和差异性（可以引申理解为一般和个别的关系，如他的"树叶论"）的对立，以实现两者的统一。在认识论上，他坚持了彻底的先验论立场，他认为人与动物的区别就在于理性与经验的区别，一切思想与观念都是天赋的，真理是从一些不能证明、也不需要证明的先天的观念、原则演绎出来的知识，这样的真理才具有普遍性和必然性。从经验出发通过归纳形成的知识不具有必然性。"莱布尼茨哲学在西方哲学史上具有极其重要的历史地位。在他之后，沃

---

① 黑格尔. 哲学史讲演录：第1卷［M］. 贺麟，王太庆，译. 北京：商务印书馆，1978：109.

② 卡尔·雅斯贝尔斯. 大哲学家（下）［M］. 李雪涛等，译. 北京：社会科学文献出版社，2012：646.

③ 黑格尔. 哲学史讲演录：第1卷［M］. 贺麟，王太庆，译. 北京：商务印书馆，1978：111.

④ 罗素. 西方哲学史（下卷）［M］. 北京：商务印书馆，1963：114.

尔夫将他的哲学进一步系统化为独断论的形而上学体系，长期统治着德国哲学界，史称'莱布尼茨—沃尔夫哲学'"。①

唯理论学者在认识论问题上的主要思想及其逻辑是这样的：他们崇尚理性原则，认为感官感觉具有欺骗性，从感觉经验中获得的知识是不可靠的，只有不依赖于经验而得到的理性认识才是具有确定性的确凿的知识。只有从先天的、无可否认的、不证自明的公理出发，通过严密的演绎推理，才能获得具有普遍必然性的知识，从而建立起坚实可靠的知识体系。演绎推理是从一般到个别的推理。就是从一般性的前提（关于某类事物或现象具有普遍性、必然性的判断）出发，通过推导即"演绎"，得出具体陈述或个别结论（关于个别事物或现象的判断）的过程。演绎推理中，推论前提与结论之间的联系是必然的。其典型形式是"三段论"。比如：

大前提：金属都是导电的

小前提：铁是金属

结　论：所以，铁是导电的

又如：

大前提：一切反动派都是纸老虎

小前提：美帝国主义是反动派

结　论：所以，美帝国主义是纸老虎

由于演绎推理中，前提和结论之间具有必然联系，所以得出的结论就具有了确定性——普遍性和必然性。只要推论的前提是正确的，一般地都能够保证结论的正确性。问题是如果拒绝了感觉经验，推论的前提是如何得到的，即你怎么知道"金属都是导电的"。你怎么知道"在平面几何中，三角形内角之和180"。唯理论的回答是天赋的——是先天就有的，或者是上天赋予的，也可能是理性自明的。请不要再追问下去了，如果你还要追问：是如何先天就有的，是如何从上天赋予的，理性是如何自明的，那么唯理论如何回答呢？笛卡尔的回答是依靠"理性直观"。又要追问了：理性直观的能力是如何得到的？人在认识中又是如何运用理性直观能力的？（理性如何直观？理性直观如何获得不证自明的前提性知识？）唯理论在这样的追问下，恐怕要凉凉了。追问还没有完。抛开推论前提的来源不讲，如果前提是正确的，那么，演绎推理可以保证结论的正确性。但是，如果前提不正确呢？比如：

大前提：世界上的男人没有一个好东西

---

① 吴仁平，彭隆辉. 欧洲哲学史简明教程［M］. 北京：中央编译出版社，2012：284.

小前提：他是个男人

结　论：所以，他不是一个好东西

这是曾经受到了怎样的挫折和痛苦才得到了这样刻骨的却是偏执满满的感悟。每当在课堂上讲到这一推论，班里的女生都莫名地兴奋。可惜她们没有意识到这样的推理同样可以轻而易举地让她们也变成"不是什么好东西"。

由于唯理论完全忽视了观察和感觉经验在人类获得知识过程中的基础性和前提性作用，一味地指责感觉经验的不可靠性，这样就使得知识的来源成为不可能。逻辑推理的前提——不证自明的知识——成为了无源之水、无本之木。最后，关于"不证自明"的知识的获得即来源只能借助天赋，这不过是回到了柏拉图的路线上了。同时，人的理性认识能力是如何产生的？唯理论同样无法回答。所以说，由于唯理论在认识问题上的先验论立场，使得他们完全否认感觉经验在认识中的作用，这就使得人的认识成为无源之水，理论的前提成为空穴来风。尽管他们看到了认识主体的认知方式即理性思维在认识中的作用，却把它先验化了，于是人的理性认识能力就先于客观事物，先于人的实践经验，这在认识问题上就陷入了唯心主义。

而经验论在反对天赋观念的同时，将感觉经验的作用扩大化了，这就产生以下的后果：一是无法保证感觉经验所获得的知识的正确性，二是无法证明个别的、具体性的认识通过归纳法如何可以上升为一般性的认识、进而如何保证知识的正确性（因为经验的重复性并不能证明知识的可靠性），三是无法科学地说明感觉经验是如何产生的，四是无法科学地说明感觉经验是如何形成知识的。经验论的感性直观（以白板论为典型）把人的认识看成是对外界事物刺激作用于人的感官，是认识客体直接映射在人脑中形成的直观、被动的反映，完全忽视了人在认识活动中的主动性。贝克莱看到了这一点，因此，强调了人的认识的主体性，却又否定了认识对象的客观性和知识内容的客观性。休谟的怀疑论在捍卫经验论立场的同时，又割裂了人的认识与客观世界的实在联系，当然，也从反面提出了知识的证明问题。经验论坚持到底就一定是要从不彻底的唯物主义滑向主观唯心主义。

在理解近代西方哲学时，要看到他们在方法论或者说思维方式上存在的缺陷，即后来黑格尔所说的形而上学的思维方式，这种思维方式在认识问题时采取的是非此即彼的方法和立场，即当承认一事物为 A 时，它就不是非 A；当承认一事物为非 A 时，它就不是 A；只能是非此即彼，绝不可能是亦此亦彼。这种思维方式本来是人们认识和判定事物时需要遵循的逻辑的格，只有这样才能保证思维的一致性，只有这样人们才能判定一事物是该事物而不是他事物，才能对各种事物进行分门别类。但这种思维方式在对待存在着矛盾或对立的事物时，就出现了能力不足的问题。经验论与唯理论在认识问题上非此即彼的思维方式，使得他们很难接纳对方的立场和观点，经验论最终一定要走向怀疑论，过分地贬低理性的作用；唯理论最终一定会走向独断论，过分地夸大理性的作用。人的认识活动本来就包含着感性认识和理性认识活动。那么，感性经验与理性认识是怎样的关系？怎样通过经验与理性获得正确的知识？如何证明知识的确定性？仅仅依赖于认识本身（经验也好，理性也罢）如何完成知识确定性的证明问题？这些追问在经验论和唯理论那里已经成为死结，需要立场和方法上全方位的突破，需要哲学思维范式的革命。

二、法国启蒙思想

当17世纪英国的"光荣革命"以英国资产阶级与封建贵族的妥协宣告英国资产阶级革命的终结后，欧洲革命的中心转移到了法国，"18世纪成为一个以法国为主角的世纪"①，法国的革命者们担负起了近代欧洲反封建反宗教的历史使命。以1789年攻打巴士底狱为标志开始的法国大革命"是完全抛开宗教外衣、在毫不掩饰的政治战线上作战的首次起义；这也是真正把斗争进行到底，直到交战的一方即贵族被彻底消灭而另一方即资产阶级完全胜利的首次起义"②。然而，没有18世纪的法国启蒙运动就没有法国大革命，换言之，法国启蒙运动为1789年的法国大革命做了直接的思想与理论的准备。

（一）启蒙主义思想

进步和理性是启蒙运动的两个关键预设。法国启蒙运动"在经济领域中的主要口号是自由放任——让人民做他们愿意做的事，让自然界自然地发展。……在宗教方面，主要口号是'砸烂可耻的东西'，即消灭宗教的狂热和不容异说。……在政治方面，哲人们也有一个关键性的词语——'社会契约'"。③ 启蒙运动的思想家们主要围绕着社会政治问题进行讨论，这一时期的代表人物伏尔泰、孟德斯鸠、卢梭和"百科全书派"的学者，他们以自由、平等、博爱为武器，提倡理性、科学和进步，反对封建专制、宗教迷信、权威和愚昧。他们的论证通常以"自然法理论"为基础，基于"自然状态"和"社会

① 马克思恩格斯选集：第3卷［M］.北京：人民出版社，1995：700.
② 马克思恩格斯选集：第3卷［M］.北京：人民出版社，1995：710.
③ 斯塔夫里阿诺斯.全球通史——从史前史到21世纪（下）［M］.北京：北京大学出版社，2006：517-518.

契约"两个基本概念，研究人类社会的演变，对人类社会进程中的制度构成与属性进行分析，批判现存的社会制度，试图提出或构建一种合理的社会政治制度。他们认为："一种社会政治法律制度，只有符合人性，以自然法为依据，才是好的合理的社会制度"。① 不过在最终的制度选项上，他们是有很大的差别的，如霍布斯就推崇中央集权制，卢梭则鼓吹民主共和国。启蒙运动的早期有贝尔以怀疑论为武器，反对宗教神学。梅利叶以唯物主义立场，用战斗的无神论批判宗教和教会，提出了主张"人人天生平等"的空想社会主义思想。

伏尔泰——作为 18 世纪法国启蒙运动的领袖——继承了法国怀疑论的传统，批判宗教神学和唯心主义形而上学；继承了洛克的经验论和牛顿的物理学，论述了以自然神论为表现形式的唯物主义思想。作为"法国的良心"，还有一说是"欧洲的良心"，伏尔泰最精彩的思想是有着唯心主义立场的社会政治思想。他认为人类历史就是理性与宗教的斗争史。自由是人类的特权，包括人身自由、言论和出版自由、信仰自由和财产自由。其中，人身自由是全部自由的基础，财产自由即财产私有是最根本的自由，还应享有"用笔向国家提意见的自由"——言论和出版自由，而信仰自由可以带来宽容。他有一句名言："我并不同意你的观点，但是我誓死捍卫你说话的权利。"（一说认为伏尔泰并没有说这句话，而是 Evelyn Beatrice Hall 于 1906 年出版传记《伏尔泰的朋友们》中表达伏尔泰主张时所整理的。）这成为捍卫"言论自由"标志性的符号。他认为"人们本质上是平等的"，要求人人享有"自然权利"。他主张人人在法律面前平等，但又认为财产权利的不平等是不可避免的。伏尔泰推崇中国文明，他根据元杂剧《赵氏孤儿》的法译本，写了一部悲剧《中国的孤儿》，赞扬了中华民族的智慧和德行，他欣赏中国孔子，因为孔子是用道德的说服力来影响别人，而不是用宗教的狂热和个人崇拜。②

孟德斯鸠。最重要的著作是《论法的精神》（严复译为《法意》），该书对中国早期的资产阶级民主革命产生了很大影响。孟德斯鸠认为法的基础是自然法，"法的精神"的核心要求是理性，理性法则是各种法的基础和事物的根本原因。他认为，"法的精神"与法律和政体间的关系，与各国的自然地理环境，与各国人民的生活方式都有密切的相关性。在分析了历史上的共和政体、君主政体和专制政体后，他认为共和政体、君主政体都是合理的政体，专制政体则是不合理的政体。孟德斯鸠提出要建立一个政治自由的国家，对于自由他是这样

① 张志伟. 西方哲学十五讲 [M]. 北京：北京大学出版社，2004：265.
② 参阅伏尔泰. 路易十四时代 [M]. 王晓东，译. 北京：北京出版社，2007.

解读的：“政治自由绝不意味着可以随心所欲。在一个国家里，即在一个有法可依的社会里，自由仅仅是做他应该想要做的事和不被强迫做他不应该想要去做的事”。“自由是做法律所许可的一切事情的权利；倘若一个公民可以做法律所禁止的事情，那就没有自由可言了，因为，其他人同样也有这个权力”。① 他反对以思想、言语和文学治罪。他认为要实现政治自由，首先是防止权力的滥用。“自古以来的经验表明，所有拥有权力的人都倾向于滥用权力，而且不用到极限决不罢休。……为了防止滥用权力，必须通过事物的统筹协调，以权力制止权力。我们可以有这样一种政治体制，不强迫任何人去做法律不强制他做的事，也不强迫任何人不去做法律允许他做的事”。② 由此，他提出了权力分立，相互制衡的思想。立法权由人民集体享有，行政权由君主掌握，司法权由法院行使，这方面的观点与洛克有所不同。立法权、行政权和司法权必须分开，相互独立，相互制约，保持平衡，才能建立起政治自由的国家，否则就是专制政体。“立法权和行政权如果集中在一个人或一个机构的手中，自由便不复存在。……司法权如果不与立法权和行政权分置，自由也就不复存在。……如果由同一个人，或由权贵、贵族或平民组成的同一个机构行使这三种权力，……那就一切都完了”。③ 孟德斯鸠认为地理环境对一个民族的性格、风俗、道德和精神面貌及其法律性质和政治制度具有决定性的作用，其中气候的影响作用最大。

卢梭。他一生中撒过谎，行过骗，调戏过妇女，偷过东西，吃过“软饭”，还有偷窃的习惯，甚至抛妻弃子。这些在他的《忏悔录》一书中都有精彩的描述。或许，一个拥有伟大思想的人其伟大之处可能仅仅只在于他有着伟大的思想，在更多的方面，在日常生活中，他只是一个人，只是一个有着普通人都有的众多毛病的普通人。在这一点上，卢梭可能更甚。人们常常认为一个有积极影响力的人应当德才兼备，并以德性作为评价一个人的首要尺度，但很可惜真实的历史上这样的人往往寥寥无几，圣人是即使五百年也未必能出现的。然而，卢梭是法国启蒙运动中最激进的思想家，社会政治学是他在哲学上的主要贡献。不过，在教育学方面，他的著作《爱弥儿》与柏拉图的《理想国》、洛克的《教育漫话》并称为世界三大教育经典，这本书曾让康德不忍卒读，以至于中断了十几年风雨无阻的每日固定时间里在菩提树下的散步。

“卢梭是对社会罪恶和封建奴役愤然提出控诉的人，他指出，经济的繁荣和

① 孟德斯鸠. 论法的精神（上卷）［M］. 许明龙，译. 北京：商务印书馆，2012：184.
② 孟德斯鸠. 论法的精神（上卷）［M］. 许明龙，译. 北京：商务印书馆，2012：185.
③ 孟德斯鸠. 论法的精神（上卷）［M］. 许明龙，译. 北京：商务印书馆，2012：186-187.

科学的发达，并没有给人类带来幸福，而人类为这些成就所付出的代价却是自由和道德的沦丧。"① 他认为自由和平等是人的自然权利（国内往往翻译为"天赋人权"，而且是由"天"所赋）。要注意，在人类充满血腥的进化历史上有没有过自由和平等是一回事，在法理上应不应该享有自由和平等又是另一回事。他的思想精华和基本原则是"人民主权"思想，他所主张的自由、平等和人民主权思想成为法国大革命中雅各宾派的直接思想武器。他在《论人类不平等的起源和基础》一书中，着力分析了"社会不平等的起源和发展"这一问题。卢梭预设了一个起点：在原始社会里，人生活在一种"自然状态"下，这是一种自给自足的自由状态。由于私有制的出现导致了人类的不平等，即私有制是产生不平等的根源。以调和富人和穷人的冲突，避免毁灭性的战争为初衷而产生的国家则固化了权力拥有者和财富拥有者的合法性。随着权力的巩固，统治者不仅将国家当作自己的私有财产，也把人民当作奴隶，而这又恰恰是文明进步的结果，这一进程带来了不平等的深化和普遍的道德堕落。卢梭的分析使得人们不得不思考这样一个问题：文明是一种状态，抑或一个标准，还是一种价值，或者兼而有之？文明就意味着优秀的、完善的、美好的吗？对于文明本身或许还有许多需要澄清和深入辨识的方面。

卢梭在《社会契约论》一书中，着重分析了"克服社会不平等的途径"问题。他认为"人是生而自由的，但却无往不在枷锁之中"。② 他希望寻找到一种真正合法的社会契约，"每个结合者及其自身的一切权利全部都转让给整个集体"。③ 这个集体能够以全体共同的力量保障每个缔约者的人身和财富，并且能够保证每个人的自由，而不是迄今为止以牺牲人的自由平等为代价的社会契约。这样的社会公约就是："我们每个人都以其自身及其全部的力量共同置于公意的最高指导之下，并且我们在共同体中接纳每一个成员作为全体之不可分割的一部分"。④ 卢梭认为由这样的契约组成的结合体是"民主共和国"，"这一由全体个人的结合所形成的公共人格，以前称为城邦，现在则称为共和国或政治体"。⑤ 卢梭认为自由对于每个人来说既是做人的资格，也是做人的权利，更是做人的义务。由于法律是公意的体现，每个人在服从法律时，"只不过是在服从自己本人"。由于"主权在民，政府是人民自由意志的产物，所以人民有权废除

---

① 阿尔森·古留加.黑格尔传［M］.北京：商务印书馆，1978：11.
② 卢梭.社会契约论［M］.何兆武，译.北京：商务印书馆，2003：4.
③ 卢梭.社会契约论［M］.何兆武，译.北京：商务印书馆，2003：19.
④ 卢梭.社会契约论［M］.何兆武，译.北京：商务印书馆，2003：20.
⑤ 卢梭.社会契约论［M］.何兆武，译.北京：商务印书馆，2003：21.

一个违反自己意愿、剥夺了自己自由的政府"。①

在《社会契约论》里，卢梭有许多睿智而富于启发的思想。如，关于自由与平等的关系："平等，是因为没有它，自由便不能存在。"② 自由是人人都应当享有的自然权利，没有平等，没有每个人都能够享有的自由，自由当然就不复存在。关于专制体制下的官员，卢梭的讽刺更加辛辣："每每不过是些卑鄙的诽谤者、卑鄙的骗子和卑鄙的阴谋家；使他们能在朝廷里爬上高位的那点小聪明，当他们一旦爬了上去之后，就只能向公众暴露他们的不称职。"③ 关于民主，卢梭认为："真正的民主制从来就不曾有过，而且永远也不会有。"④ 卢梭认为民主需要通过投票和抽签两种方式进行，而投票的弊端在于"不管怎样，只要是一个民族举出了自己的代表，他们就不再是自由的了；他们就不复存在了"。⑤ "英国人民自以为是自由的；他们是大错特错了。他们只有在选举国会议员的期间，才是自由的；议员一旦选出之后，他们就是奴隶，他们就等于零了。"⑥ 尽管存在着这么多的问题，还是"让我们努力哪怕是从坏事里面，也要汲取出能够医治人类的补救办法吧"。⑦

在启蒙思想家高扬理性、文明、科学、进步的旗帜时，卢梭还敏锐且超前地看到了其中包含着的问题，分析了自然与文明之间、道德与理性之间、文明与道德之间存在着的深层的矛盾。管子提出：仓廪实则知礼节，衣食足则知荣辱，而卢梭冷静地意识到物质生活的丰裕并不必然地带来道德水准的提升，意识到文明本身存在的历史限制。卢梭的反思在当下可以表现为：社会进步中传统与现代的调适问题；科学技术及其发展进步与人的生存问题；国家与个人的关系问题；自由、平等、博爱等价值取向的理想主义色彩问题；现代民主的适用范围与可能性问题；必然与自由的问题。从这个个人生活劣迹斑斑的卢梭开始，启蒙运动开始了自我的反思和批判，这样的反思在今天仍然极具深刻的理论和现实意义。

（二）百科全书派

"百科全书派"是指18世纪法国的启蒙思想家在编纂《百科全书》时形成

---

① 卢梭. 社会契约论 [M]. 何兆武，译. 北京：商务印书馆，2003：5.
② 卢梭. 社会契约论 [M]. 何兆武，译. 北京：商务印书馆，2003：66.
③ 卢梭. 社会契约论 [M]. 何兆武，译. 北京：商务印书馆，2003：92.
④ 卢梭. 社会契约论 [M]. 何兆武，译. 北京：商务印书馆，2003：84.
⑤ 卢梭. 社会契约论 [M]. 何兆武，译. 北京：商务印书馆，2003：123.
⑥ 卢梭. 社会契约论 [M]. 何兆武，译. 北京：商务印书馆，2003：121.
⑦ 卢梭. 社会契约论 [M]. 何兆武，译. 北京：商务印书馆，2003：194.

的派别，主要代表人物有狄德罗、霍尔巴赫、爱尔维修、拉美特利等人。狄德罗是领袖，霍尔巴赫是最彻底、最激进的唯物主义者和无神论者。他们以"理性"为旗帜，以战斗的无神论为武器，以自由平等为目标，对封建专制的国家制度、伦理道德及作为其精神支柱的宗教神学，进行了彻底地批判和否定。他们的思想在哲学立场上主要表现为机械唯物主义，当然也含有一定的辩证的思想方法。如拉美特利的名作《人是机器》，就是机械唯物主义立场的典型表现，他认为人的身体状况决定人的心灵状况，人的机体是类似钟表那样纯粹由物质的机械规律支配的。他们的许多思想被后来的马克思主义者继续并发展，这些思想在今天的教科书中比比皆是。

在自然观上，公开自觉地站在唯物主义的立场上，坚持世界的物质统一性思想。从主体与客体的关系角度探讨了物质的定义，肯定物质的多样性，肯定物质与运动不可分，运动是物质的固有属性，万物运动的原因在于物质自身（当然，对于为什么是物质自身，在这一点上还没有达成真正深刻的认识）。霍尔巴赫还探讨了运动与静止的关系，并认为运动是有规律的。肯定意识是物质的一种属性或功能，强调事物处在普遍和必然的因果联系之中。

在认识上，肯定认识起源于感觉经验，认为感觉是一切知识的来源。反对唯理论和先验论，坚持唯物主义的反映论，反对不可知论。同时还探讨了经验与理性在认识中的不同作用，已经开始认识到感性经验需要理性的加工。狄德罗第一次在欧洲哲学史上提出思维是人脑的机能，人脑是思维的物质器官，要通过观察、思考和实验进行认识，并初步地综合了经验论与唯理论的观点。他还提出真理性的认识必须得到实验的检验。

在宗教问题上，坚持彻底的无神论立场，否定神的存在，揭露神的观念的荒谬性和自相矛盾。霍尔巴赫对于宗教的批判是最彻底的，他批判了神创说，认为人是自然的产物，认为神是人性的异化。他尝试揭示宗教产生的根源，一是认识根源，神是人的虚构，是人创造了神；二是社会根源，是统治阶级出于统治的需要。并深刻地指出宗教道德并不能使人向善。他们批判宗教教义和教会对人民的压迫和愚弄，要用理性来打破虚幻的信仰。他们彻底的无神论立场与当时的自然科学家齐名，据说，拉普拉斯在向拿破仑介绍自己的《天体力学》时，拿破仑就问到为何在他的书中一句也不提上帝。拉普拉斯明确地回答：陛下，在这里我不需要那个假设。

在社会历史观上，他们的立场是抽象的人性论。他们认为自爱是人的本性，而造成人与人的不同的原因在于人所生存着的环境。爱尔维修提出"人是环境的产物"，这个环境主要不是指自然环境，而是指教育环境、政治和法律制度环境。其中，教育是使国家强大和人民幸福的工具。这一观念的问题在于：环境也是人创造的，那么人为什么创造出了环境本身不尽合理，后来马克思对此进行了深刻的剖析。抽象人性论中的"抽象"是指逻辑预设或假设，类似的还有抽象的价值观等。这种逻辑预设具有一般性，关于这一方面争论很多：人性有无一般性。仅就哲学思维的方式来讲，一事物既有一般性也有特殊性，是一般性与特殊性的统一。就人性而论，坊间主流的思想认为人性是没有一般性的，人性一定是阶级的、具体的、历史的、多变的。

在政治观上，提倡自由、平等、私有财产是人的不可剥夺、不可转让的"自然权利"（即国内翻译为天赋人权），订立"社会契约"成立国家的目的正是要保护这些自然权利。自由包括思想自由、言论自由、学术自由、信仰自由、财产自由和贸易自由等。需要注意的是，自由与平等在不同的社会历史背景下，其立场、内容、要求与衡量尺度等是有诸多差异的。

在伦理观上，他们坚持功利主义立场和利己主义原则，认为人的本性就是自爱、趋乐避苦，追求个人的利益与幸福。他们特别强调利益是行动的唯一动力，是社会发展的动力。霍尔巴赫认为，利益决定着对行为模式的选择，利益决定着对行为方式的评价，利益决定着对事物的取舍，利益是评价人是否道德的标尺。提出道德观念具有相对性，即历史性、具体性。

启蒙思想家和百科全书派在自然哲学领域里基本上坚持了唯物主义的立场，然而由于时代和立场的局限，一旦到了社会历史领域往往则陷入唯心主义。不过，他们的思想在今天仍然有着重要的启示性价值，因为在维护每个人的自由、平等、民主、幸福等自然权利的道路上依旧荆棘丛生。

概言之，近代西方哲学中的经验论和唯理论看到了思维与存在的同一性问题上存在的矛盾，为了解决这个矛盾，他们分别从经验或理性出发拿出了自己的方案。经验论坚持感觉经验才是知识的来源，却无法证明知识的普遍必然性；唯理论坚持从理性出发获得具有普遍必然性的知识，却不能说明理性这一前提，而且也无法提供新的知识。它们在认识论问题上表现出"非此即彼"的形而上学的思维方式构成了近代哲学派别争论的别致风景，同时也留下这样一些问题：人的认识能力是有限的还是无限的？换句话说就是：人能认识什么？经验与理性在人类的认识活动中各自有什么样的作用？它们之间究竟是什么关系？我们能不能得到具有普遍必然性的知识？知识确定性的基础是什么？即真理的标准是什么？怎么证明知识的确定性？即检验真理的标准是什么？自由与必然的关系是怎样的？如果知识就是力量，那么道德（德性）的意义在哪里？如果解决不好这些问题，人类的知识大厦就有坍塌的可能，人类在必然性面前就有失去自由的可能，哲学也会因此在自然科学咄咄逼人的进步面前失去存在的理由。

一句话，思维与存在是如何实现同一的，这是个事关哲学存在的可能与必要的问题，事关哲学的生死的问题。这并不是危言耸听，因为自然科学的对象是可以被感知、被经验的，而哲学对象恰恰是难以甚至是无法感知和经验的，或者说依靠感觉和经验是难以回答甚至是无法回答的。既然如此，还要不要回答，还能不能回答，如何来回答，需要进一步的思考和探寻。别忘了，哲学始终在路上。

第八讲

思辨的德国哲学

近代科学的发展打破了哲学曾经包罗万象的体系，各门学科纷纷从哲学中脱身而去。科学似乎总是在前进，而哲学却似乎总是在丧失阵地。面对这样的冲击，哲学或者说形而上学应当如何？——"她把胜利的果实留给她的女儿们那许多门科学了，而她自己则怀着神圣的永不满足的情愫又继续向前，去思考那些未可必的未曾探索的事物"。哲学"要处理科学方法迄今还没有解决的问题——诸如善与恶，美与丑，秩序与自由，生与死等"。①

德国古典哲学是对整个古典哲学即近代哲学的完成，它的代表人物有康德、费希特、谢林、黑格尔、费尔巴哈等。"与近代哲学的其他形态相比，德国哲学具有思辨性、辩证性和体系性等显著的特征"。②

一、寂寞的散步者——康德

康德的一生几乎都生活在哥尼斯堡（今天称加里宁格勒，是俄罗斯的一块飞地），"哲学家一生的标志就是他的那些著作，而哲学家生活中那些最激动人心的事件就是他的思想。就康德而言，除了他学说的历史以外，他自己就再也没有别的传记。他既不追逐功名，也不攫取权力，无论是公务还是爱情都不能使他受到无端的烦扰。他一辈子没结婚。康德的外表生活，秩序井然，千篇一律，比起从事这种工作的其他人，显得更为单调刻板。然而他的内心生活，他的精神生活却与此迥然不同。在这个领域里，他的成就是惊人的。人的问题对于康德是一个首要的问题。康德的目的只有一个：使人能够变得更富有人性，使人生活得更美好，使人幸免于无谓地抛洒鲜血，不再受愚望和幻想的摆布"。③

---

① 威尔·杜兰特. 哲学的故事（上）[M]. 北京：生活·读书·新知三联书店，1997：3.
② 张志伟. 西方哲学十五讲 [M]. 北京：北京大学出版社，2004：290.
③ 阿尔森·古留加. 康德传 [M]. 北京：商务印书馆，1981：作者的话.

康德生活的单调、刻板可以从以下场景得到验证：每天下午三点半准时进行的散步，以至于路过的人家常常会在与这位小个子思想家打招呼的同时，顺便对一下钟表。在这样的刻板单调中却诞生出极其深邃而伟大的思想，令真正的哲人为之感叹且深深地敬仰。在思想的历史上，许多过客曾追名逐利、趋炎附势、喧嚣一时，然而过不了数载其所谓的风光与虚妄的价值就已荡然无存，而真正的思想却有着不朽的生命力。或许，这才是每个真正热爱哲学的人需要深思的。还想啰嗦一下，可怜的康德 46 岁才得到教授的头衔，57 岁才发表了他的巨作——《纯粹理性批判》，这在今天的许多成功学人看来同样是不可想象且难以承受的。

康德的哲学思想大体可以分为两个时期，即"前批判时期"和"批判时期"。在前批判时期，康德着重于理论自然科学的研究，提出了"星云假说"，这是近代第一个有科学根据的宇宙自然发生、发展的学说。1770 年，他的教授就职论文标志着他进入"批判时期"，即以哲学为主要研究对象。三个"批判"构成了他的哲学体系，分别是他的三部重要著作：《纯粹理性批判》《实践理性批判》《判断力批判》。三部著作分别要解决的是认识论问题、道德哲学问题和审美问题，以确立形而上学成立的可能，从而最终回答"人是什么"。

（一）三大困境

康德面临的是启蒙运动留下的一系列难题。首先是休谟使康德从莱布尼茨—沃尔夫哲学的独断论中清醒过来。休谟的怀疑论将经验论和唯理论一并推进了深渊。休谟不仅证明观念的知识与外在事物无关，而且证明，通过感觉经验所获得的知识只能是或然的。理性所具有的观念，如因果关系，只是与自身的观念相关，同样与外在事物毫无关系。由此，我们不仅不能证明科学知识的普遍必然性，而且由于理性观念与外在事物没有关系，理性就此也不可能成为科学知识的基础。就是说，从感觉经验中得到的知识不具有普遍必然性，理性的观念与客观事物无关，同样也无法证明知识的普遍必然性。进而，理性本身在这里也成了问题。这就留下了两大难题：一是我们无法证明知识的确定性；二是理性自身也无法被证明。概言之，就是知识的确定性的基础是什么？人能不能获得真理性的知识？理性的功能是什么？这些问题不解决，人类的知识大厦就有坍塌的危险。

其次，卢梭的反思带来了理性与自由之间的冲突——人是生而自由的，但却无往不在枷锁之中。康德在卢梭之后接触到了异化的问题，"对抗性社会关系把人活动的产物变成某种与他格格不入和敌对的东西"。① 近代哲学家所持的机械决定论的自然观认为，自然、社会和人都服从于自然的因果律——这一共同的自然法则，在它的面前，人与自然万物没有什么不同——人是机器。这就带来了一个严重的问题，那就是：在道德领域里，自然与文明、道德与科学之间形成了严重对立，进而表现为理性与自由的冲突。即在自然法则下、科学理性中，人的自由、价值与尊严在哪里？（科学所揭示出的必然性面前，这可是铁律，人的自由在哪里？）另外，知识与德性之间、知识与人生的价值和意义之间是正相关的吗？有知识就有德性吗？无知识就无德性吗？真实情形似乎远比这个要复杂得多。特别是机械决定论下的自然观导出的目的论几乎取消了人的自由，进而取消了人生存的价值与意义。概言之，科学知识（揭示出的自然规律）的必然性与人的自由的矛盾，知识的有限性与人的自由的无限性的矛盾如何解决。

第三，形而上学是否可能、如何可能的问题。哲学不仅要思考知识问题和自由问题，还要回答形而上学的问题。形而上学要解决的是宇宙万物统一的基础、本质和根据的问题，这是解决一切哲学问题的基础和前提，这属于元哲学问题。探求宇宙万物统一的基础、本质和根据是否可能（自然科学是经验科学，哲学不具备经验的性质）？元哲学的存在是否可能、有无必要？形而上学是不是科学？如果不是，它的下场（归宿）在哪里？由于哲学曾经是包罗万象的一切科学的科学，如果哲学不能被证明为是科学，哲学就有陷入崩溃的危险。然而纯粹的自然科学的思维范式却可能有将人推向丧失自由、泯灭人性的深渊之中。康德认为形而上学作为科学不可能（但形而上学体现了人类精神的终极关怀，即超越性——超越有限趋向无限），那么，形而上学如何可能。

康德面临的三大问题可以表述为：怎样将经验与理性"统一"起来？怎样消除理性与自由的对立？怎样实现思维与存在的"统一"？怎样为形而上学（哲学）保留下自己的地盘？也可以概括为一个根本性问题：在一个严格遵守自然法则的世界上，人究竟有没有自由，有没有独立的价值和尊严。如果有，如何实现和保证人的自由？哲学要回答的问题是，"要想成为一个人，我们该做些什么？"② 康德希望大家懂得："在学业结束之后，他做医生、法官、律师等等每天只是几个小时，然而他却整天都是一个人。"③ 从根本上讲，哲学从来都不是

---

① 阿尔森·古留加. 康德传［M］. 北京：商务印书馆，1981：69.

② 阿尔森·古留加. 康德传［M］. 北京：商务印书馆，1981：70.

③ 阿尔森·古留加. 康德传［M］. 北京：商务印书馆，1981：95.

不食人间烟火的枯燥乏味的繁琐思辨，哲学最终一定要为人服务，哲学就是"人学"。

（二）纯粹理性批判

"对认识的批判，作为达成哲学结论的手段，是康德所强调的、他的继承者所接受的"。① 康德的思考是从知识开始的，他需要证明知识的科学性，即普遍必然性，在这个问题上经验论和唯理论都陷入了困境。为了摆脱这一困境，康德建构了自己的先验认识论，这就是他后来所说的"哥白尼式的革命"。

康德要将"分析"命题和"综合"命题、"先天"命题和"经验"（后天）命题统一起来。在认识论问题上，康德要调和经验论和唯理论，要解决独断论和怀疑论留下的问题，因为他们使哲学陷入两难的困境：如果认为知识必须建立在经验的基础之上，那么知识就不可能具有普遍必然性；如果认为知识具有普遍必然性，那么知识就必须是先天（先验）的，而不可能建立在经验的基础之上。为此，康德提出我们如何能够"先天地经验对象"（也表述为"先天综合判断如何可能"）？用大家熟悉的表述就是：人是如何（通过认识，包括感性认识和理性认识）获得真理性的知识的。如果还不能理解，可以转述为：人是怎样获得正确的认识的？

所谓"先天的"与"后天的"是康德哲学中的一对基本概念，"'后天的'意即单纯经验的，就知识而言表现为个别、偶然和相对的。'先天的'意即独立于经验而且是经验的先决条件，就知识而言表现为普遍和必然的"。② 由于经验论运用的是归纳推理，这是一个从个别上升到一般的过程，因此这个知识形成的过程是"后天综合的"。这样，经验论的认识模式可以表述为：后天综合判断。它可以提供新知识，但这种知识不具有普遍必然性。唯理论运用的是演绎推理，是一个从一般到个别的过程，因此这个知识形成的过程是"先天分析的"。唯理论的认识模式就可以表述为：先天分析判断。同时，唯理论认为，这一认识前提是先天的，与经验无关，具有普遍必然性，所以可以保证认识结果的普遍必然性。在康德看来，如果承认具有普遍必然性的知识是存在的（人可以获得真理性的认识），就必须证明这样的知识同时具有经验（后天）和理性（先天）这两个方面的因素。其中经验来提供知识的来源，理性来保证知识的确定性。问题是如何达成此目标呢？即如何能够先天地经验对象？即"先天综合判断如何可能"。解决这个问题要分两个阶段去完成。

---

① 罗素. 西方哲学史（下卷）[M]. 北京：商务印书馆，1963：268.

② 张志伟. 西方哲学十五讲 [M]. 北京：北京大学出版社，2004：296.

　　第一阶段，"先天综合判断"如何构成。康德首先假定了两个东西，一个是思维或主体，即先验自我；另一个是存在或客体，即自在之物（也有译为"物自体"）。人的认识活动就是思维主体（先验自我）以主体特有的认识形式去认识和加工存在客体（自在之物）。在这个认识过程中，一方面，人的认识必须依赖于感觉经验，即知识的获得要建立在经验的基础上。另一方面，认识主体在认识过程中，是以自身特有的认识形式进行认识的。这种认识形式是先天的（即先在的、先验的），在我们的经验之先并且作为经验的条件存在于我们的头脑之中，由于这些认识形式具有先验性，因此，由此获得的知识就具有了先天性即普遍必然性。再强调一下，康德的目的是要调和经验论与唯理论的冲突，于是，一方面承认知识的来源是经验（后天的、综合的），另一方面又提出需要运用主体的理性能力（先天的、分析的）以自己的方式对认识的内容进行加工。这样，从内容上讲，知识是源于经验的；从形式上讲，知识是理性（先天的）加工的结果。换言之，知识就其内容是经验的，就其形式是先天的，这就证明了知识具有了普遍必然性。这样，康德就把先天分析判断和后天综合判断统一起来，即先天综合判断——先天地经验对象。在先天综合判断中，"先天"保证了知识的普遍必然性，"综合"保证了知识的来源和内容。

　　在这里有一个立场的转换，以往对于认识的立场都是人们获得的知识必须符合认识对象，在康德这里成为了认识对象需要符合主体的认识形式，即主体运用自己的认识形式在进行认识（并对认识结果进行整理和加工，进而表达出来）。这就是康德提出在认识之前首先要批判地考察人的理性能力的用意，即理性能否认识事物，理性如何认识事物。（虽然这一做法被黑格尔所嘲笑，认为这种做法如同"在学会游泳之前切勿下水"一样荒唐。）由于任何事物都是形式与内容（质料）的统一，知识也不能例外。自在之物为认识活动（经验）提供了知识质料（内容），先验自我则提供了先天的认识结构（形式）。知识就其内容是经验的，就其形式是先天的，先天的知识结构（形式）与后天的经验质料（内容）相结合构成了具有普遍必然性的知识。在哥白尼那里，不是太阳围绕着地球转，而是地球围绕着太阳转。在康德这里，不是知识要符合认识对象，而是认识对象要符合认识的形式——经验质料被主体的认识形式进行加工。这就是康德哲学的"哥白尼式的革命"。即习惯上，人们常常认为正确的知识是符合认识对象的本质和特征的知识，而康德却提出正确的知识是认识对象符合认识主体的认识模式的知识。他说，不是事物在影响人，而是人在影响（认识）事物，是我们——人在构造现实世界，在认识事物的过程中，人比事物本身更重要。

第二阶段，要解决的问题就是"先天综合判断如何可能"了。① 所谓如何可能就是指先天的知识形式与后天经验的知识质料如何构成具有普遍必然性的知识。康德将这个知识构成的过程分成了三个步骤：第一步是感性，第二步是知性，第三是理性。

首先是感性。在这一阶段，作为认识主体的先验自我为认识提供了时间和空间这样两种先天直观形式，也就是说人是通过这样的直观形式去认识世界的，时间和空间是先验自我感知认识对象（自在之物）的主观认识形式。自在之物作为被认识的对象则为先验自我提供了感性质料。时间和空间作为先天直观形式获得自在之物的感性质料，对经验内容进行加工，这样就形成了感性认识——康德称之为现象。

其次是知性。在这一阶段，先天的知性认识形式（包括三个量的范畴：单一性、多数性、全体性；三个质的范畴：实在性、否定性、限制性；三个关系范畴：实体与偶性、原因与结果、主动与受动；三个模态范畴：可能性与不可能性、存在与非存在、必然性与偶然性）对现象进行进一步的整理和加工，这样就形成了新的认识，这一认识是具有普遍必然性的认识。认识对象经过诸范畴的加工形成了符合认识形式的知识，这就是"人为自然立法"。关于自然的知识包括规律是人在认识过程中赋予自然的。

第三是理性。在这一阶段，理性通过对知性所获得的知识的进一步加工，实现知识从具体到一般的上升。在感性阶段，通过先天直观形式（时空）加工感性质料，形成现象（感性认识），产生了数学知识；在知性阶段，运用先天思维形式（范畴），对现象（感性认识）进行综合，产生自然科学知识。在理性阶段，对于知性知识即自然科学知识进行更高的综合，实现具体知识向抽象知识的上升，获得具有普遍必然性的知识。理性进行加工时的先天认识形式是三个"先验的理念"：灵魂、宇宙和上帝。"把所有关于精神现象的知识都归于'灵魂'这个理念中，把所有关于物理现象的知识都归于'宇宙'这个理念中，然后再把这两者归于'上帝'这个最高的理念中"。② 因为，经验是不能完成对于超验世界的认识的，灵魂、宇宙和上帝只是人的理性用于加工知性知识的主观理念。换言之，灵魂、宇宙和上帝是逻辑上的假定，是逻辑主体，而不是实在主体。唯理论的问题就是在于把逻辑主体当作了实在主体。

---

① 注：康德将这个问题分解为了四个具体问题：第一，纯粹数学如何可能？第二，纯粹自然科学如何可能？第三，作为一种自然倾向的形而上学如何可能？第四，作为科学的形而上学如何可能？

② 赵林．西方哲学史讲演录［M］．北京：高等教育出版社，2009：317.

康德通过这样的"两个阶段"和"三步走战略",终于建立起具有普遍必然性的、完备系统的知识体系。

讲到这里,大家一定都累了,同时也会产生许多困惑。

在理解康德的思想时,大家可能已经感觉到了康德的二元论立场,关于这一点这里先做个提示。首先,康德的"哥白尼式的革命"通过确立主体在认识中的地位、作用和能动性的方式,完成了科学知识的普遍必然性的证明。不是认识客体向我们证明我们对它的认识是否正确,而是我们用我们自己的认识方式获得认识并保证对客体认识的正确性。认识的主体是人,是人以自己的方式认识世界,并以自己的方式表达认识的结果。即"人为自然立法"。人眼中的世界与猩猩眼中的世界一定有着某种不同或差异。认识是人的认识,这就凸显了人在认识过程中的主体性地位。人在认识世界的过程中必须通过理性思维(语言文字、形成概念、思维逻辑结构)对感性材料加以整理。人是用人所特有的"符号"表达对世界的认识的结果。例:

"这支笔是什么颜色?"

"红色"。

"红色"是人对该色彩的规定,是人的眼睛(人的视觉能力)看到的色彩,并用人才具有的语言、文字,即符号进行表达的。另外,当规定了该颜色为"红色"时,其他颜色就不可能再是"红色"的了。因此,可以说是人赋予这个世界以内容与意义。

其次,康德调和经验论与唯理论的努力恰恰暗示了思维中的矛盾——二律背反——并非只是理性自身的问题,① 而是客观世界的本来景象,事物自身就是矛盾的,世界充满了矛盾。同时,也揭示出了非此即彼的思维方式面对这一系列问题的尴尬与困境,这对于之后辩证法的成长与成熟提供了积极的空间与可能。因为矛盾的解决必须要有思维方法的突破,要解决二律背反必须运用辩证法的思维方法。不过,康德还没有辩证法的自觉,他的思维立场依然是二元论的,这也使得他的方案与结论充满矛盾。可惜的是康德没有意识到这种矛盾不仅仅是思维中的矛盾。

从批判的意义上讲,首先,康德对于理性能力的分析使得他意识到了理性认识具有的局限性,于是他将理性的范围进行了限制,以防止独断论的倾向。

---

① 注:康德的四个二律背反可以概括为,正题:世界在时空上是有限的;世界的一切是单纯的一构成;世界是自由的;世界因果关系是必然的。反题:世界在时空上是无限的;世界的一切是复合的;世界是被决定的;世界是偶然的。

但是他没有认识到理性能力本身也是一个不断提升和发展的过程。其次，康德限制理性的做法会导致对于自在之物的不可知论。他没有认识到对于人的认识而言，人的认识的广度和深度同样是一个不断发展的过程，没有不可认识之物，只有尚未认识之物。第三，康德二元论的立场是为了解决理性与自由的对立。在自然的领域里，理性是至上的；在道德（实践）的领域里，自由是至上的。康德之所以如此，除了其在方法论上的局限以外，还在于康德努力地想要调和科学和理性与宗教和信仰之间的冲突。"因此我不得不悬置知识，以便给信仰腾出位置"。① 康德希望让这个社会上那些有良知与德性的人能够享有幸福，为此某种宗教信仰的存在就是有必要的。它给善良的人们以希望，给邪恶之人以警示。

（三）实践理性批判

当我们被康德二元论立场所迷惑时，康德实际上以自己的方式为人的生存、人的自由、人的活动留下了广阔的空间与可能。在《纯粹理性批判》里，理性为自然立法，就是说在现象世界里，一切都是必然的，没有自由，也没有上帝。理性给自然界颁布的自然规律是自然事物实际遵循的，是实然的形式。在《实践理性批判》里，理性给自身（人）立法，就是说在自在世界里，人要实现道德自由，道德自由是人超越自身有限性的积极努力与现实可能。形而上学的出路不在科学知识里，而是在道德自由之中。而道德自由是对"应然"的遵循，是人应当如此。要达到对应然的自觉，康德认为需要上帝的存在。

首先，康德在道德领域里同样进行了一场"哥白尼革命"。康德在《纯粹理性批判》中将关于上帝存在的三种证明方式（自然神学的证明，宇宙论的证明，本体论的证明）逐一进行了批驳，以缜密的逻辑取消了上帝在自然中存在的可能，换言之就是在科学的领域里不需要也不存在上帝。然而，在他动机论的伦理学架构中，却需要一个道德预设——上帝存在。康德认为，理性既不能证明上帝的存在，也不能证明上帝的不存在。或者可以说，关于上帝存在的证明是不可能的，但上帝存在不一定不可能。第一，动机论的伦理学对于道德遵循的要求是无条件的，即符合道德规则的行为不一定是善的，只有出自道德义务（自觉）的行为才是善的。比如，一个人如果不做坏事，很可能不是出自对于道德的遵循，而是出于某些功利的考量：可能这样违法或者对自己不利。只有不考虑任何条件，仅仅出于对道德的自觉遵守，这样的行为才是善的。第二，只有道德上的善和幸福统一起来才是至善。至善就是说善的道德行为要得到幸福

---

① 康德. 康德三大批判合集［M］. 邓晓芒，译. 北京：人民出版社，2017：19-20.

的结果。因为，现实社会中往往有德之人不一定能够得到幸福，有福之人也不一定有德性。甚至人们会为一时的幸福而放弃道德，而鲜见为了道德而放弃幸福之人。因为道德是属于自由世界的范畴，幸福是属于自然世界的事情，二者之间如何统一起来？这就需要一个第三者来保证。"这个第三者必须既是某种'至上的自然原因'，又符合道德意向，而且具有全知——对我们的行为和动机有着清晰的认识，全能——能够为我们的德行分配相应的幸福，全在——始终伴随着我们的道德实践和配享幸福的过程——的特点"，① 这个第三者只能是上帝。在这个超验世界里的全知、全能、全在、公正的道德立法者——上帝，能够保证道德与幸福的结合，保证根据一个人的德行来分配幸福。不过，这样的结合很可能只是在彼岸实现，但康德认为灵魂是不朽的。康德由此从德福相配的至善理想中得出了"道德必然导致宗教"的结论，引出了关于上帝的信仰，不是人们通常认为的"因为信仰，所以需要道德"，而是"因为道德，所以需要信仰"。这就是康德在道德领域进行的一场"哥白尼式的革命"，上帝成为由于道德需要而存在的理论预设或者说是逻辑假定。这时候的上帝像极了中国人口中的苍天或老天爷，我们不是常说人在做天在看，举头三尺有神明，念叨天道好轮回，苍天饶过谁吗。

其次，康德设计了道德的绝对命令。道德律令是纯粹形式的、先天的，而不能是经验的。如果道德是源于经验的，那么它就不具有普遍必然性，这同时就意味着不存在判断是非善恶的共同标准，道德就无法成立；如果道德是源于经验的，那么它就不具有"普遍约束性"；如果道德是源于经验的，在道德规则面前，人的行为就没有自觉性，可以遵守也可以不遵守。② 康德认为对于道德的遵守必须是出于自觉的动机，而不是预判行为的结果，这才是判断一个行为是否道德的标准。道德的遵守一定应当是出于主体自觉，而不能出于功利目的。换言之，道德与否不是在客观上是否符合道德的标准，而在于是否出于对道德法则的自觉（遵守）。出于功利目的对于道德的遵守往往会玷污道德的纯洁性，只有非功利情况下对于道德的遵守才能真正地实现目的与手段的统一。由此，康德提出："要这样行动，使得你的意志的准则任何时候都能同时被看作一个普遍立法的原则"。③ 这一道德律令具有这样三个形式上的特征：一是像自然法则一样，道德法则同样具有普遍性；二是始终把人（包括自己和他人），当作目

① 赵林. 西方哲学史讲演录［M］. 北京：高等教育出版社，2009：326.
② 参阅张志伟，欧阳谦. 西方哲学智慧［M］. 北京：中国人民大学出版社，2000：67.
③ 康德. 康德三大批判合集（下）［M］. 邓晓芒，译. 北京：人民出版社，2009：44.

的，而不是手段；三是意志自律。道德行为的根本特性在于自律，而不是他律。自己立法（道德），自己遵守。因为对于人性的缺点，康德有着深刻而睿智的认识和担忧："对男人来说，最大的侮辱莫过于被说成是蠢人，对女人来说，最大的侮辱莫过于被说成是丑陋。"① 以至于今天只要是位女性，一定被称为美女。什么都在上涨，包括体重，只有钱包和美女、常常还会有良知在不可逆地贬值。

第三，道德的遵守是自律。自律的前提是自由，如果没有自由就不需要对自己的行为负责。这与中国古代的思想有很大的不同。中国人是从个体在群体中的作用和个体与群体的关系中谈责任。中国古代鲜有关于自由的考虑（庄子的自由更多的是在精神意义而不是实践意义上的，这种自由不客气地说是想象自由），不是由于中国人讲责任就不需要自由，而是缺乏对于个体独立存在的价值与意义的关注。西方则是从个体的角度，从自由出发谈责任，任何道德遵循都必须建立在主体享有自由的前提之上，自由恰恰是在"自己立法，自己遵守"的意志自律中得以实现。纯粹的理论理性（对于自然必然性的认识）并不能保证人的自由，只有在实践理性中，在意志自由中，人才能获得自由、实践自由，才能保障人的价值和尊严，才能维护个体的权利与尊严。因此，康德才说出了大家耳熟能详、发人深思的话："有两样东西，人们越是经常持久地对之凝神思索，它们就越是使内心充满常新而日增的惊奇和敬畏：我头上的星空和我心中的道德律。"②

康德关于道德的思考是固执的，也是深刻的。其固执在于动机论的道德理念在现实中施行的艰难。不问结果只看动机——这样的道德要求太过理想主义了，而道德产生的基本根源之一就是对于社会群体中人与人的关系特别是利益关系的调配。人们遵守道德律令往往是在现实利益下的考量，完全脱离了利益关系的道德行为既不可能也难以践行。我们不能在道德实践上要求人人都达至不问结果只求动机的圣人的高度，为了人类的未来、为了公益和良知，怎样才能坚守人类道德的最高原则——永远把人当作目的而不是手段——这是一个恒久而艰深的课题。在真实的社会里每个人往往同时既是目的又是手段，每个人的存在价值与意义恰恰在一般状态下都是以自身为实现自己目的的手段的。自人类诞生以来，社会进步之实现就是人的牺牲为代价的，而且这种牺牲常常是不公平的，充斥着权力、财富、社会各形组织对普罗大众的欺骗、压榨与剥夺。"人类从动物开始。为了摆脱动物状态，人类最初使用了野蛮的几乎是动物般的

---

① 阿尔森·古留加.康德传 [M]. 北京：商务印书馆，1981：64.
② 康德.康德三大批判合集（下）[M]. 邓晓芒，译.北京：人民出版社，2009：172.

手段，这就是历史真相。历史从来不是在温情脉脉的人道牧歌中进展，相反，它经常要无情地践踏着千万具尸体而前行"。① 康德的固执还是对其所处的普鲁士社会真实状态的批判，是对自己国家的未来的企望，是对普鲁士"丘八国王"威廉——朕乃君王，故应为所欲为——之警告与蔑视，尽管这一蔑视掩盖在康德晦涩艰深的哲学体系之中。康德的深刻在于，如果人们在践行道德行为时总以利益为原则特别是以自身的利益为准绳，难免陷于实用主义，这就会缺乏相对恒定的标准。甚至是对于自己有利就遵守，对于自己不利就变通，一旦这样，道德的力量就是软弱的，前景将是黯淡的。人们总是应该有某些必须认同与遵循的共同准则，比如"己所不欲，勿施于人"，又如"每个人必须得到人道的待遇"，尽管衡量这些道德金律的标准需要随着时代的变迁而有所变化。如果我们能够从古人、今人，男人、女人，白人、黑人、黄种人，东方人、西方人，地主、农民，资本家、工人，脑力劳动者、体力劳动者，等等，抽象出人的一般性本质，那么，为什么我们不能从上述个别存在的人的道德认知中抽象出具备一般性的道德标准与尺度呢？还要特别警惕在道德遵循上，对别人的要求是圣人的标准，而且无限上升，对自己的要求是路易十五——我死后，哪管他洪水滔天，而且底线无限后退。今天的很多人不都是这样的吗？时刻铭记永远把人当作目的而不是手段，可以让每个人在行事与做人时有所敬畏或者是忌惮，而不是将存在当作合理，把无耻装扮为高尚。对于道德的伪善，对于资本裹挟下的道德的虚假，民众苦其久矣。人是最高目的，人是最高价值，任何人、任何组织、任何制度都不能以自己的目标而把他人简单粗暴地当作手段，不可以将人当作实现自己目标的燃料而任性随意地燃烧掉，不可以将人的权利置于某种所谓的高尚之中而随意剪裁。还要警惕那些满嘴高大上的正人君子，警惕那些动辄要求人们要无私、要奉献的人生导师。善良的人们啊，"言远不是一定会导致行。教诫要比遵循教诫容易。在哲学史上说教与行为不一致的例子比比皆是。曾经要求实行禁欲主义的叔本华，却是一个嗜食美味和贪求享乐之徒。曾经梦想成为超人的尼采，却显然成了种种低劣品质的集大成者。作为道德家的康德和作为人的康德却是一致的"。② 一个普通人要做到这一点，不是足够了，而是已经很难、很难、很难的了。

康德没有对自己所处的时代和社会谄媚讨巧、歌功颂德，他深刻地反思并剖析了人性的弱点，始终保持着一个知识分子的公正与良心。他对社会与人性

---

① 李泽厚. 美学三书 [M]. 天津：天津社会科学出版社，2003：34.
② 阿尔森·古留加. 康德传 [M]. 北京：商务印书馆，1981：169.

的批判是冷静和清醒的，这在很大程度上是在于这位思想家内心的强大、思想的深刻、逻辑的严谨和理论的自信。他活着的时候，担负责任，敢作敢为，说出了自己已经听到的、已经理解的、已经把握的、已经实现的东西。"一个人死了，他的思想还存留着。它唤起别人的思想。它变成了许多人的财富。"① 康德说过，对于即将离开这个世界的人来说，最值得宽慰的，莫过于确信没有虚度此生。在康德的墓碑上刻着两行诗：在这里，伟大导师将流芳百世，青年人啊，要想想怎样使自己英名永存！②

康德用意志自由、灵魂不朽、上帝存在为人的道德行为的实现设定了条件，在他那里完成了德性与幸福的统一。然而道德行为仅仅与自由相关吗？

（四）判断力批判

康德用理论理性解决了对于自然的认识——真，用实践理性解决了人的自由问题——善，然而理论理性与实践理性的统一如何实现呢？

判断力就成为了沟通两者的中介。康德把经过反思达到愉快情感、寻求主观形式之合目的性的判断力称为"审美判断力"。在美的本质的问题上，康德主张美的本质是主观的，而且是纯粹形式上的。一个事物之所以被认为是美的，原因并不在事物自身的状况或属性，而是因为它符合了主体的某种感知或者说是感受，从而引起了主体在主观上的愉悦的美感。枯藤老树昏鸦，小桥流水人家，古道西风瘦马，本身并无情感，是主体的感受引出了"断肠人在天涯"的唏嘘感叹。山就是山，岭就是岭，是人的感受造就了"崇山峻岭"。"大江东去浪淘尽"是自然现象，"千古风流人物"是情怀与感悟。对于美的感受与欣赏是要有文化与修养为支持的，要有一双能够发现美的眼睛，否则面对浩瀚的海洋，人们会发出怎样的感叹？

当人们沉醉于自然"带来"的美时，体现的是人对自然的理解与观感，是人主观目的性的活动的要求和结果。注意，在这里内在的目的论而不是外在的目的论是解决问题的要点。"外在目的论关注的是诸事物外在的目的和手段的规定关系，内在目的论考虑的是事物自身以自身为目的而组织起来的关系，事物内部各要素并存、交互作用、相互依赖，事物是一个有组织、自组织的有机整体。"③ 康德反对神学目的论，同时认为单纯套用机械运动规律是难以有效地解

① 阿尔森·古留加.康德传 [M].北京：商务印书馆，1981：310.
② 参阅易杰雄.德国古典哲学的奠基人——康德 [M].合肥：安徽人民出版社，2001：239.
③ 吴仁平，彭隆辉.欧洲哲学史简明教程 [M].北京：中央编译出版社，2012：366.

释生命活动的。人的活动的目的性促使人去寻求生命的价值与意义，寻求实现生命的价值与意义的途径与方式，寻求实现生命的价值与意义升华的路径与可能。这种目的性是人所特有的，人可以使自己适合各种目的，也可以按照任何一种尺度的目的来进行创造。在人的目的性活动中，实现了理论理性与实践理性的统一，实现了自然与人的统一，实现了真与善的统一，真与善的统一其实就是美，是真与善达成的最高目标或者说是境界。美是人的目的性活动形成的文化现象，是人所特有的。对于人而言，理性和感性、目的和法则、自然和自由是融通和协调的，自由是目的也是事实。人的活动就是实现合规律性与合目的性的统一，就是追求和实现自由，进而不断地解决人类社会和人自身进化过程中存在着的问题，行进于实现自由、公正、合理的美好社会的历史路途之上。

康德面对近代哲学提出的问题，以其晦涩的"三大批判"去解决一个根本性的问题——"人是什么？"其中《纯粹理性批判》解决第一个子问题——人能够认识什么？《实践理性批判》解决第二个子问题——人应当做什么？《判断力批判》解决第三个子问题——人可以希望什么？三个问题汇集起来就是"人是什么"，而结论是"人是自由"。自由是人的本性，也是康德哲学的核心。虽然自由只是理想，是应然，然而却是人之为人的根基，是人的生命活动的最高境界。在康德矮小孤单的身躯里蕴含着对于人的深切关怀，对于人的权利与尊严的高度关怀，对于人的生命的终极关怀。

康德运用理性批判的力量，通过排除一切个别经验的方法去寻求先验因素，以获得普遍必然性。在理论理性领域里，人为自然立法；在实践理性领域里，人为自身立法；在判断力里，努力寻求合规律性与合目的性的统一即真、善、美的统一。然而，由于康德在立场上的二元论取向，在方法上的辩证法的缺失，在他那里思维与存在、理性与信仰、理论与实践，最终人的自由还充满着难以克服的矛盾。在思维与存在的关系上，人们可能认识的只是现象世界，现象背后的自在之物还处在彼岸世界。在理性与信仰、知识与道德的问题上，一方面将上帝从经验与知识中驱逐出去，一转身在道德领域里又把上帝请了回来。一方面康德扮演了一个铁面无私的哲学家，袭击了天国，杀死了天国里的全体守备，使得天国最高主宰未经证明便倒在血泊之中，另一方面，康德又充满了怜悯，用实践理性复活了被理论理性杀死了尸体。[1] 古留加在评价康德时，才有了这样意味深长的描述：康德对于天国的破坏和罗伯斯庇尔的恐怖主义相似之处在于，"天性注定他们要去秤咖啡和糖，可是命运却要他们去衡量另一些事

---

① 参阅阿尔森·古留加. 康德传 [M]. 北京：商务印书馆，1981：131.

物，在一个人的天秤盘里放了一个国王，在另一个人的天秤盘里放了一个上帝……而他们都衡量得非常准确！"① 可以像海涅这样责难康德是小市民，但是这是不公正的，因为责难者本身的立场是小市民的，这使得他看不到康德在"思想王国"所实现的伟大创造，那就是什么是人？"信仰、希望、爱——对于康德来说，这个三段论式和我们已经知道的真、善、美这个三段论式是一样的。"②

二、承前启后的费希特和谢林

古希腊的哲学家在认识世界时，暗含着的立场是认为思维与存在是同一的，对这一点，他们没有太多的怀疑。近代经验论与唯理论的学者们认识到了思维与存在并不是直接同一的，但是囿于各自立场的局限，他们竭尽全力也不能实现同一。康德试图解决这一问题，但是他的思维方法与二元论立场却恰恰不能完成思维与存在的同一，康德留下的问题需要回答和解决。

（一）费希特

费希特活动于德国"狂飙突进运动"时期，他认为康德摇摆于不同的思想观点之间，使得其哲学思想充满妥协、调和的意味。他试图消除康德的二元论，建立以"绝对自我"为核心的"知识学"的哲学体系。康德的批判哲学预设了两个不可缺少却又是不可知的逻辑主体，一个是自在之物（物自体），为感觉经验提供质料；一个是先验自我，为认识提供形式。费希特认为，这样的预设是不成立的，既然不可知，怎么确定它们是存在的？费希特立足彻底主观唯心主义的立场，提出这个自在之物（其实就是客观世界）是"绝对自我"的产物，是从"绝对自我"中产生出来的，费希特称之为"非我"。那么，绝对自我与非我之间是怎样联系起来的呢？费希特设计了一个正题、反题、合题的三段式进行论证：

正题：自我设定自身。（自我是自由的，也是自因的，即自己决定自己。）

反题：自我设定非我。（自我产生存在，主体产生客体，即自我产生自在之物。）

合题：自我与非我相统一。即自我设定自身和非我。（超越自我与非我的对立实现同一，实现主体与客体、思维与存在的同一，即对立统一。）

自我与非我即思维与存在、主体与客体从自在走向对立，从对立走向对对

---

① 阿尔森·古留加. 康德传 [M]. 北京：商务印书馆，1981：129.

② 阿尔森·古留加. 康德传 [M]. 北京：商务印书馆，1981：244.

立的扬弃，实现对立面的同一。在这里，肯定、否定、否定之否定的辩证法已经孕育出来。

（二）谢林

谢林因批判康德和费希特而名声大噪，他还曾经与黑格尔为庆祝法国大革命一起种植了自由树。谢林的思想是对康德和费希特的批判和改造。第一，他认为费希特的正题、反题、合题并没有能够真正解决思维与存在、主体与客体（自我与自在之物）的矛盾。费希特把自我（精神）作为第一性的，说明了精神是如何认识和决定物质的，这就解决了实践的问题。但无法说明非我（客体）是如何反作用于精神的。第二，康德的哲学里由于存在两个第一性的东西：自我和自在之物，因此，不仅无法说明自我（精神）如何影响自在之物（物质），也无法说明自在之物（物质）如何影响自我（精神）。第三，唯物主义立足于物质第一性，说明了物质如何决定精神，解决了认识问题，却无法解决精神如何影响物质。

于是，谢林提出了第四条路径，他提出一个超乎于自我与非我、主体与客体、精神与物质的"绝对"或者叫"绝对同一"，"绝对同一"包含着上述相互对立的因素，是自我与非我、主体与客体、精神与物质的无差别的同一。绝对同一在发展的过程中，逐渐从最初的无差别走向差别、对立、矛盾，这就产生了自然世界——体现为客体性。自然世界继续发展，出现了生命，特别是出现了有意识的生命——人，主体或者说是精神就超越了自然（客体），进入了主体（精神）创造客体（物质对象）的过程，从而掌握了主体性。

这一进程就构成了世界变化的一般公式：同一——差别、对立、矛盾——新的同一。即从原初的同一到发展出差别、对立和矛盾，再上升为更高层次的同一。这一发展模式不仅包含了费希特的正题、反题、合题，而且表现为一个动态的发展过程。从形式上看，谢林比费希特又前进了一步。自然世界的存在表现为了一个从低级到高级的发展过程，这就是谢林的自然哲学，从客观出发描述了从自然到精神的历程。

自然哲学之后，就进入谢林的先验哲学。他的先验哲学从主观出发，需要解决的是从主体到客体、从精神到自然的创造过程。即人的精神活动的发展历程。第一步是认识，人为自然立法。自在之物在这个过程中成为为我之物；第二步是实践，在人类的历史进程中从必然走向自由。在这个过程中，实现着自由与必然的统一，表现为历史规律的必然性与自由意志的矛盾。第三阶段是艺术，在艺术的直观中实现了物我同一，物我两忘。实现了对于差别、对立、矛盾的超越，实现了绝对同一。

然而，绝对同一就是无差别的同一吗？艺术直观能够实现真正的同一吗？艺术直观实现的同一是幻觉还是现实？从同一到对立、矛盾再到同一，导致变化发生的动力是什么？这个动力是外在的还是内在的？

三、密纳发的猫头鹰——黑格尔

讲到黑格尔，一般大家熟悉的是这样几个评价：黑格尔是德国古典哲学的集大成者；德国古典哲学特别是黑格尔的辩证法思想和费尔巴哈的唯物主义思想是马克思主义创立的三大直接理论来源之一，或者说德国古典哲学是马克思主义哲学的直接理论来源。罗素说："黑格尔是德国哲学中由康德起始的那个运动的顶峰。"[1] 黑格尔是西方两千年思想史上少数的堪称伟大的哲学家之一，"从思想的层面来说，黑格尔可以说是最后一位百科全书式的思想家"。[2]

（一）站在前人的肩膀上

黑格尔的哲学是建立在对康德以来的德国古典哲学的批判之上的，黑格尔的工作就是要解决康德、费希特、谢林遗留下来的未解之题：思维与存在的关系问题，尤其是思维与存在的同一性问题。恩格斯曾经指出，全部西方哲学特别是近代哲学的重大的基本的问题，就是思维与存在的关系问题。古希腊哲学在一般意义上没有怀疑思维与存在的同一性，近代哲学受到自然科学的深刻影响，开始对思维与存在的关系产生疑问，意识到思维与存在并不是能够直接同一的。如何完成这两者的同一，经验论与唯理论所持的非此即彼的思维方式使他们陷入困境，最终，经验论走向了怀疑论，唯理论走向了独断论。康德在解决经验论与唯理论的问题时，"第一个注意到认识的'能动方面'。马克思认为，对认识的'能动'方面的研究，是德国古典唯心主义的基本贡献。意识不仅仅反映世界，而且创造世界。这个见解发源于康德。康德认为，人无法接触自在之物的世界，只能接触现象世界；而认识能力本身最重要的任务就在于构成现象世界"。[3] 康德看到了人的认识活动过程中存在的矛盾，即认识内容与认识对象间的差异以及认识能力的局限性，但康德把它们绝对化了。同时，康德看到了矛盾，却没有认识到矛盾是事物的本性，现实中的万事万物都内在地包含着矛盾，而是把矛盾归结为"理性的谬误"。康德的哲学一方面确立了理性与自由

---

① 罗素．西方哲学史（下卷）[M]．北京：商务印书馆，1963：301．

② 邓晓芒．黑格尔哲学讲演录 [M]．北京：商务印书馆，2020：2．

③ 阿尔森·古留加．黑格尔传 [M]．北京：商务印书馆，1978：29．

这一德国古典哲学的基本原则，即通过理性认识世界，实现自由。另一方面又留下了现象界与自在世界的对立，这就使得思维与存在的同一依然无法实现。黑格尔首先肯定了康德对人的认识模式的批判研究——考察人的思维活动中的概念和范畴（及其作用）。但在肯定康德考察人的认识能力的主张的同时，批评康德的做法就好像告诫人们在没有学会游泳之前切勿下水，"这和一个人在跳下水游泳之前，就想要先学习游泳是同样的（可笑）。考察认识能力本身就是一种认识"①，对于人的认识能力的考察必须进入人的认识过程中去完成。其次，黑格尔肯定康德了关于现象和自在之物之区别的划分。但是黑格尔批判康德将现象与本质的矛盾限制在理性之中的立场，认为康德这是把矛盾限制在主观的范围之内，其意图在于回避矛盾的实在性即客观性。黑格尔否定了康德关于现象和自在之物、现象和本质（本体）之间有着原则区别的观点，认为康德这样做的结果是将认识与认识对象、思维与存在绝对地对立起来，从而导致理性不能认识自在之物（物自体），进而陷入不可知论（存在着不可认识的自在之物）。第三，黑格尔批评康德限制理性来解决矛盾的办法，指出"就是动物也不像这种形而上学这样愚蠢，而是向感觉对象猛扑过去，捉住它们，吞掉它们"。②（比如，狮子发现斑马后一定会扑向斑马，在这一实践——撕咬中实现现象与本质的统一。）认为理性的能力恰恰在于不是简单地停留在现象与本质的对立方面，而是通过（或者是透过）现象去把握本质。理性本身就是要通过自身的矛盾运动不断地超越自身，又回到自身，从而扬弃矛盾，实现现象与本质（本体）、自我与自在之物、思维与存在的辩证同一。第四，黑格尔还批评了康德关于上帝的证明的努力，对于康德认为的上帝是解释世界所必须的一种假设，黑格尔用"一个法国的天文学家曾这样答复了法皇拿破仑的问题：'我没有对于这种假设的需要'"③ 这一著名的回答，表明了自己在这一问题上的立场和态度。

黑格尔肯定了费希特将能动性赋予思维本身，通过思维即"自我"的运动实现自我与非我的统一。然而"自我"是如何设定自身，又是如何设定"非我"，这一运动的自动力是什么？换言之，就是自我运动的原因是什么？是内在的还是外在的？"自我"产生出"非我"这一过程，是主观设定的还是客观存在的？黑格尔对此提出了质疑。

黑格尔在与谢林合作时，很赞赏其"同一哲学"。赞同谢林在思维与存在、

---

① 黑格尔. 哲学史讲演录（第4卷）［M］. 北京：商务印书馆，1978：287.
② 黑格尔. 自然哲学［M］. 北京：商务印书馆，1980：19.
③ 黑格尔. 哲学史讲演录：第4卷［M］. 北京：商务印书馆，1978：283.

主体与客体、自我与非我等对立物之上设置一个"绝对同一"，绝对同一在发展的过程中，逐渐从最初的无差别走向差别、对立、矛盾，最终又克服了差别、对立、矛盾，实现了同一。即同一是在对立中实现的同一。"谢林认为，至高无上的不是哲学而是艺术，不是理性而是想象力。"① 在这一点黑格尔与谢林不同，黑格尔认为，同一运动的动力在于同一本身就包含着矛盾，实现对立中的同一不是通过艺术，而是哲学，是理性自身。

黑格尔之所以看得更远，是因为他站在前人的肩膀上。他的理想就是要使形而上学成为科学，让人类的精神（这是人与动物不同的核心标志）自由地飞翔，让每个人在历史的残酷进程中获得自己存在的价值，从单个人的自由到一部分人的自由，最后到一切人的自由。对于人类而言，自由不仅意味责任，还意味着否定和改变，而且这种否定和改变还必须是也一定是出于主体的自觉。

黄昏时分，密纳发的猫头鹰就要起飞了。

（二）黑格尔哲学的特点

黑格尔哲学思想有着与其他哲学家非常显著的不同。

第一个特点是"实体即是主体"的原则。黑格尔把实体理解为主体。"一切问题的关键在于：不仅把真实的东西或真理理解和表述为实体，而且同样理解和表述为主体。"② 这就是黑格尔著名的"实体即主体"的基本原则，在这里，黑格尔将亚里士多德提出的，被经验论特别是唯理论割裂了的，康德和费希特力图通过主体性原则实现统一但没能完成的，实体与主体和客观性原则与主体性原则统一起来，将实体及其所代表的客观性原则与主体及其代表的能动性原则统一起来。实体以自我的运动展开自己、实现自己，表现为"绝对精神"的自我运动，绝对精神实际上就是人类精神的本体化。由此，思维与存在的同一性问题不仅是一个认识论问题，而必然地是一个本体论问题。其中，实体讲的是实在的东西，是自在的，是独立自在、自存的，不依赖于他事物而存在的；主体讲的是实体的能动性，是自己决定自己，变化的根据是自因；实体就是主体，是能动的。实体是实在性与能动性的统一，是自在性与变动性的统一。这里，一方面强调了实体的自在性和能动性，另一方面指出这种能动性源于自身，源于实体的自我否定。这样一来，"实体的观念性使自身作为主体而存在，主体的客观性使自身作为实体而存在；主体在活动中必然转化为实体，实体在其自

---

① 阿尔森·古留加. 黑格尔传 [M]. 北京：商务印书馆，1978：167.

② 黑格尔. 精神现象学（上）[M]. 北京：商务印书馆，1979：12.

身转化和自我实现之中作为主体而存在。"① 这其实就是"绝对精神"自我运动、自我实现的历程。

第二个特点是能动的辩证法思想。黑格尔说过这样一句话："凡是合乎理性的东西都是现实的,凡是现实的东西都是合乎理性的。"② 对于这个命题,恩格斯评价道："不论哪一个哲学命题都没有像黑格尔的一个著名命题那样引起近视的政府的感激和同样近视自由派的愤怒。"③ 为什么会产生这样截然不同的理解呢?黑格尔认为现实与现存(现象)是有本质上的差别的。只有本质与现象的统一的才是现实的,即才是实体,而实际生活中存在的诸多现象由于没有达到现象与本质的统一,因此只是现存的,而不是现实的。比如,"一只被砍下来的手看来依旧像一只手,而且实存着,但毕竟不是现实的"。④ 因为,这只被砍下来的手已经失去了存在的必然性、失去了存在的价值与意义。"真实的现实性就是必然性,凡是现实的东西,在其自身中是必然的"。⑤ 现实性同时就包含着必然性。这样凡是现实的东西(不是现存的东西)在自己发展的过程中,总会丧失自己的合理性,成为不合理的;凡是理性的东西亦即合乎必然性的东西,注定会成为现实的东西。由此,他的这个命题可以归结为这样一句话:"凡是现存的,都一定要灭亡"。⑥ 这就是为什么常说黑格尔晦涩保守的哲学体系里暗含着非常革命的东西。海涅在与黑格尔交谈时,流露出他对黑格尔的这个命题有点困惑不解,黑格尔却发出了奇怪的笑声,轻声地告诉海涅:你要知道我这句话的意思,也是指一切合理的东西都应当存在。讲完这话后他惊惶地环顾左右,发现只有他的挚友听到了他这话,这才放下了心。

第三个特征是努斯精神与逻各斯精神的统一。这是从古希腊时期就已经孕育出来的西方思想精神。努斯精神体现为能动的自我否定,逻各斯精神体现为理性的自我反思。黑格尔将实体的能动性加以逻辑化,理性在自我的矛盾运动中实现从"自我"到"非我"再到"自我与非我"的统一。这一个过程不仅是能动的(自动的),也是可以通过理性把握的,还是通过理性的自我批判实现的。应该说,这是一位真正的哲人对于必然与自由的深邃思考,对于人的自由的肯定与追求,尽管这种自由掩盖在绝对精神的神秘运动之中。要知道,对于

---

① 吴仁平,彭隆辉. 欧洲哲学史简明教程 [M]. 北京:中央编译出版社,2012:392.
② 黑格尔. 小逻辑 [M]. 北京:商务印书馆,1980:43.
③ 马克思恩格斯选集:第4卷 [M]. 北京:人民出版社,1995:215.
④ 黑格尔. 法哲学原理 [M]. 北京:商务印书馆,1961:280.
⑤ 黑格尔. 法哲学原理 [M]. 北京:商务印书馆,1961:280.
⑥ 马克思恩格斯选集:第4卷 [M]. 北京:人民出版社,1995:216.

哲学而言，没有自由只有责任是不能构成具有自觉的自由意识之主体性的哲学的；对于人而言，没有自由只有责任也难以形成具有独立人格的大写的人的；对于人的本质而言，没有自由只有责任是难以生成人的创造性、发展性的本质的。人的存在及其精神必须是自由的。

第四个特征是英雄主义和宏大叙事。作为与拿破仑、歌德、贝多芬同时代的黑格尔，他的哲学思想与立场彰显了他所处的那个时代的精华。在本体领域里，用充满着能动性的理性实现了绝对精神的自我同一；在历史领域里，通过对"骑在马背上的英雄（世界精神）"的赞扬，表达了对于人类历史应当是进步着的坚定信念及其对实现这一进步的引领者的赞赏，以及对于实现更加美好国家形态和社会自由的向往；在审美领域里，以"美是理念的感性显现"追求着美的最高层次与境界；在辩证法领域里，将辩证法理解为事物的实际存在状态和发展进程，理解为人的自由活动的不断生成和提升。在黑格尔这里，历史的运动轨迹与理性的逻辑轨迹是统一的，人的精神活动与人的生存活动是统一的，自由的实现与人的本质的生成是统一的。如果说康德用至上的道德命令来维护人的权利与尊严，黑格尔则用理性的自觉的自我运动来实现人的本质与自由，并以此悄悄地（他没有、也不敢明示）来对抗他所深深憎恶的封建王权和宗教神权，只是在权力的高压下其理论呈现得太过晦涩了，代之的是理性的自我否定的运动，以及表现为以头立地的世界历史精神所隐含的批判与进步。在黑格尔晦涩迂腐枯燥的言辞后面，隐藏着深刻的批判精神与革命诉求，表达着对于人的本质的深刻思考，对于人的自由的执着的追求，对于人的尊严的执拗的维护。你可以在肉体上征服我，但思想的力量和精神的强大是任何人都无法战胜的，面对权势的淫威可以选择不说话，但决不会说假话。

对于真理如果不能直言，那么就换个方式，这总比趋炎附势、跪捧权势要高尚和干净吧！虽然奉了国王陛下的诏命，让他说几句话，但黑格尔说的是，"凡生活中真实的伟大的神圣的事物，其所以真实、伟大、神圣，均由于理念。哲学的目的就在于掌握理念的普遍性和真形相。……精神的世界就是自由的世界。……我首先要求诸位信任科学，相信理性，信任自己并相信自己。追求真理的勇气，相信精神的力量，乃是哲学研究的第一条件。人应尊敬他自己，并应自视能配得上最高尚的东西。精神的伟大和力量是不可以低估和小视的"。① 尽管我们大可以嘲讽黑格尔理论的枯燥与艰涩，然而，如果没有理论上深刻的清醒和自觉，甚至或秉持理论的肤浅与狂妄而不自知，何以为追求和实现人的

---

① 黑格尔. 小逻辑 [M]. 北京：商务印书馆，1980：35-36.

自由提供坚实的理论支持?

(三) 绝对精神的自我运动

黑格尔的宏大叙事建构了一个庞大的哲学体系,其中包罗着十分丰富的内容。在这个体系中有一个最基本的东西,那就是"绝对精神"。黑格尔认为这个绝对精神既是实体也是主体,由此,"绝对精神"是唯一客观存在的实体,是世界万物的本原与基础;绝对精神不是静止不动的,而是作为主体辩证发展(通过自我否定和批判)的;自然、社会以及人的思维都是绝对精神在实现自己、认识自己、完成自己的这一辩证发展过程中的表现,都是绝对精神在自己的发展过程中产生和创造出来的阶段性产物。"绝对精神"在自我运动和自我实现的过程中,扬弃了自在之物而达到了自身的统一,人的认识在这个过程中也使自己成为绝对精神。一句话,绝对精神从原初的绝对自我通过人类精神而成为现实,最终又回到绝对精神,这个返回仿佛是回到了出发点的运动,实际上是更高层次的"返回"。即绝对精神从"纯存在"到"非存在"再回到"存在"的过程。那么,黑格尔的绝对精神表现出哪些特征呢?

首先,绝对精神是一种"理性的""逻辑的"宇宙精神,是一种逻辑思维的精神。所谓逻辑思维是指产生概念,运用概念进行判断和推理的理性思维方式,并由此产生出理性认识。其实,这样的绝对精神不过是把理性思维或逻辑思维过程同人所认识的并反映在人的思想里的客观世界割裂开来,将其先验化、绝对化为先于(逻辑在先)自然和人类,甚至先于人的认识而客观独立存在的"主体"罢了。在绝对精神面前,自然、社会和人的思维现象都不过是绝对精神的外在表现,是以绝对精神为前提、基础和本质的。思维是存在的本质,存在是思维的表现,思维与存在的同一性问题既表现为一个认识论问题,更是表现为一个本体论问题,这样,黑格尔就在思维或者说是在精神里实现了思维与存在的同一。

其次,绝对精神是不断地变化和发展的。原因在于它自身包含着矛盾。同一并不是简单的无差别的同一,同一内在地就包含有差别。"主观与客观不仅是同一的,而又是有区别的"。① 绝对精神内部所包含着的同一与差别的矛盾是它自身最本质的矛盾,绝对精神在其内部不断产生出这一矛盾,并在持续地克服这一矛盾的过程中,实现着自我的运动、变化和发展。这个过程就是绝对精神运动的辩证法,就是思维与存在在对立与同一中展开的矛盾进程。黑格尔认为这一绝对精神的运动过程是一个辩证的运动过程,是一个产生自身、发展自身

---

① 黑格尔. 小逻辑 [M]. 北京:商务印书馆,1980:183.

并返回于自身的进程。

第三，绝对精神的自我运动是有自身的形式和节奏的，即肯定（正）、否定（反）、否定之否定（合）。传统的思维方式是非此即彼的，康德看到了这里的问题，提出了思维中的"二律背反"，但没有再进一步。费希特提出要把"正题""反题"结合起来——"合题"，但"正题"如何产生"反题"，动因是什么，费希特无力说明。黑格尔认为绝对精神或理念是一个发展过程，任何精神或理念自身就包含着否定。绝对精神的第一个阶段是肯定阶段，即正；第二个阶段是否定阶段，即反，是对肯定的否定；第三个阶段是否定之否定阶段，即合，是对否定的否定，是肯定与否定的同一。所谓否定之否定就是对第一次否定的再次否定，在第二次否定中扬弃了肯定与否定，扬弃了正和反，实现了正与反的新的更高层级的同一，即合。

第四，绝对精神代表了一种新的视角。唯心主义从思维或精神出发进行理论建构，唯物主义从存在或物质出发进行理论建构，康德从对立着的思维与存在（自在之物）出发进行理论建构。黑格尔从思维与存在的对立统一体出发，建构起了自己的哲学。这个思维与存在的统一体，黑格尔称之为——绝对精神或绝对理念。它是包含着思维与存在、主观与客观的精神。

现在来谈绝对精神的自我运动。绝对精神的运动是自我否定中的运动，经过肯定、否定、否定之否定这样三个阶段，即正题、反题、合题。在黑格尔的哲学体系里就是逻辑学、自然哲学、精神哲学这三个阶段，这是一个最基本的图式。

第一个阶段是逻辑学，这是肯定阶段，即正。这个阶段依然分为存在论（正），本质论（反），概念论（合）三个阶段。存在论要解决的绝对精神的开端，是从最简单最抽象的概念——纯存在或纯有开始，纯存在是什么，什么也不是，就是存在。因为纯存在、纯有没有任何内在规定，因此纯存在就等于非存在，纯有就等于纯无。因为当我们规定了一事物存在时，必须回答这个存在是什么。如果回答不了，这个存在就是什么也不存在，就是什么也不是。对于纯存在的规定（同时也是否定）就产生了非存在，这个否定是纯存在的自我否定。在这个否定中，产生了纯存在与非存在的对立，这个对立就是变化或者说是运动——从纯存在到非存在，从非存在到纯存在。在存在论阶段，绝对精神的运动完成了第一个小的三阶段——纯存在、非存在、纯存在与非存在的对立统一。注意，在这个运动过程中，概念变化的方向是向自己的对立面的转化，从有到无，从无到有，肯定同时意味着否定，而否定同时也就意味着肯定。这不仅是一个变化更重要的是一个生成的过程。在这个过程中，通过变化就使纯存在获得了自己的内容，即质的规定性。所谓质的规定性就是规定一事物成为该事物而不是他事物的内在规定性，质的规定性必须通过量的规定性表现出来，量的规定性就是一事物成为该事物时必须含有的数量方面的规定性。比如说，这里有个人，"人"是质的规定性，即定性；他是个身高八尺的男人，"八尺""男性"是量的规定性，即定量。任何事物都是质与量的统一，总不能说这里有个人，身高为0。质与量的统一就是度。黑格尔由此成为欧洲哲学史提出质量互变规律的第一人。

本质论作为第二个阶段，是存在从现象到本质运动的过程，是存在获得存在的根据的过程。这一过程同样包括自己的三个小阶段，经历了从同一到差别再到对立面的同一的过程。概念经过了从抽象自我到现象自我再到现实自我的发展过程，这就好像一个人的生命历程，从父母想生孩子——抽象自我（这时候的孩子是在观念中存在的），到生出孩子——现象自我（只是一个生命，还没有成为一个真正的人），再到长大成人——现实自我（在后天的活动中生成不一样的"我"）。抽象自我是先在，抽象自我的产生就是现象自我，抽象自我与现象自我的统一即本质与现象的统一就是现实自我。在这个阶段，概念的运动是通过自我的否定来完成的，原因在于概念自身包含着的矛盾，这个矛盾表现在同一是包含着差别的同一，差别是包含着同一的差别。矛盾是一事物的自我否定，是一事物内在的对立与同一，矛盾包含着同一与差别的统一，是对立统一。在本质论中，黑格尔由此阐述了矛盾或者说是对立同一的辩证思想。另外，在对现实性的分析中，黑格尔还涉及了可能性、偶然性和必然性，这是存在变化的三个层次。

概念论。概念是逻辑理念发展的最高阶段，概念是存在与本质的统一。概念论包括了主观性、客观性和理念三个小阶段。在主观性阶段，概念表现为具体概念；在客观性阶段，概念实现了自我，转化成为客体；理念是概念实现的自我，真相是在人的合目的性活动中扬弃了主观性和客观性的差别之后，达成主观性与客观性的统一。这样，从存在深入到本质，再到概念，黑格尔在概念论中实现了逻辑学、认识论、本体论的第一次统一，当然是在抽象方式（思辨）上实现的统一。理念生成后，还要在自然、人类历史中实现自己，只有经过这些阶段，才能真正实现主观与客观、存在与思维的统一，成为绝对精神。

第二个阶段是自然哲学，这是否定阶段。黑格尔认为自然界是精神的自我外化或者说是异化，即精神的自我否定。异化是黑格尔哲学的主要概念，异化是指精神的异在、疏离、客体化。异化的扬弃就是疏离的取消。"逻辑理念是自然的本质性因素，自然乃是逻辑理念的外化和表现"。① 在时间上，自然在先；在逻辑上，精神在先。这一阶段同样包含着三个小阶段：机械论、物理论、有机论。终点是有机论，到这里就产生了人，人的本质是精神。"自然并不是一个固定的自身完成之物，可以离开精神而独立存在，反之，惟有在精神里自然才达到它的目的和真理。同样，精神这一方面也并不仅是一超出自然的抽象之物，反之，精神惟有扬弃并包含自然于其内，方可成为真正的精神，方可证实其为精神"。② 这样，自然哲学也就要过渡到精神哲学了。

精神哲学是第三阶段，即否定之否定阶段。"如果说绝对精神在'逻辑学'中是潜在的，在'自然哲学'中是异在的，那么可以说它在'精神哲学'中则是现实的"。③ 在这个阶段，绝对精神实现了自我的现实存在，这一存在是经过对否定的否定实现的。这个阶段同样经历了三个小阶段：主观精神、客观精神、绝对精神。主观精神阶段是自我意识的发展，在理性中表现为自由意识；客观精神是自由意识的客观存在形式，表现为人所创造的家庭、市民社会和国家等社会形式；绝对精神是最高阶段，是以哲学方式表现出的绝对精神。因为哲学克服了艺术的客观外在性和宗教的主观的内在性（这就扬弃了谢林和康德），实现了艺术、宗教的统一，以概念的方式把握绝对精神，绝对精神在哲学中实现了自身。哲学是绝对精神实现自我的最终归宿，哲学是绝对精神的家。

基本图式如下：

	正（肯定）	反（否定）	合（否定之否定）
绝对精神：	逻辑学	自然哲学	精神哲学
逻 辑 学：	存在论	本质论	概念论
存 在 论：	纯存在	非存在	纯存在与非存在的统一（具体概念）
本 质 论：	现象	本质	现象与本质的统一（现实）
概 念 论：	主观性	客观性	主观与客观的统一（理念）
自然哲学：	机械论	物理论	有机论
精神哲学：	主观精神	客观精神	绝对精神

注意：这里省略了自然哲学和精神哲学各自三个阶段中内含的三个小阶段。如，主观精神包含着人类学、精神现象学、心理学三个阶段。

绝对精神从"纯存在"开始，经过逻辑演进、自然演化和精神升华，完成

---

① 张志伟. 西方哲学十五讲［M］. 北京：北京大学出版社，2004：364.

② 黑格尔. 小逻辑［M］. 北京：商务印书馆，1980：212-213.

③ 张志伟. 西方哲学十五讲［M］. 北京：北京大学出版社，2004：365.

了自我，回到了自我，当然是在更高层次上的回复。这一过程是通过否定自我实现的，这个否定是包含着肯定的否定，即扬弃。由此，整个黑格尔哲学就以现实的方式经过逻辑学、自然哲学和精神哲学，实现了逻辑学、本体论和认识论的统一。

在客观精神阶段中，黑格尔论述了世界历史，世界历史是一个理性实现自身的过程，是一个从合理性到现实性的过程，这一过程是通过人类精神实现的，这就展现了黑格尔所主张的历史考察的原则是逻辑与历史的统一，是合规律性与合目的性的统一。在黑格尔的历史哲学里，他浓郁的历史感和历史方法可以说是他最大的贡献。他认识到世界历史和真理一样都是一个进程，历史的进程具有必然性，这种必然性是通过一系列相互矛盾的偶然性为自己开辟道路的。历史凭借必然性向前发展，而这并没有使黑格尔得出任何宿命论的结论，"要是没有热情，世界上任何伟大事业都不会成功"。① 人不是历史的傀儡，英雄之所以成为英雄，只是因为他的个人目的与历史必然性相一致。就是说在历史进程中，每一个历史时代都有自己的代表，是绝对精神通过人的需要、利益和热情引起的行动来实现世界历史自身。即精神通过人的行动实现自我，这一精神就是自由的精神。自由从"一个人的自由"到"一部分人的自由"，最后到"一切人的自由"，每个人都是自由——绝对精神的终极目的——实现自我的手段，每个人在追求自己的自由即人的生命本质时却不自觉地成为了绝对精神实现自我的手段，这就是所谓"理性的狡计"——"人类的历史活动是由人们的行动所组成的，而这些行动就是由每个个别人的利益所引起的。每个人都追逐自己的个人目的，但结果却从他的行动中产生出某种别的东西，这种东西诚然包含在他的行动之中，但却在他的意图之外。"② 一旦把绝对精神置换为人自身，这其中蕴涵的革命性、批判性与创造性一定是极具震撼意义的。人及其社会就是在否定之否定中实现自己的目的，成就自身的自由，实现社会（表现为世界历史）的进步的。对于人、社会及其一切人造物而言，没有永存、没有永远正确，只有不断地在批判和否定中前行。黑格尔还深刻地指出，仆人眼中无英雄。"道德规范是不适用于历史进程的。人类的发展决不是善良和幸福相得益彰的坦途。"③ 是啊，哲学从来都不是高唱颂歌，而是在理性如剥骨吸髓般深刻且铁面无情的批判中成为指引人们前行的思想工具。

---

① 阿尔森·古留加. 黑格尔传 [M]. 北京：商务印书馆，1978：119.
② 阿尔森·古留加. 黑格尔传 [M]. 北京：商务印书馆，1978：118.
③ 阿尔森·古留加. 黑格尔传 [M]. 北京：商务印书馆，1978：120.

做一个概括：绝对精神先是在纯粹的"概念"世界里面运动（正）；然后从概念中把自己外化出来（异化），形成了有具体物质内容的自然界（反）；经过了一番努力后，精神扬弃了自然界，结合了前两个阶段，重新回到精神的表现形式中，即绝对精神。绝对精神在哲学中最终认识了自己，达到了思维和存在的绝对同一（合）。绝对精神的运动经历了从自在（合规律性）、主观到自为（合目的性）、客观，最后实现自与自为、主观与客观、合规律性与合目的性的统一，也表现为从主观精神到客观精神最后到绝对精神（主观精神与客观精神的统一）。同时，黑格尔的绝对精神的自我运动以辩证法的方式纾解了自柏拉图以来坚持先验理性立场所面对的困境：柏拉图的超验理念为了让人们接受，不得不设计出"分有""回忆""摹仿"这些有着明显漏洞的环节，以勉强地达到思维与存在的同一。近代唯理论在回应经验论的质疑时，不得不求助"天赋"来说明先验观念的来源。由此，在他这里既坚持了理性主义的立场，又"解决"了先验观念（理念）的来源及其与现实事物的联系。这样，黑格尔就用充满辩证法精神的，也是繁琐的思辨哲学体系终结了西方两千多年的形而上学。

绝对精神的这样一番历程如果就哲学基本问题的意义上讲，当然是唯心主义的，它呈现出精神第一、物质第二的特性，但如果从每个人的成长与心路历程来看，又是深刻且精妙的。每个人的人生理想最初仅仅是在自己的头脑中萌生，是在我们的头脑与心灵中的存在，用黑格尔的话就是"纯存在"，它仅仅是图景而不是现实。为了实现这样的图景，理想一定要来到现实之中，用生活的剃刀对它进行打磨和淬炼，在现实的残酷中剔除其中虚妄与幻梦的成分，厘定其可能实现的方向与内容。有可能理想被现实彻底粉碎，有可能在现实的打磨下形成其合理性与可能性，有可能……这是一次、一次、又一次大浪淘沙的过程。然后达到理想与现实的统一，即理想的纯存在与现实的非存在的统一，这恰恰是一个众里寻他千百度，蓦然回首那人却在灯火阑珊处的过程，是从纯粹理想到现实，再回复到具备了现实性的理想的过程。在这个过程中，原初理想的虚幻性——其中包含的年少轻狂、清教徒般的狂热被现实当作砂砾剔除出去，每个人才生活出真正的自我，最终做出了"我是谁"的回答。

黑格尔哲学以辩证法为研究范式，以否定之否定为枢纽，通过十分烦琐的方式，在绝对精神自我否定的运动过程中实现了思维与存在的同一，当然是辩证的同一。辩证的否定是黑格尔辩证法的核心，事物的变化在于自我否定，否定既是事物变化的原因，又是事物变化的方法与途径。首先，任何事物的存在都是包含着矛盾的存在——包含同一和差别，同一是差别中的同一，差别是同一中的差别，对立是自我同一与自我差别的对立。这样以来，当人们以为把握住事物性质与内涵的简一性才能抓住事物的本质时，以为矛盾源于人的思维的错误时，黑格尔却告诉大家，事物本身就是矛盾的。这就通过对立面的同一消除了或者说是解决了二元对立的问题。其次，否定是自我否定，是由自我对立引起的自己否定自己、自己反对自己、自己改变自己，最后又自己回归自己的过程。这一过程表现为肯定、否定和否定之否定。这样以来，当人们以为事物的存在与发展在于事物自我的肯定时，黑格尔又告诉大家，发展源于否定，发展是肯定与否定的统一，发展是在否定中实现的。事物发展的实质是辩证的否定，否定是事物发展的环节，也是事物联系的环节。这是每一个事物运动、变化、发展（这是三种不同的方向）的过程和方式，是社会从低级到高级的变迁过程，也是每个人出生、成长、成熟的过程。每个人在回首自己的人生时，都会看到自己的成长和进步，这一进步的动力源于对于自我的否定，源于现实的自我（"我是"）与理想的自我（"我想"）的矛盾，源于对于现实自我的不满意，源于对于现状的不知足——这就是否定，源于对理想的肯定，因此这是包含着肯定的否定。再次，在自我的否定之否定中，实现了思维与存在、主观与客观、主体与客体、自在与自为的同一。事物的运动是一个通过否定，自己实现自己的过程，是从自在走向自为，最后达到自在与自为统一的过程。这就扬弃了康德的自在之物及其不可知性，自在之物不仅是自在的，而且在人的认识过程中可以从自在走向自为，最终达成自在与自为的同一。最后，黑格尔的辩证法高扬了主体的能动性，只有自己否定自己，事物才可能发展，安于现状就不可能改变。自我的否定既是促使现存的"我"死亡的力量，同样是促成"新我"产生的力量。在对自我的否定中，每个事物包括每个人从无知走向有知，从稚嫩走向成熟，从简单走向复杂，从片面走向全面。说明一点，与唯物辩证法有所不同，黑格尔辩证法的核心是否定之否定，事物的变化与发展的原因在于事物的自我否定，即自己对自己的否定，否定既是事物发展的原因又是事物发展的方式，事物通过自我的否定引起新事物对于旧事物的超越，实现事物的发展。从"实体即主体"的原则出发，实体的否定是自觉的主动的自我否定，是主体的自动性、主动性即能动性，在否定"旧我"中实现"新我"。唯物辩证法注重的是对立统一即矛盾，事物内部的矛盾和事物之间的矛盾引起事物的变化和发展，矛盾即对立统一是事物发展的动因，否定——辩证的否定——包含着肯定的否定是事物发展的方式。事物的变化与发展是一个过程，是一个从量变到质变的过程。另外，对立与矛盾在西方辩证法那里是有差别的，对立是事物之间的冲突，是外在的；矛盾是事物内部的冲突，是内在的。对立是事物之间的不同；矛盾是事物内部的不同。如，黑与白，上与下，强与弱等等，它们之间的关系是对立。黑与非黑，上与非上，强与非强等，它们之间的关系是矛盾。对立双方之间还有中项，如，黑与白之间还有红或蓝，上与下之间还有中，强与弱之间还有不强或不弱。矛盾双方之间没有中项，是形式逻辑的矛盾律，服从于排中律。如，黑与非黑，上与非上，强与非强等，它们之间不能有中项。

然而，在黑格尔这里，绝对精神通过否定之否定实现了自我，人只是绝对精神实现自我的工具，那么，人活着的价值与意义在哪里？康德所说的要永远把人当作目的而不仅仅作为手段，在黑格尔这里表现为以人为工具的绝对精神的自我运动，表现为"以头立地"的哲学，黑格尔所器重的人的自由与价值在他烦琐晦涩的体系里被深深地遮蔽了。而且黑格尔的辩证法本身是充满着革命的、能动的、批判的特质的，但他却把自己的哲学视为哲学的终结。单就其将人视为绝对精神实现自我的工具，单就其哲学对于人的主体性的"忽视"，黑格尔就足够让后人反感和嫌弃了，黑格尔——这个德国古典哲学的集大成者——成了人人喊打的一条"死狗"。问题是想打就能打死吗？

四、书斋里的学者——费尔巴哈

费尔巴哈标志着德国古典哲学的终结。黑格尔哲学构造了一个包罗万象的庞大体系，在这个体系里，理性就是一切。那么，哲学就此彻底终结了吗？从此，就好像十九世纪的经典物理学那样再也无事可做了吗？费尔巴哈从对黑格尔哲学的批判和对宗教的批判中，开始了自己的哲学思考。"对费尔巴哈来说，人类精神的发展不是出发点，真正的出发点是具有自然需要和愿望的有意识的人，这与黑格尔的看法大相径庭。……在宗教的幻想中，人类得不到真正的解脱，幸福只有在现实生活中才能实现。"①

首先是对黑格尔哲学的批判。费尔巴哈认为黑格尔哲学是神学的最后避难所和最后的理性支柱。"黑格尔的整个哲学实际上是用思辨理性的语言，重新诉说了基督教关于上帝创世、亚当失乐园、基督救赎以及人类在圣灵（即精神）感召之下重返乐园的故事"。② 从哲学的基本立场上讲，黑格尔哲学颠倒了思维与存在、精神与物质、主体与客体的关系，颠倒了上帝与人的关系。这种神秘的绝对精神实质上就是人的精神，而不是什么超越人的绝对精神，更不能、也

---

① 马丁·摩根史特恩，罗伯特·齐默尔. 哲学史思路——穿越两千年的欧洲思想史 [M]. 唐陈，译. 北京：中国人民大学出版社，2006：204-205.
② 赵林. 西方哲学史讲演录 [M]. 北京：高等教育出版社，2009：370.

不应该成为上帝意志的代名词。另外，黑格尔颠倒了自然与精神的关系，同时以抽象的存在为出发点，其实是在思维中解决思维与存在的对立，导致思维与存在的同一是在思维和思维自身的同一中实现的。即他把思维从抽象到具体的运动理解为或者说代替了真正现实的客观事物得以产生和发展的实际途径。

其次，费尔巴哈认为人与自然是统一的，人是现实存在的感性实体，人是灵魂与肉体的统一体，理性、意志和情感构成人的本质，类是人的本质。① 费尔巴哈的思想是睿智的，他把感性这一认识论的术语赋予了本体论的意味，将单个人的本质提升到"类"的层面。然而，他的感性只是人的生理需要和欲望，这就给"庸人把唯物主义理解为贪吃、酗酒、娱目、肉欲、虚荣、爱财、吝啬、贪婪、牟利、投机，即他本人暗中迷恋着的一切龌龊行为"② 提供了口实。当然，人的"类"本质是什么？是抽象的还是具体的，是先在的还是后天的，费尔巴哈同样难以清晰地回答。人们常说人是万物之灵，为什么这么说。人，这个生命与其他生命究竟有什么本质上的不同。理性的人或者是感性的人能构成人的完整形象吗？这样讲还少点什么？一定是有什么地方没有讲透，怎样才能捅破这层窗纱呢？

第三，费尔巴哈的批判从对黑格尔哲学的批判进入对宗教神学的批判。"上帝对费尔巴哈来说是一个幻影，它把所有事物的性质都集中在自己的身上，人们努力追寻它，而它却根本不存在"。③ 费尔巴哈认为宗教的对象是人的本质，上帝是对象化了的人的本质。不是上帝创造了人，而是人创造了神。"人的绝对本质、上帝，其实就是他自己的本质"。④ "上帝之意识，就是人之自我意识；上帝之认识，就是人之自我认识"。⑤ "人使他自己的本质对象化，然后，又使自己成为这个对象化了的、转化成为主体、人格的本质的对象。这就是宗教之秘密"。⑥ "宗教的起点乃是人跟他自己的本质的分裂"。⑦ 引用得够多的了，一句话，"上帝的人格性，本身不外乎就是人之被异化了的、被对象化了的人格

① 参阅吴仁平，彭隆辉. 欧洲哲学史简明教程 [M]. 北京：中央编译出版社，2012：422-425.
② 马克思恩格斯选集：第4卷 [M]. 北京：人民出版社，1995：232.
③ 马丁·摩根史特恩，罗伯特·齐默尔. 哲学史思路——穿越两千年的欧洲思想史 [M]. 唐陈，译. 北京：中国人民大学出版社，2006：204-205.
④ 费尔巴哈. 基督教的本质 [M]. 北京：商务印书馆，1984：8.
⑤ 费尔巴哈. 基督教的本质 [M]. 北京：商务印书馆，1984：18.
⑥ 费尔巴哈. 基督教的本质 [M]. 北京：商务印书馆，1984：39.
⑦ 费尔巴哈. 基督教的本质 [M]. 北京：商务印书馆，1984：45.

性"。① 再简明一点，宗教（或者说神）是人的本质的异化。为此，必须颠倒上帝与人的关系，不要用"上帝对人的爱"或者"人对上帝的爱"，而是用"人对人的爱"来实现人类的和谐。可惜这是一种多么美妙而温情的想象啊，一旦坠入用所谓的爱来实现人类的幸福和解放，所有的理想与憧憬就只可能是虚幻而美丽的梦想。真相是人类社会的进程从来都是血淋淋的，是用被杀害者的头颅做酒杯开怀畅饮的胜利者的饕餮狂欢！

有必要再来说一说"爱"了。怎么理解爱？爱是一种心理状态和体验，是一个关系范畴，主要是在人与人的关系中生成。人们常说爱的品性是伟大的、无私的。其实，这样爱的基本上存活在想象与理想的天国里。现实中的爱从来都是要求回报的，是要求对等的。真实的生活中从来没有什么无缘无故的爱，也没有什么无缘无故的恨。只是付出的初衷与回报的结果是有不同层次和格局，比如，对于祖国的爱，对于情人的爱，对于子女的爱。如果不是这样，会爱不下去的。这就是当你深爱的人背叛了你，你的付出得不到回报时，那种伤害和痛苦；这就是家长把自认为能给孩子的一切都给予孩子时，希望在孩子的身上实现自己没有实现的人生梦想时，孩子却以你认为的极不争气的方式活给你看时，那种无助和痛苦；这就是当你在职业中全身心投入最大的努力，希望获得认可，希望得到切实的以物质（确实地说就是金钱）体现的回报时，这在当下劳动还依然是生存需要的人类生态中所必须加以坚持、维护和保证的，却被以奉献、无私忽悠时，那种愤怒和痛苦。这就是为什么恩格斯对费尔巴哈的爱给予了无情的嘲讽："可是爱啊！——真的，在费尔巴哈那里，爱随时随地都是一个创造奇迹的神，可以帮助克服实际生活中的一切困难，——而且这是在一个分裂为利益直接对立的阶级的社会里。这样一来，他的哲学中的最后一点革命性也消失了，留下的只是一个老调子：彼此相爱吧！不分性别、不分等级地互相拥抱吧！——大家都陶醉在和解中了！"②

费尔巴哈通过对陷入困境的黑格尔哲学的批判予以哲学新的出路，那就是从绝对的客观唯心主义转向了人本主义的唯物主义。他对于宗教的揭露和批判同样是深刻而富于启发的。然而，他对于感性的理解却是表象的，对于解除人类痛苦的出路探索有点点天真。

哲学的脚步从来都不会停歇，德国哲学这只黄昏起飞的猫头鹰就要被"高

---

① 费尔巴哈.基督教的本质［M］.北京：商务印书馆，1984：294.

② 马克思恩格斯选集：第4卷［M］.北京：人民出版社，1995：240.

卢的雄鸡"所超越了。不仅如此，在充满反叛精神的非理性主义那里，上帝也死了。人类社会的进步从来离不开思想的引导，刚刚战胜王权和神权，高倡自由、平等、民主、博爱的资产阶级并没有给大多数的人带来福音，在机器工业文明创造的巨大财富面前，是广大财富创造者难以想象的贫困，资本的贪婪和权力的任性成为悬在每个人头上的达摩克利斯之剑，人的幸福在哪里？

第九讲

实践与自由

"哲学家们只是用不同的方式解释世界，问题在于改变世界。"① 这句话大家都太熟悉了，一看到或听到以后立刻就会想到马克思——这个无国籍的犹太人，他与恩格斯合作完成的《共产党宣言》被认为是"毫无疑问的十九世纪最具影响力的作品",② 而且，"一个多世纪以来，马克思主义已经成为这样一种语言：数百万人用它来表达他们对一个更公正的社会的希望"。③ 虽然，"马克思本人对他未来的学生利用他的思想感到愤怒，以至于他在生命将尽时宣称：'我只知道自己不是马克思主义者！'"④

一、理性还是实践：人的本质之探寻

古希腊的普罗泰戈拉说过："人是万物的尺度。"从类的意义上讲，今天看到的这个世界是人创造的世界，是人在创造中认识和理解的世界，人的创造始终是在为人服务的。为此，哲学始终需要对人自身达成深刻的认识。"认识自我乃是哲学探究的最高目标……它已被证明是阿基米德点，是一切思潮的牢固而不可动摇的中心"。⑤ 人类及其社会作为自然生命的一部分，有着与其他生命本质上的不同：其他生命在自然残酷的生存法则面前，只能通过艰难的进化改变自身适应自然选择，从而实现种的延续。而人却在不断地改变着自然使得自然服从服务于人的需要。那么，人究竟是什么？

---

① 马克思恩格斯选集：第1卷 [M]. 北京：人民出版社，1995：57.
② 特里·伊格尔顿. 马克思主义为什么是对的 [M]. 北京：新星出版社，2011：2.
③ 戴维·麦克莱伦. 卡尔·马克思传 [M]. 北京：中国人民大学出版社，2005：434.
④ 戴维·麦克莱伦. 卡尔·马克思传 [M]. 北京：中国人民大学出版社，2005：434.
⑤ 马克思恩格斯选集：第4卷 [M]. 北京：人民出版社，1995：695.（关于这一说法，可见于恩格斯的多封书信）

（一）马克思生活的时代

"资产阶级在历史上曾经起过非常革命的作用。"① 在《共产党宣言》里，马克思恩格斯用富于文学性的文笔赞扬了资产阶级的历史贡献，归结起来可以表述为：第一，反封建；第二，工业化；第三，城市化；第四，全球化。其中，每一项变革都足以改变人类文明的进程，而资产阶级却把它们一并完成了。这个群体给人类带来的最大贡献是"资产阶级在它的不到一百年的阶级统治中所创造的生产力，比过去一切世代创造的全部生产力还要多，还要大"。② 然而就是这样一个对于人类文明作出从未有过如此重大的划时代贡献的阶级，却避免不了这样的未来："共产党人不屑于隐瞒自己的观点和意图，他们公开宣布：他们的目的只有用暴力推翻全部现存的社会制度才能达到，让统治阶级在共产主义革命面前发抖吧。"③ 为什么会对这样一个阶级和这样一个社会给出如此可怕的预言？

首先，资本主义的发家史是血与火的历史。如果说"货币'来到世间，在一边脸上带着天生的血斑'，那么，资本来到世间，从头到脚，每个毛孔都滴着血和肮脏的东西"。④ 资本主义生产方式是人类物质财富创造史上的一次根本性的变革，它所进行的生产与交换活动不再是为了首先满足自身的生活需要，这曾经是人类从事生产的第一目的甚至是唯一目的的，而是将目标直指财富的创造和利润的攫取。这样一种生产方式的确立有赖于分工这一新的劳动方式，亚当·斯密敏锐地看到了这一点："劳动生产力上最大的增进，以及运用劳动时所表现的更大的熟练、技巧和判断力，似乎都是分工的结果。"⑤ 斯密举了一个扣针制造业的例子，一个雇用了十个工人的小工厂，通过分工协作的方式，每日可制造48000枚。而"如果他们各自独立工作，不专习一种特殊业务，那末，他们不论是谁，绝对不能一日制造二十枚针，说不定一天连一枚针也制造不出来"。⑥ 这就是分工带来的巨变。不过，分工需要雇佣很多的工人，需要机械设备，需要厂房，需要大量原材料的储备，需要周转资金，需要……一句话需要很多很多钱，这些钱（资本）也就是人们常说的第一桶金从哪里来？在英国——第一个进行并完成工业化的资本主义国家——用暴力手段剥夺农民的土

① 马克思恩格斯选集：第1卷［M］. 北京：人民出版社，1995：274.
② 马克思恩格斯选集：第1卷［M］. 北京：人民出版社，1995：277.
③ 马克思恩格斯选集：第1卷［M］. 北京：人民出版社，1995：307.
④ 资本论：第1卷［M］. 北京：人民出版社，2004：871.
⑤ 亚当·斯密. 国民财富的性质和原因的研究（上卷）［M］. 北京：商务印书馆，1972：5.
⑥ 亚当·斯密. 国民财富的性质和原因的研究（上卷）［M］. 北京：商务印书馆，1972：6.

地，并运用严酷的法律将失去土地的农民送入工场成为廉价的劳动力，是第一种途径。"15 世纪末和整个 16 世纪，整个西欧都颁布了惩治流浪者的血腥法律。……身强力壮的流浪者则要遭到鞭打和监禁。……如果在流浪时第二次被捕，就要再受鞭打并被割去半只耳朵；如果第三次被捕，就要被当作重罪犯和社会的敌人处死"。① 莫尔因此愤怒地呼喊：你们的绵羊本来是那么驯服，吃一点点就满足，现在据说变得很贪婪很凶蛮，甚至要把人吃掉。面对失去土地的乞丐、盗贼、流浪者。在十五世纪末以来严酷的惩治被剥夺者的血腥立法下，"被暴力剥夺了土地、被驱逐出来而变成了流浪者的农村居民，由于这些古怪的恐怖的法律，通过鞭打、烙印、酷刑，被迫习惯于雇佣劳动制度所必需的纪律"，② 成为资本主义工场手工业所需要的充裕的劳动力。

第二条途径是海外贸易和殖民掠夺。"西方殖民者在 300 多年时间里，仅从中南美洲就抢走了 250 万公斤黄金、1 亿公斤白银。"③ 日不落帝国——英国，在创造辉煌历史的同时也对人类犯下的累累罪行，最受谴责的就是贩卖黑奴和输出鸦片。1501 年，葡萄牙人将第一批 250 名黑人奴隶贩卖到西印度群岛的伊斯帕拉尼奥拉岛，大规模的非洲奴隶贸易就这样开始了。据记载，十八世纪的近一百年内，借助奴隶贸易，英国的对外贸易增长了 14 倍，法国增长了 10 倍。持续达四个世纪的非洲奴隶贸易给欧洲资本主义带来了巨额财富，为资本的原始积累作出了巨大贡献，然而，这对非洲来说，却是一场巨大的灾难。据估计，大约有 2000 多万非洲黑人被贩卖到了欧洲、美洲和亚洲中东地区，而这仅仅只是运送出去的黑人数量，如果算上抓捕、贩、处死这些环节，总共估计有 2.1 亿非洲黑人死于非命。④ 对于这段历史，直到 2006 年英国布莱尔首相才打破历史的沉默，谴责英国贩卖黑奴是反人性的犯罪，表示深深的道歉。但因为担心政府的"全面道歉"可能引发黑人提出赔偿要求，布莱尔并未作出完全的道歉。而改变了中国历史进程的鸦片战争（英国人一般称之为通商战争），英国人似乎已经忘记了。在与天朝大国做生意时，为了扭转对华贸易逆差不惜贩毒，为了保证这种血淋淋的利润甚至毫不犹豫地动用了国家机器和军队。一位美国学者认为在鸦片战争中英国表现得肮脏、卑鄙、邪恶在欧洲历史上仅次于纳粹。

---

① 资本论：第 1 卷［M］. 北京：人民出版社，2004：843.
② 资本论：第 1 卷［M］. 北京：人民出版社，2004：846.
③ 马克思主义基本原理［M］. 北京：高等教育出版社，2021：187.
④ 参阅依炉对酒眠. 西方资本主义的发家史——血腥残忍的非洲奴隶贸易［R/OL］.（2020-05-12）［2022-6-1］. https：//baijiahao. baidu. com/s？ id=1666456220607284714&wfr=spider&for=pc.

1984 年，撒切尔夫人出访中国时，她的私人秘书致信英国外交部，称她不愿意向人民英雄纪念碑敬献花圈，而且拒绝改变态度。究其原因，最重要一点是人民英雄纪念碑浮雕第一节是鸦片战争。①

其次，资本主义的生产在创造巨大财富的同时，制造着惊人的贫困。"无疑，在工业化的早期阶段，存在着大量的剥削和社会分裂"，那些失去土地的农民"成为纯粹的雇佣劳动者，除了自己的劳动力外一无所有。当他们找到工作时，他们发现工作时间很长，16 小时工作日决不是罕见的"。② 要知道，那时的工人一周是要工作七天的。空想社会主义者欧文在自己的工厂里禁止雇佣 10 岁以下的童工，规定儿童工作时间每天为 10 个小时。而英国政府直到 1833 年才通过了一部"工厂法"，在这部法律中，"禁止雇佣 9 岁以下童工，规定 9 至 13 岁的儿童，每周工作时间为 48 小时，13 至 18 岁的儿童每周工作时间为 69 小时"。③ 当社会财富急剧增加的同时，却是工人的极度贫困。"工人工资低，女工工资更低。当劳动妇女不能养家糊口时，其中许多人被迫充当妓女。这使中产阶级家中的'天使'与街头的卖淫女成为文学作品中的引起鲜明对比的题材"。④ 有个到英国棉纺厂看过的奴隶贩子说："我是个奴隶贩子，因此一向感到很没有面子，可是，我从来没有想到，作为一个人类，有人会如此残酷，竟然让一个 9 岁的孩子一天工作十二个半小时，还认为那是通常的工作时间。加不加班则另当别论。"

同时，假冒伪劣大行其道，为获取财富不择手段。"法国化学家舍伐利埃在一篇论商品'掺假'的文章中说，他所检查过的 600 多种商品中，很多商品都有 10、20 甚至 30 种掺假的方法。他又说，很多掺假方法他还不知道，而且他知道的也并没有全部列举出来。他指出，糖有 6 种掺假方法，橄榄油有 9 种，奶油有 10 种，盐有 12 种，牛奶有 19 种，面包有 20 种，烧酒有 23 种，面粉有 24 种，巧克力有 28 种，葡萄酒有 30 种，咖啡有 32 种，等等。甚至仁慈的上帝也不能逃脱这种命运。"⑤ 再举一个例子，"大家知道，煤烟是碳的一种高效形态，可作肥料，资本主义的烟囱扫除业者都是把煤烟卖给英格兰租地农民。1862 年，

① 参阅五星出东方. 英国为贩卖黑奴道歉，为何没向因鸦片战争改变千年历史的中国道歉 [R/OL]. （2018 - 03 - 14）［2022 - 6 - 21］. https：//baijiahao. baidu. com/s? id = 1594874364543615392&wfr=spider&for=pc.
② 斯塔夫里阿诺斯. 全球通史——从史前史到 21 世纪（下）［M］. 北京：北京大学出版社，2006：498.
③ 李世安，孟广林. 世界文明史［M］. 北京：中国人民大学出版社，2002：150-151.
④ 李世安，孟广林. 世界文明史［M］. 北京：中国人民大学出版社，2002：149.
⑤ 资本论：第 1 卷［M］. 北京：人民出版社，2004：288-289.

一个英国陪审员审理了这样一件案子。卖者瞒着买者在煤烟中掺了90%的灰尘和沙，这样的煤烟究竟算是'商业上'的'真正的'煤烟呢，还是'法律上'的'掺假的'煤烟。"商业之友"判决说，这是商业上的"真正的"煤烟。于是原告租地农民的官司败诉，并且还要支付诉讼费用。"①

第三，资本主义方式既是人类社会历史上一种先进的生产方式，又面临着根本的困境，这就是周期性爆发的经济危机和巨大的贫富差距。1825年，英国爆发了第一次全国性的经济危机，1836年和1847年又相继爆发了波及欧洲各主要资本主义国家的经济危机。从此，经济危机就成为资本主义社会挥之不去的梦魇。1929-1933年的经济危机是引发第二次世界大战的直接诱因，2008年由美国次贷危机引发的全球金融危机则再一次深重地打击了整个世界。

2019年，国际慈善机构乐施会（Oxfam）发布的最新报告显示，全球最富有26人拥有与世界上最贫穷的一半人口（38亿人）相等的财富；世界上最富有的2153人坐拥的资产超过了最贫穷的46亿人的总和。报告认为，全球贫富差距日益增加。② 财富的分配与占有"自觉地"遵循了"二八定律"，20%的人拥有80%的财富，80%的人只占有20%的财富；20%的国家拥有80%的财富，80%的国家只占有20%的财富。托马斯·皮凯蒂所作的《21世纪资本论》用大量的数据分析再次证明了资本收益远超劳动收入这一资本主义的经济实质并未改变。

马克思就出生在这样的一个时代，而且自他那时起，这样的状况从根本上就没有被改变过。

（二）马克思的出场

1818年，马克思出生于德国莱茵省的特里尔。马克思的两篇毕业论文对于认识和了解青年时期的马克思颇具意义。第一篇是他的中学毕业论文——《青年在选择职业时的考虑》，17岁的马克思写道："在选择职业时，我们应该遵循的主要指针是人类的幸福和我们自身的完美"。为此，他说道："如果我们选择了最能为人类福利而劳动的职业，那么，重担就不能把我们压倒，因为这是为大家而献身；那时我们所感到的就不是可怜的、有限的、自私的乐趣，我们的幸福将属于千百万人，我们的事业将默默地、但是永恒发挥作用的存在下去，而面对我们的骨灰，高尚的人们将洒下热泪。"③ 17岁，在今天心智十分晚熟的

---

① 资本论：第1卷［M］．北京：人民出版社，2004：288.

② 参阅金融界．全球贫富差距惊人：最富26人资产等于最穷38亿人［R/OL］．（2019-01-22）［2022-7-1］．https：//baijiahao．baidu．com/s？id=16233696085819258 24&wfr=spider&for=pc.

③ 马克思恩格斯全集：第40卷［M］．北京：人民出版社，1982：7.

现代人那里往往自诩还是个宝宝呢，而马克思则表现出了令人钦佩的成熟、深刻与担当。这篇毕业论文的主题是"德国启蒙运动和古典时期的人道主义者的理想观念，一个人的全面发展和相互依赖的人群共同体的全面发展"。① 马克思认为虽然人选择职业不能完全地随心所欲，但正是选择的自由使他区别于动物，人应当在为人类服务中把握住工作机会，生命的价值就是为人类利益而牺牲生命。如此之人生理想与目标，可以说是大多数人很难想到也很难做到的层次。

第二篇是他的博士论文——《德谟克利特的自然哲学和伊壁鸠鲁的自然哲学的差别》，22 岁的马克思认为伊壁鸠鲁的原子运动偏斜说是哲学上具有重要意义的创新。因为这个思想强调了人的自由与能动性，肯定了人的自由意志和自我意识的价值。马克思把伊壁鸠鲁的原子运动偏斜说解释为能动原则，意志自由是任何天上的神或地上的什么力量都不能够阻止的。认为只有从这个原则出发，才能不畏神威，不畏宗教势力，才能改变不合理的世界。

大学时期的马克思作为一个青年黑格尔派则表现出与众不同的气质，"他具有最深刻的哲学头脑，又具有罕见的智慧；如果把卢梭、伏尔泰、霍尔巴赫、莱辛、海涅和黑格尔合在一起（我说的是结合，不是凑合），那么结果就是一个马克思博士。"② 马克思的博士论文表明了对于人的自由的追求、捍卫与实现应该是构成他一生致力的事业。如果有什么力量想要阻止或损害人的自由，他将做出强烈的、深刻的、毫不容情地尖锐批判。

马克思的个性与思想可以一句歌词来表达，那就是一生不羁放纵爱自由。青年马克思不仅在面对社会问题时是这样，对于个人生活的态度同样如此。18岁时他与"特利尔最美丽的姑娘""舞会上的皇后"——燕妮——私订终身。马克思用了一种十分浪漫的方式向燕妮表达了爱情，他送给燕妮一个礼盒，说这里面装着他未婚妻的照片。燕妮打开一看，原来是一块精致的小圆镜，里面映出她美丽高贵的面容。

没有自由，在马克思看来，人就失去了存在的价值与意义。

(三) 自由思想的历史

什么是自由？自由是哲学思考的核心问题，是价值观的核心问题，也是人的存在的核心问题，根本上讲就是人的问题——人的存在的目的、价值与意义。如果说动物的本质是先在的，而人的本质则是后天生成的。任何一个人出生时谁都不知道（包括他自己）"他"将来会是什么，能够成为一个什么样的人。

---

① 戴维·麦克莱伦. 卡尔·马克思传 [M]. 北京：中国人民大学出版社，2005：9.
② 戴维·麦克莱伦. 卡尔·马克思传 [M]. 北京：中国人民大学出版社，2005：37.

况且，一个人是什么一般地并不在于他说了什么，而在于他的一生中做了什么。因为，人的本质是实践的。

在人类的思想史上，古希腊时期的哲学家们主要是从自然世界的必然性与偶然性、规律的现实性与可能性的层面去思考自由。既要认识和遵循必然，又努力地避免陷入宿命论的困境，尽管往往会难以逃避地陷入这一困境。中世纪的经院哲学家们主要是从上帝与人的自由意志的关系层面进行思考，希望在全能的上帝面前为渺小的人类留存一点空间，只有上帝而没有了自由的人只是一个可怜的傀儡。

近代的思想家们思考的内容和层次则要宽广得多了。其中，斯宾诺莎提出自由就是对于必然性的认识，只有认识了必然性和遵循必然性才是自由的。在这之前，人只能是盲目的。法国唯物主义学者们则从天赋人权出发，捍卫人的自由——这一与生俱来的权利。伏尔泰指出，自由是人类的特权，包括人身自由、言论和出版自由、信仰自由和财产自由。其中，人身自由是全部自由的基础，财产自由是最根本的自由。孟德斯鸠提出要建立一个政治自由的国家，政治自由绝不意味着可以随心所欲。自由是做法律所许可的一切事情的权利，自由仅仅是做他应该想要做的事和不被强迫做他不应该想要去做的事。要实现政治自由，一定要防止权力的滥用。卢梭认为自由和平等是人的自然权利（天赋人权），"人是生而自由的，但却无往不在枷锁之中"。① 他还敏锐地意识到自由与平等是不可分割的，没有平等，没有每个人都能够享有的自由，自由当然就不复存在。"百科全书派"们提倡自由、平等，认为私有财产和自由是人的不可剥夺、不可转让的"自然权利"。自由包括思想自由、言论自由、学术自由、信仰自由和贸易自由等。穆勒（也有译为密尔）从功利主义出发，以公民自由为核心展开对于自由的思考，把有关自由的讨论从政治领域拓展到社会领域。要在政治统治和社会控制中找到每个人能够自由生存的空间，权力行使的边界在于其唯一目的就是要防止对他人的伤害。个人自由（公民自由）包括思想自由（主要是言论自由和出版自由），行为自由（包括自由商业活动中的交易自由），个性自由等。只有实现了个性的自由，才是实现了社会进步和人类幸福。

康德从道德自律的层面思考自由问题，指出自由同时意味着责任，意味着主体性的担当，希望永远把人当作目的而不是仅仅作为手段，以此竭力维护人的权利、价值与尊严。黑格尔认为自由意味着否定，否定是主体的自觉，也就是自由，否定是一事物发展和进步的环节。他从理性出发，以绝对精神（其实

---

① 卢梭. 社会契约论 [M]. 何兆武，译. 北京：商务印书馆，2003：4.

是人的理性）来对冲封建王权和宗教神权对于人的权利与尊严的摧残，在理性面前一切都是暂时的、苍白的，即不合理的，都是应当灭亡的。只有理性才能唤醒人的自觉，只有理性才能保证人的尊严，只有理性才能创造世界历史。

后来的学者们从自由的行为方式和结果上将自由划分为消极自由与积极自由。萨特提出自由意味着选择，选择是主体的权利，选择带来的结果如何具有不确定性。由此，一定还会觉察到自由意味着可能性，而可能性会给人们带来什么？可能性的结果绝不意味着一定是好的。那么，人为什么还要追求自由？是否自由就此而没有价值了？然而，如果反问一句，假如没有自由，人能是什么？那么谁还会质疑自由的价值。

人为什么需要自由？人为什么是自由的？如何渐次地推进与实现人的自由？仅仅依靠思想的武器是远远不够的，理性无论多么强大，也仅仅存在于人们的头脑和观念之中。人的真正的自由生成于人的存在方式之中，展开在人的活动方式与内容之中，发展于人的行为与行动之中。人是怎样自由的，或者说自由是怎样成就人的？需要理论上的回答与突破。

自由对人是如此的重要。然而，在毕业后的日子里，马克思首先看到的是可怕的社会不公，是少数有产者的自由与大多数无产者的无自由。那些鼓吹着自由平等博爱辞藻的美丽的言辞泡泡被残酷的社会现实击得粉碎，这是为什么？应该怎么办？

（四）对理性的反思

1842 年 4 月到 1843 年 3 月在《莱茵报》工作期间，马克思先后围绕反对普鲁士政府的书报检查令，关于林木盗窃法的辩论，摩塞尔地区农民的贫困问题进行了理论上的批判与战斗，这使得他从理性确保现实合理性的立场关注进入对现实的思考及其现实背后的原因的思考，进而引起了他在哲学上和政治上的转变。

第一个理论战斗——批判普鲁士政府的书报检查令。马克思对普鲁士政府表面上放宽实际上扼杀新闻出版自由的书报检查令进行了哲学学理的批判。他认为，自由是人类精神的特权，是人的本性，即使是自由的反对者在反对别人的自由的同时也在实现着自己的自由。言论自由与出版自由是自由非常重要的基本方面，它代表着民众自由思考的权利和对权力进行批评与监督的权利。任何权力阶层都会把限制言论自由和出版自由作为稳定治理秩序的重要内容，普鲁士的书报检查令是虚伪自由主义的杰作。"你们赞美大自然悦人心目的千变万化和无穷无尽的丰富宝藏，你们并不要求玫瑰花和紫罗兰散发出同样的芳香，但你们为什么却要求世界上最丰富的东西——精神只能有一种存在形式呢？我是一个幽默家，可是法律却命令我用严肃的笔调。我是一个激情的人，可是法律却指定我用谦逊的风格。没有色彩就是这种自由唯一许可的色彩。每一滴露水在太阳的照耀下都闪耀着无穷无尽的色彩。但是精神的太阳，无论它照耀着多少个体，无论它照耀什么事物，却只准产生一种色彩，就是官方的色彩！"①同时，马克思已经开始对于黑格尔的国家是理性的体现的观点产生了怀疑。（这里插一句话，黑格尔认为绝对精神最后选择的代表是日耳曼民族，在普鲁士君主立宪国家里已经实现了"一切人的自由"。这显然是黑格尔先生面对权力的妥协——作为一个享有官方给予的高度荣誉、薪俸和地位的学者的自保。但是不要忘记了他的那个著名的命题："凡是存在的就是合理"，一定可以转换为凡是现存的都是必将要灭亡的。）如果普鲁士国家是理性的体现，为什么会有这样违背理性的举动？进而，马克思认识到在对待出版自由上人们的不同态度和不同行为恰恰不是出于所谓的恒久的理性，而是人们不同的社会地位，"在这里论战的不是个别的人，而是等级"。②

第二个理论战斗——关于林木盗窃法的辩论。马克思对莱茵省议会关于贫民捡拾枯树枝是否属于盗窃林木一事进行了评论。他认为枯树枝与树本身已经没有了有机的联系（还记得吗，黑格尔提出的：一只手被从身体上割下来以后还是不是手），它是自然的布施，而不是林木所有者的财产。贫民捡拾枯树枝是合乎本能的权利，是人的基本生存权利，这不是什么盗窃。此时的马克思一是站在广大贫民的利益一边，为他们争取权利；二是开始怀疑法——作为维护公平与正义——的工具，并不是在维护所有人的公平与正义（要知道马克思进入大学首先报考和学习的是法律专业）；三是开始初步意识到立法的依据并不简单地是理性的选择，理性背后的物质利益及其利益驱动下的立场才是立法的基础。

第三个理论战斗——摩塞尔记者的辩护。因为记者科布伦茨在《莱茵报》发表文章报道了摩塞尔地区农民的贫困状况，引起官方的不满。马克思由此亲自进行考察，并为记者辩护。这一次，马克思开始意识到人们以及政府的行为并不是简单地取决于人的意志，而是取决于意志背后的某种客观关系。简单地说，对于利益问题的立场不是取决于人们的脑袋而是取决于人们的屁股即物质利益。

这三次理论战斗，使得马克思开始从黑格尔的立场上发生转变，不再是简

---

① 马克思恩格斯全集：第1卷 [M]．北京：人民出版社，1956：7.
② 马克思恩格斯全集：第1卷 [M]．北京：人民出版社，1956：42.

单地用"理性"去认识和分析社会现实问题，而是"由纯政治转向研究经济关系，并从而走向社会主义"。① 当然，如果只是这样讲，似乎还不够明晰。那么还是要提醒一下大家，马克思对于人的认识的始终不变的立场——自由。首先，普鲁士政府的书报检查令伤害了言论自由和出版自由。不仅使马克思怀疑国家是理性的体现和自由的保证这一论断，而且使得马克思开始质疑理性本身：如果说一切都是由理性决定的，那么，理性又由谁来决定的呢？其次，在关于林木盗窃法的辩论中如果说法是公平与正义的象征，为什么它只是维护了有产者的公平与正义。要知道希腊的正义女神的形象就是一只手握着宝剑，一只手托着天平，宝剑捍卫正义，天平维护公平。如果说法是人的理性（意志）的体现，这个理性是所有人的理性吗？为什么这个理性不能保证所有人的自由与平等。而且法律一定是合理的吗？有无善法与恶法之分？恶法何以保证人的自由？再次，研究与解决现实问题仅仅依靠理性是远远不够的，不同社会阶层的人似乎有着不同的理性。在这里，理性至高无上的形象开始被怀疑。自由的支柱很有可能不是理性，而是别的什么东西。

在此后的日子，马克思开始了对于国家和法的思考。在黑格尔那里，国家是"伦理理念的现实"，是"自由的实现"，是理性和公正的。在黑格尔的《法哲学原理》里，他用伦理精神的发展历程——家庭、市民社会、国家（又是一个典型的黑格尔的否定之否定的论述方式）——提出国家是家庭和市民社会的综合，是伦理精神的充分实现。而莱茵报工作的经历使得马克思先是将问题的解决诉诸于对于国家和法的深入研究，然而结果却是对于黑格尔的反思与批判，国家不是理性的化身，也不是平等的象征。法也并不是所谓代表着理性的自我意识。决定国家的是市民社会（社会物质生活和利益关系），而是不相反。所谓代表着公平正义的法同样如此。在这个转变过程中，费尔巴哈的唯物主义立场与方法给了马克思很大的启示。就像费尔巴哈把黑格尔颠倒了的思维与存在的关系颠倒过来一样，马克思也把被黑格尔颠倒了的理性与现实的关系，国家、法与现实的关系颠倒过来。这就使对于现实问题的思考不再是出于抽象的理性而是立足于现实的生活，这就好像人们在具体问题上的立场一样，不是公平与正义这些抽象的理念、美丽的辞藻决定自己的态度，而是自身的实际利益决定自己的立场，决定自己所需要的是什么样的公平和正义。房子是用来住的，这是无房者的态度和立场；房子是用来炒的，这是有房者的态度和立场。虽然人们判定问题时需要依据一定的价值标准和尺度，但这些标准和尺度不是先在的，

---

① 马克思恩格斯全集：第 39 卷［M］. 北京：人民出版社，1974：446.

而是基于人们的物质利益和在相关的物质利益左右下的立场而形成的。一旦利益与立场发生了改变，尺度也会随之产生变化的。

更尖锐的问题由此产生：如果国家不是理性的化身，不是自由的保证，如果法不能保证每个人的自由。那么，人的自由如何实现，何以可能？又为什么人与人的自由是对立甚至是冲突的？更隐蔽的问题是人为什么是自由的？是因为人是理性的吗？可是，理性已经显出颓势。是因为天赋的自然权利吗？为什么会是自然权利？或者说为什么自由源于人的自然权利？这个自然权利要求的为什么是自由和平等，而不是别的什么东西？这个自然权利又是如何产生的？

（五）人的本质是实践中生成的自由

马克思用自己诠释的实践提供了全新的回答。

第一，人是什么？"动物和自己的生命活动是直接同一的。动物不把自己同自己的生活区别开来，他就是自己的生命活动。人则使自己的生命活动本身变成自己意志的和自己意识的对象。……有意识的生命活动把人同动物的生命活动直接区别开来。正是由于这一点，人才是类存在物。或者说，正因为人是类存在物，他才是有意识的存在物，就是说，他自己的生活对他来说是对象。"① 这就是说人首先是自然存在物，具有自然属性。其次，现实的个人是有意识的存在物，具有精神属性。再次，现实的个人是社会存在物，具有社会属性。"一个种的整体特性、种的类特性就在于生命活动的性质，而自由的有意识的活动恰恰就是人的类特性。"② 人的自由的有意识的活动是什么？就是实践。在实践这一人所专属的活动或者说是存在方式中人才能够成为人自己，也正是在这种活动中产生、构成了人的生命的内容，产生、构成了人的本质。

为什么这样说？原因在于人与动物不同的生存方式和生活目的。就生存方式而言，动物在残酷而漫长的生存竞争中，通过不断地改变自己去适应自然的选择，满足自身的生存和种的繁衍。简言之，动物的生存是被动的，是改变自身。人的生存与动物有着根本上的不同，"一当人开始生产自己的生活资料，……人本身就开始把自己和动物区别开来。"③ 人通过自己独有的活动——实践——改变自身，更重要的是改变自然和社会，创造出适应自己生存和发展需要的世界。"通过实践创造对象世界，改造无机界。"④ 这里要特别说明一下

---

① 马克思.1844 年经济学哲学手稿［M］.北京：人民出版社，2000：57.
② 马克思.1844 年经济学哲学手稿［M］.北京：人民出版社，2000：57.
③ 马克思.德意志意识形态［M］.北京：人民出版社，2003：11.
④ 马克思.1844 年经济学哲学手稿［M］.北京：人民出版社，2000：57.

实践。马克思所阐释的实践是指人能动地改造世界（自然、社会和人自身）的感性、对象性活动。所谓"能动地"是指人的绝大多数活动（生理本能除外）都是基于对于自身和外部事物认识的基础上，从人自己的目的出发进行的主动性、创造性的活动。是有目的、有计划、有步骤的，是在意识、意愿的指导下进行的。所谓"改造"是指人不仅接受已有的现实世界，还要根据自己的需要去再造出一个本来没有的世界，并且人的大多数活动都是在创造一个新的世界。自然中有洞穴，人要建造房屋，自然中有花草，人要生产粮食，自然中有水，人要打井修渠……所谓"感性"是指人的活动性具有现实性，是实实在在的物质性活动。人的需要的满足、目的的实现不是在头脑中完成的，而是在人的现实的、具体的活动中完成的，是可感、可知的实际活动。愚公移山是神话和想象，三峡大坝是现实活动的产物。仅仅在头脑中喜欢一个人是单相思，情爱是要在现实的活动中才能真正地完成。所谓"对象性"，一是指人的活动必须要有现实的具体的指向对象，是对现实的具体的对象的改造；二是指人的活动要在现实的具体的对象中也必须通过现实的对象才表现出来；三是指被改造的对象以自己的被改造后的形象和状态反映出人的现实活动及其结果。就生存目的而言，人的生存目的与动物的不同就在于动物只是满足自己的生理需要——生存、安全、繁衍，人除了生理的需要，还要实现生命存在的意义。只有人才会不停地追问为什么活着，而且，干饭是为了活着，只是活着不只是为了干饭。"动物只是按照它所属的那个种的尺度和需要来构造，而人懂得按照任何一个种的尺度来进行生产，并且懂得处处都把内在的尺度运用于对象；因此，人也按照美的规律来构造。"① 人的实践既追求合规律性，也追求合目的性，更要达到合规律性与合目的性的统一。

第二，实践的首要方式就是劳动——创造生活和生产资料的活动。在劳动中人打破着自然的边界，也突破着人自身的边界。在劳动中，人制造或者说创造着自然中从来没有过的东西，从而更多更好地满足人自身的需要。在劳动中，人们改造自然、社会和人自身，使得它们成为人所希望的样子。在劳动中，人才能不再仅仅局限于自然提供的资料，而是通过自己的活动去创造出自然中本没有的东西——人的活动创造的对象。在劳动中，人不断突破边界的同时，也就给人的生存与活动带来了更多的可能和更大的空间，这就是人的自由产生的根源，这就是人的本质是自由的现实依据。人不是生而自由的，而是在自己的具有创造性的实践活动中获得和感受到了自由，从而希望自由、实现自由、得

---

① 马克思.1844年经济学哲学手稿 [M]. 北京：人民出版社，2000：58.

到自由、扩展自由。人的自由不是先在的，而是后天人的实践活动的结果。人的自由不是上帝赋予的，而是由人的生存方式决定的。人的实践生存方式决定了人的本质是自由的，没有自由就不可能构成人的本质。人的实践生存方式带来的自由是在实践中生成、发展、丰富、拓展和深化的，而当人的自由越是能够实现（在现实的实践活动中，而不是在理性中），人的存在的价值和意义就越深刻越丰富，人的本质也就越深刻越丰富。当人们在头脑中意识到这一点后，自由就成为人的活动的内容和目标，成为精神追求的至上层级，成为人的思想认识追求的至上目标，也就构成为人的价值观的核心要素。人不仅在物质资料的劳动中实现自由，还要在人与人的关系中落实自由，要在科学的发现和技术的发明中创造自由。

也就是说，不是理性生成自由，而是自由——人的实践生存方式——生成理性，并在理性生成后认识和理解了自由，理解了自由对于人的本源性价值。人的本质不简单地是理性，而是由人的生存方式——实践——所生成的。每个人来到人世间，在自然性上都有属人性，然而最终他或她成为一个什么样的人，却取决于他或她一生的活动即实践。人的本质不是在理性中实现的，而是在现实的活动中实现的。人的本质，每个人的本质不是完成式，而是进行式和将来式。马克思指出，人的本质不是单个人所固有的抽象物，在其现实性上，它是一切社会关系的总和。恰恰进一步阐明了在实践活动中人的本质的生成性、发展性和创造性，以及人的本质的自由特性。不过，自由同时也意味着不确定性与可能性。

第三，基于实践的立场对于人的自由与本性的认识，给予马克思重要思想启示的费尔巴哈的"感性"就不再仅仅是人们的满足生理需要的活动，不再仅仅是庸人所理解的"贪吃、酗酒、娱目、肉欲、虚荣、爱财、吝啬、贪婪、牟利、投机，即他本人暗中迷恋着的一切龌龊行为"。[①] 在马克思这里，感性被赋予了全新的理解与内容，感性更重要的是指人的活动的物质性、现实性、具体性、对象性，是人通过自己的活动改变世界的具体的实在的物质活动。这样的物质活动是感性现实具体的，可感、可知的。"全部人类历史的第一个前提无疑是有生命的个人的存在。"[②] 这个有生命的个人的存在的前提，"一切人类生存的第一个前提，也就是一切历史的第一个前提，这个前提是：人们为了能够'创造历史'，必须能够生活。但是为了生活，首先就需要吃喝住穿以及其他一

---

① 马克思恩格斯选集：第 4 卷 [M]. 北京：人民出版社，1995：232.

② 马克思. 德意志意识形态 [M]. 北京：人民出版社，2003：11.

些东西，因此第一个历史活动就是生产满足这些需要的资料，即生产物质生活本身"。① 人的本质和自由就是在这样的感性活动的基础上生成和展开的，离开了人的生存的前提，离开了满足人的生存前提的物质生产活动，所谓价值、意义、崇高、无私，还有高大上的理性何以生存下去。

自由是由人的生存方式决定的，自由是人的活动的内容也是人的活动的目的，在人的实践中，人自己不断地拓展着人的自由的时间与空间，不断地拓展着人的自由的广度和深度，不断地突破着自然和人自身的边界。但是，自由的历程是苦涩、沉重、艰难甚至是血腥的。人类进化过程中，实践（劳动）能力的不断提升，使得人拥有了越来越多的自由。然而，文明的进步并不能够给每一个人带来福音，在大多数时间里，只可能是少数人的福音。在资本主义生产方式下，人的劳动异化了，人的自由受到了资本（金钱）的无所不在的全方位的辖制。为什么给人创造了自由的劳动会异化？劳动发生了什么样的异化？劳动异化后怎样限制甚至取消了人的自由？如何消除劳动异化从而实现人的自由？

二、人的异化

异化在西方思想文化中是一个运用较为广泛且内涵复杂的术语，作为哲学范畴的异化，一般是指主体活动的结果转变成了主体异己的力量，并反过来反对或支配主体自身。如费尔巴哈讲人的本质的异化，就是说人把自己的本质异化为上帝，被上帝所支配，并对上帝顶礼膜拜。只有消灭宗教，才能消灭异化，让被异化的人的本质从上帝那里返回到人自身，实现人的真正本质，使人成为人。

（一）劳动异化

马克思在使用异化时，注意了劳动对象化与异化的区别。劳动本身就是对象化的活动，"劳动的产品是固定在某个对象中的、物化的劳动，这就是劳动的对象化"。② 人本身就是对象性的存在物，人的劳动的对象"是表现和确证他的本质力量所不可缺少的、重要的对象"。③ 人是在劳动中满足自己，实现自身的。人不仅是以自身为对象，而且在自身之外还需要有对象。人不仅要改变自身，还要改变外部世界，才能实现自己。

异化，在马克思看来是对象化在资本主义生产方式下的一种特殊表现形式。

① 马克思．德意志意识形态［M］．北京：人民出版社，2003：22-23.
② 马克思．1844年经济学哲学手稿［M］．北京：人民出版社，2000：52.
③ 马克思．1844年经济学哲学手稿［M］．北京：人民出版社，2000：105.

这种异化首先表现为劳动的异化，异化劳动是指劳动者的劳动及其劳动结果即产品成为奴役、压迫、控制、反对劳动者的工具的劳动形态。它源于资本主义生产资料私人占有制和分工。由于在资本主义生产方式下，劳动发生了异化，因此，人的本质也发生了异化。在区分了对象化劳动和异化劳动的基础上，马克思提出了异化劳动的四个规定性内容。一是工人同自己的劳动产品相异化；二是工人同自己的劳动活动相异化；三是工人同人的类本质相异化；四是人同人相异化。

首先是工人同自己的劳动产品相异化。劳动者与劳动产品相异化是指"劳动所生产的对象，即劳动的产品，作为一种异己的存在物，作为不依赖于生产者的力量，同劳动相对立"。① 工人生产得越多，他们占有的产品就越少；工人创造出的财富越多，他自己就越贫困；工人创造的价值越大，资本控制奴役劳动者的力量就越强大。劳动者创造的劳动产品成为了奴役劳动者的工具，人的依赖性转化为物的依赖性，表现为物对人的统治，产品对产品生产者的统治。李克强就曾经诫告官员，我们不能让城市这边高楼大厦，那边棚户连片；这边霓虹闪烁，那边连基本的生活条件都不具备。

其次是工人同自己的劳动活动相异化。劳动者与劳动本身相异化是指"异化不仅表现在结果上，而且表现在生产行为中，表现在生产活动本身中"。② 劳动活动的异化表现为，劳动对于工人来说是外在的东西，工人在劳动中不是肯定自己，而是否定自己。是肉体的折磨，是精神的摧残；劳动不是满足需要，而成为满足劳动需要以外的需要的手段，满足他人的非劳动需要的手段；劳动使劳动者丧失了自我，劳动不属于劳动者自己，而是属于别人。看看流水线上如木偶般机械动作的工人，听听大咖们公然蔑视和践踏人民的劳动法、大肆宣扬的"996、007、886、715"，就一定会有痛彻的领悟。

再次是工人同人的类本质相异化。人的本质与人的类本质相异化是前两个异化的必然结果，是指"异化劳动把自主活动、自由活动贬低为手段，也就把人的类生活变成维持人的肉体生存的手段"。③ 人的类生活或者说人的类本质是指人的自由、自觉的活动，而异化劳动剥夺了人的劳动的主动性和能动性，劳动者的劳动只是为了生存，而不是为了生活。如果能够生存，就决不会（从事这样的）劳动。原本劳动是实现和彰显出人的本质，实现和推进人的自由，异

---

① 马克思 . 1844 年经济学哲学手稿 ［M］. 北京：人民出版社，2000：52.
② 马克思 . 1844 年经济学哲学手稿 ［M］. 北京：人民出版社，2000：54.
③ 马克思 . 1844 年经济学哲学手稿 ［M］. 北京：人民出版社，2000：58.

化劳动却消灭或者说是消解了人的本质，把人仅仅作为财富创造的工具，更何况这些财富与劳动者无关。如果一个社会一方面呈现的是 GDP 的迅速攀升，另一方面却是劳动者日益增加的挫折感、疏离感、不安全感，那么，劳动对于劳动者的价值与意义在哪里。

最后是人同人相异化。人与人的异化是前二种异化的直接结果，"如果劳动产品对我来说是异己的，是作为异己的力量面对着我，那么它到底属于谁呢？如果我自己的活动不属于我，而是一种异己的活动、一种被迫的活动，那么它到底属于谁呢？属于另一个有别于我的存在物"。① 马克思指出，这个有别于我的存在物，不是神，不是自然界，只能是人自身，"只有人自身才能成为统治人的异己力量"。② 由此就产生出了人与人的异化、对立，产生出人对人的不平等——奴役、压迫，产生出财富和权力对于普通民众的霸凌和踩躏。

为此，马克思还进一步考察了异化劳动和私有财产的关系，起初，异化劳动是私有财产的原因，私有财产是异化劳动的结果，异化劳动导致私有财产之后，异化劳动和私有财产又互为因果、相互作用。这就为解决异化劳动提供了进一步的可能思路。

这是对于人的本质与自由沦丧的哲学的批判。这个批判还没有完成，还需要经济学的实证批判，需要说明异化在资本主义生产方式下是如何产生的。需要说明在资本主义生产方式下为什么富有者越富有，而贫穷者越贫穷？需要说明为什么财富的分配如此不公平？仅仅是因为贫穷者的能力低下和生性懒惰吗？然而，工业革命时期的劳动者一天工作 16 个小时所得收入却连养活自己都成为问题，更遑论养活自己的家人，这也是因为能力低下和生性懒惰吗？

（二）资本的秘密

对于资本主义生产方式的研究，马克思是从这里入手的："资本主义生产方式占统治地位的社会的财富，表现为'庞大的商品堆积'，单个的商品表现为这种财富的元素形式。因此，我们的研究就从分析商品开始。"③

马克思对于经济问题的研究经历了一个成长、成熟的过程，在这个过程中马克思对资本主义的批判从宗教批判、哲学批判、政治批判进入了政治经济学的批判。以亚当·斯密、大卫·李嘉图为主要代表的英国古典政治经济学成为其重要的理论来源（注意这里的"政治"是指社会的、宏观的意思），其中主

① 马克思.1844 年经济学哲学手稿［M］.北京：人民出版社，2000：59.
② 马克思.1844 年经济学哲学手稿［M］.北京：人民出版社，2000：60.
③ 资本论：第 1 卷［M］.北京：人民出版社，2004：47.

要是劳动价值论思想，这在理论上超越了交换价值论和效用价值论的观点。马克思在劳动价值论上的重大突破是将生产商品的劳动划分为包括具体劳动和抽象劳动这两个方面，其中具体劳动创造商品的使用价值，抽象劳动形成商品的价值，这就是马克思的生产商品的劳动二重性理论。这一理论发现了商品的二重属性——使用价值和价值，分析了生产商品的劳动二重性——具体劳动和抽象劳动，并将两者统一起来，这就从理论上第一次确定了什么样的劳动创造出使用价值，什么样的劳动形成价值，为什么能形成价值以及怎样形成价值，从而使生产商品的劳动二重性理论成为了理解政治经济学的枢纽。

这里要说明一下，人的实践存在方式决定了人是通过自己的劳动活动创造出满足自身需要的物质资料的。人们劳动生产的产品如果不是用来交换而是满足自己的需要，就不是商品。商品是人们劳动生产的能够满足人们某种需要的用来交换的产品。"满足需要"关注的是产品的使用价值即功效、功用，"用来交换"比较的是商品的价值。不同类商品的使用价值由于功能不同，没有可比性，就好像我们无法回答女士的包包和口红哪一个更重要、哪一个使用价值更大。要交换就要找到一个共同的可以进行比较的东西，那就只能是价值，它体现为生产商品的劳动过程中人们的脑力和体力耗费，这个耗费在质上是相同的，在量上是有差别的，因而是可以进行比较的。商品的交换是遵循等价交换原则的，即公平交易、对等交换。即商品的交换是以价值量为基础实行等价交换。有了劳动二重性理论对于古典政治经济学理论的突破以后，马克思着手开始对资本主义生产方式的深入分析。

资本主义生产从表面上看仍然表现为一个商品交换过程，资本家用货币买进商品，然后再把商品卖出去，重新换得货币。即资本总公式：货币——商品——货币（G—W—G，其中 G 代表货币，W 代表商品）。这与一般商品流通的形式有所不同，一般商品流通的形式为：商品——货币——商品（W—G—W）。即出卖商品取得货币，然后用所得货币购买所需要的商品。一般商品的流通由于遵循的是等价交换的原则，所以无论是 W—G 阶段，还是 G—W 都只是完成了交换，并不会产生价值增加。但是，资本运行过程中却产生了价值增殖，G—W—G 的真实面目是 G—W—G′，其中 G′＝G+ΔG，即有了一个增加值，这与价值规律就发生了矛盾，这就是资本总公式的矛盾。要解决这个矛盾，就必须说明价值增殖是如何实现的。

为此，进一步分析发现，资本总公式的运动中不仅包含着交换过程还隐含着一个生产环节。也就是说从表面上看资本运行的过程表现为 G—W—G，用货币购买商品，再将商品销售出去。如果只是这样简单，按照等价交换的原则是无法实现价值增殖的。但实际上，资本购买到的商品不仅包括原材料还包括劳动力，劳动者的劳动力被资本购买后，会进入劳动过程，通过劳动将原材料生产加工成新的商品，然后再将其出售。在这个生产环节中，资本家购买到的商品中有一种特殊商品——劳动力商品。之所以说劳动力商品特殊是因为，这个商品在使用过程中，"他不仅要生产使用价值，而且要生产商品，不仅要生产使用价值，而且要生产价值，不仅要生产价值，而且要生产剩余价值。"① 就是说劳动力商品在使用过程中即劳动中不仅能够生产出使用价值，而且能够创造出价值；不仅能够生产出具有使用价值的商品，而且能够生产出含有价值从而能够进行交换的商品；不仅能够创造出价值，而且能够创造出大于自身价值的价值。（提示 1：劳动力作为商品同样具有使用价值和价值，他的使用价值就是能够进行劳动，在生产过程中创造出新的劳动产品。这个新的劳动产品因为包含了劳动力的付出——具体劳动和抽象劳动，不仅具有新的使用价值，而且拥有新增的价值。提示 2：劳动力是商品，劳动不是商品。劳动是劳动力的使用，即脑力和体力的支出过程。每个劳动者的劳动状态差别很大，难以比较；但劳动者的劳动力是同一性质的，可以进行比较。提示 3：劳动力的价值不是像固定资本和流动资本中的原料、燃料那样，它们的价值是要转移到新产品上去，而是在生产过程中创造出新价值。）

在资本主义的生产过程中，劳动力商品在劳动中即它的使用过程中，不仅创造出了劳动力价值，而且创造出了大于劳动力价值的价值。创造出的劳动力价值补偿了资本家支付给工人的工资，创造出的大于劳动力价值的价值被资本家拿走了，这个价值就是剩余价值——雇佣工人劳动创造的，被资本家无偿占有的，超过劳动力价值的那部分价值。

剩余价值理论的提出彻底颠覆了人们在资本获得利润问题上的似是而非的认识。"马克思还发现了现代资本主义生产方式和它所产生的资产阶级社会的特殊的运动规律。由于剩余价值的发现，这里就豁然开朗了，而先前无论资产阶级经济学家或者社会主义批评家所做的一切研究都只是在黑暗中摸索。"② 资本实现增殖即获得利润，不是因为资本家的勤劳和简朴，不是因为资本家的省吃俭用，不是资本自身的功劳，也不是因为付出就有回报，而是源自资本所购买的劳动力的劳动。一个亿的小目标不是依靠自己的劳动付出就可以实现的，一定源于对普通劳动者所创造的财富的占有。在资本世界里存在着两种基本的不

---

① 资本论：第 1 卷［M］. 北京：人民出版社，2004：217-218.
② 马克思恩格斯选集：第 3 卷［M］. 北京：人民出版社，1995：776.

可动摇的法则，一种是通过出卖自己的劳动力获得生活资料，一种是通过自己拥有的资本去占有劳动者通过劳动创造的财富。在这个意义上，无端地让通过自己的劳动获得生存条件的劳动者去无私和奉献，是一种在理论上难以合理化的，在实践上有害无益的说辞。这样做，如果不是居心叵测，至少也是有意为之。因为这违背了资本社会的基本法则，这个法则是马克思揭示出其真相和实质的。

　　到这里，整个情况就发生了哥白尼革命式的变化。因此，马克思的劳动价值论和剩余价值理论具有十分重大的学理价值、法理价值和情理价值。

　　从学理价值看，表面上资本主义经济的实质是商品经济，商品经济是契约经济——遵循公平交易、等价交换的原则。劳动者与资本家、老板之间的劳动合同是公平交易的结果，即我提供工作岗位，你付出劳动，我支付劳动的费用即工资。事情的真相却是，这个自由平等的交易仅只存在于劳动力买卖的交换领域中，一旦进入生产领域，一切都发生了变化。在《资本论》中，这一事情的真相是这样被揭示的：工人的劳动时间被划分为必要劳动时间和剩余劳动时间。其中，必要劳动时间里的劳动创造出劳动力价值或者说是再生产出工人的工资，剩余劳动时间里的劳动创造出大于劳动力价值即工资部分的价值，这一增加值为资本无偿占有。打个比方说，资本家购买到劳动力以后，支付的只是 4 小时或 6 小时的劳动报酬，而工人一天需要工作 8 小时或 12 小时甚至更长。这就是说表面上是资本家支付给工人的工资，实际上在工人劳动的过程中通过劳动把这一部分价值再创造出来了。而且，资本家、老板的收益即资本增殖——利润，也是工人劳动创造的，是劳动者的劳动创造出的大于劳动力价值的价值。面对工人的劳动，资本家、老板不过是做了个无本生意。

　　从法理上讲，在资本看来因为劳动者与资本家的交易是公平交易，这个交易符合自由、公平（平等）、公正的法则。因此，工人对于资本家的任何反抗在法理上讲都是不成立的，是违法的，是破坏了平等、自由原则的。因为你不能要求得到比你付出的更多的东西，你的劳动已经获得了回报——工资，而且，这个交易自一开始时就是双方自愿的、双方认可的，劳动者怎么能够毁约呢？然而，真的是公平的吗？看看马克思是怎样剖析的：

　　"劳动力的买和卖是在流通领域或商品交换领域的界限以内进行的，这个领域确实是天赋人权的真正伊甸园。那里占统治地位的只是自由、平等、所有权和边沁。自由！因为商品例如劳动力的买者和卖者，只取决于自己的自由意志。他们是作为自由的、在法律上平等的人缔结契约的。契约是他们的意志借以得到共同的法律表现的最后结果。平等！因为他们彼此只是作为商品占有者发生关系，用等价物交换等价物。所有权！因为每一个人都只支配自己的东西。边沁！因为双方都只顾自己。使他们连在一起并发生关系的惟一力量，是他们的利己心，是他们的特殊利益，是他们的私人利益。正因为人人只顾自己，谁也不管别人，所以大家都在事物的前定和谐下，或者说，在全能的神的保佑下，完成着互惠互利，共同有益、全体有利的事业。一旦离开这个简单商品流通领域或交换领域，……就会看到我们的剧中人的面貌已经起了某些变化。原来的货币占有者作为资本家，昂首前行；劳动力占有者作为他的工人，尾随于后。一个笑容满面，雄心勃勃；一个战战兢兢，畏缩不前，像在市场上出卖了自己的皮一样，只有一个前途——让人家来鞣。"① 一旦劳动者将自己出卖给资本，怎么劳动，劳动多少，就不由劳动者决定了，而只能取决于资本家或老板的人性是否仁慈，如果资本还有人性的话。

"平等地剥削劳动力，是资本的首要的人权"。② 资本是吸血鬼。"作为资本家，他只是人格化的资本。他的灵魂就是资本的灵魂。而资本只有一种生活本能，这就是增殖自身，创造剩余价值，用自己的不变部分即生产资料吮吸尽可能多的剩余劳动。资本是死劳动，它像吸血鬼一样，只有吮吸活劳动才有生命，吮吸的活劳动越多，它的生命力就越旺盛。"③ 劳动者 " '只要还有一块肉、一根筋、一滴血可供榨取'，吸血鬼就决不罢休"。④ 资本是为利润生存的。"资本害怕没有利润或利润太少，就像自然界害怕真空一样。一旦有适当的利润，资本就胆大起来。如果有10%的利润，它就保证到处被使用；有20%的利润，它就活跃起来；有50%的利润，它就铤而走险；为了100%的利润，它就敢践踏一切人间法律；有300%的利润，它就敢犯任何罪行，甚至冒绞首的危险。"⑤ 这就是资本与劳动者之间的公平交易。

从情理上讲，在资本看来由于是公平自愿的交易，你收入少是你不努力的结果，换言之就是因为你的懒惰的结果，除此以外，还有什么理由去不满意呢？如果你没有付出就想得到，或者只付出了一点却想得到更多，从道义上讲，作为劳动者，你是贪婪的、自私的，彰显了你人性中的丑恶和道德良知的缺失。他人的富有是努力与勤奋的回报，而你却想不劳而获。如此不努力却想过好日子，让人情何以堪。不仅如此，我（老板）在你身无分文、走投无路的时候，

---

① 资本论：第1卷［M］. 北京：人民出版社，2004：204-205.
② 资本论：第1卷［M］. 北京：人民出版社，2004：338.
③ 资本论：第1卷［M］. 北京：人民出版社，2004：269.
④ 资本论：第1卷［M］. 北京：人民出版社，2004：349.
⑤ 资本论：第1卷［M］. 北京：人民出版社，2004：871.

不仅给你提供了工作，而且给你支付了工资——劳动报酬，你才得以养活了你自己和你的家人，你怎么能够不仅不感激我，还痛恨我、诅咒我、反抗我，你这样做，良心不会痛吗？然而，面对资本社会，贫困是因为懒惰造成的结果绝不可能在普遍意义上存在。恰恰是资本的无偿占有才是贫困的必然结果。马克思在《资本论》尖锐地指出，无产阶级的贫困化是"资本主义积累的绝对的、一般的规律"。①

表面上看起来是劳动者与资本之间的公平交易，对于劳动者来说，实质上是不公平、不自由的。一是因为劳动者自由得一无所有，在出卖自己劳动力这个问题上他是自由的自主的；而由于他一无所有，为了生存，所以他不得不出卖自己的劳动力，他又是不自由的、没有选择的。二是因为劳动者所创造的劳动成果绝没有归劳动者全部所有，他的劳动所创造的全部新价值包括他的工资和剩余价值两个部分。剩余价值远远超过了工资部分，这被资本主义几百年来日益提高的剩余价值率所证明，也被托马斯·皮凯蒂的《21世纪资本论》的研究结果所证明。（注意，只要是资本为社会生产的核心要素的经济活动，劳动者创造的财富就不可能为劳动者全部所有的；只要人是以群体、社会的方式生存的，劳动者创造的财富就不可能"不折不扣"地为劳动者个人全部所有的。在这个问题上，我们不要犯《哥达纲领》的拥趸——德国工人党所犯过的粗鄙、幼稚的错误。）需要反抗的是资本占有了大部分的劳动成果，而这一成果的创造者——工人只得到了一点点。福利社会只是对这一不公平现象的调和，而且日益受到新自由主义者的诟病。要真正解决这个不公平，更为彻底的反抗是消灭造成这一切的根源——生产资料资本主义私人占有制。

在马克思发现了剩余价值理论面前，以往貌似合理公平的一切说辞都被驳斥得体无完肤。什么工人是懒惰的，什么是资本家养活了工人，什么资本家与工人的交易是自由的、平等的，统统都被抛到了爪哇国去了。工人不是因为懒惰而贫困，而是因为资本贪婪的剥夺而贫困；不是资本家养活了工人，而是工人不仅用自己的双手养活了自己，而且养活了动辄树立一个亿小目标的资本家；资本家与工人的交易在实质上是不自由、不公平、不合理的……面对这样的世界，工人阶级的反抗在学理上、法理上、情理上都是正当的，也是必要的，更是必须的。这是劳动者的天然权利，是社会公平正义的必然要求，是消除劳动异化的必然要求，也是实现和保证人的自由的必然要求。在剩余价值理论面前，资本存在的合理性几乎荡然无存，剥夺者就要被剥夺了。这就是为什么人们总

---

① 资本论：第1卷［M］. 北京：人民出版社，2004：742.

是说，马克思所创立的学说为无产阶级反抗资产阶级提供了强大的科学的理论与思想武器。尽管今天人们创造财富的方式发生了很大的变化，自动化生产线、数字经济、人工智能、知识经济、虚拟经济等极大地改变了传统的实体经济活动，然而，谁能够否认劳动者以自己的劳动创造财富的方式对于经济生产和物质财富创造的基础性价值和作用呢？

如果说劳动异化理论从哲学的层面分析了人的自由遭受的戕害，那么，剩余价值学说则从经济学的层面揭示了戕害人的自由的根源。人类社会从对人的依赖，进入了对物的依赖——在商品拜物教和货币拜物教面前——人的自由的得而复失。坦率地讲，这些分析在理论上是坚实的，在逻辑上是严谨的，对现实的幻象的揭示是振聋发聩的。这些分析不仅说明了人的自由在资本世界的真实境遇，而且说明了人的自由何以丧失的真正原因。当资本还在无偿地甚至是肆无忌惮地占有劳动时，人的自由就不可能真正实现。一旦搞清楚了为什么，理想的人类生活应当是怎样的，如何得以实现，怎样才能让每个人重获自由，就是下一步必须要进行回答的了。

三、人的本质与价值——自由

人的自由自觉的活动即实践构成了人的存在方式，进而构成了人的主体性的创造性本质，也规定了人的本质的价值取向是自由。资本主义生产方式极大地摧残了人的自由，怎么办？马克思立足唯物史观——这是马克思的又一个伟大的发现——"马克思发现了人类历史的发展规律，即历来为繁芜丛杂的意识形态所掩盖着的一个简单事实：人们首先必须吃、喝、住、穿，然后才能从事政治、科学、艺术、宗教等等；所以直接的物质的生活资料的生产，从而一个民族或一个时代的一定的经济发展阶段，便构成基础。"① 以此提出要通过消灭产生剥削的根源——资本主义生产资料私人占有制，实现途径是通过无产阶级革命（可以是暴力的，也可以是非暴力的），建立一个"代替那存在着阶级和阶级对立的资产阶级旧社会的，将是这样一个联合体，在那里，每个人的自由发展是一切人的自由发展的条件"。② 从而真正实现每个人的自由、真正实现每个人的自由发展。

（一）追求自由发展的可能与必然——实践

自由是人类社会的永恒的话题，哈耶克说过："自由理想渗透了欧洲文明的

---

① 马克思恩格斯选集：第3卷 [M]. 北京：人民出版社，1995：776.
② 马克思恩格斯选集：第1卷 [M]. 北京：人民出版社，1995：294.

每一个细胞，它的部分实现是欧洲文明得以存在的前提。"① 人类及其社会自产生以来，历经了从蒙昧、野蛮逐步走向良善、文明的漫长的历程，其间"没有哪一次巨大的历史灾难不是以历史的进步为补偿的"，② 然而，马克思希望人类社会的发展应当趋向更加公正合理的方向，发展的成果应当惠及占人口大多数的创造社会财富的劳动者。只有这样"人类的进步才会不再像可怕的异教神怪那样，只有用被杀害者的头颅做酒杯才能喝下甜美的酒浆。"③ 能够避免这种人间惨剧的正是我们致力追求的能够保证和实现"每个人的自由发展"的共产主义社会。

第一，基于马克思的立场，人类及其社会需要自由源于人类及其社会独特的存在方式——实践。由此，自由是人类生命活动的必然追求和需要。自由首先是个关系范畴，产生于人与自然、人与社会、群体与群体、个体与群体、个体与个体之间的关系之中。因为物种的生存与活动（尤其对人类而言）存在着约束、限制和边界，为生存计需要不断打破各种约束、限制和边界，因此才去追寻自由。就是说，仅以自己的种的"种的需要"和"种的尺度"满足生存需要、实现种的生存和延续的物种无能力谈自由；抽象的孤悬于他人和社会之外的"人"无所谓自由；纯粹离开物质利益完全追求与"天地精神"同游的"精神自由"和任头脑中"天马行空"的"想象自由"，因其缺乏有效充分的现实可能，也没有太多的价值和意义。

马克思认为实践是人所特有的对象性活动，实践构成了人的存在方式。实践中的人类的生存是创造性的生存。在实践中人满足自身生存的需要，实现人的发展的可能，赋予人存在的价值与意义。其他生命只是"生存着"，人类是"生活着"。其他生命只是满足生存，延续物种，人类的生活是满足需要，创造价值，寻求意义。由此人类的生存就产生和存在着生存与生活的矛盾，"种的尺度"和"内在固有的尺度"的矛盾，自在存在与自为存在的矛盾。为此，人类要解决和超越生存与生活的矛盾，解决和超越生存世界与生活世界的矛盾；要解决和超越自在自然与人化自然的矛盾；要解决和超越生存现实与生活意义的矛盾，即不仅要活下去还要活得有意义；要解决和超越现实与理想的矛盾，要解决"是什么"，"能什么"，"应什么"三者之间的矛盾。这一切矛盾的解决和超越的可能与根源在于人的实践性的生存方式，即人的生存是主动的、能动的、

---

① 哈耶克. 自由宪章 [M]. 北京：中国社会科学出版社，1999：14.
② 马克思恩格斯全集：第 39 卷 [M]. 北京：人民出版社，1974：149.
③ 马克思恩格斯文集：第 2 卷 [M]. 北京：人民出版社，2009：691.

创造性的，而不是先在的、既定的，人的生存充满了可能性、不确定性和对有限性的突破。

第二，马克思关于人的本质的社会性论点精辟地揭示了人的本质不是先在的，不是固有的，不是一成不变的。人的本质不是思辨抽象的产物，不是理性既定的、不证自明的前见性认识。人的本质是后天实践的产物，是在人的后天实践活动中生成、获取、发展、丰富和完善的；是在后天的实践活动中不断超越人的自然性（兽性），进而不断获得人的社会性（人性），使人成为人的。人的社会性本质的规定，不仅实现了人的本质在"类"的意义上与其他生命的区别，而且实现在"个体"意义上每个人与每个人的区别。"我"之所以是我而与他人不同，不是先在的规定，也不是他者的规定，不是生而固有的，而是后天"我"的个体生命活动的结果。

人要成为人，就需要在人所特有的存在方式——实践——中去实现。这一过程是个遵循规律，运用规律，使自然规律与社会发展规律的客观实在性和人的需要的满足之间相互协调、相互一致的过程。这一过程是遵循既有条件和必然性的限制，又不断尝试突破和超越限制的过程。因为没有限制就无所谓自由；有限制所以不自由；因为有限制所以要突破限制实现自由。对于人而言，自由不是固有的，而是后天的。自由不是给定的，而是创造的。自由不是应然的规定，而是实然的结果。自由是在人的生存方式中产生的，是在人的生存中不断实现的。自由是具有社会性、历史性和过程性的。自由就是要打破确定性、推翻先在性、突破决定论，开拓出可能性、不确定性的广阔空间。

第三，不仅人是以实践为生命的存在方式，人的本质具有社会性的特质，人类社会同样具有实践性的本质。人类社会的演变和进步不是上帝赐予的，也不是纯粹自发的，是有意识的人的有目的的行动的结果。在人类社会的实践性进程中，实现了自在世界与人类世界的分化和统一，建构了人类社会生活的各个领域，架构着人类社会的运动模式，形成了各种各样的社会关系，推进着人类社会的发展与进步。即使人类社会的进程会出现某种波折、停滞、甚至是倒退，但在总的方向上，发展与进步是大趋势。

第四，正是在人的实践活动中，人们创造了可以划分为包括有经济基础和上层建筑的属人世界。这一世界的运动与发展是有规律的，表现为生产力与生产关系、经济基础与上层建筑之间的矛盾运动。这个矛盾总体上表现为社会基本矛盾，在阶级社会表现为阶级斗争，尖锐的阶级矛盾是通过社会革命加以解决的。同时，每个具体发展阶段，改革也是重要的变革力量；在当代社会，科学技术表现为第一生产力。在这个过程中，历史规律是在历史发展的必然性与人的主体选择性共同作用下表现出来的。每个人在创造自己历史的同时，创造着人类社会的历史。"历史是这样创造的：最终的结果总是从许多单个的意志的相互冲突中产生出来的，而其中每一个意志，又是由于许多特殊的生活条件，才成为它所成为的那样。这样就有无数互相交错的力量，有无数个力的平行四边形，由此就产生出一个合力，即历史结果，而这个结果又可以看作一个作为整体的、不自觉地和不自主地起着作用的力量的产物。因为任何一个人的愿望都会受到任何另一个人的妨碍，而最后出现的结果就是谁都没有希望过的事物。所以到目前为止的历史总是像一种自然过程一样地进行，而且实质上也是服从于同一运动规律的。但是，各个人的意志——其中的每一个都希望得到他的体质和外部的、归根到底是经济的情况（或是他个人的，或是一般社会性的）使他向往的东西——虽然都达不到自己的愿望，而是融合为一个总的平均数，一个总的合力，然而从这一事实中决不应作出结论说，这些意志等于零。相反地，每个意志都对合力有所贡献，因而是包括在这个合力里面的。"① 这一合力的最大担当者和创造者是人民群众。他们在追求、创造和实现真正的人的自由的道路上，将以"自由人联合体"的形式而不是氏族、部落、阶级、政党、国家来达到这一目标。

（二）人的本质的实现目标——自由发展

对于人及其社会而言，自由意味着不断打破限制。人类则不仅要改变自己，更要不断地改变生存的环境（自然和社会），以更好地满足生存与发展的需要。人的实践性的存在方式决定了人的活动是创造性的，是有着清醒的主观目的与指向意愿的。人的实践性的存在方式决定了自由发展的实现不是上帝的垂青，也不是纯自然的产物，而是人实践活动的结果。人的实践性的存在方式还决定了"每个人的自由发展"是与人类物质生产能力的极大进步（应该还包括生产方式的极大变革），物质生活资料的极大丰富，人们的文化素养和道德素质极大提高互为条件的。

第一，马克思在分析人类社会形态的历史进程时把关注点放在了人的存在方式的历史变化之中，从人与人之间相互关系的角度去探讨人的自由发展。"人的依赖关系（起初完全是自然发生的），是最初的社会形式，在这种形式下，人的生产能力只是在狭小的范围和孤立的地点上发展着。以物的依赖性为基础的人的独立性，是第二大形式，在这种形式下，才形成普遍的社会物质变换、全面的关系、多方面的需要以及全面的能力的体系。建立在个人全面发展和他们

① 马克思恩格斯选集：第4卷［M］. 北京：人民出版社，1995：697.

共同的、社会的生产能力成为从属于他们的社会财富这一基础上的自由个性，是第三个阶段。第二个阶段为第三个阶段创造条件。"① 在这三个阶段中，人的存在方式是一个不断打破限制趋向自由的进程，是一个不断摆脱对"人"或"物"的依赖获得更多自由的进程，是一个从"无我"到"有我"的进程，是一个从"生存着"到"生活着"的进程。其中第一个阶段的"不自由"表现在个体对群体的依赖，个体为了生存不得不依附于群体，在这个阶段，群体价值高于个体，没有群体个体就失去了生存的可能，更遑论生存的价值与意义。第二个阶段的"不自由"相较于第一个阶段有了长足的进步，其表现是"以物的依赖性为基础的人的独立性"。但在这个阶段，还不能实现真正的人的自由。劳动依然是人们谋生的手段，而且由于劳动产生了异化，异化劳动中的人是不可能获得真正自由的。第三个阶段是"自由人的联合体"。在这个阶段，劳动不再是谋生的手段，而是生活的第一需要，人们在劳动中得以充分地追求、实现自己的愿望和喜好，充分地发掘个体的才智与潜能，充分地建构自我的本质，合理有效地处理个人与社会，个人与群体，个人与个体的关系，从而实现每个人的自由发展。

第二，由社会进步实现的自由发展最终需要落脚在"每个人"身上。作为具有社会性的"每个人"要获得自由，需要面对以下的几种关系。一是突破自我的局限性，实现自我，改变自我，完善自我。即对自我本质的建构，"在马克思看来，人的真正本性在于他是什么而不在于他有什么"。② 二是突破外在的局限性，包括自然、社会（历史的、群体的、他人的）。特别是既有的历史，个体的人既是历史的产物，受到既有历史的制约，又要不断超越历史，创造新的历史。就群体意义而言，自由发展意味着社会进步和发展的应然，即"应当如何"。社会运行方式、组织机制、资源配置、发展机遇、利益分配等只有不断地改进和完善，才能构建越来越美好、良善、公平、正义、合理的社会。一是不断推进社会的进步，不断增进社会的福利，建构更加合理、科学、人性的社会运行机制。二是不断拓展人化自然的广度、深度，实现人与自然更加协调的共生状态，为人类发展提供更多的可能与空间。三是不断地探索和实践更加公平、正义的社会制度。就个体与群体的关系而言，自由发展意味着个体利益与群体利益的合理协调与和谐共处。就个体与个体的关系而言，每个个体的自由发展

---

① 马克思恩格斯文集：第 8 卷 [M]．北京：人民出版社，2009：52.

② 宾克莱．理想的冲突——西方社会中变化的价值观念 [M]．北京：商务印书馆，1983：71.

应当是互为条件，相互促进的。就个体而言，每个人的自由发展是可以不做自己不想做的事，也是可以去做自己想做的事，前提是符合社会进步、群体利益和个人意愿的协调一致。

第三，马克思把"每个人的自由发展"作为一个目标，并不是当作一个固定的点，而是一个过程，一个不断趋近、不断修正、不断完善的历史进程。人的本质的构建和社会的进步是一个永恒的进程，"每个人的自由发展"永远在路上。在这个进程中，一步步地超越实然走向应然，一步步地领悟必然，寻求自由，一步步地从必然王国走向自由王国。共产主义社会不是一个终点，更不是"历史的终结"，共产主义是人类不断努力前行的过程与方向，是实现社会更美好，人们更幸福，明天会更好的历史趋向。共产主义既是一种理论，也是一个现实的运动。共产主义不是那个理论家的自我救赎，也不是那个慈善家的良心发现，它是一场持续不断的社会运动，是一场亿万群众参与的群众运动，它也是置身于现实的大地的改造世界的理想和信念。

（三）"每个人自由发展"的内容——自由所应所是

马克思继承并超越了德国古典哲学对于自由的理解，提出自由是对客观规律（必然性）的正确认识与自觉遵循并加以运用，只有按客观规律行动才有自由。人需要在实践中努力把握必然，争取自由。人类需要不断推进社会的进步，从必然王国走向自由王国。

第一，对人类而言，自由是建立在从以谋生为主要需求到以主体的自我发展为主要内容的实践活动之中。马克思特别指出，"自由王国只是在由必需和外在目的规定要做的劳动终止的地方才开始；因而按照事物的本性来说，它存在于真正物质生产领域的彼岸。"① 对于"每个人"而言，自由则要着落于个体在合乎理性和规律下的自觉行动。通过能动的活动即实践，追求和实现具有创造性的生命存在。由此说明自由不仅是关系范畴，还是个应然范畴。现实的人类社会及其每个人并不是必然自由的，自由不是天上掉下的馅饼，不简单地是人的自然权利（天赋人权），自由源于人们自己不懈的努力与奋斗，源于人的实践性的存在方式。正是在这个意义上，"人生而自由"在现实上是不成立的。每个个体降生于人世首先面对的是种种的限制，需要完成的是通过自觉的能动的活动获得自身的存在价值和意义，通过自觉的能动的活动建构自身所特有的各种社会关系即获得自己的本质，使自己成为真正意义上的人，通过自觉的能动的活动实现生命存在的价值与意义。同样，"人生而自由"在理论上依然是不成立

---

① 马克思恩格斯全集：第 25 卷［M］. 北京：人民出版社，1974：926.

的。自由不是先在的，自由是"历史发展的产物"，理论预设的自由只是说明了
自由的应然性，并不等于现实就是如此，即从理论预设下的自由的应然性并不
能够必然地推导出自由的实然性，应该是自由的不等于就是自由的。"人生而自
由"在逻辑上同样是不成立的。从逻辑上讲人类所追求的一切正是所不拥有的，
恰恰是因为不自由，自由才有追求的价值；因为不自由，才需要自由。即使是
罗尔斯"无知之幕"的假设，同样也不能提供自由的先在性，而只是证明了人
的后天存在状况的不确定性，这种不确定性往往并不取决于个体自我的选择，
恰恰常常会受制于已有的先在条件的限定。只有打破了已有的先在条件的限定，
才可能是自由的；只有具有了打破已有的先在条件的限定的可能，才会是自由
的；只有拥有了自由的可能，才可能打破已有的先在条件的限定。如此说来，
反倒是卢梭的"人生而自由平等，却无往不在枷锁之中"的命题揭示出了自由
对于人的矛盾性特质。

　　第二，自由须落实在个体上才有实在的意义。对于"每个人"而言，自由
是什么？自由意味着"每个人"面对生活和自身的所在所处的现实拥有自主选
择的权利与可能，它是与人的实际生存活动直接相关的。马克思指出，"自由是
可以做和可以从事任何不损害他人的事情的权利。"① 从自由的性质上来看，借
鉴以赛亚·伯林对自由的解析，可以说自由对于个人而言包含着两个方面的内
容，一是积极自由，一是消极自由。所谓积极自由是指在不妨碍或伤害他者
（他人、群体和社会）的前提下，可以做自己想做、能做的事的权利。所谓消极
自由是指在不妨碍或伤害他者（他人、群体和社会）的前提下，可以不做自己
不想做的事而不被干涉或强迫的权利。积极自由给了"每个人"实现自我意愿，
充分发展自我，实现自我，获得自我存在的价值与意义的可能。消极自由给予
人们某种有限度的宽松、随意的可能，在不涉及他人或者不妨碍他者的情况下，
可以有一定限度的"随意"和"任性"，有拒绝的空间和可能。消极自由同时
对以各种名义（往往是堂而皇之的、貌似高大上的）干涉他人的行为充满警惕，
为人们的言行划定了必要的限制与边界。从自由的类型上讲，自由可以是想象
自由、意志自由，思想自由（主要是言论自由、出版自由），生存自由，行动自
由（包括劳动自由）。想象自由并非真正意义上的自由。意志自由对于人们的行
为自主有着必需的意义，它展示的是人的行为的自觉性与自律性。思想自由是
高层次的自由，是文明社会进步的重要基石。生存自由是前提性的自由，如果
生无可恋，只可能是人生的悲剧与生命的终结。行动自由是最具实际意义的自

---

① 马克思恩格斯文集：第1卷 [M]. 北京：人民出版社，2009：40.

由，它与人的实践性生存方式直接相关。行动自由中基础性的是劳动自由，劳动要解决和完成的是人类和社会赖以存续、发展的前提——物质资料的生产。人们创造物质生活、生产资料的量（数量、质量）具有前提性、基础性的价值。在人们的生产实践中，通过对自然物的利用和改造创造出满足人类及其社会存在、延续和发展所需要的基本物质资料。在这个过程中，人的劳动是最具决定性的。也正是在这个意义上，人的本质性规定之一就是人是能够制造和使用工具，特别是能够制造"制造工具"的工具。也正是在这个意义上，马克思对资本主义社会的劳动提出了强烈的批判，指出劳动异化背离了劳动的本来意义。真正的劳动应当是人的自由的生命表现，是生活的乐趣而不是痛苦。这样的劳动只有在社会财富的生产者真正地占有了生产资料后才能得以实现，劳动者只有在这一境况中才能获得自由。

第三，自由不仅仅是人的存在状态，更是实现人的本质、人的存在价值的条件。自由与发展是直接关联的，有了自由才可能发展，有了发展才可能获得自由。自由是为了实现发展，发展同样是为了拥有自由。没有自由，何以谈发展。有了自由，才可能追求和实现个性的发展；有了自由，才可能打破限定，从有限趋向无限；有了自由，才可能占有并力求实现充分的可能性。发展首先是规定了自由的性质。就人的活动而言，自由具有主动性、创造性和理想性，自由是人的活动的目标也是人的活动的结果。自由作为人的自觉自为活动的价值与目标指向，内含着进步和进化，发展则进一步明确了自由的性质即不是随心所欲的"恶"的自由，而是每个人实现自身成长并增进社会进步的自由活动。自由的权利应为"每个人"所共享，而不是某些人独有的特权。同时，发展还规定了自由的方向，是为了每个人的更加幸福的生活和每个人的全面发展成长而实施和追求的自由，是为了社会不断地进步，更加和谐与美好而践行和追求的自由。这样的自由、发展及自由发展将推动人类的"两重提升"，人类通过劳动在物种关系方面"把人从其余的动物中提升出来"，① 还通过"自由自觉的活动"，通过对自然和社会关系的改造，使人在社会方面"把人从其余的动物中提升出来"，使人真正成为自然、社会和自身的主人，成为自由发展的人。只有在实践活动的自由中，人的本质才不是先在的；只有在实践生成的人的本质中，自由才是现实的。一方面自由决定了人的本质是实践的，另一方面，实践决定人的本质是自由的。

---

① 马克思恩格斯文集：第9卷［M］. 北京：人民出版社，2009：422.

（四）"每个人自由发展"的价值意蕴——可能性空间

自由意味着一切皆有可能。

第一，对于人来讲，自由使得人们拥有了创造的可能。一是劳动自由，可以做人们需要做的事。二是劳动创造的自由，可以做人们喜欢做的事。"我"的劳动自由是自由的生命表现，也可以说是生命的自由表现。"自由不仅包括我靠什么生存，而且也包括我怎样生存；不仅包括我实现着自由，而且也包括我在自由地实现自由。"① 劳动及其劳动创造是生活的内容，同时也是生活的乐趣，最终应当是生活的目的。在"我"的生活中，通过劳动实现了自我的存在；在"我"的生活中，通过劳动创造了自我的价值；在"我"的生活中，通过劳动获得了自我的本质。"我"的存在、价值和本质在"我"的奋斗中被给定，在"我"的奋斗中被丰富，在"我"的奋斗中被对象所显现。不是"我"以为"我是什么"，而"我"的作为决定了（规定了）"我是什么"。"人是什么"只能是人的自觉活动的结果，是人的实践的结果，是人的劳动的结果，是人的自由发展的结果，是在人的现实活动中生成、丰富和发展的。

第二，自由意味着"每个人"未来发展的可能性或者亦可称之为不确定性。自由或许意味着"一切皆有可能"，意味着"诗和远方"。自由给人们以可能的广阔空间，可能的发展目标，可能的发展方向，人们可以根据自身的意愿，在遵循规律与必然性的前提下，创造、开拓自己的未来，创造、开拓人类的未来。有了自由才会有可能性，有了可能性才会有自由。不确定性是难以预测、充满变数的，可能性既可能指向好的可能性，也可能带来坏的可能性。自由指向的可能性、不确定性给了人们以希望，给了人们以动力，激发出人的潜能，从而使人的主观能动性有了施展、发挥的可能。因此，自由尽管如此诱人，但并不是尽善尽美。同时，自由指向的可能性、不确定性使得人们在追求和实现自由的时候，会努力地去恶从善、抑恶扬善。尽管自由的前景很可能并不一定是美好的，但如果没有自由肯定是痛苦的。没有了自由，陷入宿命的人们显然已经不可能成为真正意义上的人。如果命运是先定的，如果没有了自由，那么每个人一出生就可以写自己的回忆录了。

自由不一定意味着幸福，但没有自由肯定不会幸福。

第三，自由还意味着一种责任与担当。既然"我"做的一切是"我"自觉自愿的选择的结果，那么就要直面和担当所产生的一切，对自己负责，对他人负责，对社会负责。困扰中世纪经院哲学家的一个困难就是：如果上帝创造了

① 马克思恩格斯全集：第1卷 [M]. 北京：人民出版社，1956：77.

人，人的一切需要服从于上帝的意志，那么这种境况下的人应不应该对自己的行为及其造成的后果负责。康德致力追求的道德自律就必须是以"意志自由"为前提，只有人的行为是出自自己的自觉自主的意愿，其结果才是自我行为的结果，行为与结果间才具有内在的相关性和一贯性。为此，不管这种结果如何，是好是坏，理应由自我承担。也就是说，自由是每个人的权利，拥有权利同时理应承担责任；自由不仅是权利，同样意味着责任。"我"享有了自由，同时要承受由此带来的一切；"我"享受了自由，也要担当由此须负起的责任；"我"实现了自由，需要遵守为拥有自由须遵循的规则。

第四，自由带来"每个人"发展的可能性与空间，彰显着自由的力量与价值。从"我是什么"到"我要什么"再到"我能什么"，是自由条件下展开的空间和可能。对"每个人"而言，自由是一种能力，能够做些什么或不做什么的能力，实现自我的能力；自由是一种状态，既是合乎人性的状态，也是合乎理性与必然性的状态；自由是一个过程，是一个从不自由趋向越来越自由的过程，对于自由的追求与坚守永远在路上；自由是一种责任与担当，对自己负责，对他人负责，对社会负责；自由是一种价值取向，是从实然到应然的自觉诉求与不懈追求；自由是一种信念，代表人类对美好未来的向往，对理想社会的信仰。在这个意义上，可以说人的本质不仅在现实性上，同时在理想性上都是自由的。

（五）消除劳动异化——实现自由之途

马克思强调，"自由确实是人的本质，因此就连自由的反对者在反对自由的实现的同时也实现着自由"，"没有一个人反对自由。如果有的话，最多也只是反对别人的自由。"① 如果只讲自身的自由，而漠视甚至侵害、任意剥夺他人的自由，这种自由就是狭隘的、自私的，是"恶的自由"；反之，自由不是某个人的或某些人的自由，而"每个人"的、全体的自由，"每个人"的自由都成为他人获得自由的条件，而且是互为条件的，这种自由才是我们所追求的自由，是"善的自由"。

第一，正因如此，资本主义社会的自由是片面的、不完整的自由，是少数人的，是资产阶级的自由。商品经济带来了生产目的从满足自身需要到创造更多财富的颠覆性改变，它在本性上是要求自由的，"流通中发展起来的交换价值过程，不但尊重自由和平等，而且自由和平等是它的产物；它是自由和平等的现实基础，作为纯粹观念，自由和平等是交换价值过程的各种要素的一种

---

① 马克思恩格斯全集：第 1 卷 ［M］. 北京：人民出版社，1956：77.

理想化的表现"。① 只是这种自由只是生产资料占有者的自由,是生产资料占有者自由地占有劳动者创造的财富的自由。资产阶级社会里的自由是有阶级性的,在资本面前,劳动者成为了为他人创造财富、获得自由的工具。工人创造的财富越多,资本所有者越自由;工人创造的财富越多,工人自身越不自由。这时候,"我"的创造性的活动,"我"的创造财富的劳动恰恰成为了制约"我"的自由的手段和力量,而这本应是"我"占有和获得自由的条件。本来能够创造更多的财富应当实现人的更多更大的自由,但在生产资料私人占有制下却只为少数人提供了自由,提供了少数人更多地占有劳动者劳动及其所创造的财富的自由。"劳动为富人生产了奇迹般的东西,但是为工人生产了赤贫。劳动生产了宫殿,但是给工人生产了棚舍。劳动生产了美,但是使工人变成畸形。劳动生产了智慧,但是给工人生产了愚钝和痴呆。"② 这种不合理、不公平的社会运行模式理应加以变革,变革的条件就是让劳动者真正占有生产资料,即"生产者只有在占有生产资料之后才能获得自由"。③ 社会变革的方向就是让每个人都有自由发展的可能,并能为每个人提供实现自由的条件。这样的社会才是公平、合理的社会,在这样的社会里,"真正的平等不是以同样的标准对待每个人,而是对每个人的不同需要给予同等的关注。……每个人都同等享有自我实现的权利,都有权以自己的行动塑造社会生活。……每个人都能在保持自身修改的基础上获得自我的发展,……平等是为了个体之间的个性而存在的"。④

第二,西方自由主义的正义是建立于私有财产和异化劳动的基础上的,个人主义即使被限定在不得伤害他人的道德与法律的框架内,它也仍然是消极的:一方面无法避免对他人或社会利益的"漠视",另一方面缺失了对他人或社会的关爱与互助。在资本主义生产资料私人占有的状态下,资本拥有者与劳动者间的互利更像是一个美丽的童话。

第三,在更加积极的意义上,孔子提出的"己欲立而立人,己欲达而达人"就是希望每个人的努力不仅为自己好也为别人好,不仅能够增进自己的福利,也能够增进他人的福利。超越古圣先贤充满"乌托邦"色彩的理想社会设计的我们所追求的"每个人的自由发展",不仅是目的,同时还是实现"每个人的自由发展"的条件。每个人的发展不仅能够实现自身的发展,同时还能够给他人

---

① 马克思恩格斯全集:第46卷(下册)[M].北京:人民出版社,1980:477.
② 马克思.1844年经济学哲学手稿[M].北京:人民出版社,2000:54.
③ 马克思恩格斯文集:第3卷[M].北京:人民出版社,2009:568.
④ 特里·伊格尔顿.马克思主义为什么是对的[M].北京:新星出版社,2011:107.

的发展提供条件而不是阻碍，而且是互为条件、共同发展、互利共赢。在社会进步、每个人幸福的实现道路上，做到和谐共赢。这样的社会状态在伦理层面上可以表述为"老吾老以及人之老，幼吾幼以及人之幼"；在社会目标的层面上，可以表述为"国强，民富"即国家强大且自信，人民生活幸福、安居乐业；在理想层面可以表述为"大同世界"，"在这里不再有任何阶级差别，不再有任何对个人生活资料的忧虑，并且第一次能够谈到真正的人的自由，谈到那种同已被认识的自然规律和谐一致的生活"。①

要清醒地认识到人类社会是一个不断演进的曲折过程，自由的实现同样是历史的，是一个过程；在阶级社会里，自由的立场和诉求是有阶级性的。阶级社会包括资本主义社会并不是人类社会发展的终点和理想目标，不是人类历史的终结。人类的最高理想在于全人类共同的解放——自由的发展，是"类"的意义上的自由与"每个人"的自由的统一，是"类"的意义上的解放和"每个人"的解放的统一。自由并不简单地是一个目标和结果，更重要的是一个不断前行和进化的过程。没有最好的自由，只有更好的自由。在对"每个人自由发展"的追求中必须坚持历史与逻辑的统一，当前中国特色社会主义道路正坚实地朝着这个目标前行。

恩格斯说过，马克思一生有两个伟大的发现，一个是剩余价值，一个是唯物史观。其中唯物史观的主要观点和方法在对马克思哲学的内容分析中已经体现出来，唯物史观的出发点就是立足人类社会赖以存在和发展的前提——物质资料的生产及其生产方式，解读人类社会发展的基础、方式、动因和走向，还应该有社会的结构和运动方式。而不是从理性预设的前提去分析和判断人及其社会是什么、应如何和为什么。"批判的武器当然不能代替武器的批判，物质的力量只能用物质力量来摧毁。"② 思想在社会进程中有着重要的作用，但思想是社会生活的产物，对于人与社会的影响必须通过物质的手段才能实现。就好像人必须生活着，爱才有所附丽（鲁迅语）。"天下熙熙皆为利来，天下攘攘皆为利往"，③ 思想一旦离开利益就会使自己出丑，只有符合历史进程、能够满足最大多数人的利益的理论才有生命力。马克思不仅对于人性和社会有着卓越的见识，而且一旦将实践代入认识论之中，困扰近代哲学的诸多认识难题，如认识

① 马克思恩格斯文集：第9卷［M］. 北京：人民出版社，2009：121.

② 马克思恩格斯选集：第1卷［M］. 北京：人民出版社，1995：9.

③ 《史记·货殖列传》

的来源问题，感性认识与理性认识的关系问题，认识真理性的检验标准问题等都有了全新的、合理的解释。

　　马克思用自己的一生为人的自由的实现进行了理论上和行动上的卓越努力，"马克思在社会主义的理念和价值两方面都是思想的巨人。……走过了 19 世纪的马克思主义的历史都是人类的共同生活新方式的寻求的不可分割的、永恒的一部分。"① 马克思一生的努力与情怀说明了他是这样的一个人，"他可能有过许多敌人，但未必有一个私敌。"②

---

① 戴维·麦克莱伦. 卡尔·马克思传 ［M］. 北京：中国人民大学出版社，2005：435.
② 马克思恩格斯选集：第 3 卷 ［M］. 北京：人民出版社，1995：778.

第十讲

现代与后现代

马克思用具体的感性的现实的实践活动冲击并改造了黑格尔的理性，并不意味着对于理性批判的终结。黑格尔的哲学将理性置于至高无上的地位，并将人视为理性实现自身的工具，必然地会引起物极必反的后果。对于黑格尔理性主义的批判，造成了西方哲学的重大转折，表现出"反形而上学的转向，非理性主义的转向，语言的转向，实践的转向，反主体主义（反人类中心论）的转向"。① 其中，实践的转向是由马克思创立的实践哲学带来的。这些转向让人们脑洞大开，又令人们陷入沉思与困惑。

一、非理性主义的转向

启蒙时代的理性主义担当起了思想解放和思想批判的重任。在本体论方面，维护了"存在"的阵地；在认识论方面，强调理性在获得知识方面超出感觉经验的能力；在伦理学方面，把道德的原则与标准建立在理性的审视之下，而不是人的自然情感或同情心；在宗教方面，反对盲从，反对以"天启"为核心的宗教观念。伴随西方社会工业化进程的现代化过程，由此呈现出一种"祛魅"的过程，这是一个世俗化的过程，也是一个文化理性化的过程。然而在另一个方面，近代哲学由笛卡尔确立的理性的主体地位，经由康德，到了黑格尔变成了绝对理性的自我运动，人不过是理性实现自我、完善自我的工具。理性主义在黑格尔这里完成了登峰造极的同时，也必然地带来理性的危机。理性面前，人是什么？或者即使说人的主体性是通过理性实现和彰显的，那么，人仅仅只具有理性吗？

一是叔本华的生存意志论。叔本华曾经与黑格尔叫板，在柏林大学时他执意把自己的课与黑格尔的课安排在同一时间，很显然他失败了。黑格尔的课堂

---

① 杨寿堪. 冲突与选择——现代哲学"转向"问题研究 [M]. 北京：北京师范大学出版社，1996：2.

门庭若市，他的课堂门可罗雀，这是不是他从此执着地反对黑格尔的原因之一呢？要知道，在做人的品性上，人们对他的评价委实不高。在叔本华看来，世界的本体是一种生存意志，而不是什么上帝或者物质实体抑或精神（理性）实体。当我们作为认识的主体时，"世界是我的表象"，世界就是我所感知和接触到的东西，是世界向我们呈现的那个样子。当我们作为被认识的客体时，世界是我的意志。整个表象世界就是意志的客体化，或者说是客体化了的意志，是我们在头脑中呈现的现实，即现象。人是通过本能的、非理性的意志去体验自身、认识自在之物的，理性只是意志的工具。

如果意志是世界的本体，那么，什么是意志？意志是一种无法遏制的、盲目的生命冲动。它不仅是人类的本质，也是一切事物和整个自然的本质。宇宙中的一切现象都是由生存意志支配的，"求生存，求满足，求自保，求快乐，是动物和人类的本性所在"。① 有欲求才有生命，欲求的种种表现和肉体的存在方式不过是意志得以呈现自我的两个方面。因此，意志是一切事物的本质，也是人的本质。由于动物的生存意志是无意识的、本能的，人的生存意志是有意识的、主动的，因此，人在自己的欲望和需要面前，是痛苦的，而且这种痛苦是无止境的。因为一个欲望满足又产生新的欲望，欲望没有止境，满足没有终点，痛苦也没有止境。这样，人的一生中痛苦远远大于快乐，所以，人生就是悲剧的。要摆脱痛苦，就要无所求即无欲，就是要否定生存意志。从肯定生存意志到否定生存意志，面对人生悲剧的根本性，他开出的三剂药方——哲学思考，艺术创作，信奉上帝——都有点虚幻。

叔本华从非理性的生存意志出发，对冷酷而悲催的人生采取了悲观主义的态度。然而他使人们从理性中挣脱出来，让人们看到了传统哲学所没有关注的人的另一面，看到了哲学需要寻求对人的根本处境和基本状况的觉醒，哲学需要在残酷的世界里为人寻找到各种不同的解脱办法，哲学需要为个人按照自己的简化的可感的方式来"找到他在个人经验的狭小范围里所不能找到的宁静和安定"（爱因斯坦语）提供某些引导。"从叔本华开始，现代哲学的非理性主义传统就揭开了序幕。"② 他的思想影响了很多人，包括同时代的瓦格纳、尼采，后来的弗洛伊德、维特根斯坦等。

二是克尔凯郭尔（也译作祁克果）的生存哲学。在克尔凯郭尔看来，哲学

---

① 张志伟，等. 西方哲学问题研究［M］. 北京：中国人民大学出版社，1999：307.
② 马丁·摩根史特恩，罗伯特·齐默尔. 哲学史思路——穿越两千年的欧洲思想史［M］. 唐陈，译. 北京：中国人民大学出版社，2006：202.

应当关注的是个人和他的生活方式，哲学不是要回答"人怎样认识世界"或者是"人能认识什么"，哲学要回答的是"作为一个人，我应该做什么"。他认为，个人的生存是有意识的生存，这在本质上是一种个人的自觉追求，通过这样的追求去实现可能的自我。在这个过程中，人在自由的意识中规划自己的生活，这种意识化的生活伴随着一种状态——恐惧（也译作"畏"）。克尔凯郭尔所说的"恐惧"是指人处于选择面前，对于选择的渴望而又感到害怕的一种状态。因为个人是自由的，自由意味着需要选择也能够选择，唯一不能选择的就是你必须选择，不仅选择不存在事先的指导，而且选择的结果也充满不确定性，而且你必须对你的选择负责，面对如此凄迷的前方之路，如何能够不感到恐惧，就好像人们偷吃禁果时那种渴望而又惶恐、激动而又不安的状态。在克尔凯郭尔这里，以理性取代人的地位而高高在上的哲学被抛弃了，代之以个人以自己的自由选择体现出自我的个体性。就好像人们常说的，我就是我，是不一样的烟火。他所描述的美学的、道德的、宗教的三种人生观完全取决于个体的选择，而很难具备普适的意义。这个甚至在自己的墓碑上写着"那个个人"的人，用自己的方式去质询在工业化、同质化、标准化、集体化的社会里，个人是什么？仅仅是理性的工具和群体的符号吗？现代社会不是常常用群体、用义务、用时尚、用宏大的目标来代表（实际上是取代）个体吗？在哲学上，他对个人的生存的推崇，对快乐、痛苦、焦虑、恐惧、绝望等个人体验的分析，被认为是存在主义的先驱。

三是尼采的权力意志。尼采，20 世纪 80 年代大学生炫耀的谈吐中必须涉及的人物，"是一个从自己生命出发，并将自己的生命化为哲学的哲学家"。①

尼采把叔本华的悲观主义发展成肯定自然欲望的乐观主义，他接受了叔本华的悲观主义前提，但尼采用权力意志代替了生存意志。权力意志是求生存、求发展、求强大的生存意志，以权力意志来战胜人生的悲剧性。在《悲剧的诞生》一书，他认为艺术是人的原始本能的美化和变形，通过艺术能够提高人生的价值。艺术中有两种要素，一是酒神（狄俄尼索斯）精神，一是日神（阿波罗）精神。"酒神代表人性中激情冲动的那一面，而日神则象征着人性理智静观的另一面。它们在悲剧中得到了统一。"② 生命的根本在于创造，这是由艺术（充满激情的生命冲动）去实现而不是由理智（逻辑和科学）完成的。为此，权力意志要通过自我创造来实现生命的充实，通过自己的努力使自己成为自己，

---

① 张汝伦. 现代西方哲学十五讲 [M]. 北京：北京大学出版社，2003：48.
② 张汝伦. 现代西方哲学十五讲 [M]. 北京：北京大学出版社，2003：51.

克服自己。这样的人就是超人——具有坚强的意志和独立的人格，能够不断地提升自我，成为精神上的强者。

为此，必须重估一切价值。尼采认为西方文明违背自然、阉割人性，导致人在肉体和精神上产生了双重的衰退，必须对其进行批判。基督教重视"彼岸"，鄙视现实生活，压制了人的本能，所以，面对把人的生命欲望和激情视为罪恶，残害和压抑人的生命本能的宗教伦理规范，尼采高喊：上帝死了。他要通过权力意志，去改变人那种懦弱、伪善、守旧、消沉的状态，以达到坚强、诚实、创新、积极的生命状态。一切价值标准，无论是美丑、善恶、真假，都要以生命的提升为标准，以权力意志为尺度，而不是什么高高在上的理性

在尼采这里，被压抑的千年的人的生命本能终于有了合法的地位，不再是那么的卑微，不再是那么地被理性不屑一顾，终于可以在强大的理性面前登堂入室。尼采的世界"全无理性主义所设定的秩序，也不是一个可从精神实体出发而构造出的世界体系，而是建立在非理性的意志的基础上的一个非理性的世界"。① 尼采的主张可以归结为："一、解除理性和道德对于生命本能的压抑，使生命本能健康发展；二、发扬人的超越性，做精神文化价值的创造者；三、以审美的人生态度取代科学和伦理的人生态度。"② 尼采希望每个人面对自己的一生是这样的："如此地生活，以致你不得不希望，再次获得生活。"③ 而不是终于脱离了人生之苦海，再也不想有什么下辈子了。这实际上可能引发出另一个问题，一个人应该度过什么样的人生？这样的人生是否符合康德的伦理学原则：要如此行动，使你的准则成为普遍的律令。

四是弗洛伊德的精神分析学说。叔本华和尼采的"本能"和"非理性"在弗洛伊德的心理分析理论中得到证实。弗洛伊德认为，人的心理包括意识、前意识和潜意识。前意识和潜意识又可合称为无意识。几乎人的所有行为都是受潜意识力量的驱使，人的行为和心理的真实原因和真正动机往往隐藏在潜意识里。他还提出了本我、自我和超我的人格结构理论。其中，本我是人类最原始的欲望，遵循快乐原则。自我是指理智，对欲望实现的可能进行评估，并在其基础上满足可能实现的欲望，遵循现实原则。超我是指人的良知或道德，表现在社会的戒律和准则上，遵循道德原则。人的本能欲望才是人的本质，性欲是意志最完全的表现和最明确的形态。

---

① 杨寿堪. 冲突与选择——现代哲学"转向"问题研究 [M]. 北京：北京师范大学出版社，1996：135.

② 周国平. 尼采：在世纪的转折点上 [M]. 上海：上海人民出版社，1986：243.

③ 转引自张汝伦. 现代西方哲学十五讲 [M]. 北京：北京大学出版社，2003：62.

弗洛伊德的理论揭开了神秘的一直被人们所忽视的隐藏在人们的心灵深处的无意识这一领域，动摇了理性主义的根基。对于性冲动在人的生活中的作用的强调，也使自诩"高尚""纯洁"的君子的脆弱内心碎成渣了。因为这些君子一般地都将"性"视为肮脏和不洁的，尽管他们必然也必须地在这样的"肮脏"中实现和满足欲望，获取和达到高潮。弗洛伊德"强调无意识的力量和性欲的核心地位。这就提出一个根本性的问题：人真的是理性的生物吗？"① 不过，我们在觉悟到自己的某些无意识时，是否会感到道德上的一丝不安或其他的不好意思表达出的不那么容易启齿的某种感受呢？

最后，简单地谈谈意识流和直觉。克罗纳认为人不仅是一种理性的存在，同时还是一种超越理性的存在。对于人的这种神秘性只能依靠直觉去把握。柏格森认为人的生命是一种不间断的流——意识流，它体现为一种暂时性和绵延性。人的本能——生命冲动——才是一个人成为一个人的前提。人的自由意志是社会进步的实现机制。

非理性主义是对理性主义的反动。理性把人从神的束缚下解放出来的同时，又把人掌控在理性的光环之下。非理性主义把被理性无视或者说是蔑视的人的非理性的情感和意志视为世界的根本，在认识问题上强调人的不可言传的体验和直觉，主张"无意识"是人的本质，强调人类历史是人的本能欲望从压制到升华的历史。这些主张为人们认识人自身提供了颠覆性的视角和立场，拓展和深化了对于人自身的认识。人不再是理性的，而是非理性的；人不再是简单的，而是复杂的；人不再是被理性规定和制约的确定性，而是由本能、冲动、性欲、意志来设定的不确定性。当然，如果说人是理性与非理性的统一是不是相对地更为客观一点呢？

二、语言哲学

传统哲学是以形而上学为根本的，关注的是世界万物的本原——这样一类超验的存在，通过对于超验的、终极的存在的把握去理解和认识事物，包括人自身。马克思和孔德同时举起了"拒斥形而上学"的旗帜，但两者的取向是有差别的。马克思提出以往哲学关注的是宇宙本体，而真正的哲学要关注的是人类世界——这是一个人的实践活动创造、改造过的宇宙，即人类世界。孔德则把"拒斥形而上学"限定在经验、知识以及"可证实"的范围内。为此，马克

---

① 马丁·摩根史特恩，罗伯特·齐默尔. 哲学史思路——穿越两千年的欧洲思想史 [M].
唐陈，译. 北京：中国人民大学出版社，2006：212.

思似乎预见到可能发生的语言的转向，"正像哲学家们把思维变成一种独立的力量那样，他们也一定要把语言变成某种独立的特殊的王国。"①

要理解这样的变化，首先来看看自然科学的立场与研究方法对西方哲学的影响。近代科学的思维方式是以主客体之间的二元对立为前提的，认识主体通过观察与实验对一个确定的认识客体进行认识，并得出具有确定性的知识。受到这一影响，实证主义者认为只有经验事实才能够为人们提供实在的、确定的、有用的知识。形而上学要把握的是超验的世界，如："意志自由""灵魂不死""上帝存在"等事关人的信仰问题、生命意义问题、价值问题、情感问题等难以通过经验加以实证的问题。用杜兰特的话就是，科学给予我们知识，哲学赋予我们智慧。科学知识是具有确定性的、能够被证实的知识，后来，波普尔进一步提出科学知识须具备证伪性。而哲学思考和关注的这类问题是不具备这样的可能和基础条件的。这是"拒斥形而上学"的第一个原因。随着现代自然科学的发展，数学作为保证知识确定性的基础——自然科学王冠上的明珠——其逻辑基础遇到质疑；现代物理学的"测不准原理"、量子力学的"波粒二象性"使得人们追求精准性知识的努力陷入两难；耗散结构理论则提出世界不仅是存在的还是演化的，自然界不是可逆的而是不可逆的，物理世界不是机械决定性的而是随机性的，世界本质上是复杂的而不是简单的，对于世界的观察，我们不是旁观者而是参与者。正因为我们观察世界，所以才改变世界，就像一个渔夫钓起一条鱼，既扰动了水面，又钩伤了鱼。由此，追求对于世界初始本原的唯一性、不变性和确定性的认识的哲学，如何能够成立。这是"拒斥形而上学"的第二个原因。因为面对"证实原则"或者"证伪原则"，面对自然科学的模糊性，形而上学并不是"错"了，而是没有意义。

其次，如果说传统哲学关注的问题是"存在是什么"，近代哲学关注的则是"我们能够认识什么"，这就是近代哲学带来的认识论的转向。马克思用人类的实践活动——人的存在方式——实现了哲学关注对象从"世界是什么"到"人类世界是什么"的转向。现代哲学则认为世界在人的思想之外，但人是通过语言来认识和理解世界，并通过语言来表达对世界的理解和认识。语言的界限就是人所能够认识和表达的世界的界限，人类关于世界的认识是通过语言呈现出来的。语言是人的存在方式或者说是人的认识工具及其界限。只是有点令人担忧，语言哲学在这个方面似乎又走向极端，以语言代替了真实的世界，把人类用以表达对世界的理解和认识的语言当作世界本身。

---

① 马克思恩格斯全集：第 3 卷 [M]．北京：人民出版社，1960：525.

（一）什么是存在

自巴门尼德将存在确定为形而上学研究的对象以来，哲学不再执拗于世界的本原或构成要素，而是追问宇宙统一的基础和普遍的本质——存在。在西方的语言体系里关于事物与其属性等等之间各种关系的表述有一个特定的结构，即"S 是 P"。这个"是"（being）有几层含义：一是系词"是"，如"S 是 P"，"是"是一个联系词，把概念联系起来。比如：桃子是水果。注意，古代汉语里一般是不这样表述的，如：水者何也？万物之本原也。二是有名词的意思，"是"即"存在"。是存在的东西，存在者。三是作动词使用，"在起来"，存在是一个行动或活动。在人们日常的语言表达中，人们常常会这样讲：大海是蔚蓝的，天空是阴暗的，我是快乐的；或者，桃子是水果，孙悟空是猴，等等。在这些语句中，主词和宾词都是可以变化不定的，但惟有其中的系词"是"是不变的。哲学要追问的就在于这个"是"或"存在" "是什么"。也就是说"是"或"存在"究竟是可以独立存在的对象，或者仅仅是一种语言现象。① 但无论怎么说，"是"是言语的前提（这是由印欧语系的语句结构决定的）。

康德认为，存在不是宾词，就是说"是" "存在"并不表述事物的任何属性。如果我们可以用"是" "存在"来表达什么样的对象，如果表达出来某种对象后，我们能不能认识这个对象。海德格尔通过对"是" "存在"这个概念进行语源学分析后认为，"当希腊人说'某物是'或'某物存在'的时候，他们说的乃是'有东西在场'。"② 就是说"存在"与"存在者"是有差别的。比如，我们说某个东西是什么。在这里，"存在"就是"是"，"存在者"是"是什么"中的"什么"。也可以这样说，"存在"是一个判断，即用对、存在、有、在、是等内容来表示肯定，这是一种状态。表示否定则在这些表示肯定的内容前面加个"不"。"存在者"是"存在"这个肯定状态之后的具体的物。一个东西首先是"是"，然后才是"（是）什么"。

语言的确是人类思维的工具，借助语言，人类能够思想、能够表达意思、能够彼此交流、能够进行诸如想象、假设等心理活动。语言分析哲学通过这种分析实际上涉及了语言的边界与能力问题。

（二）语言的界限与功能

语言分析哲学有两个支派，分别是日常语言哲学与逻辑经验主义。逻辑经

---

① 参阅张志伟，等．西方哲学问题研究［M］．北京：中国人民大学出版社，1999：56-57.
② 张志伟，等．西方哲学问题研究［M］．北京：中国人民大学出版社，1999：59.

验主义者认为日常语言不精确，应构造精确的人工语言；形而上学命题是没有意义的。日常语言学派认为日常语言本身是没有问题，由于人们背离了日常语言的正确用法导致哲学的混乱。形而上学命题具有启发性。

维特根施坦提出："凡是能够说的事情，都能够说清楚，而凡是不能说的事情，就应该沉默。"① 沿着"逻辑是哲学的本质"这一理路，语言哲学家们认为形而上学的谬误产生的原因就在于，哲学家们超越了语言的界限，企图去说不可说的事物。不过，语言仍然是人们进行思维、形成思想、完成交流的工具。有意思的是中国人也讲：此中有真意，欲辩已忘言。这与语言学派对于语言的理解有相似之处，但更多的是不同。因为中国人习惯不把话说完，要留一点空白和余地，话都说清楚反而没有味道了。所以，我们常常听到人们这样说话：就是那个样子的。好了，就是那个样子的，不要再追问"那个样子"是什么样子，否则就是没有情趣和格调的表现了。

德国的卡西尔则提出人是符号的动物，符号是人的本质特征，人通过符号创造和组成了属人的世界。"我们应当把人定义为符号的动物来取代把人定义为理性的动物。"② 卡西尔认为，"符号化的思维和符号化的行为是人类生活中最富于代表性的特征。"③ 人不仅有理性能力还有非理性的方面，人具有想象力；与动物不同人还会不停地追问意义。这样能力与行为离开了符号是难以进行的。与动物通过信号来对外界做出反应不同，人是通过符号来理解和认识世界的。"信号是物理的存在世界之一部分；而符号则是人类的意义世界之一部分。"④人类运用符号认识世界，创造文化，人类的知识是一种符号化的知识，并在这种知识体系的导引下实现可能与现实之间的转换。"动物具有实践的想象力和智慧，而只有人才发展了一种新的形式：符号化的想象力和智慧"。⑤ 符号系统的最重要的特点在于它所具有的普遍性（抽象性）、有效性和全面适用性。人与动物都同样地生活在具体的空间与时间限度内的物理世界之中，但是动物只能生活在当下给定的物理世界里，动物的生存方式使得它既不能超越物理世界也不能超越自身。而人类有了抽象的时空观念，就能发明和运用符号，去超越当下，超越有限，超出现实性走向可能性。能够去思考和把握诸如"意义""价值""来世"等现实物理世界原本并不存在的或者本来没有具备的这些东西。"人类

① 维特根施坦. 逻辑哲学论 [M]. 北京：商务印书馆，1985：20.
② 恩斯特·卡西尔. 人论 [M]. 上海：上海译文出版社，2004：37.
③ 恩斯特·卡西尔. 人论 [M]. 上海：上海译文出版社，2004：38.
④ 恩斯特·卡西尔. 人论 [M]. 上海：上海译文出版社，2004：44.
⑤ 恩斯特·卡西尔. 人论 [M]. 上海：上海译文出版社，2004：46.

通过符号活动、符号功能，创造了神话、宗教、语言、艺术、历史和科学等不同形式的文化，从而组成'人的世界'"。① 人创造了文化，人通过劳动创造了文化，人在劳动中通过符号创造了文化。在这个过程中，人将自身物化的成果提升成为符号化的成果，进而提升人的思维与想象的能力，提升人将可能转化为现实的能力，从而不断地实现人的解放和自由。

（三）语言是存在的家

杜威认为语言是人们进行社会交往的工具，社会存在于沟通和交际之中，参与性是语言的根本性质，语言是实现沟通和交际的工具。杜威认为："语言的首要的推动力是影响（通过对愿望、情感和思想的表达）别人的活动；语言的第二个作用就是用它们进入紧密的社会联系；它作为思想和知识的媒介的作用则是第三位的。"②

后期的维特根斯坦认为语言是人类活动的一部分，是生活形式一部分，语言则是由语言游戏构成的，语言游戏是人的一种活动，是由语言和行为共同形成的整体——"由语言和动作交织成的语言组成的整体称为'语言游戏'"。③他举了一个例子进行说明：建筑工人 A 在盖房子时，需要他的助手 B 给他各种建筑材料，当 A 喊出一种材料的名字，B 就将这个材料递过去。在这个过程中，通过完整的原始语言就构成了最简单的语言游戏。其实这就是说，在这个过程中，语言沟通了人与人之间的思想、情感和行为，创设了一种人能够理解的情境，实现了人与人的活动关联。他认为，形而上学要能够区分可以用语言表达的和不能用语言表达的东西，哲学不是理论而是行动，哲学需要的是语言批判，去探讨生命的意义，而这恰恰是语言不能表达的。生命的意义需要理解与感悟，然而是不是就是不能表达的，维特根斯坦给哲学和哲学家们提出了一个警示，生命的意义不仅仅是确定唯一的，多元化或者多样化恰恰是生命意义丰富与落实的根本所在。那种对于生命意义的唯一性、单一性的价值取向，的确是需要人们反思的。

海德格尔认为哲学要关注人类的生存问题，哲学的使命是要为人类寻找居所和家园，语言要为人的生存提供保护。因为在他看来，语言首先是一种做事的方式，话语的使用实际上给我们揭示了一个意义世界，这个意义世界就是我

---

① 杨寿堪. 冲突与选择——现代哲学"转向"问题研究［M］. 北京：北京师范大学出版社，1996：238-239.

② 杨寿堪. 冲突与选择——现代哲学"转向"问题研究［M］. 北京：北京师范大学出版社，1996：227-228.

③ 维特根斯坦. 哲学研究［M］. 北京：生活·读书·新知三联书店，1992：11.

们生活着的世界。正是在这个层面上，海德格尔讲"语言是存在的家"。"在"（Sein）是解决人类生存危机的根本所在。通过语言揭示或者说是呈现出存在，人类从而就可以找到存在的，即在这个世界上——"此在"。此在通过自己的活动展开存在，此在不是先在，不是定在，而是需要展开的，也就是说此在不是已有的既定的状态，而是可能性。人的存在不是先天的，而是需要不断地超越，在超越中实现存在，在人与世界、人与人的关系中呈现出存在的意义。一个人来到人世，重要的不是他是什么，而是他可能是什么。不是社会的目标和文明的时态规定了他是什么，而是他如何可能、可能如何，如何展开此在。在这里，"语言不再是人的能力，而是存在的呼唤，它将存在和人聚集在一起。不是人说语言，而是语言在说人"。① 此在对自身存在的展示，对于存在的意义的领悟，对于世界的理解，就是"此在"对于"在"的"澄明"，就是对于"存在"的呈现，是"此在"的自我呈现、自我显现。通过语言自己规定自己，自己说明自己，自己展现自己，而不是别的什么。人的存在的工具——语言——成为人的存在的本质，这或许是我们难以理解的，却是批判西方形而上学传统的必然结果。这里的根源还在于如何实现人的自由本性。

　　深受马克思和海德格尔影响的萨特强调，自由对于人而言不是一种性质或本质，而是人的存在结构。人的自由是先于人的本质的，人的本质则悬置于人的自由之中——存在先于本质。人的本质在于人的可能性，可能性则源于人的自由，自由意味着选择，选择指向的是可能。对于人而言，自由就是选择的自由，即使不选择也是一种选择，不选择是选择的一种选项。萨特认为，自由是人的责任，因为你是自由的，所以必须选择。但每个人必须对自己的选择负责。然而，人的自由却常常受到他人或社会的干扰，正因为如此，萨特讲"他人就是地狱"。马尔库塞则提出通过爱欲实现人的本质，实现人的生命的真正自由。受到马克思和弗洛伊德影响的马尔库塞认为现代文明对于人的戕害是以压抑性为主要内容和表现的，要反抗压抑就要解放人的生命本能。人的生命本能包括性欲和爱欲，爱欲不仅是肉体和性方面的，还是精神和美感上的，是对性欲的升华，体现了人最原始的生命冲动。因此爱欲是人的本质的规定，通过对爱欲的解放，打破现代极权主义通过社会一体化和工业技术控制对于人的操纵、左右和统治，打破生产活动领域中的劳动的异化，打破意识形态领域制造出的"强迫消费"和"虚假需求"对于人的活动的支配，摆脱"单向度"存在的人，实现人对爱和自由的追求，这就是他的爱欲解放论。弗洛姆则希望人们学会爱

---

① 张汝伦. 现代西方哲学十五讲［M］. 北京：北京大学出版社，2003：244.

（不是"我要爱""我被爱"而是"我能爱"），用"我能爱"（这是自我的一种能力）来实现自我、实现完全的人性。且不说爱的力量怎样，通过爱如何实现人的本性。单就弗洛姆对于爱的分析，确有独到之处。他区分了"值得被人爱"与"能不能去爱"；区分了"爱的对象"和"爱的能力"，人们往往困惑于"我有没有爱的对象"，却不明白如果没有爱的能力是不可能得到爱的，就是说有了爱的能力才可能"被爱"。爱不仅仅是一种现在时，而是进行时。一句话，"你爱了吗"的本意应当是"你有能力去爱吗"。

凡此种种，说明了立足个体、立足人的主观意愿、立足人的非理性情结（情感、意志、冲动，也可以说是悸动、躁动、燥动），崇尚个体的生命活动和价值，追求人的个性自由与实现，成为现代西方哲学看待人或人性问题的基本立场。只是在这样的立场下，如何实现人的自由本质，他们提供的方案和思路似乎都更像是乌托邦的梦呓，尽管他们的思想常常深刻地打动了人们的内心，扰动着人们的激情。然而，每到黄昏时分，扰动你的心扉往往不是强大的理性，而是某种说不清、道不明的情愫。

三、后现代主义

后现代主义源于对于现代性的质疑与批判。近代以来理性的启蒙与批判导致了宗教与形而上学世界观的解体，其带来的深远影响不仅在于，人的生存的价值与意义既不是上帝赋予的，也暗示了另一种可能，那就是人的生存的价值与意义同样很可能不只是为纯粹的理性价值观念所左右，而是人自身生存活动的结果。加之现代科学的发展执着于观察和证实经验与理性的世界，放弃了对于生活的意义问题的探寻。现代社会经济、政治、文化的无孔不入的理性化则实现了对于人的全面掌控，每个人都只是社会这个庞大机器上的一个齿轮或者螺丝钉，都身不由己地、还在很大程度上是心甘情愿地受制于资本和权力，以及由资本和权力拼力打造出的幻象，这就直接产生和导致了工具理性（人的活动需立足预期，取得实效）与价值理性（人的生存意义在于价值判断——合法性、合理性、正当性）的对立。由此，人的自由从而也不复存在的。道理很简单，当女士将名贵皮包看作是自己的身份象征时，当男人将豪车当作自己成功的标志时，当象牙塔里的人们关注的不再是学识而是职位（权力）时，你自己究竟是什么？离开了这些他物的标识，你能是什么？你还是什么？尽管这些东西也可以是生活快乐与经历丰富的一种展示和证明。

这样看来，在现代性的逻辑下所架构的生活的意义和人的自由均已丧失，理性在祛魅的过程中又使自身陷入困境，实在是理性的吊诡。也就是说在近代开辟的理性主义传统中，首先，人的本性或者说本质在于理性，理性构成知识和道德的基础，构成价值观念的来源，进而构成社会进步的动力。其次，"文明的发展是一个理性化的过程，合理性构成判定事物价值的标准。"① 如今在社会方方面面（包括经济、政治、文化）理性化的图景下，人刚刚从上帝的束缚下解放出来，又成为社会或者理性的工具。用通俗一点的方式讲就是，每个人来到人世间，不是为自己活着，而是为社会或其他什么的崇高目标、合理规范、典范价值等等活着；每个人的生活价值不是在自身中体现出来，而是在自身之外的某物上呈现着。如何超脱这样怪诞的循环，看看胡塞尔的现象学或许会有积极的启示。他的"现象学还原"理论就是要超越主体与客体的对立，超越经验论与唯理论的对立，还原到现象中最初的东西那里，还原到事情本身。通过对于存在本质论（无论是实在论的还是唯理论的）的悬置——中止判断，还原到纯粹的主体上，实现对于本质的直观。把被具体的偶然的东西遮蔽的本质显现出来，也就是通过对于本质的还原揭示出本质来，使本质从"遮蔽"到"显现"，从"浑暗"到"澄明"。从方法上讲现象学就是解释，现象学就是诠释学，通过诠释，宣告或揭示存在的本真意义，现象的本质意义。运用现象学的方法，可以看出，从表面上似乎是理性实现了人的解放和自由，赋予了人以理性之身而获得生存意义。实际上在工具理性与价值理性的对立和冲突中，在形式合理性（功利的，以经济实效为评价）和实质合理性（价值的，以目的正当性为评价）的对立和冲突中，人恰恰以一种新的方式失去生活的意义和自由（马克思是用劳动异化揭示这一现象的）。

哈贝马斯认为，"后现代"作为一种话语体系是基于对现代性的否定。由于近代以来对于科学和技术的"迷信"，人们对于知识的认识变得十分狭窄，知识（科学与技术）只是人们认识客观对象和达到自身目的的方法和手段，这就导致对于"事实与价值""是与应该"理解的分裂。其结果是人们的行动只关注事实而不问价值，只关心"是什么"而忽视了"应当如何"，技术专家和官员成为一切事务的决定性力量，而关于人的生活的价值与目的却无人问津。为解决这一问题，哈贝马斯提出要区分劳动行为和社会交往行为，劳动行为遵循工具理性，根据技术规则行事，交往行为遵循价值理性，根据有效规范行事。打个比方，妻子做了一顿丰盛的晚餐，准备给下班回来的丈夫。做饭是要有手艺的，不仅要好看还要好吃，这一过程遵守的是技术要求。然而，吃饭是要有目的的，你希望让劳碌的男人感到家的温暖和你的贤淑，希望得到丈夫的赞扬和爱意。

---

① 陈嘉明. 现代性与后现代性十五讲［M］. 北京：北京大学出版社，2006：114.

这是一个具体的交往行为，不仅是填充肚皮，而是要实现感情的交流，增加生活的情趣和快乐。如果那个没有良心和情商的东西一回到家就只知道吃，然后抹抹嘴坐到沙发上玩手机，此刻你会是什么样的心情……哈贝马斯希望通过对话和讨论达到工具理性和价值理性的一致，也就是实现情感的交流和交融。不仅是实现技术世界的理性化，还要达成生活世界的理性化。前者需要真实，后者需要真诚。前者是物的交换，后者是情的交流。将两者结合起来就是"是什么"与"应如何"的一致性。然而，在现代社会里，要实现这一切几乎一定是困难的。不仅是面对家庭晚餐，在日常生活的方方面面，人们都被某些由专家和时尚倡导的统一的价值目标和取向所左右，为宏大的叙事话语体系所安排，被传媒、广告、品牌、消费符号等所牵引，人们都迷恋着同一性、基础性和权威。就好像人人都在玩"抖音"、都在刷短视频，如果你没有，似乎很另类。人人都习惯在圈里发消息，在群里忙不迭地点赞，你总是沉默，那么，你是不是有问题？

　　面对现代性的困境，后现代主义是怎么做的呢？有一种说法很形象却深刻：那就是"流浪者的思维"，这是一种专事摧毁的否定性思维，是对划一思维、同一思维和二元对立思维为特征的现代思维方式的否定的思维。[①] 这种思维方式的特点就是否定——持续不断地否定，摧毁——不顾一切地摧毁，践踏——不断地突破和否定底线，质疑——没有永恒不变，即使是钻石。如果说现代性的特征表现为对于基础、权威、统一的迷恋，以主体性为事物的基础和中心，坚持超验的抽象的世界观，那么，后现代主义则是对这一切的不留余地的质疑与终结。其思维立场和方式是"强调否定性、非中心化、破碎性、反正统性、不确定性、非连续性以及多元性"。[②] 没有什么是不可怀疑的、没有什么是不可打破的、没有什么是必须坚持的。还记得电影《大话西游》里的至尊宝吗？在惯常的观念和价值里，爱是美好的、美妙的且美轮美奂的，爱情是神圣、神秘而又甜蜜的，爱情里的双方是真诚、坦诚甚至虔诚的。然而，面对紫霞的爱，至尊宝却说了一段他一生中说过的无数谎话中最完美的谎话，并且还要通过这段完美的无耻的谎话让女主在四分之一炷香之后彻底地爱上自己："曾经有一份真诚的爱情放在我的面前我没有珍惜，等到失去的时候我才后悔莫及，人间最痛苦的事莫过于此。如果上天能给我再来一次的机会，我会对那个女孩说三个字：我爱你，如果非要在这份爱上加一个期限，我希望是一万年！"如此亵渎爱情，

---

① 参阅王治河. 后现代哲学思潮研究［M］. 北京：北京大学出版社，2006：2.

② 王治河. 后现代哲学思潮研究［M］. 北京：北京大学出版社，2006：8.

怨男信女清纯、纤细、脆弱的玻璃心都要碎成豆腐渣渣啦。你以为你的意中人是个盖世英雄，有一天会踩着七彩祥云来娶你，可惜的是你猜得中开头，却猜不中这结局，因为骑白马的不一定是王子，还可能是和尚。真实的物理世界就是这么任性，充满了不确定性，充满了不可预测性，充满了让人渴望而又惶恐不安的可能性。

后现代主义对于一切的态度像极了一个相声段子——凭什么。凭什么你说的都是对的，凭什么你让我做什么、我就要做什么，凭什么你以为的就是你以为的。在哲学层面，后现代主义的"非哲学"反对传统哲学的基础主义，提倡多元化；反对封闭的同一性思维，提倡开放的多样性思维；反对整体性，主张个体性；反对哲学"独白"，倡导"对话"。① 在其他领域，后现代主义反对"理性至上"，认为西方理性是一种与压迫性的、极权性的生活方式和种族中心论的文化帝国主义相同一的。后现代主义反对人的中心性、优越性，在福柯那里，人是生而不自由的，因为权力无所不在，个人已成为权力的手段和工具。后现代主义反对"中心"，主张"非中心化"，倡导多元化、多中心、开放性。后现代主义反对"基础"，反对"确定性"，强调多义性，注重视角的多面化，解释的多元性，体验的多样性。后现代主义打破了关于唯一正确的方法的神话，科学很可能不是人类唯一的知识体系，不是人类唯一的思想内容，也不是人类唯一的思维方式和研究方法。要对科学进行改造——"由一个严厉苛刻、吹毛求疵的女主人变成一个既温柔、富有魅力又善解人意的高级妓女"。② 后现代主义对于一切规则的颠覆、解构的风格，不正像是杜尚将买来的一个小便池倒置并命名为《泉》时，并对人们的质疑进行质疑吗？——艺术品一定要是艺术家亲手制作的吗？什么是艺术，有统一不变的标准吗？同一个艺术作品，每个人的感觉应当是相同的吗？据说在 21 世纪初有全球 500 位艺术家认为，这个倒置的小便池——《泉》——是对艺术史影响最大的作品。

面对现代性对于人的异化、社会的异化，面对现代性对于人的自由的戕害，后现代主义对于人类中心论、个人主义、还原主义、父权制、二元论、机械主义、经济主义、消费主义、民族主义、极权主义、科层化、官僚化、军国主义等等的批判和挑战是积极的、有价值的、发人深思的。后现代主义使人们意识到那个可能被一个统一的确定的概念所概括和描述的世界实际上是不存在的，

① 参阅杨寿堪. 冲突与选择——现代哲学"转向"问题研究 [M]. 北京：北京师范大学出版社，1996：92-119.

② 转引自王治河. 后现代哲学思潮研究 [M]. 北京：北京大学出版社，2006：233.

人们存在的真实世界其实是不确定的、复杂的、多元的，甚至是未知的。虽然理性恢复了人的尊严，然而在强大的理性面前，个体往往是弱小的、单一的、局部的、边缘的、次要的、偶然的，后现代主义将目光越过理性刺目的光芒去关注这样的人与物，表现出对于他者的尊重和宽容，这恰恰是现代一体化社会所忽视和轻视的。后现代主义冷静地指出，个体是自由主义的基础，在自由面前，个人才是主体，才是实体，共同体不过是虚构体或者是想象的共同体。只是个体的自由需要通过共同体去实现。后现代主义对于游戏的推崇对于打破思维定式，开阔思维的视野和激发创造性也提供了独特的贡献。想一想，我们永远冲不出国门的足球换个踢法就可能是橄榄球。我们执拗地追求的职业奉献换个态度就是为资本做出更多的贡献，并使得他人掌握的权力更加强大且得以炫耀的话本。后现代主义对于意义、价值一元化的质疑，使得人们开始反思，对于世间万物难道只有一种可能、或者一种价值吗？能不能是一枝不一样的烟火，能不能活着并活出自己的人生？后现代主义对于差异、个体、局部的关注，使得人们意识到，对立统一中不仅同一是目标，差异也是有价值的；整体与局部中不仅整体重要，而且没有局部整体也不复存在。德里达就提出部分大于整体的思想，为此要打破结构中心主义，解构才是出路。后现代主义似乎意识到面对的世界，企图从经济结构和基础上的破坏在强大的资本和权力面前几乎是缺乏现实可能性的，与其在痛苦中沉沦，不如把矛头指向资本和权力所建构并赖以牢固自身的思维方式与文化。

但是其破坏一切、颠覆一切的立场和态度的消极性也是难以避免的。关键在于当破坏了一切以后，还有什么？人们不仅要善于破坏一个旧世界，还要善于建造一个新的世界。消解了已有的执念，后现代所主张的是不是执念呢？就像至尊宝挑战了一切，抛弃了一切之后，心里还留下了什么，为什么他在戴上金箍前，又一次重复了自己得意的经典谎言，这一次他还是在说谎吗？当城楼上的女孩看到他时，为什么说"那个人看起来好像一条狗啊"。其实不管说他是什么，他已然不是人了。更为重要的是，"一个由自由而平等的公民——他们因各种合乎理性的宗教学说、哲学学说和道德学说而产生了深刻的分化——所组成的稳定而公正的社会之长治久安如何可能？"① 多元性下的社会与人们是否需要同一，达成什么样的同一，如何达成同一，的确是个难题。特别是在盎格鲁撒克逊文化引以为豪的对抗、竞争传统下，能否放弃一己私利，离开西方中心主义的立场，去谋求人类共同的需要与价值，对于强势了几百年的西方文明来

① 罗尔斯. 政治自由主义 ［M］. 南京：译林出版社，2000：13.

说，是一件非常艰难且难以达成自觉的问题。

　　现当代西方哲学流派众多，学者云集，恕不一一描述。同时，鉴于理解能力所不逮，难免有错漏，还请包涵。不过，西方讲完了，是时候谈谈东方了。虽然那个黑格尔很看不起中国哲学："中国人也曾注意到抽象的思想和纯粹的范畴。……他们也达到了对于纯粹思想的意识，但并不深入，只停留在最浅薄的思想里面。"① 只是这个在四大古文明中虽然不一定是最早出现的，却是唯一没有中断的文明，一定有其独到之处。

---

① 黑格尔. 哲学史讲演录：第 1 卷［M］. 北京：商务印书馆，1959：130-131.

第十一讲

易的哲学

任何真正的哲学都是时代精神的精华，也一定是民族精神的精华，哲学的时代性和民族性的结合才有孕育出世界性的可能。中国哲学有什么特征呢？冯友兰先生指出："根据中国哲学的传统，哲学的功能不是为了增进正面的知识（我所说的正面的知识是指对客观事物的信息），而是为了提高人的心灵，超越现实世界，体验高于道德的价值"。① 那么，中华文化与西方文化有什么不同之处呢？梁漱溟先生曾经说过："西方文化是以意欲向前要求为根本精神。印度文化是以意欲反身向后要求为其根本精神的。中国文化是以意欲自为调和、持中为其根本精神的"。② 从发展阶段上看，中国哲学可以划分为（先秦）子学和经学两个大的阶段，其中经学阶段又包括两汉经学、魏晋玄学、隋唐佛学、宋明理学、明清实学、乾嘉朴学等。从派别上看，可以划分为儒家哲学、道家哲学、佛教哲学，即儒释道。③

一、研究中国哲学的方法

之所以从研究方法入手讲中国哲学，确因中国哲学与西方哲学有着很大的不同，更因为中华文明的历程与西方文明的历程有着很大的不同。西方在解读文明诞生的标志时往往使用这样三个标准：冶金术、成熟文字和城市的出现，中华文明的诞生则有所不同，对于浙江良渚文化、陕西石峁遗存、山西陶寺遗址的考古，展示出中华文明诞生则应以城市的出现、阶级的产生和王权国家的形成为标志。英国教授马丁·雅克在其 2009 年出版的《当中国统治世界：中国的崛起和西方世界的衰落》一书中提出一个引人深思的观点：中国从来都不是一个单纯的民族国家，而是一个文明国家，是一个大陆文明。国家是有兴衰的，

---

① 冯友兰. 中国哲学简史［M］. 北京：新世界出版社，2004：1.

② 梁漱溟. 东西文化及其哲学［M］. 北京：商务印书馆，1999：62、63.

③ 注：本章内容撰写参阅：张轩，《先秦元典的思想内涵与精神意蕴》，吉林大学出版社 2020 年版.

而文明只要有生命力就会不断延续。

这实际上提出一个问题：应当如何认识和解读中国、中国文化以及中国哲学。李泽厚先生认为，氏族宗法血亲传统构成了中国古代思想的血缘根基，实用理性是其性格特色，不同于西方的"罪感文化"，在人生观念和生活信仰上呈现为乐感文化，其指向的最高境界是"天人合一"。①

（一）中华文明的特质

雅斯贝斯认为公元前 500 年前后（公元前 800 年至公元前 200 年）是人类文明的轴心期，在中国、印度和西方这三个地区的人们"全都开始意识到整体的存在、自身和自身的限度。人类体验到世界的恐怖和自身的软弱。他探询根本性的问题。面对空无，他力求解放和拯救。通过在意识上认识自己的限度，他为自己树立了最高目标。他在自我的深奥和超然存在的光辉中感受绝对。"② 古希腊的哲学家把关注的目光投向了浩瀚未知的自然，犹太人的先知把生存的意义托付于神秘的天堂（后来耶稣的追随者把生命的意义托付于上帝），印度次大陆的修行者把希望安放在了来世。与世界其他文明不同，中国的思想家没有将实现生命的超越性追求寄托于彼岸世界，寄托于空间的方向上，而是在生命的历史进程中、在人类历史发展的时间路向上寻求生命的价值、意义和永恒性。

从文明的层面讲，中华文明从她诞生之日起就表现出与西方文化不同的着眼目标、现实生活立场和价值取向。如果说西方文化在基督教的影响下更为注重出世，关注彼岸，那么中华文化则充满着浓浓的入世情怀，留心此岸；如何说西方哲学执着于探究宇宙万物本原、本质，那么中华哲学则更注重事物之间的生成、依存与互动关系；如果说西方文化立足于个体，更加强调群体中的个体的权利和自由，那么中华文化则首先从群体出发，关注个体在群体中的义务和责任。同时，中华文明在她的演进与发展中创造出不同的文化模式、组织结构和发展模式。如果说文字是文明与文化的载体，中华文明创立了成熟且先进的以表意为特征的象形文字体系。如果说人类社会是以组织和制度的方式存在和演进的，中华文明自秦统一中国后就打破了分封、创立了郡县制，而不是西方社会延续到近代的封建制。如果说良好的教育和优秀的人才奠定了个人成才和社会成长的基础，中华文明则以能够打破阶级和阶

---

① 李泽厚. 中国古代思想史论［M］. 天津：天津社会科学出版社，2004：284-304.
② 卡尔. 雅斯贝斯. 历史的起源与目标［M］. 魏楚雄，俞新天，译. 北京：华夏出版社，1989：8-9.

层固化、实现优秀人才脱颖而出的科举制取代了"老子英雄儿好汉、老子反动儿混蛋"的世袭制。在古代中国社会没有对上帝的顶礼膜拜，而是将"天地君亲师"作为文化信仰。如果说西方社会的发展表现为阶级斗争的推动；中华文明的历史则是农耕定居文明与草原游牧文明之间的竞争、共存与融合伴随始终。现代西方国家的形成是一个很晚近的事件，往往是你方唱罢我登场；中国则是一个历史的直接延续，自秦统一中国后，虽然是皇帝轮流做，明年到我家，但以汉文化为主体的统一的中央集权的君主专制政体却一直延续下来。尽管有学者统计，自秦至中华民国建立，实际统一的时间仅为952年，① 但真正对历史进程产生重大影响，且人心所向的依然是大一统、安宁与稳定。

从哲学的层面讲。首先，中国哲学的基本问题并不是简单地对应"思维与存在的关系"问题。西方哲学由于柏拉图的理念论开辟了坚定的唯心主义传统，由于中世纪哲学成为神学的婢女，要恢复和坚持唯物主义的立场，必须对"思维与存在的关系"进行立场表明。中国哲学则始终保持着相对独立的地位，即使是佛学也实现了中国化，与儒道相通相融，形成了儒释道互补的文化生态。在"思维与存在的关系"这一哲学基本问题上，中国哲学的关注转化为天人关系，即天人之际，其中天人合一是主流，天人相分成为补充。其次，中国哲学的起点关注没有像西方那样从存在（being）出发，始终围绕着世界万物的本原是什么、存在是什么展开思考，而是更加关注天与人、人与人的关系——是一种什么关系，需要建立怎样的关系，怎么保持良性的关系。如果说西方哲学的本体论思考是"存在论"的话，中国哲学的本体论思考则是"生成论"。如果说"存在"指向"一"的话，"关系"则一定包括两及两个以上，否则如何构成"关系"。第三，中国哲学的话语方式与西方哲学也有很大不同。西方哲学自古希腊始就以严谨的"逻各斯"精神为基础，兼以亚里士多德创立的形式逻辑，确立了以概念判断推理为基本图式的话语结构。中国哲学往往是以"语录体""章句体""对话体"的格式展示出来的，《论语》《道德经》等并没有严格的逻辑体系，是对话，是感悟，是随笔。冯友兰就讲有些中国哲学家的著述，内容不相联贯；有些中国哲学家的著述十分简短。"这是因为中国哲学家惯于用格言、警句、比喻、事例等形式表达思想。富于暗示而不是一泻无余"。② 西方哲学的表述是以严谨的逻辑，严格的

---

① 葛剑雄. 统一与分裂——中国历史的启示 [M]. 北京：中华书局，2008：224.
② 冯友兰. 中国哲学简史 [M]. 北京：新世界出版社，2004：10.

概念界定，通过理论的严密推导建构其体系。中国哲学则要随性得多，不仅不做精准定义，甚至有意留白，让人们自己去领会——道可道，非常道——因为此中有真意，欲辩已忘言。比如，儒家的核心概念之一"仁"并没有精确统一的定义，在《论语》中孔子谈"仁"主要是从仁的类型和表现上去讲，从仁的实行上去讲。可以说西方哲学是在做逻辑推理，中国哲学是在讲情理、道理、感悟。第四，中西哲学的目的不同。西方哲学讲探寻真理，这是知识层面的；中国哲学讲内圣外王，这是实践层面的。西方哲学要探寻事物的本质和本原，要回答主体与客体、经验与理性、共相与殊相、自由与必然的内涵与本质。中国哲学要讲清楚自然万物特别是人是如何生成的，怎样存续，怎样向好的方向发展。第五，西方哲学一般地包含三大部分："宇宙论——目的在求一'对于世界之道理'；人生论——目的在求一'对于人生之道理'；知识论——目的在求一'对于知识之道理'"。① 中国哲学的体系则完全没有这样的划分，而是以"道"在宇宙中的运行，形成中庸之道——立世原则，以民为本——政治尺度，仁者爱人——为人之道，内圣外王——实践理想。在中国哲学中几乎看不到清晰的由本体论（包括自然观、世界观）、辩证法、认识论、历史观、伦理学、政治观等所组织的哲学结构。

从文化与思想的承载方式上讲。西方是以表音为主的拼音文字，中国是以表意为主的象形文字。人是符号的动物，人类要认识事物，就要进行命名和分类，如果没有语言和文字是很难做到这一点的。人类要表达和记录自己的思想、情感，没有语言和文字同样是难以想象的。"我想你"可以用肢体语言，"我恨你"可以用肢体语言，"我爱你"可以用肢体语言，那么，"我昨天晚上梦见了你"用肢体怎么表达呢？索绪尔把人类的文字分为两种，他认为文字分别和语言的音和意相关联。语言的要素只有音和意两种，如果一种文字根据语言的意义来构造形体，那就是表意文字；如果根据语言的声音来构造，那就是表音文字。② 汉字是依据什么原则和方式创制的呢？汉字发展的第一阶段是古文字，由线条构成；第二阶段是今文字，由笔画写成。拼音文字的形成往往经过文字画阶段，表意的汉字则没有如此，早期汉字是单独的图像和刻符，根据事物的形象构形。无论是古文字还是今文字，汉字的表意特性一直没有改变。作为表意文字的汉字，其造字法主要有三种，即指事，会意和形声。《周易·系辞传》

---

① 冯友兰. 中国哲学史（上）[M]. 北京：中国画报出版社，2020：3.
② 转引自王宁. 汉字与中华文化十讲 [M]. 北京：生活·读书·新知三联书店，2018：33.

讲"仰则观象于天，俯则观法于地"，"近取诸身，远取诸物"形象说明了汉字的起源。我们的祖先在认识自然（天和地）和自身的过程中，"近取诸身"就是从人的身体特征中寻求造字的形象，如甲骨文中的"目"字，就是人的眼睛的样子，横着写是平视，竖着写则表示俯视。"远取诸物"就是从周围的事物中寻找字的形象，如甲骨文中的"日"字，就是太阳的形象。再比如，繁体的"東"是由"木"和"日"构成，即指太阳从树梢升起的地方。"西"则是指小鸟归巢，两只鸟腿落在巢里，寓意太阳落下去的地方。"日"在"木"上为"杲"。如海之深，如日之杲，表示太阳升起后四周一片光明。"日"在"木"下为"杳"，太阳落下后，大地一片昏暗。"末"是指树梢，"本"则为树根。如此类似的例子不胜枚举，语言和文字是抽象思维的产物，是抽象符号，然而汉字竟然能够把抽象和具象结合起来，在抽象中让人们意味到具象，而且两者结合得如此美妙。目前考古证据认为，汉字起源的上限是公元前 4000 年左右的仰韶文化的陶符，这处于新石器时代。汉字起源的下限大体可以定在公元前 2100 年左右。

（二）如何研究中国哲学

哲学研究离不开抽象思辨和逻辑推理，中国哲学的形成与话语叙述方式与西方有很大差异。要回应中国哲学的合法性问题，"应当采取'理一分殊'的看法，将'哲学'视为一种普遍的'原型'或者'共相'，而世界上各大文明传统对于宇宙、人生的理论思考，如西方哲学、印度哲学、中国哲学以及其他文化传统的哲学，都可以说不过是'哲学'这种'理一'的分殊性表现"。①

首先是"援西入中"，这与学界曾经提出的"反向格义"有所不同。"格义"是指运用已有、已知的观念与思想去体会理解未知的观念与思想，比如中国古代运用儒学思想去解读佛教思想。"反向格义"是指"以西方哲学概念和术语来研究、诠释中国哲学的方法"。② 这种方法实现了西方哲学与中国哲学的话语互动与交融，赋予了中国哲学的合法性，但也带来了一个问题，那就是在反向的过程中，可能失去了对中国哲学本来话语的理解，陷入"以西释中"的尴尬。比如，"道"在中国哲学中意涵多样，简单套用"存在"来理解"道"难

---

① 彭国翔. 中国哲学方法论——如何治"中国哲学"［M］. 北京：生活·读书·新知三联书店，2020：25.

② 彭国翔. 中国哲学方法论——如何治"中国哲学"［M］. 北京：生活·读书·新知三联书店，2020：61.

免语焉不详，甚至词不达意。"援西入中"则"是以首先确立中国哲学自身的问题意识为前提，以现代话语阐明中国哲学的思想观念为目标的"。① 在这个过程中，一是要以"中"为"主"，以"西"为"宾"。"在诠释中国哲学史上各个哲学家们的思想时，首先要从其自身的文献脉络中确定其固有的问题意识，然后在具体阐释中国古代哲学家自己的思想课题时，可以相应援引西方哲学甚至其他人文学科、社会科学的内容作为诠释的观念资源。"② 二是要在确立中国哲学自身的问题意识的前提下，根据具体的情况来取舍相关西学资源。比如对于矛盾的理解，西方辩证法关注的是双方的对立，并以为对立是发展的源动力。中国哲学则关注的是"和"，"和"是双方的相互依存，矛盾是存在于"和"中的。"和"中有对立，但更重要的更有价值的是"同一"。对于"同一"的性质、作用、表现方式、地位的理解，中西双方也有差异。为此，要理解中国哲学的辩证法，必须先搞清楚中国哲学"和"的立场、用意和取向。三是要注意中国哲学自身的运行脉络，它所表现出的时代特征、民族特质、历史沿革。这些方面中国哲学与西方哲学都是有不同的。中华文明是一个长期演化的海纳百川的多元一体的文明，中国哲学是在农业文明的基础上，在"大一统"的国家格局下，在充满现实主义关注的入世精神中孕育和演化的。另外，要注意中国哲学话语体系自身的特点。比如，对于语言运用的态度，维特根施坦提出："凡是能够说的事情，都能够说清楚，而凡是不能说的事情，就应该沉默。"③ 这是沿着"逻辑是哲学的本质"这一理路，探讨语言表达的边界，要求的是精准、确定。中国人讲此中有真意，欲辩已忘言，是指对于事物的感悟与体会，要求的是意蕴与灵动，有意模糊。不是不需要讲话，而是不必事事都讲明白，要有留白，有回味。

其次，研究中国哲学不能忽视中国哲学自身的营造方法——情理推导。陈少明先生将其表述为"想象的逻辑"，"所谓想象的逻辑，不是讨论想象的心理学，更非讽刺不合情理的言论，而是研究那种通过情景性（或图像式）的假设，所呈现的观念结构。"④ 中国哲学特别是先秦诸子的话语一般地都不具备西方

① 彭国翔. 中国哲学方法论——如何治"中国哲学"［M］. 北京：生活·读书·新知三联书店，2020：69.
② 彭国翔. 中国哲学方法论——如何治"中国哲学"［M］. 北京：生活·读书·新知三联书店，2020：72.
③ 维特根施坦. 逻辑哲学论［M］. 北京：商务印书馆，1985：20.
④ 陈少明. 做中国哲学——一些方法的思考［M］. 北京：生活·读书·新知三联书店，2015：204-205.

哲学的那种严谨的逻辑结构，更不会长篇大论。比如，对于世界本原的探讨，老子说："道可道，非常道。"其中，"无，名天地之始；有，名万物之母。"为什么这么说呢？因为道十分高深，"玄之又玄，众妙之门。"看看亚里士多德对于"第一推动者"的论证："必然有一个永恒的不动的实体，因为实体是存在物的基础，所以如果实体是全都可以毁灭的，则所有的东西也都可以毁灭。但是，运动是不可能产生出来和停止存在的（因为它必须永远存在），时间也不可能如此。因为，如果时间不存在，就不会有一个以前和一个以后。所以，在时间是连续性的这个意义上，运动也是连续性的；因为时间或者跟运动就是一样的东西，或者是运动的一个属性。除了空间里的运动以外，没有别的连续性运动，而在空间的运动中，只有圆周运动是连续性的。"① 在这里，亚里士多德论述了什么是实体，论述了实体与时间、运动、空间的关系，这是一个推理与思辨的过程，而这仅仅是他关于该问题的其中一个段落的描述。看看老子关于"有"与"无"的表述，老子认为："天下万物生于有，有生于无。"② 看看黑格尔在《小逻辑》里关于"有"与"无"的分析，"纯存在或纯有之所以当成逻辑学的开端，是因为纯有既是纯思，又是无规定性的单纯的直接性"。"这种纯有是纯粹的抽象，因此是绝对的否定。这种否定，直接地说来，也就是无"。"如果说，无是这种自身等同的直接性，那末反过来说，有正是同样的东西。因此'有'与'无'的真理，就是两者的统一。这种统一就是变易"。③ 都是对本体问题的思考，在这里的比较中可以使我们感受到中国哲学与西方哲学话语方式的根本差异。老子的论断需要体悟与感受，西方学者的论述是一个层层递进、抽丝剥茧的推理过程。因此，把握中国哲学需要研究中国哲学的论说方式。

再举例做一些比较，孟子主张"人性善"，他的论述起点是"今人乍见孺子将入于井，皆有怵惕恻隐之心"，就是说人皆有同情、同心、同理，即人有共性，人的共性表现在食色方面需要好的东西，在心灵方面同样会追求好的东西，所以人性善，而且这是共同的。由是，人人见孺子落入井中，都会自然地产生同情、不忍的心理反应。当然这样的善只是善的起点，善之端也。孟子这里是经验推导，情理推演。罗尔斯论述正义的前提，设计"无知之幕"，"原初状态的观念旨在建立一种公平的程序，以使任何被一致同意的原则都将是正义

---

① 北京大学哲学系外国哲学史教研室. 古希腊罗马哲学［M］. 北京：商务印书馆，2021：269.

② 《道德经》第 40 章。

③ 黑格尔. 小逻辑［M］. 北京：商务印书馆，1980：189、192、195.

的。……因而为达此目的，我假定各方是处在一种无知之幕的背后。他们不知道各种选择对象将如何影响他们自己的特殊情况，他们不得不仅仅在一般考虑的基础上对原则进行评价。因此，我们假定各方不知道某些特殊事实。首先，没有人知道他在社会中的地位，他的阶级出身，他也不知道他的天生资质和自然能力的程度，不知道他的理智和力量等情形。其次，也没有人知道他的善的观念，他的合理生活计划的特殊性，甚至不知道他的心理特征：像讨厌冒险、乐观或悲观的气质。再次，我假定各方不知道这一社会的经济或政治状况，或者它能达到的文明和文化水平。处在原初状态中的人们也没有任何有关他们属于什么世代的信息。"① 这是长篇大论，是逻辑假设，是抽象推论。从一个严谨的逻辑预设出发，通过条件分析，形成理论说明。

中国哲学的研究需要深入理解和把握古人论述问题的方式，用现代的思维方法，通过逻辑的运用，进行理论的重构。这是一个从逻辑起点始，经过逻辑分析、逻辑论证、逻辑建构到形成理论体系的过程。需要通过梳理诸子的思想内容，建立起其中的逻辑关联，分析其理论成因与理论展开，最后实现理论整合，达到理论升华。古人在洋洋洒洒地表达自己的真知灼见时，疏于逻辑运用，今人在研究与阐述古人的思想需要补上这一功夫，而不可以鹦鹉学舌，照搬套用。要进行内容的整合，体系的架构和逻辑的建设。要注意运用哲学抽象思维的基本路线，即"是什么""怎么样""应如何"，进而分析为什么"是什么"，为什么"怎么样"，为什么"应如何"。比如，分析孟子的恻隐之心，"孟子讲恻隐的重点不在惩恶，而在扬善，即证明人向善发展的可能与必要。他的界线不是底线，而是基线，底线是防止沉沦的，基线则是激励向上的。"② 这样的分析就从"是什么"到"为什么"，深入到发掘出其思想的目标取向、价值意蕴，并作以评析。而不是因为古人疏于逻辑推演，今人就可以从中随意摘取只言片语，然后或奉如珍宝或弃之如敝屣。令人遗憾和惭愧的是，今天热心于弘扬中华优秀传统文化的一众人常常如此，且不知其谬。研究中华文化的元典一定要注意其话语表达的方式，断章取义的取巧做法是有害的。要知道，在思想史上任何能够产生重大奠基性影响的思想往往是一个体系，有其时代背景和社会需要，有其内在的逻辑关联和结构（在中国哲学中，这样的逻辑关联和结构往往

---

① 约翰·罗尔斯. 正义论 [M]. 北京：中国社会科学出版社，1988：136.
② 陈少明. 做中国哲学——一些方法的思考 [M]. 北京：生活·读书·新知三联书店，2015：211.

是隐性的)。对于中国古代文化元典，无论是"三坟五典八索九丘"①，还是先秦诸子学说都需要做一下这样的功夫。如果研究者意识不到这一点，其研究的学术价值与理论的可信度岂不大打折扣。

再次，要重视训诂学。训诂学是中国传统研究古汉语词义的学科，是根据文字的形体与声音，以解释文字意义的学问。偏重于研究古代的词义，尤其着重于研究汉魏以前古书中的词义、语法、修辞等语文现象。训诂指解释古书中词句的意义。训，指用较通俗的话去解释某个字义，如人言为信。诂，指用当代的话去解释字的古义，或用普遍通行的话去解释方言的字义。近代以来，一度认为训诂是经学的附庸。当代学者对此多提出疑义，认为训诂是文化的重要组成部分，其探究的是文化的初始现象与含义。比如，孔子弟子称其为"丧家之狗"，孔子欣然接受"然哉！然哉！"如果离开了当时的语境，就很难准确地理解孔子此刻的处境和心态，无法理解孔子"知其不可为而为之"的情怀与理想，无法理解一代圣贤的渴望与胸怀。"文革"大批"孔老二"时，以此作为孔子逆时代潮流而为、惶惶不可终日的表征，其离事实真相与孔子本意相去甚远。

训诂学一是要着重文献解释的正确性。二是不可忽略了语境的多样性、不可还原性，以及语义的多重性与歧义的可能。三是注释的多元化。四是要超越原典作者，② 不必完全拘泥于古人的思想及其表达的语境。解读前人的思想与著作的主旨是要服务于当下和未来的，要有继承、有改变、有创新。比如，《诗经·邶风·静女》中有"静女其姝，俟我于城隅。爱而不见，搔首踟蹰"。这里的"爱"当何解呢？《说文解字》讲："爱，行貌。"这种解读十分形象精辟，美女娴静、淑雅、约我在城角相会。（我兴冲冲地去见，她却悄悄地躲藏起来。）爱一个人，又见不着她，急得抓耳挠腮、左右徘徊。此状为"爱"，实在是神似，亦可谓形神兼备。如此训诂可谓寓意深远，画龙点睛。如果是强调文献解释的唯一性和绝对正确性，可能会忽略了语境的多样性、复杂性和不可还原性和语义的多重性与歧义可能。不过，另一方面亦不必完全拘泥于古人的思想及其表达的语境，毕竟解读前人的思想与著作的主旨是要服务于当下和未来的。过去常讲的"古为今用"就是这个道理。③

---

① 注：《三坟》，《五典》指"三皇五帝之书"。《八索》与《九丘》说法不一，一指"八卦"与"九州之志"，又一指《河图》、《洛书》。
② 参阅许嘉璐. 中华文化的前途和使命［M］. 北京：中华书局，2017：162.
③ 张轩. 先秦元典的思想内涵与精神意蕴［M］. 长春：吉林大学出版社，2020：38.

（三）对待传统的态度和方式

中国哲学依托于大陆文明、农耕生态，共生于大一统格局下的中央集权的君主制社会。尽管小农经济的特点是"男耕女织"的分散经营，然而中国的地理条件决定了要保证农业生产的水利建设靠一己之力是不可想象的，为此中央集权的社会才能调动足够的力量来进行大规模的水利工程建设，这也是为什么中国古代神话传说中一个重要的内容就是"治水"，"治水"也是历代王朝的使命和责任。小农经济的生产力往往寄托于人丁兴旺，因此由祈望早生贵子到多子多福，进而注重姻亲关系，结构成具有互助功能的家族组织，甚至婚姻的第一目的都是为了生育，就成为世俗生活的基本图景。《礼记·昏义》记载："共牢而食，合卺而酳。"在新婚之时夫妻以匏饮酒，不仅要象征夫妻双方从此血脉相连、死生契阔，而且这显然寄托着生育的愿望，是一种隐晦的求子活动，因为葫芦因形状似母腹就一直是生育的象征。易中天认为，中国人心目中始祖女娲的形象就是一只青蛙，何谓，因其产仔多也。女娲的孩子就是"娃娃"，青蛙的叫声不正是这种声音吗。

农耕文明、等级制度、官本位社会，中国哲学的世俗基础就在于此。当我们进入工业文明、展开到信息时代，如何对待传统，就是一个大课题。为此，要能够正确地对待传统。任何民族、任何文化都有自己的传统、特色和习俗，这是一个民族和文化历史进程的记录与传承。但是传统、特色与习俗不等于优秀，更不代表先进，同样也不是不可改变的。要改变"传统的就是好的"，"原生态的就是好的"，"文化、习俗就应是原汁原味"的观念。传统有稳定性更有可变性，没有一成不变的传统，变化与适应是传统存在和延续的基本前提，否则就会消亡，汤因比先生对此有非常精辟的见解。传统的东西总是要在时代的进步中不断地改变，才能跟得上时代变迁的脚步，故步自封、一成不变的结果只能是被淘汰或者仅具有进入历史博物馆供人瞻仰的价值。那种动辄追求原生态、原汁原味的观念和行为，在理论上是幼稚的，在心态上是保守的，在现实中是迂腐的，在实践中往往可能是极端偏执和危险的。

历史的继承是一个正反合的过程，也就是一个肯定、否定、否定之否定的过程。对待传统既不能固守过去的一切，妄言什么天不变，道亦不变。也不能彻底否定一切，甚至把自己前进道路上的失败与挫折统统地甩给古人去背锅。更不是简单地把过去移植到当下，不是简单地照搬照抄，不是像海绵吸水一般地不加取舍，而是坚持四条基本原则：一是立足扬弃，取其精华，加以继承；二是顺应时势，与时偕行，加以改造；三是认同共识，更化创新，加以发展；

四是汲取人类文明共识，进行民族性与世界性的统一建构，为人类文化作出中国创造和中国贡献。简言之就是批判性继承、创造性改造、创新性发展和普适性建构。

第一，批判性继承。工业文明的关键词是"资本""利润""平等""自由"，农业文明的关键词是"土地""子孙""等级""责任"。对于2500多年前的思想，像海绵吸水式的饥不择食很显然是不明智的。只能是"取其精华，去其糟粕"，就是鲁迅先生的"拿来主义"，好像给小孩子洗澡，洗完澡后，水脏了，孩子干净了。于是应当把脏水倒掉，把洗干净的孩子留下来。这里讲的"批判"是基于建设的批判，不是毁灭式的批判。不仅要善于批判，还要有能力建设、善于建设。

第二，创造性改造。需要取"与时偕行"的立场和态度，实现"古为今用"。对于传统思想不宜一味拘泥于其原初意义（包含着时代背景和对话情景），而是要提升出其一般意义和普遍意义。有的需要从内容上加以改造，但保留其形式。有的需要从形式上改造而保留其内容。

第三，创新性发展。任何文化与思想都要随着社会变化而更化创新，要根据时代的需要，进行修正、补充、完善和发展。科学研究、理论与思想的创新要讲实证精神、怀疑精神、民主精神，要有逻辑思维。另外，特别强调几点，其一，学术研究要有学术话语，还要有相对独立性，不宜简单地照搬文件、讲话。其二，要警惕以"引经据典"替代逻辑论证的做法，要有逻辑、有分析、有论证。其三，研究中国传统文化要讲中国立场，同时也要关注西方话语。对西方思潮的研究不可走极端，既不宜趋之若鹜，也不必视西方文化为洪水猛兽。其四，人文社会科学的研究者要有大情怀，要有点"乌托邦"精神。

第四，普适性建构。研究中国哲学不能只讲民族性，不能只讲传统（传统是有可能改变的），不能只讲特色（特色不一定都是优秀的），要有大格局、大视野，要兼济世界性，要照顾普适性。我们不能满足于只是自说自话，要为世界文化、人类思想提供新思想、新理念。我们不仅要成为器物制造业的强国，还要成为思想创造的强国。我们反对（不是全盘否定）西方所谓的"普世价值"，但我们要为社会贡献中华文化的"普适价值"。在文化方面我们对世界的贡献还很不够，还缺少原创性的、有影响力的思想。

二、中国哲学的逻辑构型与思维范式

西方哲学以泰勒斯提出水是万物的本原这一思想为开端，历经演变到巴门尼德提出"存在"，致力于寻找现象世界背后的逻各斯（logos）、事物的本质，从此成为西方哲学的第一问题。围绕"存在"是什么，如何认识"存在"，进而展开对于人——这一存在的理解与把握，包括人的本质、人的本性是理性还是感性抑或是非理性，构成了西方哲学的基本线索。中国哲学的开端同样离不开对于万物起源的思考，只是当确立了万物之本体——道——之后，并没有过多地纠结于"道"是什么，而是一个重要的转身（转向），关注道对于万物的功能——生成万物。于是重点就成了如何生成，生成后如何存续以及如何更好地存在与发展。

（一）中国哲学的逻辑构型——道成万物

首先，中国哲学同样是从探寻万物的起源开始其哲学思考的。

"遂古之初，谁传道之？上下未形，何由考之？"① 老子认为这个本原是"道"，什么是道？"道可道，非常道；名可名，非常名。无名，天地之始；有名，万物之母。"②《尚书·洪范》提出五行说："一曰水，二曰火，三曰木，四曰金，五曰土。"《周易·彖传》讲："大哉'乾元'！万物资始。大哉'坤元'，万物资生。"《周易·系辞传》讲："《易》有太极。"《尸子》认为："天地四方曰宇，往古来今曰宙。"这些观点大都遵循了这样的思路：万物的生成源于一个或几个本体，或曰"道"或曰"太极"或曰"五行"或曰乾坤。

但与西方哲学提出了万物本原之概念后，必须回答它是什么不同。对于这个生成万物的"道"或"太极"或"五行"的内涵是什么，不再进行深入的解读。"道可道，非常道；名可名，非常名。"这是因为中国哲学特有的体悟式的叙述方式，以及"得意忘言"的会意旨趣使得对万物本原的本质性的探索具有相当的模糊性。正如冯友兰先生所言："道不可道，只能暗示。语言的作用不在于它的固定含义，而在于它的暗示，引发人去领悟道。"③ 万物的生成和存在确有个最为基本的东西，这个东西就是"道"。"道"生成万物，是万物之母。这个"道"是什么，难以描述，难以精确。不说比说好，不说比说不清楚还要说更为妥当。在这一点上中国哲学的认知需要与西方哲学表现出明显的不同。如《吕氏春秋·大乐》中也讲："道也者，至精也。不可为形，不可为名，强为之名，谓之太一。"就是说，道（太一）这个东西至为精妙、微妙、玄妙。既不可以描述其形状，亦不可为之命名，如果非要这样做的话，只好勉强叫它"太一"。这不是正合了老子对道的描述吗，"玄之又玄，众妙之门。""太一"太玄

---

① 屈原. 天问

② 《道德经》第 1 章。

③ 冯友兰. 中国哲学简史［M］. 北京：新世界出版社，2004：10.

妙，是无法用语言描述、用言语说清楚的。这种说法就好像人们平素里聊天时常说的"这事你懂得"，这里包含了丰富的信息：懂了吗，懂得是什么吗，都懂了吗。正所谓仁者见仁、智者见智，这个东西究竟是什么，在于你的内心感悟，还受到你的兴趣、取舍等等的影响。后来，禅宗讲"顿悟"，颇具中国传统文化的心得，得了中国传统文化的真传。

其次，在关注了万物之根本后，转而论述"道"成万物的过程，也可以说是探求"道"的功能、功用。

在《道德经》里可以看到，"道生一，一生二，二生三，三生万物。"在《系辞传》里可以看到，"《易》有太极，是生两仪，两仪生四象，四象生八卦。"在《尚书·洪范》里，"水曰润下，火曰炎上，木曰曲直，金曰从革，土曰稼穑。润下作咸，炎上作苦，曲直作酸，从革作辛，稼穑作甘。"五种元素相互配合，相生相克，生成百物。正所谓"和实生物，同则不继"。[1] 宇宙以或"道"或"太极"或"五行"为基本元素，按照一定的形式和结构生成或组成万物。这有点类似于现代科学的认识，单个原子本身没有功能，按照一定方式聚集或者说是按照一定方式与结构排列组合形成物质世界。纳米作为一个尺度，则是物质世界产生功能的起点，是生命世界从无生命到有生命的转折点。

郭店竹简中有一篇《太一生水》提出："太一生水，水反辅太一，是以成天。天反辅太一，是以成地。天地复相辅也，是以成神明。神明复相辅也，是以成阴阳。阴阳复相辅也，是以成四时。"就是说，宇宙的本原或者始祖是"太一"，太一生成水。水生成后，又返辅太一，从而生成天。天生成后，又返辅太一，从而生成地。"辅"当是辅助之意。这里最为关键的是，万物的生成不再是单向度的，不仅是由一个本原性的东西生成他物，而是"天地复相辅"，这是相互生成的关系，是表现为互动关系的宇宙生成论思想。宇宙的原生物与派生物之间不是简单的"谁产生了谁""谁决定谁"，而是相互作用、相互生成、相互依存的关系。"太一"是什么？是最高意义的"一"，是一切事物的开始，是最伟大的、最原初的"一"，也就是"道"。

另外，万物不是由"水"生成的，"水"是"太一"生成的，这与古代东西方众多哲学思想是有不同之处的。泰勒斯说：水是万物的本原。古代印度哲学讲：水火风地，"四大"元素。《管子》中讲："水者，何也？万物之本原也。"而《太一生水》讲，"太一生水"。这个"水"不是古代众多哲学

---

① 《国语·郑语》。

本体论思想中的先在物，而是被生成的。《太一生水》接着又讲，"是故太一藏于水，行于时。周而又始，以己为万物母；一缺一盈，以己为万物经。"太一生成水以后，又"藏"于水，这个"藏"是什么含义？是今天理解的一般寓于个别之中，共性寓于个性之中。还是本质与现象的关系或者本体与表象的关系？两种解读应当都可以成立。"太一藏于水，行于时"是指动与静的关系吗？如果是这样，那么"太一"藏于水为其静态，行于时是"太一"的动态。在动静的转换之中"太一"不断变化，成为万物之母。正如《吕氏春秋·大乐》所讲："太一出两仪，两仪出阴阳。"太一产生天地两仪，两仪生成阴阳。又讲"万物所出，造于太一，化于阴阳。"那么，什么是"以己为万物经"？经者，常也，即根本、恒常。"太一"在缺与盈、舍与得、显与隐、动与静之间成为万物的根本。如老子言："大成若缺，其用不弊，大盈若冲，其用不穷。"① 最完满的东西好像有残缺一样，但其功用永远不会困顿、衰竭；最充盈的东西好像是空虚的一样，但其功用永远不会穷尽、不足。只有这样"清静为天下正"，顺其自然、清静无为方能成为天下的统领、天下万物的根本。万物的本原为"一"，"一"或者表述为"道"，或者表述为"太极"，由此出发生成万物。

因此，如果说"古希腊的哲学家从'有'（存在）开始他们的哲学思考，中国哲学家则是从'生'（形成）开始自己的哲学思考"。② 西方哲学对于世界本原的思考从泰勒斯到巴门尼德有个从生成论到本体论的转换，最终执着于"存在"是什么。中国哲学则始终考虑"道"成万物后，如何存在、如何生发、如何延续。

第三，"道"或"太极"的存在，对于自身的初始状态来说是"一"，其呈现或者说展开的实际状态则为"两"，即"阴阳"。这是要回答万物生成之后如何存在、延续和发展。

为什么呈现出来是"两"，《系辞传》中有讲：天地之大德曰生。"生"就是孕育万物。如何生？一定是"和实生物"，一定是两个不同性质的元素相互交融、交合的结果："天地氤氲，万物化醇；男女构精，万物化生。"生命一定是两个不同性的东西相互交合产生的，《周易》正是以男女两性的交合、生命的孕育来比附、推导宇宙万物的化生。阴阳是宇宙中的两种基本元素，它们是衍生

---

① 《道德经》第45章。
② 宋志明，向世陵，姜日天. 中国古代哲学研究 [M]. 北京：中国人民大学出版社，1998：2.

万物的根本。阴阳交感、交合才能形成万物，才能实现生生不息。《系辞传》中讲得很清楚："乾，阳物也；坤，阴物也。"阳物，雄性生殖器也；阴物，雌性生殖器也。"夫乾，其静也专，其动也直，是以大生焉。夫坤，其静也翕，其动也辟，是以广生也。"这里讲的就是男女生殖器官及其变化，男女交媾的情形，以及两性交合后的结果——生命的孕育。阴阳观念的产生原本就是"近取诸身，远取诸物"的结果，"于是始作八卦，以通神明之德，以类万物之情"。① 《列子·天瑞》中说："玄牝之门，是谓天地之根。"这里就是说玄妙的阴阳（生命）出生之门，是天地的根本、根源。

正是阴与阳——生命内在、自然的相互吸引，两性的自然结合才能形成新事物，才能完成新生命的产生，而且这是一个不断循环往复的过程，从而生命能够繁衍生息。一个人什么也不是，两个异性组成婚姻，形成家庭，孕育后代，传承血脉。注意，自然中实存的事物一定是"两"而不是"一"。任何具体的事物都是相对而存在的——"万物莫不有对"，都有相互对应的两面。一物的存在包含阴阳两个不同方面的因素，缺少了任何一个方面事物都无法存续。老子说："天下皆知美之为美，斯恶矣；皆知善之为善，斯不善矣。有无相生，难易相成，长短相形，高下相盈，音声相和，前后相随，恒也。"②

立场决定方法，中国哲学从而形成以阴阳为基本范畴的辩证思维。

（二）中国哲学的思维范式——阴阳

西方哲学的思维模式："是 A 就不是非 A，是非 A 就不是 A。"即是这个就不能是那个，是那个就不能是这个。印度哲学的思维模式："在印度，说 A 也不对，说非 A 也不对，把 A 否定了，非 A 也否定了。"③ 与西方哲学不同追寻"一"及其本质不同，中国传统哲学思考万物本原时不是简单地寻求万物统一的"一"，"一"是混沌状态下的存在，而是更为关注实存状态下的万物的构成与存在样态。每个具体事物的存在要素不是单一的，是多样的，其基本构成与存在状态是"两"。如，一个人要有血有肉，一座山要有脊有谷，一池水要有浅有深。万物的本原是"一"，"一"在混沌之初无形无象，实存状态时则由一生二，阴阳为其最基本的构成要素。在这里，其一，实存的万物不是"一"，是"两"——阴阳。其二，万物总是依据一定的类别和体系相对而存

---

① 《周易·系辞传下》
② 《道德经》第 2 章。
③ 谢龙. 中西哲学与文化比较新论——北京大学名教授演讲录［M］//张岱年. 中西哲学比较的几个问题. 北京：人民出版社，1995：6.

在的，一方以另一方的存在为前提。其三，阴阳不仅是万物存在的状态，是万物内在构成的两大要素，同时也是要素的属性。就是说，实存的事物不是"一"，而是"两"；任何事物都包含着阴阳两个方面；阴阳还构成了事物的诸要素的属性。

阴阳一词最早出自《诗经·大雅·公刘》："既溥既长，既景逎（乃）冈，相其阴阳，观其流泉。"这首诗描述的是周人的祖先公刘率领部众迁徙时，考察周边地形的情形。"溥"指的是宽度，即东西的广度。"长"是指南北的纵深。"景"同"影"，就是日影。"冈"即指山冈。公刘在确定迁徙之地时，首先观测地域的范围，然后根据日影观测地势，走上山冈辩明山南——阳，山北——阴，再观察河水的走向。对于远古时期的先人来说，居住地区的地理环境、自然状况的优劣是具有举足轻重的意义。"仰以观于天文，俯以察于地理"，① 明察自然之阴阳，为部众寻找、确定一方宜居、宜耕之地，有一般人没有的本事是领导者必备的素质。认识自然和社会从来都是要为人类自己服务的。中华文明是以农耕定居为基本的生产、生活方式，不了解天文地理，不懂得天时地利，无法掌握农时，不能适时组织生产，如何能够在自然中生存。从自然环境的阴阳，到生命世界的阴阳，到社会人事中的阴阳，到世间万物的阴阳，再到数字、符号的阴阳，经过层层抽象与转换，"阴阳"最终从具象到被抽象为中国传统哲学的基本范畴。

首先，"道"，作为万物的本原，它究竟是什么？"一阴一阳之谓道。"② 道作为世间万物之本，其自身就蕴涵着阴阳。"道"即"太极"，"是故《易》有太极，是生两仪，两仪生四象，四象生八卦。""太极"是什么？就是"一"，亦称为大极。许慎《说文解字注·一》第一字就是"一"，"一，唯初大极，道立于一，造分天地，化成万物。"天地未分之际为"太极"，太极生出"两仪"即阴、阳，"两仪"分出太阴、太阳、少阴、少阳即"四象"，"四象"分出"八卦"：乾，坤，震，巽，坎，离，艮，兑。阴阳相兑，刚柔相济，八卦相重，成六十四卦，演出世间万象，"以通神明之德，以类万物之情。"③ 使得人们能够认知天下万物，了解自然的德性（规律）。进而能够辩识万物，认清它们各自的本性与特征，一是要定性，二是要分门别类，三是要以人的需要为评价好坏优劣的尺度，正所谓"方以类聚，物以群分。"④

---

① 《周易·系辞传上》
② 《周易·系辞传上》
③ 《周易·系辞传下》
④ 《周易·系辞传上》

其次，阴与阳是两个，不是一个，更为确切地说是一中生二、一中有二。是一体中的二，又是由"二"成的一体，正如《左传·昭公三十二年》中所讲："物生有两"。讲阴阳的《周易》基本上是儒家文献，道家同样讲阴阳。《道德经》中说："道生一，一生二，二生三，三生万物，万物负阴抱阳，冲气以为和。""道"为本原，是纯粹的"一"，既是"无"亦为"有"，"无"是指混沌未开，"有"是生成、存有。正所谓"无名，天地之始；有名，万物之母。""一生二"由一产生阴阳，阴阳为二。"万物负阴抱阳，冲气以为和。"是指二生三，阴阳生成万物，任何事物都由阴阳构成，"和"为万物实存的性状。一物含有阴阳，加上本体既为三；阴阳为二，生成一物，故为三。所以称之为"阴阳三合"。① 如一所学校有教师，有学生，有教有学，方为学校；一个家庭有夫有妻，有男有女，才是一个家。所以延伸开来，在中国哲学里，不仅讲一分为二，还要讲一分为三。不仅讲二合为一，还要讲二生成三。

再次，既然阴与阳是两个，不是一个。那么，一体中的阴与阳之间是什么样的关系？其一，阴与阳相互之间在地位上是对等的，在作用上是缺一不可的。不是一方为主，一方为次。不是一方作用重要，一方作用次要。这与惯常所讲的矛盾双方一方为主要、一方为次要的模式不同。《周易·象传》讲："大哉'乾元'！万物资始，乃统天。至哉'坤元'！万物资生，乃顺承天。"乾坤皆为"元"，乾为万物之始，坤为万物之生；万物之始统天，万物之生顺天。双方并无地位高下之别，等级尊卑之分，作用大小不同。一物自身蕴含阴阳，缺一不可，故无地位上主要次要、作用上重要次要之区别。

其二，阴与阳之间是既对立又统一的关系。西式辩证法所讲的矛盾双方的对立不仅是矛盾双方相互关系层面的，还是矛盾双方的性质层面，强调性质上的不同。在相互关系方面不仅强调对立，更强调对抗。阴阳的对立强调的主要不是双方的相互关系，从阴阳的关系方面，主要讲和、同，而不是对立。阴阳的对立主要是讲双方在性质上的不同，阴就是阴，阳就是阳；阴阳双方之间不是可以随意转换的。双方从存在意义上讲又是相互对应的，阴阳是不可分割的整体，是同一事物中内含的、内在的两个方面。还表现为阴中有阳，阳中有阴。所以才讲："一阴一阳之谓道"。可以说阴阳既是事物实存的状态，又是事物内在的结构。另外，在一定条件下，有可能相互转化。即阴极为阳，阳极为阴。切记转化一定是有条件的，条件是难得且苛刻的，忽略了这一点，就会滑向诡辩论。

---

① 《楚辞·天问》

其三，阴与阳之间是相互对应的和相互依存的，而不是相互反对或相互排斥的。阴阳是两个性质不同的存在状态，但不是各自独立的，阴阳之间是相互对应而存在的。一事物既不是只是阳，也不是只是阴。既不是只可能是阳，也不是只可能是阴。阴阳两者的关系有三：一是相辅相成。一个统一体只有同时具备了阴阳两种性质，才可能存在和延续。所谓"万物莫不有对"就是这个道理。二是互补互济。一个统一体中阴阳的两个方面是相互补充、相互支持的，没有对方的存在与依托，另一方就会失去存在的可能，失去存在的理由。所谓"一张一弛，文武之道"①　即为此理。三是互动循环。阴与阳之间是循环互动的，是终始之变。这个变化是简单的周而复始，还是有内容和性质上的变化？应当是兼而有之。一方面是"天行有常"，这是循环，是恒常；另一方面是"继之者善也，成之者性也。"②　以承续阴阳之道达到善，以阴阳之道成就事物的本性。阴阳互动促成事物的成立、存续和发展。

以阴阳为辩证思维的基本元素，强调阴阳之间的相互依存、相互生成、相互促进，就不同于黑格尔的以否定（否定之否定）为基本元素的西式辩证法。否定是以克服、消灭实现发展的，阴阳是以相互支持、相互补充实现发展的。阴阳关系的理想境界是"和谐"。"阴阳和则生，阴阳离则灭，阴阳错则变，阴阳平则佳"。和谐无论是从其词源意义来看，还是从其哲学本体论上看，都是指多样性的统一和对立要素的有机结合，反映了事物内部各要素间、不同事物间共生、共存、共荣的状态。和谐是事物内部各要素之间和不同事物之间相同相成、相辅相成、相反相成、互利互补的关系。和谐既是事物存在的形式和状态，又是事物内部各要素之间与事物间相互作用的性质和方向，同样也是事物发展变化的目的。和谐如何实现？基本原则就是中庸。

（三）中国哲学的基本原则——中庸

万事万物的基本存在状态为阴阳，决定了事物总是处于不断地变化之中的。作为"六经"之首的《周易》的核心是"易"。"易"字的字源解读有三种，一是说蜥蜴，蜥蜴会变色，易也是变。二是说日月，上面是个日，下面是个月，日月轮转，昼夜交替是变；日为阳，月为阴，阴阳相交亦变。三是说倒水，把水从这个杯子中倒到另一个杯子中，这也是变。"易"的含义亦有三，一是"简易"，简易为德；二是"变易"，变易为气；三是"不易"，不变为位（位置、方位）。简易是指简单、简约、平易、容易；变易是指变化、更替、流转；不易

---

① 《礼记·杂记下》
② 《周易·系辞传上》

是指不变。这样"易"既包含变化又包含不变。易是变与不变的统一。面对阴阳相互作用带来的"易"，应当如何，中庸成为天下之大本。

什么不是中庸，《论语·阳货》里讲"乡原，德之贼也。""乡原"也作（乡愿），是指乡里之间那种没有原则、八面玲珑、处处讨好、表面上一团和气，实际上言行不一、表里不一，貌似忠厚老实有德行，实则是非不分、虚伪奸猾、欺世盗名的伪善之人。"德之贼"是指对道德的人身伤害，其害莫大焉。这句话的意思就是说，乡愿这种人，是伤害、败坏道德的人（戕害道德的身体和生命）。

那么，中庸是什么？

首先，"中"是什么？一个意蕴是"恰当"或者说"恰如其分"。《中庸》讲，"喜怒哀乐之未发，谓之中。""中"的另一个意思就是"正"。"正"就是居中，端正的意思。既不可做过也不可不及，做过了与做不到都不是"中"。《中庸》讲："中也者，天下之大本也。"天下万物存在与运行的基本形式与状态就是"中"，就是平和自然。凡事恰如其分了就是可以达到"正"了，朱熹讲："无所偏倚，故谓之中。"① 从反面讲，就是"过犹不及"。② 做人与做事时，做过头和做得不够是一样的道理。孔子曾经对自己的两个弟子进行评价，讲他们两个在贤德方面，一个做得有点过，一个做得还不够，做得过了和做得不够是一样的即"过犹不及"。

其次，"庸"是什么。庸的本义之一就是常。常的第一层意思是平常。平平淡淡、平平常常是世间万物的一般状态。常的另一层意义是不变，即我们常说的"经常"。庸的另一个含义是"用"，"庸者，用也。"③ 把两个意思联系起来，就是"常用"，即平常日用。常用可以讲就是正常态，在平常状态下如何"用"、怎么"做"。"庸"就是遵照事物的正常状态、一般条件、大多数情况下，应当怎样去做。也有讲"庸"为"平庸"的。平庸在今天来讲有贬义，然而在劝导统治者要关心民用，注重民时的先秦时期，却是统治者难得的品质和作为。一句话就是不折腾百姓。

再次，中庸是什么？孟子说"君子反经而已矣"④。在这里，"反"是指返回、回到的意思，"经"是织布时的经线，织布时有经线和纬线，其中经线是不动的。"经"就是不动或者不变，引申为标准、原则的意思，指常态、常规。这

---

① 《四书集注·中庸集注》
② 《论语·先进》
③ 《礼记·中庸注》
④ 《孟子·尽心下》

句话是说：君子的本分是让一切事物回到正道上就可以了。君子为人处事就是遵循事物本来的标准，顺应而为就可以了。《中庸》开篇就讲："喜怒哀乐之未发，谓之中；发而皆中节，谓之和。中也者，天下之大本也；和也者，天下之达道也。致中和，天地位焉，万物育焉。"

何谓中庸之道，就是不偏不倚、恰如其分、持中调和的思维方式、人生态度、处事方法和经世原则。中庸是正常态，但不是常态。作为人的道德修养的标准和为人处事的尺度，中庸并不容易做到，其实是很高的标准，因为要求恰如其分。所以中庸难为。

又次，如何践行中庸？第一个尺度是恰当、适当、合适。中庸之道是通过"执中"而达到"中和"。这里要讲两个方面，一个是"正"；一个是"义"。"正"，前面已经讲过，就是端正、居中之意。"极高明而道中庸"里的"极"本义是房屋的正梁，正梁歪了，房子还能有好吗？所以房梁一定要安放端正，堂堂正正。"义"，《中庸》里讲："义者，宜也。"义是什么？义就是适宜，做人做事都要妥当、适宜、合宜。就是要大家做能够做、可以做、应当做的事，要对自己的言行有审视、有约束。在孔子看来君子与小人划分的尺度就在这里。一个是见利思义，一个是见利忘义；一个是为达目的可以不择手段，一个是追求手段与目的的统一。因此，"义"实际上涉及的是应然性范围，即言行的合理性与正当性。

第二个尺度是权变。《孟子·尽心上》中说道"执中无权，犹执一也。"什么意思？这是说在坚持中道、中行时，如果没有灵活性，不会变通，那就并不是真正地懂得中庸之道，而是固执、死板了。什么是"权"？权在古汉语里就是秤砣，是用来称取重量的，秤杆为"衡"，秤砣为"权"，有了秤杆和秤砣就可以称重，所以叫权衡。秤砣随着秤盘里的东西的重量的变化而左右移动，来保持秤杆的平衡，这叫通权。"权"就是变，变化、变通，也称为权变。什么是权变，就是做事处世为人既要有原则性还要有灵活性，是原则性和灵活性的统一。

中庸的实现方法是什么？要基于对等。其中，第一点是正，或者是直。直是对等，注意不是同等。同等是一致、同样、相同，是半斤对八两。在人与人的关系上什么是"直"？有人曾经向孔子请教："以德报怨，何如？"子曰："何以报德？以直报怨，以德报德。"① 第二点是义，即宜。"义"是适宜、合适的意思，还是要求不要走极端。那么要怎样去做呢？孟子说："夫义，路也；礼，

---

① 《论语·宪问》

门也。惟君子能由是路，出入是门也。"① 怎么做到"义"呢？首先是循礼而为。其次是恰如其分。再次是给其应得。第三点是要有节制、有分寸。第四点是适时而为。这里的"时"做时势、时运讲。儒家讲"穷则独善其身，达则兼济天下"，② 就是在告诫君子要善于审时度势，顺势而为。第五点是两害相权取其轻。罗尔斯在《正义论》里分析法治的原则时说道："法治所要求和禁止的行为应该是人们合理地被期望去做或不做的行为。它不能提出一种不可能做到的义务。"③

最后，中庸的理想是什么？是和而不同。史伯说："和实生物，同则不继。以他平他谓之和，故能丰长而物归之；若以同裨同，尽乃弃矣。"④ 晏子说："和如羹焉。"易中天先生说："中，是反对走极端；和，是反对无差异。不片面就是'中'，不单一就是'和'。中，就是不偏不倚；和，就是多样统一。"⑤ 可以说多样性的统一、共存、融合就是和而不同。表现出来：一是君子周而不比，小人比而不周。⑥ 二是"和而不同"，而不是"同而不和"。注意"和而不同"是极高的修养，所以中庸难为。孔子就感叹："中庸之为德也，其至矣乎！民鲜久矣。"⑦ 为了践行中庸之道，孔子一生怀着"知其不可为而为之"的精神，"发愤忘食，乐以忘忧，不知老之将至"。可惜当孔子努力实践中庸时，已经不是中庸了，更加偏向于"狂者"。

总之，面对事物不断的变化，应当如何应对"易"？其一就必须关注事物变化的方向和性质，是变好、是变坏、还是循环。是前进、是退步、还是周而复始。其二就是要有"与时偕行"的精神，而不是墨守成规、一成不变。就要有革命意识或者是变革精神——"穷则变，变则通，通则久"。⑧ 其三就是面对种种变化的可能，要有忧患意识。要懂得居安思危，"作易者，其有忧患乎?"⑨ 警惕事情变坏的可能性，防止事物向坏的方面变化。其四就是要懂得物极必反，过犹不及的道理。

---

① 《孟子·万章下》

② 《孟子·尽心上》

③ 约翰·罗尔斯. 正义论 [M]. 北京：中国社会科学出版社，1988：235.

④ 《国语·郑语》

⑤ 易中天. 中国智慧 [M]. 上海：上海文艺出版社，2011：60.

⑥ 《论语·为政》

⑦ 《论语·雍也》

⑧ 《周易·系辞传下》

⑨ 《周易·系辞传下》

三、中国哲学的内容展开

以阴阳为基本构型去观照世界，中国哲学形成了对于"关系"的高度重视，一方面是人与人的关系，一方面是君（官）与民的关系。并且由于事物始终处于不断地变化之中，为了处理好这些关系，如何防止事物变化中坏的可能，促进事物向好的方面的转化，需要有高度自觉，需要有自强不息的意志品质，需要有追求生命不朽的信仰支持。

（一）仁者爱人——为人之道

先秦时期把人与人的关系称之为"人伦"，人伦有五，父母、君臣、夫妇、兄弟、朋友。其核心就是"仁者，爱人"。

那么，首先，仁是什么？对于这个问题，古人的回答仍然是例证式、感悟式的。当孔子的弟子问及什么是"仁"时，孔子的回答是：爱人。那么，什么是爱？要爱什么？能爱什么？其实都是需要深究的，但古人均不再回答。在孔子那里，"仁"成为所有道德准则的基础和核心。从哲学层面上讲，"仁"为本体，是内在的；"礼"是仁的外化，是仁的实践，两者的结合就是"文质彬彬"。孟子继承并发挥孔子关于"仁"的思想，他讲"仁者，爱人。"① 其核心是行仁政，"仁者无敌"。

其次，仁是如何产生的？"人伦肇端于夫妇"，"仁"的最初意思是指血缘亲族之间的感情以及由此延伸出的宗族内部的亲情。从生命传承的角度讲，"爱幼"是生物本能，孝悌才是人文，是文明进步的产物。所以《论语·学而》中才讲：孝弟也者，其为仁之本与。

再次，怎样行仁？一是克己复礼为"仁"。"仁"就是节制自己的欲望，用礼法规范自己。因为在这个世界上，能够遵循自身的欲望无所不为这是所有人都能做到的事情，遵从责任、道义、信仰能有所不为那才是真正的君子。二是从我做起。行仁的要义在于"从我做起"，从自己做起，立足于"反求诸己"。三是从小事做起。老子说过："天下难事必做于易，天下大事必做于细。"② 在行仁的问题上还须执着坚定，绝不能畏缩妥协退让。作为"志士仁人，无求生以害仁，有杀身以成仁"。③

又次，仁爱之社会实施。一是推己及人。从爱护自己的本性出发，先是关

① 《孟子·离娄下》
② 《道德经》第 63、64 章。
③ 《论语·卫灵公》

爱亲人，再是关爱他人，"故人不独亲其亲，不独子其子"①。还应当"老吾老，以及人之老；幼吾幼，以及人之幼"②。统治者同样应当有仁爱之心，有爱民之心，努力推行仁政。二是同心圆放大效应。董仲舒讲"推恩者，远之而大"③。有一个基本点，然后一层层一圈圈放大、扩散出去，推而远之，由小到大，由点到面，将仁爱之心、仁爱之为推广出去惠及民众、惠及四方，由孝亲到关爱他人再到爱社稷、爱天下。

最后，仁爱的衡量标准。古人践行仁爱的衡量标准、尺度有二：一是己所不欲，勿施于人；④ 二是己欲立而立人，己欲达人而达人。⑤ 前者"恕"，后者是"忠"。前者是说"不要做什么"，后者是说"要去做什么"；前者是消极原则，是底线；后者是积极原则，是理想。先说己所不欲，勿施于人。它要求的是待人如待己：

自己不想做的，就不要要求别人做；

自己做不到的，就不要要求别人做到；

自己不想对别人做的，也不要要求别人对自己做；

自己不想别人对自己做的，自己也不要对别人做。

一句话就是"将心比心"，不要伤害他人。要管住自己，这是一条底线。正如孔子所讲："我不欲人之加诸我也，吾亦欲无加诸人。"⑥"己所不欲，勿施于人"可以说是社会正常运行的底线，体现着人道、平等、公正的基本要求，东西方的伦理思想和宗教思想都从不同角度涉及了这一点。每个人都必须得到人道的待遇，每个人都不应当为了自己的利益去损害他人的利益。被孟子极力批驳的杨朱说道："古之损人一毫利与天下不与也，悉天下奉一身不取也。人人不损一毫，人人不利天下，天下治矣。"⑦ 从底线原则上讲，正是"己所不欲，勿施于人"。杨朱的话其实很实在，是现实的、真实的。不吹牛、不说大话是很难得的品质。

再说，己欲立而立人，己欲达人而达人。孔子希望君子有为，要以天下为己任。不仅要独善其身，亦当兼济天下，正所谓"士不可不弘毅，任重而道

---

① 《礼记·礼运》

② 《孟子·梁惠王上》

③ 《春秋繁露·竹林》

④ 《论语·卫灵公》

⑤ 《论语·雍也》

⑥ 《论语·公冶长》

⑦ 《列子·杨朱》

远",这是行仁、弘道的必然要求。这是对社会中的优秀分子即君子讲的,不是对所有人的要求。而且这是个高标准,具有理想主义色彩。

仁爱同样难为。再强调一下,社会价值标准往往是追求目标而不是现实事实。仁,爱人,仁政都不是社会的主流,在很多时候也不是常态。因为没有,所以倡导。因为缺失,所以希望。因为希望,所以追求。能"博施于民而能济众"的,即使是尧舜都几乎是做不到的,这样的人已经是圣人了。要知道人间其实并没有什么圣人。所以,如果做不到,请不要伤害——己所不欲,勿施于人。

(二)民为邦本——为政之道

如何执政?古人主张行德政,德政的道义支持是"仁"。

首先,要回应政权合法性的来源——民惟邦本,本固邦宁。商纣王坚信"我生不有命在天"① 而恣意妄为,周王朝在论证政权合法性时不再简单将政权的合法性归结于上天,在反思商朝灭亡的历史教训时提出"皇天无亲,惟德是辅;民心无常,惟惠之怀"② 的重要认识。这一是出于巩固政权、延续周朝统治的需要,更是为周王朝推翻殷商提供合法性辩护。否则,若天意不可变,即使桀、纣无论怎样荒淫残暴也只能听之任之,不能反抗更不能推翻。同时也体现出西周时期人们对上天与人事之间关系的认识发生了改变。认为天人相关,天性与人意相通。"天视自我民视,天听自我民听。天矜于民,民之所欲,天必从之。"③ 政权的合法性不是来自"神意"而是来自"德政",以德治国,这是与天意相通、相一致的。暴政、苛政则违背了天意,也悖逆了民心。在民与国的关系上。《尚书·五子之歌》指出,民惟邦本,本固邦宁。

其次,在执政原则上——为政以德,仁政爱民。

一是苛政猛于虎。民心不可违,为政者当如何呢?孔子鲜明地提出了自己的政治主张:以德为政,德之核心在于仁。《尚书·无逸》指出为政者须关注民众的诉求,要"知稼穑之艰难","知小人之依"。二是明德慎刑。《大禹谟》指出要做到"德惟善政,政在养民。"要"正德、利用、厚生、惟和。"三是仁政爱民——有恒产者有恒心。管仲在《牧民》里提出:"仓廪实则知礼节,衣食足则知荣辱。"儒家主张要让民众能够丰衣足食,孟子提出,"民之为道也,有恒产者有恒心,无恒产者无恒心。"在这里孟子阐述了财产、收入与遵守道德、法

---

① 《尚书·西伯戡黎》
② 《尚书·蔡仲之命》
③ 《尚书·泰誓》

律的关系，财产、收入与国家安定的关系，特别强调了对民众生活的保障与满足是国泰民安的重要前提，这可以称之为中国历史上第一次为民众的私有财产确立合法地位和明确其社会价值的清醒认识。墨子在《兼爱》中提出："当兼相爱，交相利。"管子提出"俭则伤事"的思想，应通过"侈靡"消费刺激生产，提供就业，发展本业（指农业）。四是倾听民意——人无于水监，当于民监。在炎黄时期，民众监督就已是远古民主政治的重要组成部分，由此，注重民意、认真听取民众心声是中国远古政治的重要内容之一。君主只有从谏如流才能圣明，"惟木从绳则正，后从谏则圣。"① 殷鉴不远，在夏后之世。《尚书·酒诰》中周公在总结商亡的教训对康叔进行教育时就谈到，"人无于水监，当于民监"。要广开言路，须知"防民之口，甚于防川"。要善于纳谏，从善如流，改过迁善。

再次，治吏不治民——选贤任能，治吏从严。

一是官员选拔——选贤与能。《礼记·礼运》在描述大同世界时指出对于官员包括君主应"选贤与能"。贤的要义在于"公正"，"政者，正也。"② 为政，就是公正，就应公正。"子帅以正，孰敢不正？"贤的另一要义在于德才兼备。司马光说：才者，德之资也；德者，才之帅也。是故才德全尽谓之"圣人"，才德兼亡谓之"愚人"；德胜才谓之"君子"，才胜德谓之"小人"。③ 二是责任担当——治吏不治民。《韩非子·外储说右下》指出："吏者，民之本、纲者也，故圣人治吏不治民。"三是勤俭节制——无淫于观逸游田。《尚书·无逸》中周公就告诫成王，为政者应当，"无淫于观、于逸、于游、于田。"

仁政难为。与现代民主政治建设要求差异最大的是仁政爱民所依靠的并不是有效的制度建设，而是托付于执政者的道德自觉与内心良知。由于制度建设的缺失和道德力量的软弱，使得这一传统更多的只是在道义和思想的层面存在。仁政是面子，维护皇权统治是里子。难以实现的仁政理想最终也必然会沦为暴政的遮羞布。孔子实际上是意识到了这一点的：子贡曰："如有博施于民而能济众，何如？可谓仁乎？"子曰："何事于仁，必也圣乎！尧、舜其犹病诸！"④ 由于中国古代的民本思想所着眼的是群体不是个体，对于个体的认识是从人际整体中把握个体的责任与担当，而不是人的主体性地位，无法形成个体自觉、个体权利意识。从先秦的民本思想中不太可能也并没有衍生出近现代民主政治思

---

① 《尚书·说命上》
② 《论语·颜渊》
③ 《资治通鉴·周纪一》
④ 《论语·雍也》

想和制度以及国家观念、民族观念，包括人权观念。随着君主专制走向极致，孔子讲的"君民对等"，孟子强调的"民贵君轻"到了理学家那里几乎只剩下了君权至上、尊君尽忠的内容了。以韩非的"法"亦不可能生出现代法治来，其中君主专制独裁的法与现代的民主法治实在是风马牛不相及。

长达几千年的中央集权的君主专制社会对于中国社会的影响是潜在且深远的，不可不轻忽其消极一面。一是圣君只存在于古老的传说之中，明君凤毛麟角、屈指可数，庸君、昏君比比皆是、层出不穷，暴君如雨后春笋。以德治国只是理想，而不是现实。"如果对政治上握有最高权力者，只寄希望在道德上能自我抑制，那是对权力与人性都缺乏深刻认识的天真想法。"① 二是相信道德自律可以实现人性良善，无私与奉献是推动进步、解决问题的决定性动力，同样是极为天真和极不负责的想法。人性良善的实现不是简单地依靠主体性的自觉，而是什么样的社会制度设计与安排能够保证人性向善良的方向发展。社会进步的基础与根本在于社会的制度安排能够合理、公平地给每个人以其所应得。三是要保持对于官本位意识、等级意识的足够警惕。传统文化并没有孕育出具有现代内涵与意义的自由、民主、平等意识，缺乏个体性的自由意志或许是阻碍个体成长和社会进步的潜在危险，这是需要有清醒、谦逊的头脑才能意识到的。中科院院士所痛心的"为了些许科研项目和经费，几个院士围着一个处长赔笑脸"是面对权力的现代写真版，这种现象不是个别。

（三）自强不息——处世之道的意志坚守

如何在风谲云诡的现实生活中遵循中庸之道，坚守仁者爱人，实践以民为本，践行这些价值理念不仅需要完善的制度设计和制度建设，同样需要强力的精神支持。原因在于世间万事万物总是处于变化之中——易。"日新之谓盛德，生生之谓易"②。那么在不断变幻的天地之中，人应当如何？

"天行健，君子以自强不息。地势坤，君子以厚德载物。"③ "天行健"强调的是永不停息的变化，可以是好的变化亦可以是坏的变化，此为自然之道。君子一方面要遵循自然之道，直面变化；另一方面则要奋发有为，通过自身的努力让自然、人世、人事向好的方向进化、发展。"天地之大德曰生，圣人之大宝曰位。"④ 这是"天将降大任于斯人也"，所以"士不可以不弘毅，任重而道

① 韦政通. 中国思想史（下）[M]. 长春：吉林出版集团有限公司，2009：924.
② 《周易·系辞传上》
③ 《周易·大象传》
④ 《周易·系辞传下》

远"①。"地势坤"强调的是大地能够孕育生命、承载万物，海纳百川，对待万物不偏不倚，一视同仁。君子一方面要有宽厚、仁义的品格，海纳百川的气度，另一方面还应当扬善抑恶，弘扬正气、摒除邪恶。人来到这个世界能够做什么，不应当做什么，最为合理的、适宜的就理当是自强不息、厚德载物。

自强不息首先要有忧患意识。

孟子讲"生于忧患死于安乐"，这是先秦文化和诸子思想中非常深刻的自觉。《周易》里面对变动不居的世事人情，表现出了本原性的忧患意识。《周易·系辞传下》中讲道："作《易》者，其有忧患乎？"《易经》之所以有如此强烈的忧患，一是在于看到了变化是世间万物万事的常态，"《易》著天地阴阳四时五行，故长于变。"② 二是事物的变化会有反复。"无平不陂，无往不复。"③ 三是"物极必反"。"亢龙有悔，穷之灾也。"④ 世间万物变动不已，这是事物存在的常态。因此一定要清醒地意识到变化是必然。要随时注意到变化的趋向、变化的方向和结果；要知道事物的变化是有反复的，须时刻警惕；要知道对于变化不可任其随意发展，要防止物极必反。对于变化要高度警惕，所以才讲"生于忧患，死于安乐"。儒家有这样的自觉，道家对此亦同样有深刻的认识，老子讲："祸兮，福之所倚；福兮，祸之所伏"，⑤ 也是这样的思考。要居安思危，防患于未然。《左传·襄公十一年》里讲："居安思危。思则有备，有备无患。"

从忧己到忧国，从忧国到忧民，从忧民到忧天下，忧患意识成为了先秦君子的自觉意识，这里浸润的是强烈的社会责任感和担当意识，是深刻的历史感，是对潜在的危机的预防和洞见。这种积极担当的自觉到范仲淹那里成为君子、士大夫的立身之基："先天下之忧而忧，后天下之乐而乐。"⑥

自强不息要践行内圣外王。

与众多宗教倡导的出世功夫不同，中华文化力倡的忧国忧民的担当和经世致用的价值取向彰显出中华文化坚定平实的入世精神。中国人不仅要将人生修养的功夫做在当下，做在自我，还要把人生的价值与意义着落在现实之中，由内及外，由小到大，所谓"格物，致知，诚意，正心，修身，齐家，治国，平

---

① 《论语·泰伯》
② 《史记·太史公自序》
③ 《周易·易传·泰卦》
④ 《周易·文言传》
⑤ 《老子》第 58 章。
⑥ 《岳阳楼记》

天下"的君子修养八条目正是如此。简言之就是自强不息、厚德载物是为了内圣与外王，内圣就是要修身，培育自己良好的德性与品格；外王就是责任担当与积极实践，为他人、为社会、为国家实实在在地做事情。

一是内圣修养，修己以敬。古人极为重视个人的道德修为，修养的至高境界是圣人，理想层面是君子，现实层面是"狂者""狷者"。修养的目标是什么？孔子讲"仁"，并以智、勇为器用支撑。孟子讲"富贵不能淫，贫贱不能移，威武不能屈"的"大丈夫"。老子讲无为而治，大智若愚。庄子讲"与天地精神同游"的洒脱率性的"真人"。墨家讲能够"爱利万民""爱利天下"的"兼士"，法家讲"能法之士"。整合起来就是品行高尚、行为务实、精神自由、人格强大，既有穷则独善其身、达则兼济天下的务实精神；又有"独与天地精神往来，而不敖倪于万物"的人格境界。

二是外王实践，修己安人（民）。如果说格物，致知，诚意，正心是内圣；修身是基点；齐家，治国，平天下就是外王，这是中国文化传统中的实践理性得以发扬、光大的路径。所有的修养功夫都不仅仅是内在的，而是要为他人、为社会、为国家做些什么。中国人的修为是入世的，而不是出世的。

外王的路线。先是齐家；第二步是治国，天下兴亡，匹夫有责。第三步是平天下。君子当以天下为己任，安定天下，协和万邦，宾服四夷。外王的目标，孟子希望建立"王道"社会，孔子的理想是"大同世界"。大同世界是和而不同，求同存异，是共存共荣。人与人的关系是"四海之内皆兄弟"①，国与国的关系是"协和万邦"②。

那么，坚持入世精神和实践理性的先辈，执着于现实的凶险莫测中实现自我。在残酷的社会里，战战兢兢、如临深渊、如履薄冰地追求理想，他们如此而为的支持是什么？

（四）立德立功立言——生命不朽的信仰支持

面对死亡和生命之短暂，西方创设了原罪救赎说、天堂地狱说、世界末日说、最后审判说，三大宗教热衷于地狱、火狱、天堂，痴迷于寂灭、超脱、轮回。他们把人类的理想、寄托与终极关怀放在了理性无法把握，现实并不存在的境况之中。这是一条空间意义上的路向，只是这个空间并不是实存的空间，人们却对其顶礼膜拜，既恐惧又向往，痴迷惶恐而不能自拔。中国人在实用理性主导的入世精神下对于生命价值的追求是"不朽"而不是"不死"。"不死"

---

① 《论语·颜渊》
② 《尚书·尧典》

是物理意义上的，"不朽"是精神意义或价值意义上的，这是两个不同的路向。中国人是在天、地、人三者的关系中以阴阳互补、相反相成的态度关照这个世界。"有天道焉，有人道焉，有地道焉。兼三才而两之。"① 中国人将自己的生命功课托付给了现实，在天（地）人合一中完成并实现自己的存在与意义。正如李泽厚先生所说，先秦各家为寻求当时社会大变动的前景出路时，将理性从商周的巫史文化中解放出来，"没有走向闲暇从容的抽象思辨之路（如希腊），也没有沉入厌弃人世的追求解脱之途（如印度），而是执着人间世间的实用探求。"②

立德、立功、立言——实现不朽

没有了来世寄托，没有了神秘上天，摆脱了宗教迷狂，中国人的理想、信仰和心灵安放在哪里呢？如何才能"死而不朽"，实现永恒？《左传·襄公二十四年》记载："豹闻之，'太上有立德，其次有立功，其次有立言'，虽久不废，此之谓三不朽。"范宣子自以为家族血脉的世代传承为"死而不朽"，叔孙豹认为："此之谓世禄，非不朽也。"真正的不朽是在于德、行、言。最高境界是立言——留言万世，启迪心智，引领历史；其次是立功——泽被当代，福荫后人，世代留名；再次是立德——反求诸己，身修楷模，众人仰慕。这是在历史的长河中实现不朽。

为什么要在这里着落人生的不朽呢？就因为当中国的先贤们将天（地）人合为一体之后，天命与民心一脉相承，自然而然当顺天应人，"天地交而万物通也，上下交而其志同也"。③ 应当在当下、在现实中、在历史进程中下功夫、做功课，承担责任，安放灵魂，升华人生，而不是把生命的永恒与不朽置于天堂之上、涅槃之中。在这里，人生的理想、担当与社会理想契合在一起，一方面是个体生命的不朽，一方面是大同社会理想的追求，在两者的相互作用与结合中，发展与实现个体目标与社会目标。

信仰构筑需要的努力。

儒家极为重视人的后天的自觉学习与成长，这是一个痛并快乐着的过程，是一个清晰地意识到以天下为己任的君子必须有的"生于忧患，死于安乐"的责任担当。要完成如此的责任担当就要从基础做起，从点滴做起——"天下大事必做于细，天下难事必做于易"。践行担当的程序和路径是"格物，致

---

① 《周易·系辞下》
② 李泽厚．美学三书［M］．天津：天津社会科学出版社，2003：288.
③ 《周易·象传》

知，诚意，正心，修身，齐家，治国，平天下"。要有理念——中庸之道；讲原则——己所不欲，勿施于人；懂规则——孝、悌、忠、信、礼、义、廉、耻；能自持——慎独；会方法——勿以善小而不为；敢担当——天下兴亡，匹夫有责。要完成这样的修行与磨砺，要实现这样的事业成就，就要锻炼自己的心性、意志，培养浩然之气。为了达到这样的目标，儒家甘愿舍生取义，杀身成仁；墨家不惜赴火蹈刃，死不旋踵。就连素以柔弱为本的老子同样出于对现实的痛恨而向"率兽食人"的统治者发出"民不畏死，奈何以死惧之"的警告。

中国人在自己独特的文明之旅中，走出了循天道尚人文，近人世远鬼神的道路，把人类的理想、寄托与终极关怀放在了源于现实又高于现实的世界大同、天下太平、天下为公的历史进程中，这是一条时间意义上的路向，通过坚持与努力，不断地靠近和落实。我们就把生命的不朽寄托在了充满历史感的现实、现世之中，而不是宗教迷狂之中。韦政通先生就指出中国人的三不朽："与灵魂信仰完全无关，不含有任何宗教的色彩，纯是就有功于社会国家者而言。这是人本主义的不朽论，人类如必欲满足不朽的愿望，唯此可求，亦唯此当求。"①

当然，我们也没有忘记人类对死亡的恐惧和对死亡恐惧的恐惧。老子开启的自然主义理路为中国人的灵魂安放设定了一种可能。老子认为生命即是"出生入死"。② 生死本就是生命的应有之意，顺应自然，当然要平静坦然地面对生死。万物莫不有对，没有生哪里有死，没有死哪里有生。庄子更是将死视作人出于自然又回归自然的过程，既然是自然当然坦然。人生需要的是"天地与我并生，而万物与我为一"的格局，生活需要的是"判天地之美，析万物之理，察古今之全"的气象，生命需要的是"独与天地精神往来，而不敖倪于万物"的境界。在思想与情感的国界里"汪洋恣肆以适己"，实现精神的自由与生命的洒脱。这样，儒家的人本主义和道家的自然主义为中国人的心灵安放、生命寄托提供了两个基本的支持，它们互为补充，互为借鉴，互为修正，构成了中华文化对于人生"终极关怀"的两大路向。由是，中国人的不朽不在于天堂上苍，不在于轮回转世，而在于经世致用中以天下为己任的担承，在于现实生命历程中的作为，在于"穷则独善其身，达则兼济天下"，在于"长太息以掩涕兮，哀民生之多艰"，在于"先天下之忧而忧，后天下之乐而乐"，在于"人生自古谁

---

① 韦政通. 中国思想史［M］. 长春：吉林出版集团有限公司，2009：37.

② 《道德经》第50章。

无死，留取丹心照汗青"。在历史中完成生命的价值，实现人生的不朽。注意一定是"不朽"，而不是"不死"。追求不死是将希望置于幻想的天堂，为此，只要相信有上帝、相信上帝能够拯救苦难的灵魂就可以了。追求不朽是将人生的意义置于价值的永存，这需要坦然的胸怀和豁达的心态。

不过普通民众要达到这样的自觉和格局还是十分困难的，好在中国人很实在，也不强求，反正还有一大堆世俗信仰来加持。之所以说是世俗信仰，是因为这种信仰不是追求来世、天国，而是追求现实目的和实在安慰，是无须掩饰直接功利性质的。人们敬财神，拜土地，敬关公，拜灶神，敬文曲星，拜观音菩萨，敬门神，拜城隍爷，敬包公，拜阎罗王……面相手相属相应该看看，生辰八字需要测测，命要算算，风水要看看……反正对待诸位大仙，有事没事拜拜，有用没用拜拜，拜拜比不拜好，当下没用没准下次用得上。想升官发财拜拜，想美好姻缘拜拜，想得儿子拜拜，想升学拜拜，想平安拜拜……这种灵活、"势利"的态度，让任何传教士都头疼不已。然而，中国人很豁达，神是为人服务的，多一个总比漏掉一个好，有用才是好神，没有用供奉你干嘛？

四、中国哲学的和合结构

西方哲学在合规律性中探索真——是什么，在合目的性中落实善——怎么样，在合规律性与合目的性的统一中升华美——应如何。中国哲学对于真善美是如何把握的呢？可以用"天人合一""知行合一""情景合一"来表述，这是中国人的世界观、人生境界和思维范式。

（一）天人合一

在中国哲学中，"人"的含义基本上有二种：一是现实中的实践主体或认知主体，"君子以自强不息"。二是价值目标上的理想人格，这是一个层层递进的结构：士、君子、圣人。"天"的含义至少有三种：一是主宰之天。如《大盂鼎》铭文："丕显文王，受天有大命。"① 二是自然之天。如"天何言哉！四时行焉，百物生焉"。② 三是义理之天。如《尚书·召诰》："王其德之用，祈天永命。"孔子之天有自然之天，更多的是能够惩恶扬善的"意志之天"。朱熹主张"天即理"，在他这里主要是"义理之天"。汤一介认为，"如果说，在西方，一般认为'上帝'和'自然界'为二，中国的'天'则往往是合'主宰'与'自

---

① 注：盂鼎为西周康王时礼器中的重器，因作器者为康王时大臣名盂者而得名，也称大盂鼎。清道光初年于陕西岐山县出土。腹内铭文 19 行，291 字。现藏中国国家博物馆。

② 《论语·阳货》

然（界）'为一，而更赋予'天'以'理性'。"① 如此说来，在中国哲学里，"主宰之天""自然之天""义理之天"并不是划分得泾渭分明，而是常常相互含有，是一个与"人"有着内在联系的生生不息的、有道理的，知民心、讲善恶的有机体。在中国先贤那里"天人合一"的理念与认知表现在这样的几种情形之中：

首先，天人同道。"人法地，地法天，天法道，道法自然。"②

自然规律是宇宙间万物生成、存在、运动、变化的基本法则，规律的存在首先是因为其普遍性、一般性，没有可以游离于外的特殊。人必须遵从自然规律，才能从心所欲而不逾矩。正因为如此，《孟子·尽心上》才提出："尽其心者，知其性也，知其性则知天矣。存其心，养其性，所以事天也。"就是说人首先是要尽心，然而才能知性，知人性后就可以知天意了。这里的前提就是天气与人性是同理同道的，不仅儒家这样把握人与天的关系，道家同样追求"与天地精神同游"的境界。张岂之先生认为，基于对天（地）人关系的如此的理解，才有天道自然，人道不妄为；天道变化，人道自强；天道有常，人道有本。③

其次，天人一性。其一是《周易·大象传》中所言的，"天行健，君子以自强不息；地势坤，君子以厚德载物。"天，刚健有为，人，自强不息。其二是为《周易·说卦传》指出的，"是以立天之道，曰阴与阳；立地之道，曰柔与刚；立人之道，曰仁与义。兼三才而两之。"天道为阴阳，地道为柔刚，人道为仁义。在本性上，天命与人心不是对立的、不同的，也不是各自独立自在互不关涉的，而是相通的、一致的，是一体的。君子之所以自强不息源于天性使然，君子之所以宽厚仁德源于大地本色。阴阳之道在于刚柔相济，君子之性在于仁义相合。由是，一在日常生活、社会发展、历史变革中，不能抱残守缺，不可故步自封，不宜食古不化，而应当顺天应人，与时偕行，这样才是凡益之道。正所谓"穷则变，变则通，通则久"。④ 二在"为天地立心"和"为生民立命"是一体的，不可分割的。

再次，天人合德。《周易·文言传》讲："夫'大人'者，与天地合其德，与日月合其明，与四时合其序，与鬼神合其凶吉。"在德性上，天有德、人亦有

---

① 汤一介. 汤一介哲学精华编［M］. 北京：北京联合出版公司，2015：11.
② 《道德经》第 25 章。
③ 张岂之. 中华人文精神［M］. 北京：人民出版社，2011：135-144.
④ 《周易·系辞传下》

德，天德与人德是一致不二的。孔子讲"唯天为大，唯尧则之"，① 老子讲"上善若水"都是这个意思。就是告诫君子要顺应天之德性去涵养生发自己的品性，而不是逆天而行、违背自然本性和人之常情率性而为，只有这样才能真正完成"格物、致知、诚意、正心"的修身功夫，为大丈夫建功立业奠定基础。那么天德是什么？"日新之谓盛德，生生之谓易。"② 什么是易？变化、发展；生成、化育；生长、死亡；调整，改变；改革，革命。正因为天地之大德曰生，所以要以德配天，所以不怨天，不尤人，所以要努力奋发向上，积极进取。所以"人能弘道"，实现天理，完善自己。

第四，天人共感。《周易·系辞传下》讲，"古者包牺氏之王天下也，仰则观象于天，俯则观法于地，观鸟兽之文，与地之宜，近取诸身，远取诸物，于是始作八卦，以通神明之德，以类万物之情。"包牺氏即伏羲氏，乃中华文明初祖。天从人愿，人随天意。在性情上，天易、人变，天若有情天亦老，人间正道是沧桑。只有在这样的天人格局中，才有文明、人文、文化。故"文明以止；人文也。观乎天文，以察时变；观乎人文，以化成天下"。③ 由天文而知人文，由人文而通天下，天文与人文是相互贯通、相互影响、相互感应的。这里不是讲古人具有迷信色彩的天人感应说，而是讲人与自然是相互依存、相互影响、相互关联的。民间常说"一方水土养一人"即是此理，以现代物理学的"人择原理"言，文明与文化的生成、发展离不开我们生存的土地和环境，套用一诗句：你在或不在，我都在那里。

总之，一句话——天人合一。这是中国人的世界观、中国人的宇宙观，中国人对待自然、社会、人类、自我的立场，中国人认知世界、他者和自己的视界。"天"与"人"的关系不是外在的，是内在的；不是对立的而是同一的；人需要知天、敬天、行道。"天人合一"不仅是中国人的宇宙观、世界观，从这里出发，中国人对自然、社会、人生的理解与把握，道德修为的完成、思想境界的提升直至人格的完善都须以此为据。至于认知、审美同样如此。

（二）知行合一

西方从本体论起进而导入认识论，着重讨论关于客观事物的知识是如何形成的，主观认识与客观对象之间的关系，能否获得确定性的知识，如何验证知识的确定性。中国哲学从"格物致知"开始了认识论，但是将知识与人的道德

---

① 《论语·泰伯》
② 《周易·系辞传上》
③ 《周易·彖传》

修为紧密地联系在一起，将"知"与"行"紧密地联系在一起，将"真知"与"善行"紧密地联系在一起。其中关于客观事实的认识称之为"闻见之知"，关于价值认识的来源、人的道德修为问题称之为"德性之知"。着重点在后者，注重德与行的一致性。

首先，知在于行，知是为了行。《大学》里讲："大学之道在明明德，在亲（新）民，在止于至善。"为此，需要格物、致知、诚意、正心、修身、齐家、治国、平天下。格物致知为君子修为之道，目的是要知"物有本末，事有终始"。格物就是知"本"，识"始"。之后要有所作为，要齐家、治国、平天下。诚意、正心、修身要落实于事功，不是空谈心性，要有责任担当，要身体力行。孔子就说过："吾岂匏瓜也哉？焉能系而不食？"① 所以才发愤忘食，乐以忘忧，不知老之将至；所以才穷且益坚，老当益壮；所以才明知不可为而为之。孔子周游列国，述而不作都是要去实现"治国平天下"的政治抱负的，希望自己能成为一个"老者安之，朋友信之，少者怀之"的人。

其次，从言行一致到知行合一。儒家十分注重言与行的一致性。孔子把言行不一的人称为"乡愿"，认为他们是道德的残害者——德之贼。古汉语用词十分讲究，"残、贼、盗、匪、寇"分别是不同的指称，与如今的含义有所不同。残是指伤害身体；贼是伤害性命；盗是偷窃财物；匪是指啸聚山林、犯上作乱；寇是外敌入侵、民族矛盾。比如，刘邦约法三章时讲："杀人者死，伤人及盗抵罪。"这里的"盗"就是指偷窃财物。孟子讲："贼仁者谓之贼，贼义者谓之残，残贼之人，谓之一夫。""一夫"就是独夫，这里就是说对于那些伤害"仁"的人谓之为"贼"，那些伤害"义"的人谓之为"残"，这些伤害"仁"和"义"的人即残贼之人，是人人当得而诛之的独夫（民贼）。在《论语》里有许多孔子关于"言"与"行"关系的表述，如："君子耻其言之过其行也。"（《宪问》）"君子欲讷于言而敏于行。"（《里仁》）"先行其言而后从之。"（《为政》）"听其言而观其行。"（《公冶长》）"敏于事而慎于言。"（《学而》）孔子认为言行能否一致是划分君子与小人的标准，君子一定要言行一致，且行重于言。在知行关系上，荀子作出了明确的言说："不闻不若闻之，闻之不若见之，见之不若知之，知之不若行之。学至于行之而止矣。"② 荀子认为圣人的责任就是要以"仁义"为根据，判断是非，言行一致，而且只有实践中才知道是否是真仁义。

---

① 《论语·阳货》
② 《儒效》

"知行合一"作为一个明确的命题则是由王阳明提出的。"行之明觉精察处便是知，知之真切笃实处便是行。若行而不能明觉精察，便是冥行，便是'学而不思则罔'，所以必须说个知；知而不能真切笃实，便是妄想，便是'思而不学则殆'，所以必须说个行，原来只是一个工夫。凡古人说知行，皆是就一个工夫上补偏救弊说，不似今人截然分作两件事做。某今说知行合一，虽亦是就今补偏救弊说，然知行体段亦本来如是。"① 王守仁反对程朱的知先行后说，强调知行是一体，"知是行的主意，行是知的功夫；知是行之始，行是知之成。"然而他从慎独出发，强调内心修为的善端，"一念发动处，便即是行了"，这又混淆了主观意愿与客观行为的区别。特别是道德上的"善"终是要在行为中显现的，仅仅存于内心中并无真正的现实价值。虽然内心的良善很重要，但如果只是执着于内心的善的培育，难免流于空泛，甚至是伪善。这是强调内心修养并将其与行为混为一谈时难以避免的残缺。特别是当以"高大上"的道德标准要求人人时，世人往往因不能达到却又文饰自我而去唱高调，反而导致满嘴仁义道德，满肚子男盗女娼。这种现象在明清士大夫阶层似乎十分普遍，社会因其弊而病久矣。今日社会网络上的道德君子仍然是乐此不疲，当然绝不是要求自己，而是执着地、毫不妥协地要求别人，在"网暴"他人的过程中实现自我的假惺惺的"道德高尚"。

再次，知易行难与知难行易。《尚书·说命》中讲："非知之艰，行之惟艰。"《左传·昭公十年》里说："非知之实难，将在行之。"这都是在讲知、行难易的问题，并认为知易行难。因为只有"行之"，知、不知、真知、伪知才能得到检验。这对倡导言行一致，"言必信，行必果"，反对言行不一、伪善盛行是有很大意义的。知难行易是孙中山的主张，他提出"行之非艰，知之惟艰"，这是他在救亡图存活动中的教训。革命党人为了拯救中华民族，抛弃身家性命却不被世间理解，甚至以其鲜血浸润馒头去治病，实在令人心痛不已。没有正确的理论，没有对于正确理论的正确认识，要发动一场社会变革何其难也。改革开放之初，不是也囿于观念的迂腐保守，提出解放思想，更新观念，实现人的现代化的主张吗？

中国哲学的知行观与西方的认识论在理论的内容、需要解决的问题及其旨趣方面还是有所不同的，与马克思主义哲学强调理论对于实践的指导，实践对于理论的验证方面有着某些相似的地方。当然，传统知行关系问题的解决须有辩证法的自觉与方法。

---

① 《传习录·答友人问》

（三）情景合一

关于艺术与审美，先秦时期就多有论及。《礼记》中有一篇《乐记》，认为礼与乐是相互配合、不可分割的，"乐者，天地之和也；礼者，天地之序也。"音乐体现和反映了天地万物的和谐，礼仪则反映和表现了天地自然的秩序，两者相辅相成。礼与乐，一个讲同，一个讲异，相得益彰，"乐者为同，礼者为异。同则相亲，异则相敬。"乐为同，由中出，故静。其指向无怨，相亲，和睦——仁；礼为异，由外作，故文。其指向无争，相敬，秩序——义。古人对音乐的理解是有序、适度地表达人的情感与性情，不放纵、不颓废、不癫狂、不疯魔。是有感而生，有序而发，是收放自如、恰到好处。音乐的最高境界在于"和"，"和者，天下之达道也"。① 高明的音乐是让人们在旋律中平复心情、净化自我、涤荡杂念，从而归于宁静平和。而不是无病呻吟、神经兮兮，更不是歇斯底里地发泄。音乐不仅有表达感情、心境的作用，在古人看来音乐之最重要的功能在于教化。"凡音者，生于人心也。乐者，通伦理者也。"乐之功用"可以善民心，其感人深，其移风易俗，"② 音乐可以潜移默化地教化人，陶冶人，可以修身养性、移风易俗，做到这一点就可以实现"天下皆宁。"司马迁认为："《乐》乐所以立，故长于和。"③

如《诗经》，这是中国最早的诗歌集。反映了公元前十二世纪到公元前六世纪期间以黄河流域为主的中原地区人们的社会生活。歌以咏志，文以抒怀。《毛诗序》中说："诗者，志之所之也。在心为志，发言为诗，情动于中而形于言。言之不足，故嗟叹之。嗟叹之不足，故咏歌之。咏歌之不足，不知手之舞之足之蹈之也。"《诗经》中以爱情和婚姻为主题的近百篇，开篇一首"关关雎鸠，在河之洲，窈窕淑女，君子好逑"，词句优美流畅，情感真挚淳朴，举止大方有止，激情飞扬又含蓄内敛，可以说是"发乎情，止乎礼义"的典范之作，是对情爱男女之间青春生命勃勃生机和款款深情的精湛描述，其中"窈窕淑女""君子好逑""辗转反侧"等都成为后世经典。从"所谓伊人，在水一方"到"一日不见，如三月兮"，从"宴尔新昏，如兄如弟"到"执子之手，与子偕老"，一部《诗经》尽述了从相恋、相思到相约、相守的深情与执着，是情与景的交融。在这里，我们看到了古人的情怀和追求，也是对处在青春时期的中国，充满昂扬活力与生命躁动的形象写照。

---

① 《中庸》
② 《礼记·乐记》
③ 《史记·太史公自序》

关于"情"与"景"的关系，孔子讲"仁者乐山，智者乐水"已经有触及。山水为自然之物，人之"乐"在于内心感悟、触景生情，"山水"为景，"乐"为情。人是审美的主体，是人看到"山水"后生出情愫。"子在川上曰：逝者如斯夫，不舍昼夜。"① 这是触景生情。"枯藤老树昏鸦，小桥流水人家，古道西风瘦马。夕阳西下，断肠人在天涯。"这是触景生情。"大江东去，浪淘尽，千古风流人物。"这是触景生情……中国人认为境由心生，景在情中，情在景中。王夫之在《姜斋诗话》中指出："情景名为二，而实不可离。巧者则有情中景，景中情"，其中"景以情合，情以景生"。如"昔我往矣，杨柳依依。今我来思，雨雪霏霏。以乐景写哀，以哀景写乐"。所以是"景中生景，景中生情，故曰景者情之景，情者景之情"，② "情景一合，自得妙语"。在王夫之看来，一首好诗一定是情景交融。

从审美的直观感受到审美的理念奠定是王国维。"王国维把美学的'情景合一'与中国的'境界'论联系在一起，可以说把这一美学理论提升到'天人合一'论的哲学高度"。③ 王国维认为："言气质，言神韵，不如言境界。有境界，本也。气质、神韵，末也。有境界而二者随之矣。"④ 何谓境界？王国维认为："境非独谓景物也。喜怒哀乐，亦人心中之一境界。故能写真景物、真感情者，谓之有境界。否则谓之无境界。"⑤ 境界在于感情（人）与景物的交融一体，一是景真，二是情切，如此才能传神，才称得上有境界。境界有"有我之境"与"无我之境"之别，"有我之境，以我观物，故物皆著我之色彩。无我之境，以物观物，故不知何者为我，何者为物。"⑥ "有我之境"是一种主观情感意味非常浓烈的艺术审美境界，"无我之境"是一种物我两忘的客观的审美观照的艺术审美境界。他认为，"无我之境"是艺术审美境界的极致。审美不是单纯的主体对客体的审视与情感体验，还是主体与客体的水乳交融。因此，审美有"无我之境"，有"有我之境"，似乎还应有"忘我之境"。王国维对境界的层次或格局的态度，是以"境界有大小，不以是而分优劣"。⑦ "'红杏枝头春意闹'，著一'闹'字，而境界全出。'云破月来花弄影'，著一'弄'字，而境界全出

---

① 《论语·子罕》
② 王夫之.《唐诗选评》卷四。
③ 汤一介. 汤一介哲学精华编［M］. 北京：北京联合出版公司，2015：387-388.
④ 王国维. 人间词话删稿之十三［M］. 合肥：安徽文艺出版社，2003：104.
⑤ 王国维. 人间词话之六［M］. 合肥：安徽文艺出版社，2003：7.
⑥ 王国维. 人间词话之三［M］. 合肥：安徽文艺出版社，2003：3.
⑦ 王国维. 人间词话之八［M］. 合肥：安徽文艺出版社，2003：9.

矣。"① 这里就达到了"情景合一"的境界，其中"闹"和"弄"是人心，是情，"红杏枝头"和"云破月来"是自然，是景。"春意闹"和"花弄影"是情景交融。

"'昨夜西风凋碧树。独上高楼，望尽天涯路。'此第一境也。'衣带渐宽终不悔，为伊消得人憔悴。'此第二境也。'众里寻他千百度，蓦然回首，那人却在，灯火阑珊处。'此第三境也。"② 如果说第一境是求真境界，第二境是向善境界，那么，这第三境就是审美的境界，也是人生的格局，古今之成大事业、大学问者如此，审美也是如此，人生亦如此。

庄子讲"判天地之美，析万物之理，察古今之全"，司马迁谈"究天人之际，通古今之变"，中国人对于真善美的追求不是在对立中实现的，而是在同一中达成的。中国哲学关于真善美的追求是在"天人合一""知行合一""情景合一"中完成的：在"天人合一"中，人认识人与天，实现人与天的合一，这是对于"真"的追求；在"知行合一"中，人通过把握"道"，进行身心修养，努力实践良行，这是对于"善"的追求；在"情景合一"中，人将自己的主观情感与自然之景融合起来，情在景中，景在情中，实现对于"美"的追求。看不到这一点，就无法真正把握中国人的思想、境界与情怀，就不能真正理解中国的哲学、伦理学（道德）与美学。

理解中国哲学有几点需要关注，一是中国人是在哲学中而不是在宗教中实现人生超越的，因此，中国人追求的不是"不死"，而是"不朽"，其中的思想根基是实践理性。二是中国哲学对于"易"即变化，有着高度的重视，万物万事乃至人的生命始终处于变化之中，面对变化应当如何，不宜躺平，也不应内卷，而是居安思危、防微杜渐、自强不息、厚德载物。并且这种忧患意识同样浸润着清醒的批判精神。三是海纳百川，有容乃大。在中国哲学的历史上，有数次比较大的中外文化或哲学的交流。其中印度佛教传入后完成了中国化的历程，使中华文化呈现出儒释道互补的文化结构。近代以来西方自然科学和社会科学思想的传入，推动了中国社会的转型，使得古老中国进入了世界历史发展的进程。马克思主义的传入，使得中国革命之路焕然一新，并形成了中国化的马克思主义。中华文明之所以能够生生不息，博大的胸怀和包容精神是一非常关键的要素。大家看过一老电影《少林寺》，其中讲到，酒肉穿肠过，佛祖心中

---

① 王国维．人间词话之七［M］．合肥：安徽文艺出版社，2003：8.
② 王国维．人间词话之二十六［M］．合肥：安徽文艺出版社，2003：33-34.

留。这是完成了中国化的佛教——禅宗的立场，既吸收又改造，重内容大于重形式。这是中华文化的思维特点和对待外来文化的开阔心态。中华民族的图腾——龙，同样是多种神兽的合体。《本草纲目·翼》中记载龙的特征为，"头似驼、角似鹿、眼似兔、耳似牛、项似蛇、腹似蜃，麟似鲤、爪似鹰、掌似虎，是也。"① 四是中国哲学的价值观与西方价值观有着不同的指向。西方讲"自由、平等、民主、博爱、人权"是西方社会发展的产物和需要，是西方历史与文化的积淀，中国社会的形态则更为关注"和谐""民（人）本""仁爱""对等（公平）"，这也缘于中华文明独特的发展轨迹、生态环境、社会结构和制度选择。

　　说了这么多，言不尽意，力有不逮，该收尾了。

---

①　注：《本草纲目·翼》中记载龙的特征为，"头似驼、角似鹿、眼似兔、耳似牛、项似蛇、腹似蜃，麟似鲤、爪似鹰、掌似虎，是也。"

参考文献

[1] 马克思恩格斯文集：第 2、5、9 卷 [M]．北京：人民出版社，2009．

[2] 马克思恩格斯全集：第 1 卷 [M]．北京：人民出版社，1995．

[3] 马克思恩格斯全集：第 3 卷 [M]．北京：人民出版社，2002．

[4] 马克思恩格斯全集：第 19 卷 [M]．北京：人民出版社，2006．

[5] 马克思恩格斯全集：第 25 卷 [M]．北京：人民出版社，1974．

[6] 马克思恩格斯全集：第 30 卷 [M]．北京：人民出版社，1995．

[7] 马克思恩格斯全集：第 39 卷 [M]．北京：人民出版社，1974．

[8] 马克思恩格斯全集：第 40 卷 [M]．北京：人民出版社，1982．

[9] 马克思恩格斯全集：第 46 卷 [M]．北京：人民出版社，1980．

[10] 马克思恩格斯选集：第 1-4 卷 [M]．北京：人民出版社，1995．

[11] 资本论：第 1 卷 [M]．北京：人民出版社，2004．

[12] 马克思．德意志意识形态 [M]．北京：人民出版社，2003．

[13] 马克思．1844 年经济学哲学手稿 [M]．北京：人民出版社，2000．

[14] 孙正聿．马克思主义基础理论研究（上下）[M]．北京：北京师范大学出版社，2019．

[15] 北京大学哲学系外国哲学史教研室．古希腊罗马哲学 [M]．北京：商务印书馆，2021．

[16] 邓晓芒．康德三大批判合集释义 [M]．北京：人民出版社，2009．

[17] 罗素．西方哲学史（上下）[M]．北京：商务印书馆，1963．

[18] 马丁·摩根史特恩，罗伯特·齐默尔．哲学史思路——穿越两千年的欧洲思想史 [M]．唐陈，译．北京：中国人民大学出版社，2006．

[19] 黑格尔．哲学史讲演录（第 1-4 卷）[M]．贺麟，王太庆，译．北京：商务印书馆，1978．

[20] 黑格尔．自然哲学 [M]．北京：商务印书馆，1980．

[21] 黑格尔．小逻辑 [M]．北京：商务印书馆，1980．

［22］黑格尔. 法哲学原理［M］. 北京：商务印书馆, 1961.

［23］北京大学哲学系外国哲学史教研室. 古希腊罗马哲学［M］. 北京：商务印书馆, 2021.

［24］柏拉图. 理想国［M］. 北京：商务印书馆, 1986.

［25］亚里士多德. 尼各马可伦理学［M］. 廖申白, 译. 北京：商务印书馆, 2003.

［26］亚里士多德. 范畴篇：解释篇［M］. 北京：生活·读书·新知三联书店, 1957.

［27］亚里士多德. 形而上学［M］. 北京：商务印书馆, 1959.

［28］卡尔·雅斯贝尔斯. 大哲学家（上下）［M］. 李雪涛, 译. 北京：社会科学文献出版社, 2012.

［29］卡尔·雅斯贝斯. 历史的起源与目标［M］. 魏楚雄, 俞新天, 译. 北京：华夏出版社, 1989.

［30］恩斯特卡·西尔. 人论［M］. 甘阳, 译. 上海：上海译文出版社, 2004.

［31］杜卡斯, 霍夫曼. 爱因斯坦谈人生［M］. 北京：世界知识出版社, 1984.

［32］马克斯·韦伯. 新教伦理与资本主义精神［M］. 于晓, 陈维钢, 译. 西安：陕西师范大学出版社, 2006.

［33］卢梭. 社会契约论［M］. 何兆武, 译. 北京：商务印书馆, 2003.

［34］笛卡尔. 第一哲学沉思集［M］. 庞景仁, 译. 北京：商务印书馆, 1996.

［35］孟德斯鸠. 论法的精神（上下）［M］. 许明龙, 译. 北京：商务印书馆, 2012.

［36］涂尔干. 宗教生活的初级形式［M］. 林宗锦, 彭守义, 译. 北京：中央民族大学出版社, 1999.

［37］托克维尔. 论美国的民主上卷［M］. 北京：商务印书馆, 1988.

［38］威尔·杜兰特. 哲学的故事（上下）［M］. 北京：生活·读书·新知三联书店, 1997.

［39］斯塔夫里阿诺斯. 全球通史——从史前史到21世纪（上下）［M］. 北京：北京大学出版社, 2006.

［40］宾克莱. 理想的冲突——西方社会中变化的价值观念［M］. 北京：商务印书馆, 1983.

［41］约翰·罗尔斯. 政治自由主义［M］. 南京：译林出版社, 2000.

[42] 约翰·罗尔斯. 正义论 [M]. 北京：中国社会科学出版社，1988.

[43] E. F. 舒马赫. 小的是美好的 [M]. 南京：译林出版社，2007.

[44] A. F. 查尔斯. 科学究竟是什么 [M]. 鲁旭东，译. 北京：商务印书馆，2007.

[45] 凯伦·阿姆斯特朗. 神话简史 [M]. 胡亚幽，译. 重庆：重庆出版社，2005.

[46] J. G. 弗雷泽. 金枝 [M]. 北京：新世界出版社，2006.

[47] 汤因比. 历史研究 [M]. 北京：人民出版社，1997.

[48] 马林诺夫斯基. 巫术科学宗教与神话 [M]. 上海：上海科学院出版社，2016.

[49] 泰勒. 原始文化 [M]. 北京：中国民间文艺出版社，1987.

[50] 亚当·斯密. 道德情操论 [M]. 谢宗林，译. 北京：中央编译出版社，2009.

[51] 亚当·斯密. 国民财富的性质和原因的研究（上卷）[M]. 北京：商务印书馆，1972.

[52] 约翰·洛克. 政府论 [M]. 杨思派，译. 北京：中国社会出版社，2009.

[53] 尤瓦尔·赫拉利. 人类简史——从动物到上帝 [M]. 北京：中信出版集团，2017.

[54] 理查德·利基. 人类的起源 [M]. 北京：人民出版社，2019.

[55] 戴维·麦克莱伦. 卡尔·马克思传 [M]. 北京：中国人民大学出版社，2005.

[56] 哈耶克. 自由宪章 [M]. 北京：中国社会科学出版社，1999.

[57] 特里·伊格尔顿. 马克思主义为什么是对的 [M]. 北京：新星出版社，2011.

[58] 阿尔森·古留加. 黑格尔传 [M]. 北京：商务印书馆，1978.

[59] 阿尔森·古留加. 康德传 [M]. 北京：商务印书馆，1981.

[60] 费尔迪南·德·索绪尔. 普通语言学教程 [M]. 北京：商务印书馆，1980.

[61] 维特根施坦. 逻辑哲学论 [M]. 北京：商务印书馆，1985.

[62] 安修·Lee. 宗教的故事 [M]. 内蒙古：人民出版社，2002.

[63] 费尔巴哈. 基督教的本质 [M]. 北京：商务印书馆，1984.

[64] 约翰·斯图亚特·密尔. 论自由 [M]. 赵伯英，译. 陕西：人民出版

社，2009.

[65] 艾·弗洛姆. 爱的艺术［M］. 上海：上海译文出版社，2008.

[66] 列维·布留尔. 原始思维［M］. 北京：商务印书馆，1981.

[67] 克洛德·列维·斯特劳斯. 野性的思维［M］. 北京：中国人民大学出版社，2006.

[68] 圣经［M］. 上海：中国基督教协会，1998.

[69] 古兰经［M］. 马坚，译. 北京：中国社会科学出版社，1996.

[70] 冯天瑜. 中华元典精神［M］. 武汉：武汉大学出版社，2006.

[71] 韦政通. 中国思想史（上下）［M］. 长春：吉林出版集团有限公司，2009.

[72] 萧公权. 中国政治思想史［M］. 北京：新星出版社，2010.

[73] 国学整理社辑. 诸子集成［M］. 北京：中华书局，1954.

[74] 李宗侗. 春秋左传（上中下）［M］. 北京：新世界出版社，2012.

[75] 王梦鸥. 礼记［M］. 北京：新世界出版社，2011.

[76] 金景芳. 周易讲座［M］. 桂林：广西师范大学出版社，2005.

[77] 司马迁. 史记［M］. 北京：中国长安出版传媒有限公司，2020.

[78] 左丘明. 国语［M］. 济南：齐鲁书社，2005.

[79] 杨天才. 周易［M］. 北京：中华书局，2016.

[80] 钱宗武. 尚书［M］. 北京：国家图书馆出版社，2017.

[81] 戴德，戴圣. 礼记［M］. 兰州：敦煌文艺出版社，2015.

[82] 屈原，宋玉. 楚辞［M］. 武汉：崇文书局，2017.

[83] 司马光. 资治通鉴［M］. 兰州：敦煌文艺出版社，2015.

[84] 朱熹. 四书集注［M］. 长沙：岳麓书社，1985.

[85] 董仲舒. 春秋繁露［M］. 长沙：岳麓书社，2021.

[86] 王阳明. 传习录［M］. 哈尔滨：哈尔滨出版社，2016.

[87] 王国维. 人间词话［M］. 北京：中国文联出版社，2016.

[88] 吾淳. 中国哲学的起源——前诸子时期观念、概念、思想的发生发展与成型的历史［M］. 上海：人民出版社，2015.

[89] 林德宏. 科技哲学十五讲［M］. 北京：北京大学出版社，2004.

[90] 孙正聿. 哲学通论［M］. 上海：复旦大学出版社，2006.

[91] 李梵. 汉字的故事［M］. 北京：中国档案出版社，2002.

[92] 钟年. 文化之道——人类学启示录［M］. 湖北：人民出版社，1999.

[93] 夏勇，朱雪菲. 图画与符号——良渚原始文字［M］. 杭州：浙江大

学出版社，2019.

[94] 王宁. 汉字与中华文化十讲 [M]. 北京：生活·读书·新知三联书店，2018.

[95] 林德宏，肖玲. 科学认识思想史 [M]. 南京：江苏教育出版社，1995.

[96] 罗竹风. 宗教通史简编 [M]. 上海：华东师范大学出版社，1990.

[97] 王德保. 神话的由来 [M]. 北京：中国人民大学出版社，2004.

[98] 陈麟书，陈霞. 宗教学原理 [M]. 北京：宗教文化出版社，2003.

[99] 时光，王岚编. 宗教学引论 [M]. 北京：中央民族大学出版社，1994.

[100] 卫聚贤. 古史研究 [M]. 北京：商务印书馆，1936.

[101] 赵林. 西方哲学史讲演录 [M]. 北京：高等教育出版社，2009.

[102] 吴仁平，彭隆辉. 欧洲哲学史简明教程 [M]. 北京：中央编译出版社，2012.

[103] 苗凡辛. 智慧之旅——西方古典哲学漫笔 [M]. 合肥：安徽文艺出版社，1998.

[104] 张志伟，欧阳谦. 西方哲学智慧 [M]. 北京：中国人民大学出版社，2000.

[105] 张志伟. 西方哲学问题研究 [M]. 北京：中国人民大学出版社，1999.

[106] 邓晓芒. 黑格尔辩证法讲演录 [M]. 北京：商务印书馆，2020.

[107] 陈修斋，杨祖陶. 欧洲哲学史稿 [M]. 湖北：人民出版社，1987.

[108] 谢龙编. 中西哲学与文化比较新论——北京大学名教授演讲录 [M]. 北京：人民出版社，1995.

[109] 冯俊科. 西方幸福论——从梭伦到费尔巴哈 [M]. 北京：中华书局，2011.

[110] 刘自觉. 近代西方哲学之父——笛卡尔 [M]. 安徽：人民出版社，2004.

[111] 易杰雄. 德国古典哲学的奠基人——康德 [M]. 安徽：人民出版社，2001.

[112] 李世安，孟广林. 世界文明史 [M]. 北京：中国人民大学出版社，2002.

[113] 杨寿堪. 冲突与选择——现代哲学"转向"问题研究 [M]. 北京：

北京师范大学出版社，1996.

[114] 张汝伦. 现代西方哲学十五讲 [M]. 北京：北京大学出版社，2003.

[115] 周国平. 尼采：在世纪的转折点上 [M]. 上海：上海人民出版社，1986.

[116] 陈嘉明. 现代性与后现代性十五讲 [M]. 北京：北京大学出版社，2006.

[117] 王治河. 后现代哲学思潮研究 [M]. 北京：北京大学出版社，2006.

[118] 吴国盛. 科学的历程 [M]. 北京：北京大学出版社，2002.

[119] 王绍光. 民主四讲 [M]. 北京：生活·读书·新知三联书店，2008.

[120] 蔡定剑. 民主是一种现代生活 [M]. 北京：社会科学文献出版社，2011.

[121] 陈来. 中华文明的核心价值——国学流变与传统价值观 [M]. 北京：生活·读书·新知三联书店，2015.

[122] 顾准. 顾准文集 [M]. 北京：中国市场出版社，2007.

[123] 顾忠华. 韦伯<新教伦理与资本主义精神>导读 [M]. 桂林：广西师范大学出版社，2005.

[124] 李泽厚. 美学三书 [M]. 天津：天津社会科学出版社，2003.

[125] 冯友兰. 中国哲学简史 [M]. 北京：新世界出版社，2004.

[126] 冯友兰. 中国哲学史（上下）[M]. 北京：中国画报出版社，2020.

[127] 彭国翔. 中国哲学方法论——如何治"中国哲学" [M]. 北京：生活·读书·新知三联书店，2020.

[128] 陈少明. 做中国哲学——一些方法的思考 [M]. 北京：生活·读书·新知三联书店，2015.

[129] 葛剑雄. 统一与分裂——中国历史的启示 [M]. 北京：中华书局，2008.

[130] 许嘉璐. 中华文化的前途和使命 [M]. 北京：中华书局，2017.

[131] 宋志明，向世陵，姜日天. 中国古代哲学研究 [M]. 北京：中国人民大学出版社，1998.

[132] 韦政通. 中国思想史（上下）[M]. 长春：吉林出版集团有限公司，2009.

[133] 张岂之. 中华人文精神 [M]. 北京：人民出版社，2011.

[134] 汤一介. 汤一介哲学精华编 [M]. 北京：北京联合出版公司，2015.

[135] 易中天. 中国智慧 [M]. 上海：上海文艺出版社，2011.

［136］李泽厚.中国古代思想史论［M］.天津：天津社会科学出版社，2004.

［137］张轩.先秦元典的思想内涵与精神意蕴［M］.长春：吉林大学出版社，2020.

后　记

　　从有了这个想法到从繁重的教学与日常思想教育学习加肆虐的疫情和日日不休地核酸检测中挤出时间完成这一书稿，前后经历了大约两年多的时间。既是对学习与思考中外哲学思想史的一个小结，也是在甚嚣尘上的形式主义迷雾中对理性与自由的一次坚守。在这样一个充斥着内卷与躺平的滚滚浪潮中，执着于追寻理性的自信和自觉（如果还有的话）以获得内心的强大与平和，或许是坚持把它写作完成的依靠。这不是一部纯粹的专业哲学著作，写作的初衷也是努力地想为众多具备一定哲学基础知识的哲学爱好者提供一个导引，希望实现对众多哲学家思想的把握从钻进去到跳出来的一个段位升级。因此，不是为完全不知哲学为何者提供的快快乐乐学哲学之捷径。为此，也没有刻意追求内容的完整性，特别是对各位智者思想的介绍时，主要关注的是他们的核心思想是什么？即说了什么？怎么说的？为什么这么说？他们的思想、观点与方法比前人有什么不同？每个人都要解决什么问题？怎么解决的？解决了没有？为什么？又留下了什么问题？困难的是哲学所关注的问题一般而言是没有标准答案，也没有终极答案。哲学的价值始终在路上。

　　为了达到这样的目的，在写作时尽量地避免使用晦涩、艰深的语词，而采取了平实直白的表述方式，间或些许调侃，以努力地不让文字枯燥艰涩，以免搞得大家在阅读时每个字都认识，每段话却都难以捉摸、如坠云雾。这也是多年来积极地尝试的一种风格与气象，既要有高度又要接地气，不让哲学的精髓在艰涩混沌中拒人于千里之外。当然也不能混同于心灵鸡汤，那就不是通俗了。另外，从结构上讲，本书并没有完全依循常规的模式，在进入哲学的迷宫之前，首先描述了人的进化历程，对直立行走、制造工具、火的使用在人类进化历程中的作用进行了梳理，并探讨了语言与文字——符号——的产生对于人这个物种的重大价值，分析了理性思维能力的产生及其作用。进而探寻了神话、巫术和宗教作为人类认识与试图改变世界的工具，它们产生、发展的历史和价值。同时指出在人类早期思维中，二分思维、追寻事物的本质和因果关系这些认识活动的演进与逻辑关系。在这些铺陈的基础上，依序探讨了哲学的发展的进程：古希腊罗马哲学，中世纪经院哲学，近代哲学。在介绍了德国古典哲学之后，探讨了马克思哲学、非理性主义对黑格尔从不同路向上加以的批判及其贡献，一并简要地分析了现代与后现代哲学思潮的基本意涵。最后，提出对中国哲学的一些浅陋的认识，以此尝试着以人类对于自由的执着追求为草蛇灰线，力图形成一个较为完整的关于哲学发展逻辑与演进路程的描述。鉴于水平、能力、视野与方法之不逮，很可能会呈心有余而力不足的表现，其中分析提炼不到不当不周全之处，诚请斧正。并声明一点，诚恳接受理性的分析与批评，但不会接受网喷式的指摘。

人们常说一千个读者就有一千个哈姆雷特，欣赏文学作品是这样，学习哲学同样是这样。面对浩如烟海、汗牛充栋、晦涩艰深的哲学经典，读什么、如何读、又读出了什么，本来就是一个十分艰难的历程。"少年不知愁滋味，为赋新词强说愁"自是一种愁的理解和境界，年过半百历经风雨冰霜却始终见不到彩虹，又何尝不是愁煞人的煎熬呢。克尔凯戈尔说人生有三个境界，审美境界，道德境界和宗教境界。王国维先生说人生有三种境界："古今之成大事业、大学问者，必然经历三种之境界：'昨夜西风凋碧树。独上高楼，望尽天涯路。'此第一境也。'衣带渐宽终不悔，为伊消得人憔悴。'此第二境也。'众里寻他千百度，回头蓦见，那人正在灯火阑珊处。'此第三境也"。冯友兰先生说人生有四等境界："一本天然的'自然境界'，讲求实际利害的'功利境界'，'正其义，不谋其利'的'道德境界'，和超越世俗、自同于大全的'天地境界'。"吾侪当混迹于何等层次，或者是同冯先生所说处于前两种来自天然的状态——人的自然状态，或者是处在后两种人自己的心灵所创造的状态——人的生命状态。处于哪种状态倒不必局促，只要是活得坦然平和，都是不一样的烟火，一次自己的人生。

只是在仰望星空时，能够自觉或不自觉地追问一下，人的一生是什么，为什么是什么，应当是怎样的，那么似乎就有一点点提升的意味。现实的社会是一个等级社会，最有力量的等级是地位与权力、财富与资本，所以资本大佬可以被称为"国民老公""全民爸爸"，权力大佬也会有这样的殊荣。求之而不可得者会在知识与智慧的层面，寻求心理的安慰，反正自己面对权力与财富也没招，既然没招，何必较真，不如以虽然没有权力、缺少财富但拥有智慧和思想来哄哄自己。好在如此阿Q还有点滴意义，一是若不如此又能如何，二是这样的欺骗对自己脆弱的心脏还管用，三是自己的格局就这么个囿样了，四是这样的欺骗或许正是为人生之不朽提供了一种可能。范宣子以为家族血脉的世代传承为"死而不朽"，叔孙豹认为："此之谓世禄，非不朽也。"真正的不朽是在于"大上有立德，其次有立功，其次有立言，虽久不废，此之谓不朽"。问题是这三不朽的次序如何排定的呢？钱穆先生认为："'立功'只是一时的贡献，'立言'始是万世教训，更高过了立功。'立德'则只在一己"。即第一层级是立德——反求诸己，身修楷模，众人仰慕。其次是立功——泽被当代，福荫后人，世代留名；最高境界是立言——留言万世，启迪心智，引领历史。人类历史上的物质财富总是在创造、消耗、毁灭中逝去而不见其踪，无论其曾经达到怎样的辉煌，而思想与真正深刻的见识却倔强而顽强地传承下来；自然的生命永远如白驹过隙、昙花一现，君不见高堂明镜悲白发，更何况死后原知万事空，而只有思想的价值可能是永恒的。生命的意义或许正在于此间尝试中实现不朽。不是肉体不死，也不是灵魂不灭，而是思想与情怀之不朽。

之所以用比较大的篇幅讲西方思想，不仅是对于中国哲学知之不多（虽然之前也有一本关于中国先秦元典思想的小书付梓），也在于在学习古希腊文化时感到的震惊。正如顾准先生所言："我不能不在古代希腊的高度文明面前震惊不已，这绝不是妄自菲薄的民族虚无主义，看不起自己的老祖宗。"这样一个灿烂的文化究竟是什么使其然的呢？要强大自我，就要努力学习。一个真正自信的文化自然应当海纳百川，而不是唯我独尊、一枝独秀。同时也极力避开甚嚣尘上的形式主义，不做表面文章，让文字及其表达的意涵既很好看，又很好吃，而不是看起来还好，读起来很吊诡。要知道热衷于形式的完美，是能力不足却又亟需成果时的最便宜的选择，时下的许多人似乎对此情有独钟、爱不释手、乐此不疲，并为点滴的所谓成就沾沾自喜。另外，阐述各种哲学流派及其观点时，力求做到相对的客观公允。这样做的难度当然很大，因为走极端，追求极致与完美，对于不同的见识恨不得一棒子打死再踩上一万只脚，几乎成为人们难以避免的旨趣。似乎只有这样才能表现出与众不同与立场鲜明，但任何思想与观点走到极致往往陷入困局。老祖先早就看穿了这一点，所以在两千多年就反复地告诫我们应当依循叩其两端而执中的中庸之矩。只是在实际生活中说起来简单，做起来很不简单。我们吃这样的亏不算少了，却总是好了伤疤忘了痛。真正的哲学在追求智慧之时，需要宽容与模糊，需要对话与理解，需要沉静与清醒。

另外，特别想说件事，在不久前的毕业典礼上一众学生主动地要求与这样一个垂暮老朽合影，并称：您的哲学课给我的不仅是知识的启发，还是生活的点拨。作为一介布衣草根，穷得只能也只会教书，能够被学子们如此眷顾，足矣。

还要说些什么呢，还是慎言吧，不要学莫言去做一个"炮孩子"，以免得讨嫌。坊间绝无"我反对你的意见，但我捍卫你说话的权利"的气度与宽容，誓死捍卫更是无从谈起。当然按惯例还是要感谢自己的家人、至友和门徒，他们的关心、支持与期待以及中肯的意见与建议是我坚持完成这部书稿的有力支撑，这个感谢应当不是虚与委蛇。是为记。

2024 年 8 月 16 日